中国科协精品
科技期刊典型事例汇编

中国科协学会学术部　主编

中国科学技术出版社

·北　京·

图书在版编目(CIP)数据

中国科协精品科技期刊典型事例汇编 / 中国科协学会学术部主编. —北京:中国科学技术出版社,2013.9
ISBN 978-7-5046-6428-0

Ⅰ.①中… Ⅱ.①中… Ⅲ.①科技期刊—出版工作—概况—中国 Ⅳ.①G237.5

中国版本图书馆 CIP 数据核字(2013)第 216077 号

责任编辑 郭秋霞
封面设计 中文天地
责任校对 何士如
责任印制 张建农

出　　版 中国科学技术出版社
发　　行 科学普及出版社发行部
地　　址 北京市海淀区中关村南大街 16 号
邮　　编 100081
发行电话 010-62173865
传　　真 010-62179148
网　　址 http://www.cspbooks.com.cn

开　　本 787mm×1092mm 1/16
字　　数 620 千字
印　　张 25.75
版　　次 2013 年 9 月第 1 版
印　　次 2013 年 9 月第 1 次印刷
印　　刷 北京凯鑫彩色印刷有限公司

书　　号 ISBN 978-7-5046-6428-0/G·626
定　　价 72.00 元

前　言

科技期刊是科技研究成果发布与传播的重要载体，是科技信息交流的重要途径，是国家科技创新的重要支撑力量，也是一个国家知识资产与科技文明发展的重要体现。科技期刊与国家的科技事业密切相关，在推动科技进步、提升科技创新能力、培养和发现优秀人才、提升国民科技素质等方面，发挥了十分重要的作用。因此，科技期刊的发展得到了各国政府、学术团体和科学家的高度重视和积极支持。无论是过去、现在，还是未来，科技期刊在科技事业和社会发展中都一直扮演并将继续扮演越来越重要的角色。

为更好地宣传中国科协乃至中国优秀中文期刊的先进事迹，推广先进的办刊经验，系统凝练和集中展示我国中文科技期刊的最佳实践和取得的积极进展，进一步激发中国科协所属全国学会所主办的科技期刊加强能力建设的积极性和创造性，中国科协学会学术部决定编辑出版《中国科协精品科技期刊典型事例汇编》一书。

《中国科协精品科技期刊典型事例汇编》收录中国科协2012年精品科技期刊培育计划80项典型事例，包括期刊学术质量提升项目、期刊出版质量提升项目、期刊出版人才培育项目、期刊数字出版建设项目和期刊资源集约建设项目。全书按照获奖项目顺序排列。每个事例大致包括期刊的缘起和发展、战略定位、发展模式和运行机制、发展目标和主要措施、存在的问题及未来规划等。各期刊所介绍的事例根据所在学科情况和精品科技期刊工程支持项目目标有所侧重，突出重点，突出特色。

可以说，我国是科技大国，正在向科技强国方向发展；我国是科技论文大国，正在逐步成为科技论文强国；我国是科技期刊大国，但还远不是科技期刊强国。我国科技期刊落后于西方发达国家，究其原因，除了科研基础不够雄厚和部分学术政策导向方面的问题外，科技期刊自身在体制机制、出版模式等方面存在一定的问题，需要得到正视和解决。

中国科协科技期刊是我国科技期刊有代表性的重要学术刊群。中国科协主管主办的科技期刊经历了从各自为营、分散发展到集中支持、协同发展的转变过程。目前，中国科协所属全国学会主办或参与主办科技期刊规模已经达到1050种。1997年，中国科协设立了专项，每年300万元用于支持中国科协所属全国学会主办的基础性高科技学术期刊的发展。2006年，中国科协启动精品科技期刊工程项目，设立了培育国际知名期刊（A类）、培育国内领衔期刊（B类）、培育精品后备期刊（C类）项目。2009年精品科技期刊工程项目进入第二个项目周期，设立精品科技期刊示范项目，包括培育国际知名科技期刊（A类）和培育国内领衔科技期刊（B类）项目。6年来累计资助科技期刊546项（次），成为近年来我国对科技期刊支持范围较广、影响面大的支持项目。2012年，中国科协精品科技期刊工程项目进入第三个项目周期，设立科技期刊培育计划、科技期刊国际推广计划、科技期刊发展能力建设平台三大版块，包括期刊学术质量提升项目、期刊出版质量提升项目、期刊出版人才培育项目、期刊数字出版建设项目、期刊资源集约建设项目、建立期刊国际培训机制项目、期刊国际出版人才保障项目、科技期刊发展课题研究项目等7类项目。自2012年起，中国科协组织实施学会能力提升专项，设立"优秀科技社团"和"优秀国际科技期刊"奖项，表彰奖励各项工作全面发展、实施效果显著、综合能力排在前列的学会和具有较高学术影响力及国际影响力的科技期刊，通过以奖促建，进一步促进学会和期刊的发展。

同时，继续大力推进精品科技期刊工程，加大对中文优秀科技期刊的支持力度。在2012年度精品科技期刊工程延续项目基础上，2013年新增期刊学术质量提升项目40项、期刊出版人才培育项目22项。

在中国科协精品科技期刊、优秀国际科技期刊奖励等项目的支持下，涌现出一批在学术质量、出版质量、网络传播能力、学术影响力、国际化水平等方面都有突出表现的优秀科技期刊，近年来进步十分明显，成为中国科协非常重要、富有发展潜力的期刊群体。总结、分析、研究这些优秀科技期刊的成功经验，形成中国科协国际科技期刊的范例、模板、最佳实践，凝练这些期刊各具特色的办刊模式、机制、特点和规律，对于推动我国优秀科技期刊的分析与研究，提升我国科技期刊整体水平，具有十分重要的意义和作用。

《汇编》的编写是中国科协学会学术部2013年度的一项重要工作，也是一项艰巨的任务。各刊编辑任务繁重，事例的撰写、修改、编辑等环节都付出了艰苦的劳动。内容撰写得到了各获奖项期刊的大力支持。该书的组稿和编辑加工得到了中国科学院国家科学图书馆领导和编辑出版中心各位编辑的大力协助。在此，一并表示感谢。愿本书的出版能成为向国际期刊界展示中国科协和中国科技期刊形象的一个窗口，对国内各科技期刊的办刊思路和办刊策略有所启迪和借鉴，进一步促进中国科技期刊的质量与影响力的提升，影响和带动更多的中国科技期刊走向国内领先、国际一流，尽早实现中国科技期刊从期刊大国成为科技期刊强国的目标，成为实现中华民族伟大复兴的"中国梦"的重要一部分。

目　录

期刊学术质量提升项目

期刊出版质量提升项目

期刊数字出版建设项目

期刊出版人才培育项目

期刊资源集约建设项目

1.《物理学报》

厚德载物　建设有国际影响力的一流中文学术期刊

古丽亚[①]　王雪峰　吕国华
《物理学报》编辑部,北京　100190

摘要:《物理学报》是我国第一份物理类学术期刊,是我国在国内外影响最广的学术期刊之一,在中国科技期刊中占有重要地位。其80年的发展历史既沧桑又凝重,更充满生机勃勃的改革与创新的时代气息,从侧面反映了中国物理学研究的概况以及中国物理学家队伍的成长和壮大。在新形势下,《物理学报》将在厚重的积淀之上,立足国内,面向国际,不断提升学术质量,建设成为有国际影响力的中文一流期刊。

关键词:物理学报;学术期刊;国际影响力

1 《物理学报》的基本情况

《物理学报》(以下简称《学报》)由中国物理学会和中国科学院物理研究所主办,前身为《中国物理学报》(*Chinese Journal of Physics*)。《物理学报》是我国最早创刊的物理学学术期刊,登载物理学各领域及其交叉学科的原创性论文、前沿领域研究综述,重点关注凝聚态物理,旨在与国内外同行进行学术交流,推动我国物理学的发展。

1933年,即中国物理学会成立的第二年,为了与国内外同行进行学术交流,中国物理学会设立学报委员会主持编辑出版《中国物理学报》,专门刊登国内有关物理学之研究成果,为该学科之代表刊物。学报文字以英、法、德文为限,每篇附一中文提要。从1953年第9卷第1期起改名为《物理学报》,发表论文以中文为主,附英文摘要,英文名改为拉丁文名 *Acta Physica Sinica*,沿用至今。

《学报》创刊之初到1951年,平均每年出版1~2期,1953—1954年为季刊,1955年改为双月刊,1959年起改为月刊。受抗日战争、太平洋战争、“三反”“五反”运动和“文化大革命”的影响,在1938、1941—1943年、1952年和1967—1973年曾几度停刊。1973年6月经中国科学院批准复刊,1974年1月正式复刊,刊期为双月刊,1980年起改为月刊,2012年起改为半月刊。截至2012年年底,已出版61卷,共586期。

《学报》经过近80年的发展,已成为我国具有鲜明特色、国内外影响面最广的代表性学术期刊之一,越来越受到物理学界同行的认可。自2006年以来,每年来稿量在3000篇

---

① 中国科学院物理研究所《物理学报》编辑部,编辑部主任,编辑,E-mail:guliya@iphy.ac.cn。

以上,发表论文在1000篇以上。以2012年为例,发表文章1903篇,约14000页,是国内物理学类学术期刊中刊载容量最大的期刊。

《学报》曾荣获中国首届、第二届、第三届国家期刊奖,2001年被评为中国期刊方阵"双高"(高知名度、高学术水平)期刊,2001年以来连年被评为百种中国杰出学术期刊,多次荣获中国科学院优秀期刊奖一等奖、特等奖,2008、2009年被评为中国科协精品科技期刊,2009年获得"新中国60年有影响力的期刊"荣誉称号,2010年荣获中国出版政府奖期刊奖(全国仅10种科技期刊获奖)。

《学报》自2005年开始连续多年获得国家自然科学基金委重点学术期刊专项基金资助、中国科学院出版基金科技期刊择优支持一等资助,自2008年起连续获得中国科协精品科技期刊工程项目资助。

《学报》被SCI－CD、SCI－E、Scopus、CA、INSPEC、JICST、AJ和MR等国际检索系统收录。早在1999年就被SCI数据库收录,2001—2011年的影响因子和被引频次在国际同类物理学术期刊中名次居中上水平(表1)。据中国科学技术信息研究所出版的《中国科技期刊引证报告(核心版)》提供的数据,《学报》的期刊评价数据长年在国内物理学期刊中名列前茅(表2)。

表1　SCI统计:《物理学报》2001—2011年总被引频次与影响因子及其相关名次

年份	总被引频次	影响因子	中国物理类刊中名次		国际综合性物理类刊中名次	
			总被引频次	影响因子	总被引频次(名次/期刊总数)	影响因子(名次/期刊总数)
2001	1227	0.657	1	3	27/66	37/66
2002	2277	1.182	1	2	25/68	26/68
2003	2410	1.13	1	2	23/68	28/68
2004	3282	1.25	1	2	20/67	28/67
2005	3859	1.051	1	3	19/69	35/69
2006	5245	1.242	1	2	16/68	30/68
2007	6265	1.277	1	2	16/69	30/69
2008	6421	1.165	1	2	16/69	30/67
2009	6600	1.003	1	3	19/71	37/71
2010	8556	1.259	1	2	18/80	31/80
2011	7935	1.027	1	3	18/84	42/84

表2　中信所CJCR期刊评估数据对《物理学报》的排名情况

年份	被引总频次	影响因子	学科内排名		综合评分	排名
			被引总频次	影响因子		
2001	1751	0.966	1	1	—	—
2002	3028	1.449	1	1	—	—

续表

年份	被引总频次	影响因子	学科内排名		综合评分	排名
			被引总频次	影响因子		
2003	3333	1.464	1	1	—	—
2004	4272	1.507	1	1	—	—
2005	5090	1.351	1	1	—	—
2006	6485	1.462	1	1	—	—
2007	8332	1.566	1	2	—	—
2008	8457	1.426	1	2	76.0	1
2009	8716	1.203	1	4	65.8	1
2010	11141	1.532	1	2	74.4	1
2011	10402	1.430	1	3	72.5	1

2 《学报》的学术质量建设

《学报》多年来持续抓学术质量建设，在编委队伍建设、审稿专家队伍建设、质量控制规范建设、学术不端防范措施建设、期刊优秀稿源建设、期刊学术质量建设等方面取得较好成效。

2.1 编委队伍建设

主编是刊物的领军人物，从一定程度上讲，主编相当于期刊的学术代表，主编的学术权威性和号召力对于增强期刊的影响力有很大作用，将有效地提高期刊在读者和作者心目中的地位。我国著名的物理学家丁燮林、严济慈、吴大猷、赵忠尧、钱临照、王竹溪、顾功叙、黄祖洽、王乃彦等先后担任过学报的主编，他们的学术威望和学术风范赢得了广大物理学工作者对学报的信任和认可，对于期刊声誉的提升起到了举足轻重的作用。

编委会对期刊声誉的贡献也不容忽视。《学报》历届编委人选的选择很关注其学术权威和影响力，一般都由在本学科领域具有一定学术地位的学术带头人担任，包括相当比例的院士。以当前《学报》的编委会为例，编委会成员 68 名，其中两院院士 25 名，国外编委 20 名。编委会成员的学术威望和地位提升了期刊的影响力和声誉，吸引作者向期刊投稿。

2.2 审稿专家队伍建设和质量控制规范建设

自 2003 年开始，编辑部着手加强审稿专家队伍建设，持续完善和更新审稿专家数据。目前已建立一支 8000 多人的审稿专家队伍，包括物理学各分支学科及其交叉学科、各主要科研单位和高校副研究员以上的一线科研骨干，为学报学术质量的控制奠定了基础。

《学报》严格坚持“三审”制度：编辑部初审、专家外审和主编终审，同时制定规范的审稿政策，明确审稿要求。审稿专家严格把关，公正、客观地评价稿件，提出具体的处理和修改意见，最大限度地保证发表文章的学术质量。

编辑部在审稿工作中强调做到“三性”，即：准确性，送审力求做到审稿人研究领域与论文课题对口的准确性；时效性，加强与审稿人沟通，不耽误审稿时间，保证稿件审理的时效性；服务性，编辑部人员不断提高自身科学素养和服务意识，稳定和扩大刊物的作者和读者群。

2.3 学术不端防范措施建设

对于学术不端行为的防范，编辑部、编委会以及审稿人都极为重视，态度坚决、旗帜鲜明地促进学术环境的净化。

学术不端行为的防范首先从作者投稿环节抓起。从2006年开始，在原有的作者签署版权转让协议的基础上，要求作者必须做出遵守学术道德规范的承诺，进一步加大了对作者履行协议的学术监督力度。实践表明，这种做法是完全必要和正确的。从2009年3月开始，学报引进清华同方的学术不端行为检索系统，对每一篇来稿进行查重审核，每年平均约3%的来稿因与已有的文献重复过多而被退稿，这一举措进一步减少了剽窃、一稿多投及重复发表等一些学术不端现象。

对于已经发生的学术不端行为，严格按照程序调查处理，在网站和期刊印刷版上通告，同时从SCI数据库以及相关数据库撤稿，并视情节严重性通知作者所在单位等。这样的处理起到了批评教育与学术警示作用，对于学术不端行为的防范起到促进作用。

2.4 优秀稿源建设和期刊学术质量建设

稿源是期刊的生命之源，为吸引并稳定优秀稿源，《学报》主要采取了以下措施：第一，重点课题重点约稿。主动跟踪和报道国家自然科学基金、国家高技术研究发展计划以及国家重点基础研究发展计划等项目资助课题的最新科研进展和科技成果。第二，重点单位重点约稿。定点联系科研工作成果出色的主要科研院所和高校课题组和实验室，与科研人员交朋友，及时获得科研进展信息，挖掘优秀稿源。第三，重视约稿的成功率。充分发挥编委会的学术影响力和学术资源，向优秀作者约稿，保证约稿成功率。第四，提高对优秀稿件的服务质量，吸引优秀稿件。比如，实施“绿色通道”，凡是编委、正副主编组织或推荐的优秀文章以及评审意见很优秀的文章，编辑部一律快审快发，最短的可以做到1个月内发表。第五，加强对优秀论文的宣传，最大限度地满足作者学术交流的需求。编辑部每期评选三篇优秀论文，在学报网站置顶宣传，同时报送中国科协网站，并且从2012年开始评选年度优秀论文，借助中国物理学会秋季会议平台进行论文颁奖。加强宣传促进了最大范围地推广优秀文章，吸引了优秀作者对学报的关注和信赖。《学报》长期坚持以上措施，不断提高学术论文的创新性、导向性和权威性，提升期刊的学术质量，2007年以来其发表的受基金资助的文章比例一直保持在90%以上。

3 出版质量建设

在期刊的编辑出版方面，《学报》从编辑加工、校对、排版、版式设计到出版印刷，有着有序的生产流程以及规范的工作制度和管理机制，有效地保证了期刊的出版质量。编辑出版采用责任编辑制度，稿件编辑规范严格按照国家相关标准并参考国际规范，满足和适应国际信息传递、学术交流和文献检索等需要。

在质量控制上，一方面，严格实行复核制度和交叉校对制度，有效减少错误率；另一方面,出版后进行质量抽查,及时抽查样书,有效督促和控制编、校、排质量。

印刷方面,《学报》较早地采用国际通用的大16开本,内页采用铜版纸,美观的同时也满足了部分文章彩色印刷的需要。

以上各方面的措施使《学报》的出版质量一直保持在较高水平,在2010年中国出版政府奖期刊奖的评选中,其出版质量得到评审专家的一致好评。

4 人才队伍建设

《学报》很重视编辑人才队伍的建设。一方面充分发挥老编辑的"传、帮、带"作用,在培养青年编辑的业务能力的同时,注重让青年编辑正确认识学术编辑所肩负的社会责任、所应具备的职业素养和工作精神,将编辑部优良文化传统一代代地传承下去。另一方面,为青年编辑提供参加培训和开展交流的机会,每个编辑每年参加编辑培训班和学术会议,在与同行和学术界交流学习的过程中不断成长。再者,根据期刊发展需要,不断引进出版人才,目前编辑部4位编辑中,3位获得物理学科博士学位,1位获得硕士学位,平均年龄30多岁,是一支年轻富有朝气的团队。在《学报》历代编辑里,有不少典型人才出现,例如原编辑部主任章志英编审,在学报的改革和发展中做出了重要贡献,其本人也因此先后获得中科院优秀期刊突出贡献奖、政府特殊津贴、新中国60年有影响力的期刊人、中国科技期刊编辑金牛奖等荣誉。

5 数字出版建设

《学报》较早就开始重视现代信息技术设施的建设和应用。从1996年开始与清华大学中国学术期刊(光盘版)电子杂志社合作,出版数字化全文数据光盘版,国内外公开发行。

从1999年起,《学报》加入中国期刊网(CNKI)和中国科技信息研究所万方数据库网,开通了期刊网站,同时在互联网和教育网上提供全文数据信息传播服务,从而拥有了印刷版、数字化光盘版、数字化网络版以及在线服务等多种信息传播手段,大大地增强了《物理学报》对外宣传的力度,拓宽了宣传的渠道。

2004年,《学报》得到中国科学院出版图书情报委员会组织实施的中国科学院高水平学术期刊基础设施建设项目资助,数字出版建设被正式纳入国家科学数字图书馆建设项目。通过该项目的实施,《学报》网站进行了改建升级,上线编辑部远程管理和网络稿件采编处理系统,实现了期刊的网上投稿、网上审稿、编辑网上处理稿件、网上出版以及全文上网等网络化功能,大大提高了工作效率和服务质量。

2012年网站和稿件采编系统升级后,实现了Email - Alert、PACS码解析、参考文献链接等功能,大大提升了网站的信息服务功能,做到刊网互补,并实现了录用文章摘要即时上网、文章网络预发表等,利用网络出版的优势将文章的发表周期大大缩短(比纸刊出版提前2个月)。

在数字出版方面,已经做到所有过刊全文上网并实施开放获取。期刊网站的访问量和文章点击下载数据逐年增加。据编辑部网站统计:2012年,《学报》网站摘要点击达到543.2万篇次,全文下载172.9万篇次;2012年当年发表文章摘要点击57.4万次,全文下载31.8万篇次。

2012年,基于中国科学院物理研究所4种期刊(《物理学报》、《中国物理B》、《中国物理快报》和《物理》)的中国物理学会期刊网投入建设,《物理学报》加入该学科集群网,有望通过该平台进一步促进学术交流。

6 期刊的宣传推广

在期刊的宣传推广方面,《学报》有两项主要经验:一是借助专业学术会议平台组织学术讲座和报告会,提高期刊的学术影响力。例如,中国物理学会秋季年会是中国物理界影响最大、参加人数最多、层次最高的学术会议之一,《学报》借助这个会议平台,在年会期间组织编委做专场学术报告,既增进和学术界同仁的交流,听取他们对《学报》的建议;也扩大了对《学报》的宣传,吸引青年学生和科研人员关注《学报》,成为学报的作者。另一项经验是利用参加学术会议的机会到各主要高校物理系做报告,介绍科技论文写作方法,培养作者、宣传期刊。

7 思考和发展设想

在记载《学报》发展历史的资料里有这样一段话:"中国物理学会第四次年会于1935年9月2日至5日在山东大学科学馆举行。会长李书华报告指出:'出版物理学报,凡我国物理学家之重要论文均在本学报发表。'"创刊之初,《学报》可谓占尽了"天时"和"人和",先天条件得天独厚。80年来,《学报》在物理学界乃至科技期刊界已经树立起相当的权威和声誉。在这样的历史积淀之上,在我国物理学科持续发展、国内外同类期刊竞争激烈的新形势下,在我国物理学界面向国际进行学术交流的需求日益强烈的情况下,作为母语期刊,《学报》不仅要保持国内一流水平,而且要不断扩大国际影响力,逐步缩短与国际一流期刊的差距。《学报》未来的发展重点在于几个方面:第一,继续加强优秀稿源建设,提升获取优秀稿源的能力。第二,不断提升出版能力,缩短出版周期,提高快速反应能力,从半月刊向周刊发展。第三,持续加强期刊宣传,培养作者,借助新兴的媒体手段(如博客、微博等)提高期刊影响力。第四,持续发展和完善数字出版平台,不断挖掘数字出版功能,有效实现刊网互补。在新的发展机遇下,《学报》正以其厚重的积累向具有国际影响力的中文一流学术期刊迈进,有挑战,更有期待。

参考文献

[1]王乃彦.与时俱进,努力创建国际一流学术期刊——纪念《物理学报》创刊70周年[J].物理,2003,32(9):633-636.

[2]章志英,王清华.打造精品科技期刊,增强科技创新服务能力[J].中国科技期刊研究,2009,20(5):783-786.

[3]杨兆弘.关于科技期刊学术声誉的思考[J].中国科技期刊研究,2005,16(1):16-18.

[4]刘大乾.《物理学报》创刊70周年(1933—2002年)大事记[J].物理,2003,32(12):827-839.

[5]侯修洲,任胜利,刘培一.我国科技期刊现状及发展举措问卷调查[J].编辑学报,2012,24(1):57—59.

Acta Physica Sinica: Good Practice for Chinese Academic Journals

GU Liya, WANG Xuefeng, LU Guohua
(*Editorial office of Acta Physica. Sinica*. Beijing 100190)

Abstract: *Acta Physica Sinica* is the first comprehensive Chinese physical journal sponsored by Chinese Physical Society and the Institute of Physics, Chinese Academy of Sciences. The journal is characterized by top level of innovation and quick publishing. It is regarded as "Chinese authoritative physics publication". The 80 years of development history of *Acta Physica Sinica* reflecting the situation of physics research in China, and Chinese physicists' team growth. In the new situation, *Acta Physica Sinica* will be based on domestic, face the world, and constantly improve the academic quality, try to possess the international influence.

Keywords: *Acta Physica Sinica*; Academic journal; International influence

审稿编辑:初景利、李　麟

2.《中国激光》

多种途径推动《中国激光》学术质量建设

马　沂[①]　童　菲　杨　蕾　殷建芳　胡　冰　宋梅梅　李文喆
《中国激光》编辑部,上海　201800

摘要:介绍了《中国激光》加强学术质量建设的多种途径,总结科技期刊学术质量建设的经验和今后的发展方向。介绍《中国激光》通过专家队伍建设、期刊质量控制、加强防范学术不端、策划专题吸引优秀稿源等多种途径推动科技期刊学术质量建设的情况。希望通过多种途径的尝试,找到中文科技期刊学术质量提升和中文科技期刊发展的道路。

关键词:科技期刊;学术质量;专题策划

近年来,在中国科协、中国科学院等领导部门的大力支持下,《中国激光》以学术和出版质量建设、集群化发展、数字出版为发展方向,通过多种渠道全方位对期刊进行宣传,对编辑进行专业知识、编辑出版、经营管理等方面的复合式人才培训,取得了很好的效果。对于科技期刊来说,学术质量是发展根本,“如何提高科技期刊的学术质量”一直是各科技期刊编辑部重要的研究课题。《中国激光》编辑部采取加强专家队伍建设、严格控制期刊质量、加强防范学术不端、策划专题吸引优秀稿源等举措,使期刊的学术质量有了较明显的提升。希望通过多种途径的尝试,找到中文科技期刊学术质量提升和中文科技期刊发展的道路。

1　期刊基本情况

《中国激光》是由中国科学院主管,中国光学学会和中国科学院上海光学精密机械研究所(以下简称“中科院上海光机所”)共同主办的一本中文学术期刊。多次被评为中国百种杰出学术期刊、中国精品科技期刊、中国最具国际影响力学术期刊并入选“共和国期刊60年展示期刊”,是中国自然科学、物理学类核心期刊、中国科学院优秀期刊、中国光学学会先进期刊,被EI、CA、AJ、INSPEC等国内外主要数据库收录,最新公布的影响因子和总被引频次在电子、通信与自动控制类期刊中分别排名第二。20世纪60年代,量子电子学和激光技术的兴起和发展带动并促进了我国在这一领域的研究;至70年代,我国科学家已有相当多数量的论文亟需在相关的学术刊物上发表,但当时国内涉及激光领域的刊物极少,只有中科院上海光机所主办的《国外激光》和《激光索引》,前者属于情报类刊物,大多刊译国外文章而后者是检索类刊物。为了顺应科技发展的需要,1972年中科院上海光机所向中国科学院申请创办《中国激光》杂志,并着手筹建由黄宏嘉院士任主编的编辑部,中国科学院于1973年12月22日批复同意《中国激光》创刊。自1974年创刊以

① 中国科学院上海光学精密机械研究所,《中国激光》编辑部,编辑,E-mail:cjl@siom.ac.cn。

来,《中国激光》秉承"致力于发表激光技术领域最新最好的研究成果,为我国光学科技工作者与国内外同行进行学术交流、开展学术讨论服务,为发展我国光学事业添砖加瓦"的办刊宗旨,发表了大量激光研究领域具有原创性和重要应月价值的论文,是我国唯一一本全面反映激光领域最新成就的专业学报类期刊。

2 加强编委和专家队伍建设

《中国激光》自创刊以来,非常重视编委会建设,聘请了在国内外学术界有很高声望的光学专家担任编委。编委会负责约稿、审稿和把握稿件学术质量。《中国激光》编委会有 53 人,主编为周炳琨院士。编委中有两院院士 13 人,教授、研究员 40 人。根据《中国激光》编委会章程,所有编委都积极参与《中国激光》的审稿组稿工作,对稿件的学术质量严格把关,目前已形成一支稳定高效的编委队伍。编委在对《中国激光》来稿的学术质量进行严格把关的同时,也将他们课题组的最新研究成果投给《中国激光》,使《中国激光》发表文章的学术水平得到进一步提高。

由于每年来稿量较大,在依靠编委审稿的同时,也需要大量高水平的专家评审稿件。经过多年的积累,《中国激光》建立了学术水平和审稿效率都较高的审稿专家队伍,有力地保证了《中国激光》发表论文的学术质量。《中国激光》编辑部也非常重视审稿专家数据库的维护和添加工作,安排专门的栏目编辑负责审稿专家数据库的维护和信息更新,所有栏目编辑都积极拓展审稿人资源,通过主动联系、专家自荐、同行推荐、作者发掘和会议交流等途径,将热心稿件评审工作、态度积极、评审严谨的高水平光学专家持续纳入到《中国激光》的审稿专家数据库,建立了稳定和可持续发展的审稿人队伍。

3 制定多项制度,确保质量控制规范有效

《中国激光》稿件的质量控制主要分为学术质量控制和编校质量控制。编辑部采用主编负责制、投稿同行评议制(外审制度)、栏目编辑制、特约编辑制(Topic Editor),保证录用文章具有较高的学术质量。凡同一研究方向的来稿,由同一名栏目编辑负责送审和后期加工,经过至少两名专家同行评议的文章才能送给执行主编终审,保证录用文章具有较高的学术质量。目前我们借鉴国际通行的 Topic Editor 方式,聘请数十位科研工作第一线的资深专家,担任特约编辑,对部分来稿进行初审,对部分审稿意见有分歧的稿件进行裁决。

在编校质量控制方面,《中国激光》的编辑加工严格按照国家、中国科协、中国科学院有关科技期刊出版的规范和要求进行。稿件的校对坚持"三校一读"制度、清样校对制度、E-first审查制度、蓝图校对制度、出版后抽查审核制度,采取多次多人的校对把关体系,使出版期刊的质量得到进一步保证。

4 采取多种措施防范学术不端

防范学术不端行为是科技期刊编辑部义不容辞的责任。在《中国激光》杂志社的倡导下,率先在中国光学期刊领域开展反对学术不端系列活动。2012 年,在由《中国激光》杂志社主办的第七届光学期刊发展与合作研讨会上,有近 30 家光学科技期刊参与了杂志社提出的"中国光学期刊联盟反对学术不端联合签名"的倡议书签名活动(图 1),各编

辑部都表示要在实际工作中加强防范科技论文发表方面的各种学术不端行为,净化中国学术环境。《中国激光》对每篇来稿都通过清华同方学术论文检测系统审查,对重复率较高的稿件做退稿处理,对在外审过程中发现的一稿多投、抄袭等学术不端行为,经确认后,做退稿处理并将第一作者计入编辑部黑名单,两年内不接收该作者为第一作者的来稿,从而有效杜绝学术不端行为。

图 1 “中国光学期刊联盟反对学术不端联合签名”活动现场

5 策划专题、专栏,吸引优秀稿源

《中国激光》自创刊以来,一直致力于发表我国激光技术领域最新最好的研究成果,在近 40 年的出版历程中,发表了大量我国一流科学家的重要研究成果,在国内外都具有较大的影响力。但近年来,大量的国内优秀研究成果发表在国外的各领域专业知名期刊上,《中国激光》虽然来稿量持续增长,但高水平的研究论文数量却停滞不前,甚至有下降的势头。这也是目前我国中文学术期刊遇到的主要问题之一。2008 年,《中国激光》开始尝试通过专题策划、开设特色专栏、编委约稿等形式,吸引高质量的优秀稿源。

2008 年,在我国大力发展先进制造业的背景下,激光加工领域迎来了发展契机。《中国激光》编辑部敏锐地发现激光加工领域研究的热潮,策划“激光加工”专题,邀请清华大学钟敏霖教授作为组稿专家,在 2008 年 11 月出版了“激光加工”专题,整期专题共收到稿件 125 篇,录用 35 篇,包含 27 篇激光加工领域知名教授亲自撰写的研究论文,该期专题的出版在业内引起较大反响,不仅发表了大量的优秀论文,还起到引导光学和激光领域的研究人员重视先进制造业的导向作用。在 2009 年,编辑部趁热打铁,策划“激光制造”专题,不仅发表国内激光制造领域最新研究成果,还发表了美国、加拿大、德国、日本等发达国家科研人员的 11 篇最新研究成果,吸引了国外优秀研究论文。2011 年出版了第二期“激光制造”专题,目前“激光制造”已成为《中国激光》的一个品牌栏目,发表的文章能够反映中国当前最新研究水平。

2009 年,基于半导体激光器和晶体材料方面的突破,固体激光器的发展极其迅速,在《中国激光》创刊 35 周年之际,策划“全固态激光技术”专题(图 2),共发表 50 余篇文章,包含 4 篇院士和 33 篇教授作为第一作者的高水平研究论文和综述,充分反映了我国全固态激光技术领域的最新研究进展。2010 年是激光器发明 50 周年的纪念年,全世界各个国家和研究机构都通过各种方式纪念这一重要器件的发明。《中国激光》在2010年策划了纪念激光器发明50周年特刊，邀请了我国各类激光器的发明人和有代表性的知名教授撰写研究论文、综述和回忆文章，共发表了42篇文章，包含9篇院士作为第一作者的综述论文和23篇各个激光器分支领域知名教授的研究论文，获得了很好的社会反响。通过持续策划激光器方面的各种专题，目前固体激光器已是《中国激光》最热门的特色栏目，深受广大科研人员的欢迎。

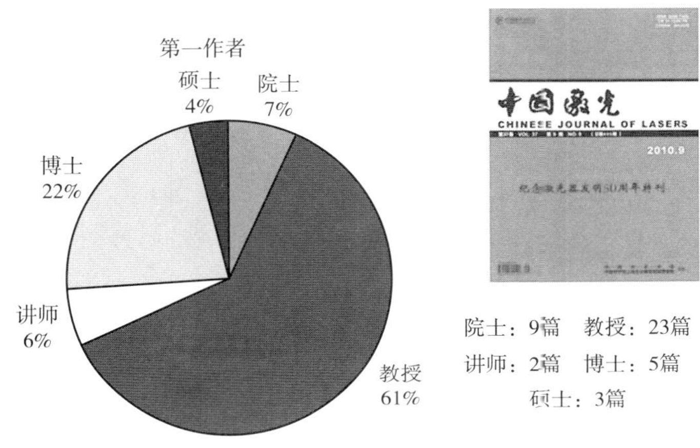

图2 《中国激光》纪念激光器发明50周年特刊

除以上专题，《中国激光》近年还策划了“光纤元件”、“光纤通信及器件”、“激光医学与生物光子学”、“新型光纤传感器件及网络技术”、“激光分子影像诊断与治疗监控”、“全息技术”等多个光学领域的热点专题，专题以集中形式快速报道了特定领域的最新研究成果，引起了广大学者的热烈反响和极大关注，形成了《中国激光》的多个特色栏目。《中国激光》编辑部将继续专家办刊的思路，每年策划数个热点专题和专栏，形成栏目品牌，继续提高发表论文的学术水平，使期刊的影响因子和总被引频次不断提高。

6 思考和发展设想

科技期刊的学术质量建设是编辑部的一个永恒的课题，《中国激光》多年来一直在通过各种途径、采取多种措施提高期刊发表论文的学术质量。对于今后期刊学术质量的提升，主要有以下几点思考和发展设想：

加强专题策划。专题策划是吸引优秀稿源的一个重要手段，今后还需要及时跟踪光学领域的研究热点，每年都策划数个特色专题栏目，吸引国内外最新研究成果发表在期刊上。

继续加强编委会和审稿专家队伍建设。虽然编辑部通过采用主编负责制、投稿同行评议制（外审制度）、栏目编辑制、特约编辑制（Topic Editor）来保证录用论文具有较高的学术质量，但还需要继续加强编委和审稿专家队伍的建设，建立稳定和可持续的专家队伍，确保每篇稿件都能送到最合适的审稿专家手中。

推动中文科技期刊国际化交流。与国外相关领域科技期刊编辑部就办刊模式、稿件处理流程等进行学习和交流，提高《中国激光》的学术质量。

参 考 文 献

[1]王劲松,于智龙,王萍.审稿中提升刊稿学术质量的实践[J].编辑学报,2012,24(5):489－490.
[2]姚雪绒.加强期刊审稿工作,提高期刊学术质量[J].中国科技期刊研究,2011,22(20):259－261.
[3]张前.学术不端与学术期刊的责任——学术不端事件引发的若干思考[J].青海社会科学,2009(6):199－204.
[4]张卫华.繁荣中文科技期刊应成为我国文化大发展的重要内容[J].编辑学报,2012,24(1):1－5.

Chinese Journal of Lasers: Strengthen Academic Quality Construction by Multiple Approaches

MA Yi,TONG Fei,YANG Lei,YIN Jianfang,HU Bing,SONG Meimei,LI Wenzhe
Editorial office of Chinese Journal of Lasers, Shanghai 201800

Abstract: By the introduction of multiple approaches of the strengthened academic quality construction, the author summarizes the experiences which provided a clear direction to the development of the journal in the future. It is introduced that the expert team building, the academic quality control, the enhancement of countermeasures of academic misconduct, the special issue planning and the calling of outstanding academic manuscripts. All the measures promote the journal's academic quality. We hope to explore the horizon of academic quality promotion and the development path of Chinese sci－tech periodicals by using this multiple methods.

Keywords: Sci－tech periodicals; Academic quality; Special issue planning

审稿编辑:初景利、李 麟

3.《系统工程理论与实践》

办刊实践与思考

李 琳[①]
《系统工程理论与实践》编辑部,北京 100190

摘要:《系统工程理论与实践》自创刊以来,办刊质量和影响力不断提高,得到国内外同行的广泛认可,被许多所大学和科研机构认定为核心期刊。文章介绍了期刊的基本情况、主要成果和特色分析,针对期刊发展现状,提出今后进一步发展的构想。

关键词:系统工程理论与实践;影响力;期刊发展

1 期刊基本情况

《系统工程理论与实践》是中国科学技术协会主管、中国系统工程学会主办的集系统工程、系统科学、管理科学、信息科学等为一体的综合科技期刊,创刊于1981年3月,是系统工程领域创办的第一个刊物,主要刊登系统工程理论与方法及其在管理、信息、金融、经济、能源、环境、军事、工业、农业、教育等领域中具有重要学术影响的创新理论和具有重要应用价值的优秀成果,记载和见证了中国系统科学与系统工程以及管理科学的成长和发展。

近年来,每年收稿3000余篇,发稿350余篇,管理科学领域稿件约占收稿量的65%,学术影响日益扩大,成为系统工程与系统科学和管理科学领域最有影响力的期刊之一。

刊物注重加强编委会及编辑部的自身建设,编委会担负着期刊的定位和品牌的创建等任务,编委会成员中有两院院士9人、海外编委23人。

编辑部工作已实现网络化,刊物网站(http://www.sysengi.com)具有作者网上投稿、查稿、专家网上审稿、编委网上批稿、编辑远程办公等功能,日均访问量千余次。自创刊以来的所有论文均可以在刊物网站免费下载,实现了开放获取出版。建立了学术论文对科技发展的快速反应机制,实现了优先数字出版。

2 期刊主要成果及特色分析

《系统工程理论与实践》自创刊以来,形成了科学性强、权威度高、影响力大、覆盖面广的刊物特色,始终坚持严格审稿和理论联系实践的原则,坚持为作者、读者服务的精神,坚持规范化出版和科学、严谨、高效、求实的工作态度,树立了良好的社会形象,受到国内外同行的普遍赞扬。

自创刊以来,办刊质量和学术影响力不断提高,得到国际国内同行的广泛认可。

---

① 中国科学院数学与系统科学研究院《系统工程理论与实践》编辑部主任,E-mail:xtllcw@iss.ac.cn。

1994 年起，被 EI Page One 数据库收录，2009 年进入 EI Compendex 核心数据库，也是中国管理学类期刊唯一进入国际 EI 检索的中文科技期刊。一直是全国中文核心期刊，入选中文社会科学引文索引来源期刊（CSSCI）。各项文献计量指标在本学科一直名列前茅。被国家自然科学基金委员会评为管理科学 A 级重要学术期刊，被中国科技信息研究所评为第一届、第二届中国精品科技期刊，被武汉大学中国科学评价研究中心评选为中国权威学术期刊。连续 7 年荣获中国科协精品科技期刊工程项目资助期刊，7 次被中国科技信息研究所评选为百种中国杰出学术期刊。所发表论文中，7 篇论文荣获中国科协期刊优秀学术论文奖，2 篇荣获中国百篇最具影响优秀国内学术论文奖。

《系统工程理论与实践》旨在促进系统工程学科的发展，繁荣系统科学事业，促进系统工程学科知识的普及与推广，促进国内外学术交流，提高我国管理技术水平。期刊内容定位是：系统工程在工业、农业、军事、教育、科研、经济与金融及信息管理等领域中的重要应用成果；解决实际问题的具有重要意义的创造性的优秀理论成果；主要内容为介绍国内外重大研究进展和人物等的动态报道和综述文章以及优秀书刊评介等。读者对象为从事系统工程、系统科学与管理科学等领域研究的师生和科研人员。

优质稿源是科技期刊学术质量的决定因素，也是形成科技期刊核心竞争力的基础。一份高质量的科技期刊一方面要客观地反映本学科的最新进展，另一方面还要积极引导本学科沿着正确的方向推进。期刊编辑部严把初审关，努力做到以稿件质量作为稿件取舍的标准，以稿件内容创新作为主要原则。同时密切关注中国科协发布的“学科发展报告”，把握学科发展动态和趋势，结合国家重点支持的高新技术领域，为遴选国家急需的前沿性研究成果提供依据。认真跟踪学科发展轨迹，密切关注和正确把握学科发展脉络，根据学科发展适时调整组稿重点，确保刊物能够及时有效地传播本学科信息。

积极参加相关学术会议。学术会议是编辑获取专业领域信息的有效途径，也是结识专家和约稿组稿的主要方式。参加学术会议不仅能够发现作者和审稿者，还有助于扩大期刊影响。因此，编辑部在每次参加学术会议之前，均认真做好参会准备，通过会议主办方了解参会人员的大致情况，做到有的放矢。在学术会议上加强对发表论文和期刊的宣传力度，从而吸引国内外具有前瞻性的研究成果在本刊发表，提高期刊的影响力及文章的创新性和前沿性。

为保证科技期刊以最快的速度传播最新的学科信息，不断完善审稿专家数据库，提高审稿专家的审稿质量。在送审的过程中，控制每位审稿专家每个月的审稿数量，减轻他们的审稿工作量。为保证能将稿件送到合适的审稿专家手中，经常与审稿专家进行沟通，了解他们的研究方向和现状。定期对审稿专家的审稿情况进行统计，发掘出审稿速度快、审稿质量高的专家，并利用编委会推荐、学术会议、作者推荐、网络查询、参考文献查询、专家自荐等方式不断增加新的审稿专家，扩充审稿专家数据库，帮助并督促审稿专家不断提高审稿质量，建立起一支动态的、高水平、高效率的审稿专家队伍。

为吸引国内外具有前瞻性的研究成果，编辑部把当期论文在网上发布的时间较纸质版提前 1 个月左右，读者能尽早查阅到最新文献。为切实提高论文的时效性和影响力，编辑部与中国知网达成期刊优先数字出版协议，对已经录用的论文，在征得作者同意后，可将论文实时传送到数字出版平台,加快出版速度。另外,为方便读者查阅文献,编辑部经过两年的努力,完成了对创刊至今所有发表论文全文的回溯建库工作,在《系统工程理论与实践》期刊网站可以方便快捷地查询和免费下载。

3 发展构想

《系统工程理论与实践》近年来收稿量不断增长,刊发的论文质量很高,影响越来越大,成为系统工程与系统科学和管理科学等领域最有影响力的杂志之一。但是期刊需要继续提升质量,从而吸引更优质的稿源。

期刊的编委会成员大多是学科领域出类拔萃的专家学者,期刊应充分利用编委会资源,请编委写稿荐稿,让编委有参与感和责任感,真正融入到期刊的发展中来。另外,期刊应在各种场合,以各种形式来展开宣传,提高国内国际的知名度和影响力。主办单位举办重要的学术会议时,邀请知名专家学者与会,从而发掘优质稿件和优秀的审稿专家。

如何缩短出版周期也是需要进一步探索的方向。论文出版时滞是指论文出版日期与编辑部收到稿件日期的时间差,它标志着论文发表的及时程度以及新的科研成果与外界交流的速度。由于期刊收稿量大,录用率低,为保证优秀论文快速及时发表,近几年不断增加刊载容量,但是出版时滞仍然很长。拟考虑通过加快稿件处理过程来缩短出版周期,稿件送审时尽量选择审稿速度快、质量高的专家,缩短审稿周期。完善评审意见规范,要求审稿专家给出详细的评审意见,不仅可以吸引更多的优秀学者投稿,还可以缩短作者修改稿件的时间,加快稿件处理过程。

参 考 文 献

[1]宫福满,邓秀林.科技期刊稿源的可持续性经营[J].编辑学报,2008,20(2):103-105.

[2]郭雨齐,董茼,王桂颖.科技期刊编辑参加学术会议策略[J].中国科技期刊研究,2011,22(1):142-144.

[3]聂兰英,王钢,金丹,等.论科技期刊审稿专家队伍的建设[J].编辑学报,2008,20(3):241-242.

[4]李琳.2006-2010年《系统工程理论与实践》载文统计分析[J].数学的实践与认识,2011,41(13):72-77.

Systems Engineering-Theory & Practice: The Analysis of the Practical Work

LI Lin

Systems Engineering-Theory & Practice Beijing 100190

Abstract: The quality of papers published in *Systems Engineering-Theory & Practice* (abbrev. SETP) has been improved greatly, and the journal's impact is becoming more and more extensive and thus it is widely recognized by the domestic and foreign counterparts, and has been accepted as a major key journal by many universities and academic institutes. This paper introduces the basic situation, main outcomes and features analysis of SETP. In view of the current situation, the author points out the further development of SETP.

Keywords: *Systems Engineering-Theory & Practice*; Influence; Development of journal

审稿编辑:初景利、李　麟

4.《中国管理科学》

质量管控的措施设计与实施途径

许保光[①] 傅宝娟

《中国管理科学》编辑部,北京 100190

摘要:介绍《中国管理科学》杂志的基本情况、期刊的学术定位、对论文的学术价值选择以及关注的研究领域。期刊为保证出版质量,建立一套质量评估体系、论文评价标准和编审专家队伍建设的情况。提出面对与国内外期刊竞争的环境,《中国管理科学》采取的应对措施和对未来的思考。

关键词:质量管控;论文评价标准、编审专家

1 期刊基本情况

《中国管理科学》是由中国科协一级学会中国优选法统筹法与经济数学研究会和中国科学院科技政策与管理科学研究所主办的一级学术期刊。创刊于 1984 年,原名《统筹与管理科学》,主编华罗庚,季刊。期刊于 1993 年正式更名为《中国管理科学》,现任主编蔡晨,副主编许保光、李建平,双月刊,192 页。

《中国管理科学》致力于促进我国管理科学学科领域理论、方法和应用研究,鼓励跟踪国际学科前沿与热点的创造性研究,推动我国管理科学整体研究水平的提高。20 多年来,《中国管理科学》努力扶持中青年优秀人才成长,更好地为经济建设和学科建设服务。通过学术交流会议、期刊网站宣传、扩大发行范围和发行量、向国外管理科学界赠送刊物等方式反映我国管理科学的最新研究成果,促进国内外学术交流。

《中国管理科学》具有很高的国内知名度,获得多项国家级奖励,并被权威索引工具收录。《中国管理科学》是国家自然科学基金委管理科学部认定的管理科学 A 级重要期刊;2008 年入选首批国家科技部评选出的精品科技期刊(国内管理科学类期刊仅有 2 种入选);2011 年《中国管理科学》再次入选第二届精品科技期刊(国内管理科学类期刊共有 3 种入选);是国内管理科学类唯一连续 2 年获得中国科学技术信息研究所评选的“百种中国杰出学术期刊”称号的期刊(2010 年、2011 年);入编北京大学《中文核心期刊要目总览》2008 年版(第五版)和 2011 年版(第六版)核心期刊;被中国社会科学院文献计量与科学评价中心评选为“中国人文社会科学核心期刊”(2008 年版);入选“2012 年度中国科协精品科技期刊工程项目——期刊学术质量提升项目”,获得项目资助 45 万元;在中国知网举办的 2012 中国最具国际影响力学术期刊报告大会上被评为 2012 中国最具国际影响力学术期刊(人文社科期刊)。

《中国管理科学》的稿件来源主要是大学、研究机构、企事业单位相关研究工作者。

---

① 中国科学院科技政策与管理科学研究所研究员,《中国管理科学》副主编。E-mail:xbg@ casipm. ac. cn。

期刊关注的领域为管理科学与工程、经济金融、企业管理、区域发展及当前管理中的热点问题。期刊强调管理科学的理论与方法在解决问题中的应用，强调定量分析工具，要求研究结论“逻辑上站得住，数据上有支撑”。

论文选用标准主要依赖与论文研究问题的学术前沿性：论文研究的问题是相关领域研究的热点和企业生产管理中提出的实际问题；论文在内容组织上有定量分析方法支持，从理论角度对问题特征进行分析；强调社会关注的问题，能够从实际数据分析现实中社会管理、生产管理中的问题。

2 期刊的学术质量建设

2.1 论文质量评价标准

论文质量是一篇论文的核心，反映期刊的学术水平，也反映出论文选题的前沿性与准确性。高质量的论文包含的学术信息量大，在对某一领域的介绍和对学术进展的把握方面能最大限度地为读者提供参考。此外，高质量论文有方法创新，为解决相关问题提供新思路和技术手段。

2.2 提升杂志质量的有效途径

2.2.1 加强期刊优秀选题组稿

从近几年各学术期刊的投稿情况来看，我国科研工作者的许多优秀稿件都投向了国际期刊，这也是中国学术界重外轻内的一个反映，说明了一个社会现象。因为中国的学术期刊以中文期刊为主，不利于研究成果的交流推广，另外一个原因与社会的评价标准有关。

对一个期刊来说，是否具有学术的前瞻性能够决定其未来。同时对学术方向的引导是一个学术期刊应有的职责。学术期刊的稿源主要来自全国各高校及科研院所的研究工作者。编辑部必须总览国内外管理科学领域的全局，抓住学科重点、前沿的问题，精心打造有特色的学科栏目，才能争取更多、更好的优秀论文来稿。

具体来讲，编辑部应广泛听取编委会、作者、读者的意见，依靠编委、专家组织等策划重点专题，根据学科优势，打造有本学科特色的栏目，努力形成具有本刊特色的组稿模式。只有这样，才能源源不断地吸引优秀稿源，不断提升本刊的学术质量，成为真正的精品科技期刊。

编辑部要基于编委会的专家意见，在广泛听取意见的基础上，综合判断，选定学术方向。面向国内相关领域的专家，组织稿源，争取在时间上领先发布一个新方向的研究内容，为广大的科研工作者服务。

2.2.2 加强审稿专家的队伍建设

审稿队伍的组成，是一个科技期刊的重要支撑。《中国管理科学》的期刊面向各行各业，其受众面极大。同时管理科学涉及的学术领域广泛，投稿稿件所研究的问题既有理论方法方面的，也有专业技能方面的。许多研究具有相关领域的特色，这需要对专业技能的认知。而随着社会分工的细化，不同专家的专业知识也逐步细化。这为评判稿件的科学性与前沿性带来了困难。因此，强大的审稿专家队伍，是期刊学术质量的基本保障。建立作者、审稿专家、编辑、读者等四位一体的队伍是办好学术期刊的关键。

本刊的专家队伍建设遵循老中青结合的梯队概念。“老”体现在本刊有大量本学会的老队员，他们是中国管理学界的先驱，具有深厚的实践经验与理论基础；还有一批管理学界的资深科学家，是不同管理研究领域的专家。“中”体现在当前处于管理学院、研究机构的学科带头人，是当前管理学界的中坚力量；“青”体现在刚步入科研领域的青年导师、博士后，他们在一个领域有特长，并且对研究具有广泛的兴趣，愿意为同行评议服务。

退出机制：根据专家的稿件处理的时间周期、评审质量，逐步进行调整。

补充机制：通过期刊学术年会介绍、大学学院推荐、老专家推荐，每年补充一些青年科学家。另外，根据期刊发展需要逐步增加对国外专家的聘请。

2.2.3 加强期刊编委队伍建设

编委会是期刊建设的直接保障。纵观现有的杂志建设，各杂志都组织了一批高水平的专家学者作为杂志的编委。实际上，国内外主流杂志的编委会的成员都是各个领域领先的专家，能够准确把握一个领域的发展方向与学术动态。这些与前面强调的期刊学术水平的建设是相辅相成的。同时，知名专家的周围是一个学术团队，带动了一批学者，也能够为期刊带来具有先进的学术研究成果的稿源。

编辑部2012年已对编委会成员进行了一定程度上的调整，聘请了更多的国内外管理科学领域的资深专家，也吸纳了本学科的杰出青年获得者作为《中国管理科学》的编委，编委会成员由原来的25人增至29人。编辑部还将聘请国际上管理科学界的专家、学者加入到编委队伍中来，更好地为期刊服务，并且充分有效地发挥其作用，更好地提升期刊质量和在国际本学科领域的知名度。

3 信息化的建设与宣传

期刊在信息化建设方面充分利用通信技术，提高服务速度，接受社会对期刊的反馈意见。提高期刊信息化平台的服务质量，为作者、读者提供一个通畅、透明的途径，也为杂志提供一个宣传的途径，提高杂志受众面，让广大科技工作者对杂志有较深的认识。建立有效反馈机制，通过网络信息化建设，建立论坛，随时听取广泛意见，及时了解跟踪出现的各种问题。

《中国管理科学》于2008年建设完成期刊采编系统并投入使用，结束了作者邮寄稿件、人工登记稿件、邮寄送审稿件的时代，使广大作者、读者可以通过网络投稿，外审专家可以进行在线评审；进一步实现了作者在线查稿，作者在线留言，编辑、外审专家、主编在线审稿，文章检索，在线订阅，在线下载等功能；期刊网站刊载了《中国管理科学》从1993年至今的全部文章的PDF格式，免费提供给作者、读者们下载阅读。为了更好地完善期刊网站功能，维护网站高效运行，编辑部于2011年对期刊采编系统全面升级，使网站更快捷地服务于广大作者、读者及评审专家。

4 对未来的思考——走国际化的道路

响应国家“十二五”科技发展规划发展需求，走期刊的国际化道路。期刊发行现在处于信息化的变革时期，好的思想、创意都利于交流与传播。同时通过期刊的国际化，可以从选题、发行、构建知识网络多个方面促进期刊的发展。

《中国管理科学》的国际化从当前现状来看,有一系列的准备工作需要展开:建立由国内外专家组成的编委会、与国际上不同国家与地区的机构与学者建立联系、争取稿源、组建外文评审队伍。聘请专门的英文编委从事国内外学术发展的动态监控,争取《中国管理科学》英文版的创刊。

参考文献

[1]黄蓉,朱晓文,刘培一. 学术期刊质量建设的相关因素分析[J]. 出版广角,2008,(5):10－12.

[2]李静波. 论加强期刊信息化建设的必要性[J]. 湖南第一师范学报,2007,7(4):133－136.

[3]何英. 提高科技期刊质量的几个问题[J]. 中国科技期刊研究,1998,9(3):155－157.

[4]任胜利,严谨. 如何提高科技期刊的影响[J]. 中国科技期刊研究,2001,12(1):6－9.

[5]袁桂清,游苏宁,包务业,等. 中国科技期刊发展战略研究. 中国科技期刊研究[J],2006,17(6):1050－1055.

[6]胡青. 从国际期刊走势看我国科技期刊的发展[J]. 中国科技期刊研究,2004,15(4):371－373.

[7]宋培元. 中国科技期刊五十年. 中国科技期刊研究[J]. 1999,10(3):169－171.

Journal Quality Control Procedure and Practice

XU Baoguang, FU Baojuan

Editorial Office of Chinese Journal of Management Science, Beijing 100190

Abstract: The general status of *Chinese Journal of Management Science* is introduced, including the journals academic location, selection on paper's academic value, and research fields focuses. To guarantee the publication quality of the journal, the evaluation criterion, referees and editor expert database and evaluation system are constructed. Further, some response strategies are discussed.

Keywords: Quality control; Article evaluation standards; Editors and reviewers experts

审稿编辑:初景利、李麟

5.《力学进展》

中文综述性期刊的办刊思路与发展模式

刘俊丽[①] 汤亚南
《力学进展》编辑部,北京 100190

摘要:《力学进展》是以刊登综述性评论文章为主的综合性学术期刊,是国内力学界唯一一份发表综述性文章的中文刊物,其发表的学术文章对中国力学界有着重要影响。本文详细阐述《力学进展》的发展历程、特有的办刊思路以及发展模式,总结发展过程中遇到的问题,提出期刊发展的目标,为将期刊创办成国际性高水平期刊而努力。

关键词:《力学进展》;力学;综述;综合性学术期刊

《力学进展》是由中国科学院主管、中国科学院力学研究所和中国力学学会联合主办的以刊登综述性评论文章为主的综合性学术期刊,其宗旨是为促进力学学科的发展和力学人才的成长服务。读者对象为力学及相关学科领域的科研、工程技术和决策管理人员以及高等院校师生。《力学进展》着重反映力学前沿的重要进展、新兴领域中的活跃状态、力学与其他学科交叉的研究进展,同时也反映那些历史较为悠久的分支学科中的新进展。期刊创刊40 年来共出版了182 期。它记录了力学学科前进的脚步,丰富了力学学科资源的宝库,引导了一批又一批投身于力学科研的学生及科研工作者的学习与研究工作。依托高效的编委会、规范严格的审稿制度以及丰富的稿源,保证了《力学进展》的持续发展能力,形成了良好的品牌效应。

1 发展历程

1971 年9 月中国科学院力学研究所创办了内部刊物《科技情报》,1972 年下半年改名为《力学情报》,并以季刊出版,向我国力学界介绍国内外力学发展的状况。1979 年第9 卷第3 期起改刊名为《力学进展》。1982 年正式成立编辑委员会。著名力学家谈镐生任第一任主编,副主编由钱伟长、陆士嘉担任;吴承康、郭仲衡、陆明万、董务民任执行编委。也就是从那时起,期刊明确其刊载内容集中于力学的综述评论性文章。《力学进展》的历届主编和编委都由中国最优秀的力学家担任。经过多年脚踏实地的努力,1992 年《力学进展》入选中文核心期刊。

《力学进展》于2000 年荣获中国科学院优秀期刊奖二等奖,连续数年入选中国精品科技期刊和中国百种杰出学术期刊,并荣获2012 年中国国际影响力优秀学术期刊奖励。为了更迅速地反映国内外力学学科的发展,期刊于2008 年改为双月刊。根据中国科学技术信息研究所的《中国科技期刊引证报告》统计,2005—2010 年,《力学进展》影响因子

① 中国力学学会办公室副主任,《力学进展》编辑部主任,副编审,E-mail:liujunli@cstam.org.cn。

连续 6 年稳居力学类期刊第 1 名,2010 年《力学进展》影响因子突破 1,创力学领域科技期刊影响因子新高。

《力学进展》的论文评述当前,展望未来,引证大量参考文献,是研究工作的重要参考资料。《力学进展》的评述论文具有很高的可信度和权威性,历来为国家自然科学基金委员会、中科院、力学所制定力学发展规划的重要参考依据。国家自然科学基金委员会数理学部原主任、现任主编白以龙院士说:"《力学进展》和国际著名的《应用力学评论》(*Applied Mechanics Review*)、《流体力学年鉴》(*Annual Review of Fluid Mechanics*)和《应用力学进展》(*Advances in Applied Mechanics*)并列为研究工作开题时必读的 4 本杂志。"。

2 办刊思路

《力学进展》有一支高水平的编委会,编委会成员由国内外各大著名高校及科研院所的院士、教授及学科带头人组成,且每两个月开一次常务编委会,不仅讨论稿件质量问题,还要讨论约稿组稿问题。在办刊过程中,编委会清楚地认识到:学术质量是期刊的生命线,提升学术质量是期刊不变的追求。

2.1 加强期刊优秀选题组稿力度

(1)发挥编委会能动性,定期讨论组稿方向。在常务编委总审会上,会根据当前科研的热点讨论组稿方向,落实负责编委,并针对力学学科前沿热点,有计划地策划专刊约稿。选择有发展前景的若干力学研究方向组织专辑评述:即每次围绕一个方向约请若干国内外知名专家从不同的角度撰写综述评论文章,集中于一期内发表,并提供较详细的重要参考文献,向读者展示该方向最新发展的全貌,从而达到开阔学术思想、启发探索兴趣、提供研究导向的目的。每年都针对学科热点及前沿、国家重大专项、国家重大需求等内容组织出版专题专刊(如高速列车、纪念钱学森、航天与力学、生物力学、激波与爆轰物理、湍流、新能源等),深受读者欢迎,并为学科发展、国家民生和国民经济发展做出贡献。近年来期刊每年至少出 2 期专刊,这些专刊中的文章在中国知网和本刊网站上都有很高的下载量。

(2)深入力学学科重点高校和科研院所,同优秀专家保持密切联系,以便组约优秀稿件,还广泛听取专家学者对期刊组稿方向的意见和建议,随时调整组稿方向。

(3)通过参加学术会议、电话、E-mail、发送调查表等方式与广大读者、作者形成互动,了解不同层次的作者、读者要求,定期整理他们的意见和建议,以调整组稿方向。

(4)向国家杰出青年科学基金获得者广泛约稿。为了反映我国当代青年科学工作者的工作成果,我刊还重点针对刚刚获得"国家杰出青年科学基金"称号以及在力学领域获得科技青年奖的青年学者进行组稿活动,力求在力学界树立科研榜样,给更多的科研学者提供借鉴,也让更多的读者了解力学及力学工作者的科研成果及最新发展动态。

(5)追踪国家"973"计划、"863"计划、国家自然科学基金重点项目的进展。密切关注国家重大项目的进展,选择能够反映我国力学领域科技成果的项目进行约稿工作,以期反映当前我国力学学科发展状态,展示我国科研发展水平,推动力学学科的进一步发展。

(6)与国内一流实验室、科研机构保持良好的互动。对全国各大高校和科研院所的国家重点实验室进行调研,有针对性地进行约稿和组稿,内容涉及实验室科研成果及发展动态、实验室年报、实验室介绍等内容。

2.2 重视编委会队伍建设

当前《力学进展》编委会是第四届编委会，由67位国内外知名高校和科研院所院士、教授、专家和学术带头人组成。白以龙院士担任主编，有4位副主编协助主编，还有特邀外籍编委5位，并设有常务编委28人。现任编委都在科研一线工作，学术造诣深厚，研究领域覆盖了力学学科的各主要分支。他们结合编刊工作的实际需要，密切关注国内外力学科研工作的发展动态和力学科研领域的前沿热点问题，积极参与到本刊的组稿、审稿以及制订各项编辑出版制度、出版计划等工作中。

为了期刊的可持续发展，增强期刊的国际化影响力，《力学进展》近期将进行编委会换届。将吸纳一批优秀的年轻化的科研工作者充实编委会队伍；并通过增补外籍编委，提高编委的国际化程度；计划编委会构成中，中青年编委所占比例达到60%以上，且必须是活动能力强的学科带头人，以便能及时追踪国内外力学领域研究热点的最新进展与动态，进行约稿活动，提高我刊对科技前沿热点的追踪的时效性。

2.3 构筑审稿专家队伍

编委会清楚地认识到严肃审稿是保证期刊学术质量的永恒主题，不断加强审稿队伍的建设也是期刊工作的重点。

(1)优化并扩充审稿专家队伍。建立审稿人审稿效果记录，对审稿结果进行评级，提高专家队伍的评审水平。通过查询其他期刊发表文章作者的信息、参加学术会议等多途径收集查找优秀专家信息，扩充我刊审稿专家库。调研国内重点高校、科研院所重点实验室的研究人员信息，增加组稿对象及扩大审稿专家库。通过编委会推荐、作者推荐等多种方式了解审稿专家近年来的研究方向及学术成果，不断补充、更新审稿专家数据库。借助中国力学学会的学术资源，与学会主办的多种期刊共享合并审稿专家库，扩大审稿专家队伍。把高水平的作者经过编委会讨论更新为审稿专家，并规定每位录用稿件的作者须每年审理至少两篇稿件。

(2)奖励审稿质量较高的专家。在每两个月一次的常务编委定稿会上，与会编委对审稿意见进行评审，并对审稿专家进行打分。考虑到综述性稿件的特点，审稿专家花费时间和精力较多，针对审稿态度端正、审稿质量较高的审稿专家进行奖励，如审稿费提高50%、赠送刊物、在期刊上公布优秀审稿专家信息、免收部分版面费等。

2.4 缩短出版周期

(1) 优化出版流程。为了进一步提高稿件的送审质量、缩短出版流程，编委会进行了多次讨论，优化了出版流程。稿件实行编委初审、外审（由编委推荐审稿人）、编委总审、上会评议（常务编委会总审会）等制度，提高审稿速度。针对时效性较强的稿件，实行快速通道进行审稿。

(2)减少审稿时滞。为了使稿件及时并准确地送审，由编委推荐的审稿人，在稿件送审前，先进行电话通知，保证稿件能在规定时间内审理；对送审超过20天的外审专家通过电子邮件进行催审，如果催审两次后，仍未审回，马上告知编委，更换外审专家，重新审理。这样大大减少了审稿时滞，提高了审稿速度。

(3)加强出版制度建设，大力提高编辑工作的效率。编辑人员实行全员岗位聘任，编辑出版责任到人，完成工作的质量、数量与绩效工资挂钩，以提高编辑的责任心。不断改进编审校制度及流程,提高工作效率。

2.5 提升数字化、网络化水平

(1)与知网合作,实现网络优先出版。使用知网的科技期刊优先出版平台工程,使稿件先于印刷期刊发表,缩短出版周期,解决论文发表时滞过长的问题。实现期刊论文按篇即时在线出版,切实提高学术期刊文献出版的时效性和影响力,争取科研成果的首发权,提高期刊的影响面。

(2)不断提高编辑出版的信息化程度。网络采编系统和网站改版等数字化基础设施建设到位。实现了无纸化办公,做到作者网上投稿,外审及编委通过远程编辑系统处理稿件。网站主页增加了图文并茂的精彩文章推荐,同时在内容导读、文章检索等方面以崭新的面貌服务于广大作者、审者和读者。

3 结束语

在广大作者、读者、审者、历届编委会和编辑部的共同努力下,在中国科学院力学研究所、中国力学学会、国家自然科学基金委员会数理学部力学处的大力支持下,尤其是在中国科协精品科技期刊工程项目的支持下,《力学进展》取得了一些成绩。回顾《力学进展》40 年的发展历程,可以自豪地说《力学进展》为中国的力学研究起到了重要的推动作用。然而,中文期刊尤其是综述性的中文期刊当前也遇到了很多的困难和挑战,其中最大的困难是优质稿源不足问题。对于综述性文章,其作者要具有较高的学术水平、在该领域有较高造诣,但是这些专家往往公务繁忙,没有时间和精力撰写高水平的综述性文章,高水平综述文章约稿难度较大,这就对编辑部的约稿工作带来了巨大的挑战。为了发展中国力学,保持刊物特色,我们更需要加大力度组织高质量稿件。

《力学进展》将以世界最优秀的国际期刊为发展方向,打造中国最具权威、最具影响力的力学综合性期刊,更好地发挥其在促进科学研究、传播科学成果中的重要作用,为科技自主创新和建设创新型国家做出更大贡献!

参考文献

[1]谈镐生.《力学进展》创刊30年[J]. 力学进展,2001,31(3):321.
[2]白以龙,朱如曾.《力学进展》四十年[J]. 力学进展,2011,41(5):479.

Development Pattern and Management Ideas for Chinese Review Journals

LIU Junli, TANG Yanan
Editorial Office of *Journal of Advances in Mechanics*, Beijing 100190

Abstact: *Advances in Mechanics* is an academic journal in Chinese that mainly publishes review articles in the field of mechanics. The journal has significant influences in the field of

China. This paper shows the history, unique management ideas, and development pattern of the journal, illustrates the problems met in the management, and proposes a method of developing an international academic journal with high level.

Keywords: *Advances in Mechanics*; Mechanics; Review; Comprehensive academic journal

审稿编辑:马建华

6.《中国有色金属学报》

服务科教兴国战略　打造有色精品期刊

彭超群[①]　龙怀中　袁赛前　何学锋　李海亮　高焕芝　王海东

《中国有色金属学报》编辑部，长沙　410083

摘要：介绍了《中国有色金属学报》的发展历程和报道特色，总结了其创刊22年来取得的主要成绩，探讨了其面临的机遇和挑战，提出了其发展目标与发展思路。

关键词：中国有色金属学报；发展模式；报道特色；期刊评价指标；数字化

《中国有色金属学报》创刊于1991年10月，是中国科协主管、中国有色金属学会主办、中南大学承办的高科技、基础性学术期刊，以有色金属材料科学与冶金工程作为主要报道对象。目前设置的主要栏目有结构材料、功能材料、计算材料学与数值模拟、矿业工程、冶金工程、化学与化工等。

《中国有色金属学报》突出有色金属材料科学及冶金工程学科特色，及时报道该领域的新理论、新技术和新方法，紧密跟踪有色金属科技发展新动向，鼓励学术争鸣，积极促进国内外学术交流，现已成为国内材料科学与冶金工程领域的精品科技期刊、有色金属材料科学与冶金工程领域的领衔科技期刊。

自2006年中国科协实施精品科技期刊资助项目以来，《中国有色金属学报》分别得到了第一期（2006—2008年）、第二期（2009—2011年）和2012—2014年“精品科技期刊培育计划：期刊学术质量提升项目”资助，编辑部根据项目计划书的要求按质、按量、按时完成2006—2011年预期任务，实现预期目标，并且取得良好效果，2012—2014年资助项目的相关工作正在有序进行。以下从《中国有色金属学报》取得的主要成绩、面临的机遇与挑战、发展目标与前景展望三个方面进行总结。

1　取得的主要成绩

1.1　聚焦学科前沿与交叉领域，着力报道最新研究成果

随着科学研究的深入和发展，材料学科与物理、化学、信息、生物等学科领域的交叉日益增多和加深，有色金属研究的领域不断拓宽。近年来，《中国有色金属学报》通过策划、选题、组稿等措施，报道了有色金属领域许多最新研究成果。

（1）合金熔炼过程熔体纯净化、电磁铸造、喷射沉积、半固态成形、水平连铸、铝合金铸轧、连续挤压、固溶强化、回归再时效处理、水平连铸－行星轧制；

（2）以材料纯净化、超均质化、微合金化以及组织超细化为特征的强韧化技术，提高有色金属材料使用性能的各种物理、化学表面处理技术；

① 中南大学《中国有色金属学报》编辑部，副主编兼编辑部主任，研究员，E-mail：pcqpcq@ csu. edu. cn。

(3)基于相平衡与性能平衡理论的组织设计,多相合金系统的相平衡与相关研究,复合材料中的界面特征及其对性能的影响,材料组织纳米化及其对材料性能的影响;

(4)快凝铸轧、电磁场铸轧、电磁场快速铸轧和强加工制备材料;

(5)生物冶金与环境工程。

1.2 获得学术界及管理部门认可,品牌优势突出,理论和实用价值显著

《中国有色金属学报》学科特色鲜明,学术水平高,已被众多著名的国际检索系统和10多种国内著名全文数据库及文摘刊物列为来源期刊,例如:《工程索引》、《化学文摘》、《中国学术期刊文摘》、《中国学术期刊网》等;曾多次获得国家级和省级期刊奖励,例如:2012年中国科学文献计量评价研究中心中国最具国际影响力学术期刊、中国有色金属学会中国有色金属出版物(期刊)一等奖、教育部科技发展中心中国科技论文在线优秀科技期刊奖一等奖,2010年首届湖湘优秀出版物奖一等奖,2003—2011年中国科技信息研究所第2~10届中国百种杰出学术期刊,2004—2008年第2~6届中国科协期刊优秀学术论文奖,2005年、2007年湖南省第2、第3届十佳科技期刊,2007年中国有色金属工业协会全国有色金属行业优秀科技期刊奖一等奖,2009、2011年中国科技信息研究所精品科技期刊,2007、2009、2011年中国科技信息研究所中国百篇最具影响国内学术论文,2009年中国期刊协会新中国60年有影响力的期刊等。

《中国有色金属学报》发表的科研论文,不仅阐明最新基础理论研究成果,而且充分结合生产实际,提出新的工艺技术,对科技工作者进一步开展技术开发,特别是在技术集成创新方面,发挥了积极推动作用,获得了显著的社会效益和间接经济效益。许多科研院所和高等院校,将其在本刊发表的论文作为申报国家级和省部级奖励、鉴定科研成果、评估国家级和省部级重点实验室和学科建设、申请研究课题或准予学位论文答辩的重要依据。

1.3 出版规模扩大,发表周期缩短,期刊评价指标稳步上升

《中国有色金属学报》创刊于1991年10月,1991—1999年为季刊,2000—2004年为双月刊,从2004年起改为月刊出版。

《中国有色金属学报》在2000年改双月刊之前,年发文总量不到300篇;2004年改月刊之后,年发文总量稳定在350篇左右,发表周期控制在8个月以内。2012年发文总量达到480篇,出版总页码超过3600面,出版规模在同类学术期刊中位居前列。近10年来,《中国有色金属学报》的总被引频次、影响因子和高被引指数均居同类科技期刊第1位;2010、2011、2012年其总分综合排名分别居中国科技信息研究所1946种、1998种和1998种核心版源期刊的第4位、第7位和第8位。

1.4 网站建设和数字化出版取得重大进展,论文使用价值日益提高

《中国有色金属学报》从1996年开始自建门户网站,2007年开始开放全文免费浏览。目前编辑部已建成全中文界面和全英文界面两个网站,全面实现在线投稿、在线审稿、在线查询、远程办公、发表预告、网上写作培训、全文开放获取和在线检索等多项功能;已完成1991创刊以来全部过刊的上网工作,使读者可以通过《中国有色金属学报》了解我国科技工作者20多年来在有色金属工业领域取得的研究成果。全中文界面和全英文界面两个网站界面友好,功能完善,信息丰富,处于全国同类学术期刊网站建设领先水平。2008年以来,《中国有色金属学报》在自建门户网站上的文摘总浏览量和全文总下载量

分别达到140万次和90万篇/次。

2　面临的机遇与挑战

2.1　我国有色金属工业持续发展，为保障稿源提供强力支撑

改革开放以来，特别是新世纪头10年，我国有色金属工业持续、快速发展，一跃成为世界有色金属生产和消费大国。产业技术装备水平优化升级，综合实力和竞争力显著提高，在国际同业中地位和影响力日趋提高。

进入21世纪以来，我国有色金属工业取得了辉煌成就：生产持续、快速增长；规模以上企业经济效益大幅上升；进出口贸易总额不断攀升；完成固定资产投资大幅增长；节能减排成效显著；产业结构调整取得积极进展；境外资源开发取得重大突破；企业兼并重组取得明显进展；企业直接融资成效明显；科技创新和技术进步成效显著。

科学研究的整体水平决定科技期刊的学术质量，只有高水平的科学研究才能产生高水平的科技成果和科研论文，才能办成高水平的科技期刊。新时期有色金属工业的战略性新兴产业化发展对有色金属科技创新提出了更高要求，国家将投入更多的人力、物力和财力用于开展相关研究与开发，必将产生更多的高水平科技成果，从而对有色金属行业科技期刊发展起到强有力的支撑作用，为《中国有色金属学报》的持续、快速发展提供可靠的稿源保障。而《中国有色金属学报》则通过发表大量高水平论文，搭建学者之间的高层次交流和互动的平台，推动学术繁荣和科技进步，从而提高劳动生产率，实现产品升级换代，达到节能、降耗、减排目的，促进有色金属工业快速、持续发展。

2.2　稿源竞争激烈，难以吸引优质稿件

材料科学研究属于国际、国内十分活跃的研究领域，国内外高水平材料科学期刊数量众多，国内学术界长期存在重视国外期刊而轻视国内期刊的严重倾向，且将SCI和影响因子的地位提得很高，大量高水平稿件流向国外期刊或集中到国内SCI源期刊。尽管《中国有色金属学报》期刊评价指标居国内同类期刊领先水平，但它不是SCI源期刊，受国内科研评价体系制约，在吸引优质稿源方面存在较大困难。建议国家自然科学基金委、科技部和教育部等科研资助机构出台相关政策，规定凡是国家资助的项目须保持一定比例的高水平论文在国内中文版期刊上发表，以方便国内读者了解同行相关研究，促进国内学术交流。建议中国科协在评选“青年科技奖”和开展其他科研评价活动时，要求申请者有一定数量的高水平论文发表在国内优秀中文学术期刊上。

2.3　编辑人员严重短缺，综合素质有待提升

国内研究生招生规模急剧扩大，发表论文的数量要求大幅度提高。因为《中国有色金属学报》在国内材料科学界具有重大影响，来稿数量多，审稿任务重，编校工作量大，编辑人员超负荷工作，身体健康难以得到保障，并对审稿和编辑质量造成一定影响。我们希望主办单位提供更好的办刊条件，引进和培养高素质的编辑人员；同时，主管部门如中国科协和中国有色金属学会加大资金投入，改善办刊队伍能力不足的现状。

创办一流科技期刊对编辑素质要求很高，没有一流的编辑绝对办不成一流的科技期刊。与国内同类科技期刊相比，《中国有色金属学报》编辑队伍的综合素质整体较高，但还不能完全满足其快速发展要求，专业结构、学术水平、英语表达和社交能力等均有待改进或提

高。我们希望主管、主办和承办单位着力改善编辑待遇,增加编辑岗位的吸引力,引进和培养高层次人才,并做好编辑人员的继续教育和在职培训,更新其知识,满足刊物快速发展要求。

3 发展目标与前景展望

展望未来,主编和全体编辑人员深切地感受到,尽管《中国有色金属学报》实现了快速发展、取得了不俗成绩,在国内同类期刊中处于领先地位,但与国际同类刊物相比仍有不小差距,追求卓越依然任重道远。当今世界科技期刊的发展呈现出版数字化、内容专业化等趋势,科技期刊对于稿源和读者的竞争已超越国界和语言,竞争态势日趋激烈。为了把《中国有色金属学报》办成科技工作者喜爱、拥有较高知名度和信任度的可持续发展的品牌期刊,编辑部将一如既往地努力把握科技期刊的发展趋势,认真研究《中国有色金属学报》当前存在的主要问题和影响其发展的主要因素,采取有效措施,提高论文学术质量,找到最适宜的发展模式。为此,编辑部将进一步明确《中国有色金属学报》的目标和定位,强化创新意识和竞争意识,始终把读者的需求作为工作的出发点,依靠高水平的作者队伍和审稿专家队伍,着力培养高素质的编辑团队,切实抓好组稿、审稿和编校三个环节,坚持以国家目标为导向、以服务国家经济建设和科技创新为原则组织选题,办出特色,使之成为材料科学与冶金工程领域,特别是有色金属材料科学与冶金工程领域的领衔科技期刊,进一步提升其学术话语权和学术影响力。

To Forge a Top *Chinese Journal of Nonferrous Metals* to Serve the Strategy of Rejuvenating the Nation by Science and Education

PENG Chaoqun, LONG Huaizhong, YUAN Saiqian, HE Xuefeng, LI Hailiang, GAO Huanzhi, WANG Haidong
Editorial Office of *Chinese Journal of Nonferrous Metals*, Changsha 410083

Abstract: A brief account of the developing history and the salient features of *The Chinese Journal of Nonferrous Metals* are given. The main achievements of the journal in the past 22 years from its foundation are summarized, the opportunities and challenges facing the journal are discussed, and the development targets and trains of thought are proposed.

Keywords: *The Chinese Journal of Nonferrous Metals*; Developing mode; Salient features; Journal appraisal indexes; Digitalization

审稿编辑:马建华

7.《金属学报》

创新发展　塑造精品

肖素红[①]　黄春晓

《金属学报》编辑部,沈阳　110016

摘要:介绍《金属学报》的基本情况和主要发展历程,对《金属学报》的学术质量、出版质量、人才队伍建设、网络化和数字化建设情况作了较详尽的分析和介绍。分析办刊经验以及面临的问题,提出今后的办刊目标和构想。

关键词:精品期刊;学术质量;创新

1　基本情况

《金属学报》是由中国科协主管,中国金属学会主办,中国科学院金属研究所承办的刊登材料科学与工程及冶金科技领域高水平论文的学术期刊。《金属学报》创刊于1956年,我国著名的物理冶金学家李薰为首任主编,著名材料物理学家柯俊院士为现任主编,著名材料科学家、两院院士师昌绪任名誉主编。

《金属学报》始终坚持的办刊宗旨:"传播和交流金属科学的学术成就,向国际先进经验学习,开展学术上的讨论,团结金属科学工作者,共同促进中国金属科学的迅速发展,并提高金属科学工作者的业务水平"(见1956年郭沫若先生为《金属学报》撰写的创刊词)。

《金属学报》历史悠久。1960年,受极"左"思潮影响,全国学术期刊奉命一律停刊。1963年复刊,但随着1966年"文化大革命"的开始,《金属学报》被迫再度停刊。经多方努力,终于在1974年10月正式出版试刊号,成为"文化大革命"后国内第一个复刊的科技期刊。期刊在1977年起恢复为季刊。1978年,恢复了论文的英文摘要。1980年,为进一步开拓国际交流,率先在全部论文中增辟图表的中英文对照。1981年,期刊将持续了16年的季刊改为双月刊。1983年分刊为A、B两辑至1996年。1987年起,全部论文接收电子软盘投稿。1988年开展期刊英文版及中文版增刊的计算机排版、激光照排工作,在国内起到了示范带头作用,促进了国内科技期刊信息自动化进程。1988年,创立了英文版,当时为中文版的全译本。1989—1999年是《金属学报》锐意改革、走向成熟的阶段。1989年,将持续了12年的双月刊改为月刊。1991年,全部改用微机排版、激光照排,由科学出版社出版,改为月刊。1996年,成立了新一届编委会;增加页码,取消了A、B辑。同时英文版改版,脱离中文版全译本形式,全部刊登新论文。重新设计了封面,改为*Acta Metallurgica Sinica*(English Letters)。2000年,先后解决了进入SCI和重返EI的问题。

---

① 肖素红:中国科学院金属研究所《金属学报》编辑部主任,副研究员,E-mail:shxiao@imr.ac.cn。

2003 年，正式成立了国际顾问委员会，进一步扩大了国际影响，也提高了办刊水平。2004 年，成立了新一届编委会，其中既有柯俊、师昌绪、颜鸣皋等老一辈科学家，又有受聘于“长江学者”、“百人计划”等一大批国内顶尖的年轻学者，还有在海外工作并取得出色成就的年轻华人科学家。为期刊的发展注入新鲜血液，是期刊保持高学术水平和旺盛活力的重要保证。2004 年，采用了北京玛格泰克公司的科技期刊网络化业务标准处理平台，全面实现了在线投稿、审稿以及现刊的全文上网工作，期刊无论在硬件还是软件上均提高到一个新的层次。2008 年又锐意改革，《金属学报》所在部门顺应国际惯例，对编辑部进行整合，按照国际惯例建立了新的符合世界最新发展规律的科技期刊编辑、出版、发行体制，成立了由 6 个编辑部组成的联合编辑部，统筹管理、综合协调，使工作流程更加顺畅，工作效率大幅度提高，责任编辑的主观能动性得到极大增强，出版实力显著提升。2009 年，召开了第 5 届编委会换届会议。2009 年，又引进了最新版的期刊网络化业务标准处理平台，达到目前国际先进水平。

《金属学报》至今已连续获得历届国家期刊界以及中国科协和中国科学院最高奖项：2009 年荣获新中国 60 年有影响力的期刊称号；2008 年荣获首届出版政府奖（出版单位奖），是唯一获奖的科技期刊编辑部；1999、2003、2005 年分获第一、第二、第三届国家期刊奖；1992、1997、2002 年分获第一、第二、第三届中国科协优秀期刊奖一等奖；2002—2006 年分获第一至五届中国百种杰出学术期刊；1986、1992、1993 年分获第一、第二、第三届中国科学院科技期刊评比一等奖；2000 年获中国科学院优秀期刊特别奖；1992 年和 1997 年分获第一、第二届全国优秀科技期刊评比一等奖等历届国家最高级的期刊奖励。并曾先后获得中国科协精品科技期刊工程、国家自然科学基金委专项基金和中科院出版基金等资助。

《金属学报》已被国际 6 大检索系统（美国 SCIE、EI、CA，英国 SA，日本 JICST 和俄罗斯 AJ）收录。

经过几代人不懈的努力，《金属学报》已经树立了良好的品牌形象，尤其是近几年来在中国科协精品科技期刊工程项目的指导下，正逐步向塑造真正的精品期刊迈进。

2 学术质量建设

长期以来，《金属学报》一直致力于打造高水平的学术期刊，将保障并提高学术质量作为所有工作的重中之重。期刊被 SCI 收录以来，影响因子和被引频次均逐年稳步提高，2011 年 JCR 影响因子达到 0.464，被引频次达到 1074 次，高于国内同类其他期刊所在学科的排名；2011 年 CJCR 的影响因子达到 0.734，被引频次达到 2184 次，所在学科领域排名均名列前茅（分别见图 1 和图 2）；这些较高的影响因子和被引频次都是在较高的他引率基础上得到的，其中 JCR 他引率每年均在 77% 左右，CJCR 他引率每年都在 85% 以上，体现出《金属学报》在读者和作者心目当中具有较高的学术地位。

在编委会建设方面，定期举行编委会会议。2009 年，经过周密的筹划，举行了《金属学报》第 5 届编委会换届会议，增补对期刊工作热情高的本领域专家，致力于打造功能型的编委会，实现了编委会的国际化、功能化、年轻化、学科化。

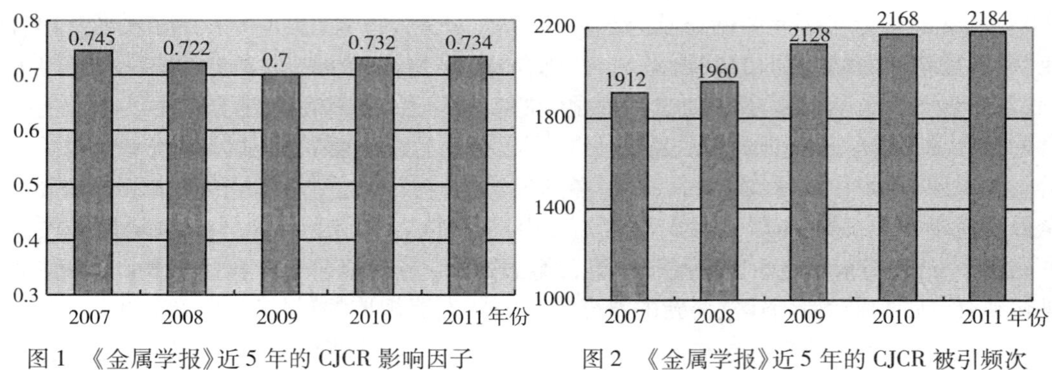

图 1 《金属学报》近 5 年的 CJCR 影响因子　　图 2 《金属学报》近 5 年的 CJCR 被引频次

《金属学报》充分发挥编委的影响力和能动性，吸引国内外优秀稿件，特别是代表材料冶金领域前沿学科的综述性论文，积极组约优秀学术带头人的综述性论文，并在不同时期出版了不同的学术热点专刊。为反映当今冶金工业及材料科学与工程方面的最新科技成果，同时向青年学者介绍著名科学家柯俊、葛庭燧、师昌绪等的科技生涯及成就，期刊分别于 2002、2003 和 2005 年 3 次出版专集，亦分别集中发表就“材料物理和化学”、“高温合金”和“钛合金”等方面的优秀论文，均引起国内外同行的高度关注。在《金属学报》创刊 40 周年(1996 年)时，特约请国内外冶金及材料领域著名专家、学者，发表高水平的论文。2009 年，组织出版了《材料疲劳与断裂》专刊。2010 年，在师昌绪院士荣获国家最高科学技术奖前夕，组织出版了庆祝名誉主编《师昌绪院士 90 华诞》专刊，受到广泛关注。2011 年，在日本发生福岛核电站事故后，顺应国际形势及时组织出版了《民用核电关键材料》专刊，反响较大。

《金属学报》在 2004 年率先引进了科技期刊网络化业务标准处理平台，并建立了较完备的专家数据库，学科覆盖面广，人员充足。在日常工作中，还注重挖掘新生代的审稿专家，随时扩充到外审专家数据库中。期刊的每名责任编辑也都能积极利用系统特点，整理数据库，使业务更加顺畅。编辑部长期以来一直严格履行同行评议及三审三校制度，保障了论文的学术质量。同时，还不定期评选优秀外审专家。

2008 年编辑部整合之后，《金属学报》通过改进工作模式、优化工作程序，提高了责任编辑的主观能动性，加快了稿件的处理速度，使发表周期进一步缩短。

3　出版质量建设

《金属学报》目前为月刊，128 页，采用铜版纸彩印、彩色封面、先进的 TEX 排版以及图文混排等技术，其出版质量达到或接近于国际大刊的水平。自 2004 年率先引进科技期刊网络化业务标准处理平台后，又于 2009 年引进了最新版的期刊网络化业务标准处理平台，达到目前国际先进水平，网络出版水平大幅度提高。对于国内较为优秀的稿件，开设绿色通道，对稿件实行加快发表和减免发表费等奖励。

4　人才队伍建设

《金属学报》积极引进优秀人才，目前 3 名责任编辑中，2 名具有材料学博士学位，1

名具有材料学硕士学位，具备较强的专业基础，全部执证上岗。在日常的工作和学习中，责任编辑积极参加国内相关学术会议，了解学科发展方向和发展态势，结识学科专家。定期参加各种编辑专业会议和培训，提高了业务水平和综合素质。

5 网络化、数字化建设

《金属学报》具有国际先进水平的期刊网络化业务标准处理平台，实现外审专家远程审稿、作者远程投稿和查询，责任编辑远程编辑，继续实行全文开放获取，开放全文回溯年代从期刊创刊至今。

《金属学报》还与科学出版社合作 DOI，在此基础上，对稿件实行了网络预发布，使网络出版速度大幅度提高，深受读者和作者喜爱。

《金属学报》从 2004 年 5 月份创建了独立的网站，多年来不断丰富网站内容和信息，完善网站功能，加强了与作者、读者的互动和交流。

《金属学报》不断发扬创新的优良传统，率先积极投入到数字出版平台建设浪潮中。2009 年以中国科学院数字化试点项目为契机，建成了材料期刊网（http://www.jmonline.org/）。材料网是国内首家材料、冶金领域研究与信息交流服务平台，该平台旨在整合共享资源，展示最新的材料、冶金领域科研成果，促进本领域学术交流，实现了期刊的集成出版、信息整合、资源共享，提升了服务科研和学术交流的能力，起到了引领和示范作用。利用《金属学报》在业界的广泛影响，该集群网站不断吸引加盟期刊，目前已经有国内 30 多家冶金、材料类期刊加盟，其中被 SCI 收录的期刊全部加盟。

6 办刊体会

我国是世界材料研究大国，研究队伍规模列世界首位，发表论文数量仅次于美国。《金属学报》的主管单位中国科协和主办单位中国金属学会十分注重期刊发展，在政策上给予了大力支持；承办单位中国科学院金属研究所有深厚的科研基础，而且主管领导注重期刊建设，在人、财、物方面都给予大力支持，为期刊的发展构筑了强有力的保障。成功的机制改革也为期刊发展提供了基础保障。具有国际先进水平的期刊网络化业务标准处理平台，为实现精品期刊的可持续发展创造了条件。而期刊的从业人员中，责任编辑全部为博士、硕士学历，专职主编全部为博士生导师，为保证期刊的学术质量和项目的执行奠定了坚实的基础。

然而，与国内外同行业期刊相比，《金属学报》还存在一定的差距，面临着如何进一步扩大期刊影响，如何吸引优秀稿件等问题；作为被 SCI 收录的中文期刊如何国际化的问题也是期刊长期面对的问题；作为学术类期刊如何顺应国家的体制改革要求也有待进一步明确。在今后的办刊过程中，我们将采取多种举措，加大期刊宣传，吸引国内优秀的、原创性和综合性强的稿件；加强编委会建设，更加充分地调动编委的积极性，充分发挥编委的作用；加强编辑队伍建设，增强办刊能力和竞争力，使《金属学报》的学术质量稳步提高，期刊引证指标逐年增长，继续保持行业内高的学术地位，始终将创办精品期刊作为工作目标。

Making a Leading Journal with Continuous Innovation and Development

XIAO Suhong[1], HUANG Chunxiao[2]
1. Editorial Office of *Acta Metallurgica Sinica*, Shenyang 110016
2. Institute of Metal Research, Chinese Academy of Sciences, Shenyang 110016

Abstract: The basic information and main development history of Acta Metallury icasinica are introduced. The scientific quality, publishing quality, talent team, networking and digitalizing of the journal are analyzed. The experiences and problems are analyzed, and the goal of journal is proposed.

Keywords: Leading journal; Scientific quality; Innovation

审稿编辑:马建华

8.《物理化学学报》

记录和传播我国物理化学学科的研究成果

欧阳贱华① 黄 路 於秀芝 熊 英
《物理化学学报》编辑部,北京 100871

摘要:《物理化学学报》创刊于1985年,创刊以来,主编唐有祺院士带领编委会与编辑部和广大科技工作者一起为提高刊物的学术质量、出版质量、数字化水平等方面付出了艰苦的努力、做出了卓有成效的工作。刊物现已被SCI等国内外重要数据库收录,在SCI中的影响因子和被引频次持续增长。编辑部聘请外国专家润色英文摘要,免收稿件的评审费并减免版面费。经过严格评审后录用的文章发布在物理化学学报网站在线预览(Articles in Press)栏目的平均出版周期为72天,印刷版平均出版周期为150天,出版周期已达到国际一流物理化学类期刊的水平。创刊以来刊出的全部文章都已发布到网站上,并为所有文章注册了DOI号,通过开放获取模式,全球读者均可免费下载。

关键词:物理化学;学术交流;数字出版

化学是一门极其重要的基础学科,与人类的衣食住行以及能源、信息、材料、国防、环境、医药等方面都有密切联系,对社会与经济的持续发展和人类生活质量的不断提高起着不可或缺的重要作用[1]。1982年以来,我国广大化学工作者在基础研究和实验室成功转移转化方面都取得了极其丰硕的成果,面向国家经济社会需求的成果数量大幅增加;一些新兴前沿交叉领域发展迅速,不断取得达到国际先进水平的研究成果,在国际上产生了重要的影响并占有重要地位;化学学科分布与发展要求更相适应,与国际趋势更符合,与国情结合更加密切[2]。据中国科学技术信息研究所的统计数据,2002—2012年我国化学学科发布SCI论文229021篇,被引1802435次,被引次数位居世界第2[3]。

物理化学是为化学和相关学科提供新的理论、方法和实验技术手段的学科,是许多其他学科攻克科学难关的武器库,对化学的发展起着核心推动的作用[4]。《物理化学学报》记录和传播了我国物理化学学科的发展和进步,很多作者成长为领军人物,如获得国家自然科学基金委员会杰出青年基金资助、担任"973"、"863"等国家重大研究计划与项目首席专家、教育部长江学者、两院院士、外籍院士等。

1 基本情况

《物理化学学报》是1985年创办的学术刊物,主要刊载化学学科物理化学领域原创性实验和基础理论研究类文章。1985—1993年为双月刊,1994年改为月刊。主管单位是中国科学技术协会;1985—2012年,主办单位是中国化学会,2012年6月26日新闻出

① 《物理化学学报》编辑部,E-mail:ouyangjh@ pku. edu. cn。

版总署批准主办单位变更为中国化学会和北京大学(新出审字[2012]450号)。

《物理化学学报》编委会和编辑部始终坚持"以服务求支持、以贡献求发展"的办刊理念;强化为读者、作者、审稿专家服务的工作作风;以促进学术交流为工作的出发点和归属点,力图为化学及相关专业高年级大学生、研究生、教师和科研人员以及企业的研发人员提供一个学术交流的平台;努力实现"办成国际有重要影响的学术期刊"的办刊目标。

自创刊以来,刊物取得了长足的进步与发展,已成为展示我国物理化学领域科研成果的一个重要窗口,对促进学术交流发挥着重要的桥梁作用,现已被美国SCI、美国化学文摘(CA)、俄罗斯文摘杂志(AJ)、日本科技文献速报(JICST)、Elsevier公司的Scopus、中国科技论文与引文数据库(CSTPCD)、中国学术期刊文摘等国内外重要数据库收录,是最早被SCI收录、也是我国为数不多被SCI收录的中文刊之一。《物理化学学报》的SCI总被引频次和影响因子保持增长态势(表1),显示出《物理化学学报》的学术水平和国际竞争力在不断提升。

表1　《物理化学学报》的SCI总被引频次和影响因子

年度	总被引频次	影响因子
2011	1965	0.780
2010	1689	0.734
2009	1416	0.718
2008	1230	0.673
2007	983	0.611
2006	843	0.561
2005	677	0.427
2004	557	0.407
2003	516	0.468
2002	350	0.361
2001	283	0.269
2000	119	0.192

《物理化学学报》和Elsevier公司2006年3月至2008年12月合作,在ScienceDirect平台上出版英文选译版。2012年与英国出版科技集团(Publishing Technology Plc)达成协议,2012年12月将2008年以来的文章发布到Ingentaconnect平台上,2013年1月,摘要被浏览9107次,全文被下载723次。

《物理化学学报》的发展和进步得到了有关部门和科技工作者的肯定,如获得了中国科学技术协会自然科学基础性高科技学术期刊专项经费和精品科技期刊工程项目以及国家自然科学基金委重点学术期刊专项基金项目的支持,并多次获得各种级别的奖励,如1997、2002年分别荣获中国科协优秀期刊奖三等奖,2003、2005、2006、2007年荣获中国科协期刊优秀论文奖,2008年荣获中国科协期刊优秀论文一等奖,2004年荣获第三届国家期刊奖百种重点期刊,2008和2011年被中国科技信息研究所评为首届和第二届中国精品科技期刊,2009年被评为中国科协精品科技期刊示范项目,2012年被中国科学文献计量评价研究中心评为2012中国最具国际影响力学术期刊。

2 学术质量建设

《物理化学学报》视学术质量为刊物发展的生命线,充分发挥编委会和审稿专家在学术质量控制中的作用。

《物理化学学报》编委会实行5年任期制,本届编委会于2009年在西安成立。中国科学院院士、北京大学唐有祺教授担任主编,北京大学赵新生教授担任常务副主编,中国科学院院士、中国科学院大连化学物理研究所包信和研究员,扬州大学郭荣教授,厦门大学孙世刚教授,北京大学吴凯教授,中国科学院院士、北京大学吴云东教授,中国科学院院士、中国科学院化学研究所姚建年研究员担任副主编。编委会中有20位中国科学院和中国工程院院士,1位美国科学院院士,13位海外学者。编委们大力宣传刊物、积极为刊物组织优秀稿件并为刊物贡献自己的稿件,同时还为刊物高质量地审阅稿件以及终审有争议的稿件。

《物理化学学报》坚持"依靠专家办刊"的思想,严格执行同行评议制度。编辑部收到稿件后,先对稿件进行初审,对文章内容不适合或学术水平未达到发表要求的文章,建议作者改投其他刊物,为作者赢得在其他刊物发表的时间;经过初审的稿件,邀请三位以上的同行专家审稿,审稿专家的信息对作者匿名;收到审稿意见后,综合审稿意见做出相应处理,大部分稿件还需经过同行专家复审。编辑部拟录用的稿件,报送副主编审定签发。编辑部注意充实和完善审稿专家库,截至2013年3月5日,专家库中有2997位专家的信息,每年有近千位专家完成审稿[5-6]。专家信息来源有以下几种渠道:数据库检索、参加学术会议、作者推荐、专家自荐以及作者数据库信息。编辑部还注意分析和总结专家审稿过程中存在的问题,找出相应的对策,从而不断提高专家审稿质量[7]。

优秀稿源是提升刊物学术质量的根本,编辑部积极参加专业学术会议并注重动员编委宣传刊物,提高刊物的被认可度和品牌价值,通过走访重点院校和科研院所,拜访科技工作者,邀约优秀稿件。在中国科学技术协会精品科技期刊工程项目和国家自然科学基金委重点学术期刊专项基金项目的支持下,版面费从150元/印刷版面下调到100元/印刷版面,以"通讯"及邀请稿发表则免收版面费,确有困难(如没有科研经费)的作者可申请减免版面费,免收所有投稿的评审费(注册费)。为提高英文摘要的可读性,扩大刊物国际影响,编辑部付费聘请国外专家润色英文摘要。

数据表明刊物的学术质量建设是行之有效的,《物理化学学报》的SCI计量数据在持续增长(表1),说明刊物的学术质量在不断提高,越来越多的作者选择《物理化学学报》发表其高质量的研究成果。

3 出版质量建设

重要的学术成果既需要快速发表、为作者赢得首发权,也需要以完美的形式呈现出来,以激发读者的阅读兴趣。

经过评审录用后的文章发布在《物理化学学报》网站"在线预览(Articles in Press)"栏目平均出版周期为72天(2.4个月);印刷版平均出版周期为150天(5个月),出版周期已与本领域国外著名期刊如美国*The Journal of Physical Chemistry A/B/C*、英国*Physical Chemistry Chemical Physics*、德国*ChemPhysChem*处在同一水平。

2005年,编辑部对封面进行了重新设计,每期将一幅本期学术水平较高的文章的插图放在封面上。这不仅吸引了高水平的文章,同时也提高了刊物封面的装帧水准。2006年增排英文图文摘要,增强了英文目次的导读性。印刷用纸改用亚光铜版纸。赠送作者的抽印本加装了封面,提高了期刊印刷质量。邀请两位经验丰富的老师对每期的刊物进行审读,要求编辑部每位成员认真研读审读意见,取得了明显的效果,提高了编辑的业务水平,也对编辑校对过程中的注意事项进行了总结[8-9]。

2007年3月编辑部调整了工作流程,由原来编辑对稿件全程负责改为只负责稿件处理的某个阶段,这对刊物整体质量控制、缩短出版周期起到了很好的作用。编辑部组织编写和执行了《〈物理化学学报〉编辑部岗位职责》、《〈物理化学学报〉排版规范》、《〈物理化学学报〉编排规范》等三个规范性文件。从编辑部征求的作者调查意见来看,编辑部的工作已得到大家的普遍认可。

4 数字出版建设

信息技术的发展为期刊出版和学术成果的传播创造了新的机遇,例如中文期刊在国外发行量少,被阅读的概率很低,但互联网技术使得电子版在国外的传播也变成了现实,《物理化学学报》网站每天都有很多来自国外的访问。

编辑部早在1997年就申请了电子信箱,2000年2月开通了刊物的网页,1999年建立了刊物稿件和审稿专家数据库,2005年底完成杂志社稿件采编系统、作者远程投稿/查稿系统、专家远程审稿系统和网刊发布和管理系统等建设任务,重新设计了刊物网站,并于2006年投入运行,同时还开通了网站发布补充材料(Supporting Info)功能,其后又进行了多次系统升级和网站改版。2005年解决了使用方正排牌以软件所排文件转换为PDF的技术问题[10],送作者校对的清样改用PDF电子版,并在印刷版出版之前就在刊物网站发布了当期全文的PDF电子版,2007年3月开通了"在线预览"(Articles in Press)功能。目前,自1985年创刊以来的所有文章都已录入和发布到网站上,并通过中国科学技术信息研究所中文DOI注册与服务中心为所有文章注册了DOI号,实施开放获取模式,全球读者均可免费下载。

5 发展设想

《物理化学学报》创刊以来,主编唐有祺院士带领编委会和编辑部,在科技工作者的支持下,为刊物发展付出了艰苦的努力,做出了卓有成效的工作,刊物不断发展和进步,起到了促进学术交流和传播的作用。但与我国化学学科的SCI文章被引次数位居世界第2的成就[3]相比,我国化学期刊明显落后于化学学科的发展,这不仅需要科技工作者和科技期刊工作者共同努力来改变这种状况,更需要在国家层面从政策上引导和支持我国科技期刊的发展。

我国科技事业的发展为科技期刊的发展创造了机遇和动力源泉,信息技术的发展为期刊发展提供了无限的可能和空间,《物理化学学报》将努力抓住机遇,努力提高学术水平和出版质量,提高网络化和数字化建设水平,提高国际化水平和影响力,争取在10年后创刊40周年之际,办成世界一流学术期刊。

参考文献

[1]姚建年. 化学的贡献将得到更加极致的体现[J]. 科学时报,2009-1-15 A1.

[2]白春礼. 序,高速发展的中国化学:1982-2012[M]. 北京:科学出版社,2012.

[3]中国科学技术信息研究所. 2012中国国际科技论文产出状况. 2012年12月7日.

[4]国家自然科学基金委员会化学科学部"物理化学发展的瓶颈与思路"论坛秘书组. "物理化学发展的瓶颈与思路"论坛总结. 物理化学学报,2007,23(3). 447-454.

[5]佚名. 致谢. 物理化学学报,2011,27(12):2963-2972.

[6]佚名. 致谢. 物理化学学报,2013,29(1):224-236.

[7]熊英,欧阳贱华. 专家拒绝或延迟审稿原因分析及对策[J]. 编辑学报,2012,24(2):147-149.

[8]欧阳贱华,於秀芝,黄路,王伟,赵洁. 文后参考文献的校对方法[J]. 编辑学报,2008,20(1):31-33.

[9]熊英,欧阳贱华,於秀芝,黄路. 科技论文中图表的加工和校对[J]. 编辑学报,2011,23(2):123-125.

[10]周虹,欧阳贱华,王竑. 如何将方正小样文件转换成PDF格式文件[J]. 编辑学报,2007,19(1):45-46.

Record and Propagation the Research Results in Physical Chemistry

OUYANG Jianhua, HUANG Lu, Yu Xiuzhi, XIONG Ying

Editorial Office of *Acta Physico-Chimica Sinica*, Beijing 100871

Abstract: The website of *Acta Physico-Chimica Sinica* has realized the "Articles in Press" and Supporting Information functions. All the papers since the start publication of *Acta Physico-Chimica Sinica* in 1985 have been published online, and are available freely all over the world. We have organized a special issue for Physical Chemistry at Peking University in 2012. *Acta Physico-Chimica Sinica* is an academic journal founded in 1985. With supports from the scientific and technical workers and the leadership of the editor-in-chief Tang You-Qi academician, the editorial committee and the editorial office have done their best to improve the journal's academic quality, publishing quality, and digital publication level. The journal has been indexed in important databases such as SCI, furthermore, the journal's impact factor and total cites in SCI are keeping increase. Foreign experts are employed to polish the English abstract language. The registration fee is waived and the publishing fee is reduced. The average publication time is 72 days (2. 4 months) for the web version and 150 days (5 months) for the printed version. Every paper published in *Acta Physico-Chimica Sinica* have an DOI number and has been released in the journal's website, and can be downloaded by the readers from all the world.

Keywords: Physical chemistry; Record; Promulgate; Academic communication; Digital publication

审稿编辑:张宏翔

9.《化学学报》

《化学学报》的发展与创新改革之路

杨 侠[1]
《化学学报》编辑部,上海 200032

摘要介绍:《化学学报》的基本情况,论述《化学学报》的发展历程、当前面临的挑战,以“打造一本高水平的中文化学期刊,探索一条适合中文科技期刊发展的道路”为目标的《化学学报》创新改革之路。

关键词:化学学报;发展;创新;改革

《化学学报》(*Acta Chimica Sinica*)是我国创刊最早的一本综合性化学学术期刊,由中国化学会和中国科学院上海有机化学研究所主办,中国科学院主管,刊载化学各学科领域基础和应用基础研究的原始性、首创性研究成果,面向国内外公开发行。《化学学报》历史悠久,它的诞生和发展凝聚了老一辈化学家的心血,也融汇了年轻一代化学家的辛勤浇灌和各级部门领导的鼎力支持。《化学学报》在我国化学界一直享有较高的声誉和学术地位。

1932 年中国化学会在南京成立,翌年创办了《中国化学会会志》(*Journal of the Chinese Chemical Society*),并在北平出版,刊登以英文、法文和德文发表的我国化学研究成果。我国化学界的一代宗师曾昭抡先生从创刊之日起担任主编长达 20 年,历任主编有张青莲、梁树权、汪猷、黄维垣和沈延昌等。1952 年《中国化学会会志》改名为《化学学报》(*Acta Chimica Sinica*),继续由中国化学会主办,并从外文版改成中文版。1965 年由中国科学院上海有机化学研究所为承办单位。1967—1974 年由于“文化大革命”,停刊 8 年,1975 年《化学学报》复刊。1983 年创刊了《化学学报英文版》(*Acta Chimica Sinica English Edition*),将《化学学报》上发表的部分优秀文章译成英文后发表。1990 年起《化学学报英文版》改名为《中国化学》(*Chinese Journal of Chemistry*),文章内容不再与《化学学报》重复。

《化学学报》是由我国最早一批留学回国的化学家们亲手创办的,这些我国化学研究的开创者和奠基者,怀着强烈的爱国情怀和科学救国的理想,回到一穷二白的祖国,白手起家开展化学研究,建立化学学会并创办化学杂志。为了办这份期刊,首任主编曾昭抡先生主动拿出自己的工资,特别是在抗日战争和解放战争期间,办刊条件极端困难,曾昭抡先生节衣缩食,把积攒的钱几乎全部都用到这份刊物上。我国研究电解质溶液性质的先驱之一李方训先生在抗日战争期间,担任《中国化学会会志》的经理编辑,当时通货膨胀、物价飞涨、物质匮乏,为解决办刊经费问题和纸张、印刷问题,他不辞艰辛,奔走筹措,

① 中国科学院上海有机化学研究所《化学学报》编辑部主管,E-mail:yangxia@sioc.ac.cn。

一人身兼数职。因此，即使在那样困难的条件下，刊物也基本没有停刊过。张青莲院士当选为《化学学报》主编后，建立了严格的审稿制度，并经常亲自审阅和校对稿件，保证了刊物的出版水平。梁树权院士任《化学学报》主编时，编辑部只有一位兼职助理，大量工作均需他亲自动手。汪猷院士担任《化学学报》主编长达24年，每期送印前，他都要对全部稿件统校一次；对《化学学报英文版》，他还亲自选稿、审稿、校稿，每一步都严格把关。老一辈化学家们不仅亲自办刊，而且把自己的许多研究成果都发表在《化学学报》上，刊物的作者中，几乎能找到所有中国老一辈杰出化学家的名字。这保证了《化学学报》具有较高的学术水平和良好的声誉。

《化学学报》在促进我国化学学科的发展和学术交流、新知识传播中起着不可替代的重要作用。在每年刊出的论文中，为数众多的文章得到了国家自然科学基金、国家杰出青年基金、国家“863”计划基金、国家“973”计划基金、国家攀登计划基金等多种国家级基金资助，获省部级以上基金资助的论文占全部论文的比例多年维持在85%以上。《化学学报》上曾发表过一些在国际上产生重大影响的科研成果，例如胰岛素、天花粉、核糖核酸、青蒿素等，这些成果是我国对世界科技和人类健康事业的重要贡献。

《化学学报》的高质量得到了国内外同行和期刊管理部门的认可。1998年《化学学报》重新被美国科学引文索引（SCI）核心版全文收录，当年被收录的我国科技期刊仅11种。《化学学报》还被国际著名的检索系统CA、俄罗斯文摘杂志和日本科技文献速报等收录。《化学学报》连续多年获得国家自然科学基金重点学术期刊专项基金、中国科协精品科技期刊工程、中国科学院出版基金（一等）资助。《化学学报》还曾荣获首届国家期刊奖，入选中国期刊方阵“双高期刊”，获得“中国精品科技期刊”等荣誉称号。

近年来，随着中国经济的快速发展，我国自然科学领域也得到了飞速发展，其中化学学科的成绩尤为突出。近5年来，我国发表的化学类SCI文章数量、总被引次数均名列世界前列。但是，与之不相称的是，中国化学期刊的整体水平还很低，远没有达到“服务中国化学工作者、推动中国化学发展”之目的。2011年，受中国化学会和中国科学院上海有机化学研究所的邀请，周其林院士同意出任新一届《化学学报》主编。2011年12月11日，周其林院士在上海有机所组织召开《化学学报》主编会议，明确了期刊的发展方向和近期目标、编委会组织形式、期刊改革的具体方案等内容。2012年4月13日《化学学报》2012年编辑委员会全体会议在成都召开。周其林院士等43位编委会成员及3位编辑部的工作人员参加了会议。会议传达了主编会议的精神、讨论了期刊发展改革的部分细节、确定了新一届编委的组成。编辑部也为期刊的改革做了充分的准备。通过各方的努力，2012年7月（第70卷第13期起）改版后的《化学学报》终于面世！新版《化学学报》的改版工作主要体现在以下几个方面：

（1）明确了期刊的目标

《化学学报》的办刊宗旨是打造一本高水平的化学期刊，为我国化学工作者提供一流的学术交流平台。

(2)编委会进行了改组

改组后的《化学学报》编委会由周其林主编,高松、张希、刘忠范、江桂斌、何川、丁奎岭、帅志刚副主编等目前非常活跃的、年富力强的、学术水平高且热心于为中国化学工作者服务的中青年专家组成。编委们亲自带头投稿,亲自参与稿件的组织和评审工作,保证了编委会的高水平和切实发挥作用。

(3)调整栏目设置

《化学学报》新设“研究通讯(Communication)”、“研究亮点(Highlight)”、“研究评论(Accounts)”、“研究展望(Perspectives)”、“综述(Review)”栏目,保留原有“研究论文(Article)”栏目,取消原有“研究简报”栏目。

(4)改变审稿模式

《化学学报》采用副主编负责制,由专门领域的专家学者担任副主编,负责稿件的预审、送审和终审。《化学学报》向作者承诺:对于特别新颖或考由于竞争原因需要尽快发表的研究工作(无论是中文还是英文),在作者申明其重要性和紧迫性的情况下,由相关副主编为其开辟绿色通道,在1~2周内终审,录用后立即上网实现在线发表。

(5)改变发表模式

《化学学报》将加快审稿速度并重视网络发表的重要性,稿件一经录用即分配DOI编号,并以最快速度在网站“最新录用”栏目中实现在线发表,发表周期缩短为1~3个月。

(6)重新设计版面

新版《化学学报》采用了全新设计的彩色封面,优秀文章的相关图片可在封面发表宣传,目录、图文摘要、文章电子版采用彩色版面,文章版面更为紧凑合理。

(7)免收审稿费和版面费

新版《化学学报》将不再向作者收取审稿费和版面费。

通过以上措施的实施,结合加强期刊信息化建设,加强人才建设、提高编辑素质,提高刊物显示度、扩大期刊影响等手段,期刊的来稿数量、学术质量迅速得到较大的提升,出版速度也大为加快。《化学学报》2012年来稿数量已创历史新高,很多化学领域的院士、杰出青年基金获得者、长江学者等知名学者纷纷投来高质量稿件,印刷版出版速度也从以前的8个月缩短为3个月左右,网络版出版速度更是达到了国际先进期刊水平——约2个月。《化学学报》展示出良好的发展态势。

从《化学学报》的发展历史,可以看到我国化学研究的起步、曲折前进和快速发展的历程。今天,我国的科学事业正处于一个前所未有的快速发展时期,这为《化学学报》的进一步发展创造了良好的条件。相信在广大科学家、各位化学界同行的共同努力下,在各级部门和领导的关心和支持下,《化学学报》会再创辉煌,成为国际上有影响的优秀化学期刊。

The Development and Innovative Reform of *Acta Chimica Sinica*

YANG　Xia
Editorial Office of *Acta Chimica Sinica*, Shanghai 200032

Abstract: *Acta Chimica Sinica* is a chemical journal sponsored by the Chinese Chemical Society and Shanghai Institute of Organic Chemistry (SIOC), Chinese Academy of Sciences, published publicly and globally by SIOC. Being one of core journals of China Natural Science, *Acta Chimica Sinica* is quoted and collected by SCI, CA and many other world – famous indexes and bibliographic databases. This article sketches the history and development of *Acta Chimica Sinica*, and indicates the innovative reform of *Acta Chimica Sinica*.

Keywords: *Acta Chimica Sinica*; Development; Innovative reform

审稿编辑:张宏翔

10.《植物生态学报》

高水平并高效运作的编委会是期刊学术质量的保障

谢 巍①

《植物生态学报》编辑部，北京 100093

摘要：《植物生态学报》主要发表植物生态学及其相关领域的高水平创新性原始研究论文，影响因子多年来一直位居中国生物类期刊的前三名，多次获得“百种中国杰出学术期刊”等荣誉，并被国内外多家数据库收录。《植物生态学报》编委会实行主编负责制和责任编委制的运行机制，由编委会全面负责稿件的学术质量，有效地保证了期刊的学术水平。

关键词：《植物生态学报》；百种中国杰出学术期刊，主编负责制

1 基本情况

《植物生态学报》（*Chinese Journal of Plant Ecology*，CJPE）由中国科学院植物研究所和中国植物学会主办，中国科学院主管，是我国生态学领域创刊最早的学术期刊。目前为月刊，大16开本，全铜版纸印刷。

1.1 主要发展历程

《植物生态学报》创办于1955年，当时名为《植物生态学与地植物学资料丛刊》，是一本内部资料。1958—1960年作为文集共出版4辑，1963年正式创办刊物《植物生态学与地植物学丛刊》（*Acta Phytoecologica et Geobotanica Sinica*），半年刊，1986年更名为《植物生态学与地植物学学报》（*Acta Phytoecologica et Geobotanica Sinica*），改为季刊出版，1994年更名为《植物生态学报》（*Acta Phytoecologica Sinica*），改为双月刊出版。2002年实现了网上免费获取全文，自1958年以来的所有论文都可以在期刊网站上免费下载。2006年外文刊名由拉丁名改为英文 *Journal of Plant Ecology*，2009年英文刊名改为 *Chinese Journal of Plant Ecology*。2010年改为月刊。

1.2 期刊定位

《植物生态学报》立足国内，面向国际，通过保持优秀的学术质量及其在国内生态学领域的科学性和权威性，充分发挥导向作用，及时准确地反映植物生态学学科的热点和生长点，传播生态学研究成果，促进我国生态学研究，培养生态学研究人才，为我国国民经济建设、生态安全保障和生态文明建设做出贡献。

1.3 刊登内容

《植物生态学报》主要发表植物生态学及其相关领域的高水平创新性原始研究论文，包括以植物与环境关系为内核的生态学基础研究、应用基础研究和应用研究等方面的内

① 《植物生态学报》编辑部，E-mail：wei. xie@ ibcas. ac. cn。

容。注重发表有新观点的植物生态学及其相关领域的高水平综述文章，并开设论坛栏目，对植物生态学及其相关领域的重要科技问题开展学术讨论。

1.4　获奖及获得基金资助情况

《植物生态学报》被多次评为百种中国杰出学术期刊、中国精品科技期刊、RCCSE 中国核心学术期刊；2000 年荣获中国科学院优秀期刊奖；2008 年获中国科协精品科技期刊工程项目 B 类资助；2011 年获中国科学院科学出版基金科技期刊择优支持（三等）项目资助；2012 年获中国科协精品科技期刊工程项目、精品科技期刊培育计划期刊学术质量提升项目资助。

《植物生态学报》2008 年第 1 期发表的刘恩科等的《长期施肥对土壤微生物量及土壤酶活性的影响》入选 2010 年中国百篇最具影响国内学术论文。2007 年第 3 期 413－424 页发表的朱文泉等的《中国陆地植被净初级生产力遥感估算》入选“2011 年中国百篇最具影响国内学术论文”。

1.5　国内外数据库收录情况

国外数据库收录情况：美国化学文摘（Chemical Abstracts，CA）；美国生物学文摘（Biological Abstracts，BA）；Biobasis 数据库；俄罗斯文摘杂志（Abstract Journal of the Institute of Science and Technical Information，AJ）；英国国际农业文献索引（AGRIS International）；Ecological Abstracts；Advances in Ecology；DOAJ（Directory of Open Access Journals）；Ulrich's Periodicals Directory。

国内数据库收录情况：中国科技论文与引文数据库（CSTPCD）中国科技论文统计源期刊（中国科学技术信息研究所）；中国科学引文数据库（CSCI）数据源期刊（中国科学院文献情报中心）；中国学术期刊综合评价数据库（CAJCED）统计源期刊（中国学术期刊（光盘版）电子杂志社）；中国期刊全文数据库（中国学术期刊（光盘版）电子杂志社）；中国科技期刊精品数据库（中国知识资源总库）；中国核心期刊（遴选）数据库（万方数据－数字化期刊群）；中文科技期刊数据库（维普资讯）；中文核心期刊要目总览（北京大学）；中国生命科学文献数据库（中国生物学文献数据中心）；《中国生物学文摘》（中国生物学文摘编辑部）；《中国学术期刊文摘》（中国科协科技导报社）。

1.6　国内主要影响力指标及变化

《植物生态学报》影响因子多年来一直位居中国生物类期刊的前三名，2010、2011 年连续位列第一（表 1），总被引频次一直居于前 5 位。

表 1　《植物生态学报》计量指标

年度	被引用频次	总排名	生物学类期刊排名	影响因子	总排名	生物学类期刊排名	即年指标	他引率	被引半衰期
2011	4227	48	3	1.728	10	1	0.234	0.94	8.0
2010	4081	49	4	1.870	10	1	0.319	0.94	7.5
2009	4384	35	3	1.771	16	2	0.138	0.95	7.4
2008	3742	37	3	1.656	16	2	0.149	0.95	7.08

续表

年度	被引用频次	总排名	生物学类期刊排名	影响因子	总排名	生物学类期刊排名	即年指标	他引率	被引半衰期
2007	3364	40	4	1.644	36	2	0.122	0.93	8.43
2006	2636	44	5	1.590	23	2	0.182	0.92	6.30
2005	2383	37	4	1.523	28	3	0.074	0.93	5.90
2004	2004	33	5	1.373	34	2	0.132	0.93	5.60
2003	1623	38	5	1.483	19	1	0.081	0.90	5.17
2002	1045	57	5	0.968	35	2	0.097	0.87	5.91
2001	826	51	4	0.791	57	3	0.162	0.85	5.74

2 高水平并高效运作的编委会是期刊高学术质量的保障

2.1 编委会组成

目前《植物生态学报》的编委会为第8届,成员包括名誉主编1人(院士)、特邀顾问4人(院士)、主编1人、副主编9人、编委72人。其中37人(42.5%)为中国植物学会植物生态学专业委员会成员,约占该专委会委员人数的70%。在参与日常工作的82名编委会成员中,科研院所和高校各41人,覆盖了中国科学院14个研究所和29所大学。

2.2 主编负责制和责任编委制是期刊高学术质量的制度保障

1999年《植物生态学报》第6届编委会成立,由马克平研究员任主编。2000年开始实行责任编委制度、外审双盲审稿制度和录用稿件主编终审制度。编辑部收到稿件后提交学科编委,由学科编委负责选择外审专家,对外审专家审稿意见审查归纳后做出审稿决定,并对作者的修改稿进行复审,决定是否录用。外审过程实行双盲审阅方式,编委决定录用的稿件提交主编终审,由主编做出最终决定。2001年在每篇文章刊出的同时在文章最后刊出责任编委姓名。学科编委送审制度提高了稿件送审的准确度,做到小同行审稿,也在很大程度上避免了人情稿的发生。编委对修改稿的审核也保证了审稿人的意见得到正确的修改,刊出责任编委姓名在很大程度上提高了编委处理稿件的责任心。主编终审制度对稿件的审稿过程和稿件内容进行了最后的把关。

2009年第8届编委会成立,由董鸣研究员任主编。本届编委会在原来的审稿制度上增加了副主编初审分稿制度,将原来编辑进行的稿件初审和分配给编委的工作交由副主编负责。国内的8位副主编按时段值班,编辑部初审稿件格式和内容范围后,将稿件提交值班副主编,副主编对稿件的学术内容进行初审,对来稿在范围、形式、创新性、正确性等方面进行判断,对明确断定不符合刊物的基本要求的稿件直接提出退稿建议,以减少编委的工作量;对于特别优秀的稿件给出详细的审稿意见直接建议录用,以缩短稿件处理时间,使得优秀稿件能够快速发表;对于基本符合刊物要求的稿件,根据同行评议的原则,指定责任编委。副主编作为一线的科研人员,在对稿件的内容和编委具体研究领域的了解程度上远远高于专辑编辑。本届主编不仅对录用稿件进行终审,对副主编和编委决定退稿的稿件也进行终审，这样不仅保证刊出稿件的学术水平，而且对一些在学术观点上有争议的文章，也有目的地发表出来引发大家的关注和讨论，避免一家之言。

主编责任制、责任编委制以及外审盲审制的实施保证了审稿过程的严谨、公正，是提高刊物学术质量的制度保障。

2.3 认真负责和积极参与的编委是期刊高学术质量的学术保障

《植物生态学报》编委会成员均是热心期刊工作的优秀科研人员，对负责期刊的学术质量有着明确的认识并愿意投入时间和精力为期刊工作。编委们要对分配给自己的稿件进行初审，为通过初审的稿件选择外审专家，对外审专家审稿意见进行审查归纳做出审稿决定，对作者的修改稿进行一到多次复审，直到确定稿件不存在学术问题为止。

除完成审稿工作外，编委们还紧密结合植物生态学热点和重点研究领域，以及我国特有的生态薄弱地区和突发性生态灾害，组织出版了多个专题或专辑，在读者中引起了强烈反响。

优秀的编委同时也是《植物生态学报》稳定的、高素质的作者队伍。2009—2012 年第 8 届编委会成员共投稿 192 篇，录用发表 117 篇，录用率 61%，其中编委作为第一作者或者通讯作者的投稿 94 篇，录用发表 60 篇，录用率 64%，均远高于《植物生态学报》4 年平均 30% 的录用率。这些稿件也都是严格按照刊物的审稿流程通过层层评审录用的。根据中国科技信息研究所《中国科技论文与引文数据库》提供的数据的统计结果，2010、2011 年高影响力论文前 10 名的文章中，有编委署名的文章比例为 30%，这一结果充分说明编委是期刊高质量作者队伍中不可或缺的重要部分。

强有力的编委队伍有效地保证了 CJPE 的科学性和权威性，使得 CJPE 在中国的生态学工作者中有着很高的影响力，是科研人员信赖的学术期刊。CJPE 将继续发扬编委会的优良传统，不断提高学术质量，发挥好期刊的学术导向性，为中国的生态学研究和生态学工作者提供优秀的学术交流平台，为建设美丽中国做出贡献。

A High Level and Efficient Operation of Editorial Board Is the Security for Academic Quality of a Scientific Journal

XIE Wei

Editorial Office of *Chinese Journal of Plant Ecology*, Beijing 100093

Abstract: *Chinese Journal of Plant Ecology* (CJPE) mainly publishes high level and creative original papers on plant ecology and related areas. Impact factor of CJPE has been ranked among the top three biological journals in China for many years. The journal won the award of

"100 Outstanding Academic Journals of China" many times and is now included in many foreign and domestic authoritative index systems. The editorial board of CJPE has an operating mechanism including system of chief editor and responsibility system of editorial board members. The editorial board are responsible for academic quality of manuscripts overall and it effectively guarantees the academic quality of the journal.

Keywords:*Chinese Journal of Plant Ecology*;100 Outstanding Academic Journals of China;System of chief editor

审稿编辑:张宏翔

11.《生态学报》

依托学科发展的《生态学报》办刊实践

孔红梅[①] 段 靖 刘天星
《生态学报》编辑部，北京 100085

摘要：《生态学报》是国内一流的生态学期刊，多年来始终紧跟生态学科发展方向，抓前沿、挖理论，在学术建设上取得了一定的成绩。本文从对重要生态学研究领域的报道、办刊理念与措施和对未来发展的思考等三个方面对学报的办刊实践进行了详细阐述，以期对同行有所启迪。

关键词：生态学报；生态学；学科发展；办刊实践

《生态学报》是中国科学技术协会主管、中国生态学学会主办的生态学高级专业学术期刊，创刊于1981年中国生态学研究崛起和发展之际，33年来记载和见证了中国生态学研究的发展，并伴随着学科发展而成长并走向成熟。内容是期刊的命脉，得益于编委会和编辑部对学科发展的准确把握，《生态学报》植根于生态学科的发展，对报道内容的求新思变，对经典理论的深度挖掘并对学科生长点的积极扶持。

《生态学报》欢迎来自本学科领域的新学说、新观点，不设壁垒，对前沿性的科学探索抱有宽容的态度。正因如此，《生态学报》赢得了很多对新兴分支学科和原创研究的报道，带来了高关注、高引用，进而带来了新的报道领域、新的稿源以及新的作者群和读者群，带来了新的生长、发展空间，从而能够保持在学科办刊领域的前端。

1 对重要生态学研究领域的报道

1.1 对社会－经济－自然复合生态系统理论的报道

社会－经济－自然复合生态系统理论是马世骏先生在20世纪80年代提出的不同于传统的以自然为研究对象的生态系统理论的新理论。该理论创新性地将以人类为主导的经济系统和社会系统与自然系统耦合到一起进行研究和调控，为解决人类社会所面临的重大生态和经济问题提供了新的理论支持[1]。这个理论使生态学的研究对象和研究内容发生了根本性的变化，是最具中国特色的生态学理论。但在30年前，该理论是生态学界的“旁门左道”。1984年，《生态学报》在全国率先刊登了复合生态系统理论的奠基之作“社会－经济－自然复合生态系统”，这篇文章的被引频次目前已达到1429次，并为《生态学报》带来了数个以复合生态系统理论为指导的新兴报道领域，如系统生态学、城市生态学、产业生态学、生态工程等，这些领域的内容现在已达到《生态学报》报道量的40%。

① 《生态学报》编辑部，副编审，E-mail：hmkong@ rcees. ac. cn。

1.2 对景观生态学研究的报道

景观生态学是地理学与生态学的交叉学科，是研究大尺度空间格局与生态功能过程的关系及其发展动态的科学[1]。国际景观生态学的研究起始于20世纪70年代，中国的景观生态学研究发展于20世纪90年代初，并蓬勃开展至今。《生态学报》是国内较早开始关注景观生态学这一交叉学科的生态学期刊，第一篇相关报道发表于1986年，随后报道力度逐年增加，累计报道量达280篇，报道量是生态学期刊中最大的。在景观生态学研究的报道中，《生态学报》始终关注研究热点及其背后的科学问题，关注知名学者和重点科研单位，并因此获得了更多的优秀稿件，包括多篇受关注程度较高的高被引论文。

1.3 对生态系统服务价值评估研究的报道

生态系统服务的研究从20世纪90年代后期开始成为生态学研究热点。《生态学报》紧抓学术热点，在1999年发表了《中国陆地生态系统服务功能及其生态经济价值的初步研究》，被引1357次，是该领域中被引次数最高的文章，该研究也奠定了在过去的10年中中国生态系统服务价值评估的基本框架。在这之后，生态系统服务价值评估的文章如雨后春笋般涌来，《生态学报》共计报道124篇，是生态学期刊中报道最多的。

1.4 对濒危物种保护、生殖生态学和保育生物学的报道

濒危物种保护、生殖生态学和保育生物学研究是生态学研究的重要领域，中国在这方面的研究，特别是对于兰花种质资源保护的研究处于世界领先地位。《生态学报》对其中很多创新性的科研成果做了系统地跟踪报道，如《濒危物种杏黄兜兰的保育生态学》、《心启兰属(Chenorchis)——兰科一新属及其蚂蚁传粉的生态策略》、《疣花三角蓝(*Trias Verrucosa*)的生殖策略》、《长瓣杓兰(*Cypripedium lentiginosum*)种群数量动态与生殖行为的相关性》和《气候变暖致使墨兰(*Cymbidium sinense*)野外种群趋向灭绝》。这一系列的报道得到了国际社会的认可。*Nature China* 对系列报道中的3篇文章进行了重点评述，充分肯定了我国在这一研究领域的领先地位和《生态学报》报道的先进性。

1.5 对重大生态环境事件的报道

当代生态学研究的一个突出的特点是紧密地结合社会和生产中的实际问题，解决问题，服务社会。2008年5·12汶川大地震后，广大的生态学科研工作者积极深入地震灾区调查研究，为震后的生态恢复和区域生态建设献计献策。灾后第二天《生态学报》便积极联合中国科学院生态环境研究中心、中国科学院成都山地与灾害研究所和中国科学院成都生物研究所共同组织关于大地震的生态环境研究专题，报道了一批对灾后重建具有科学指导意义的文章，如:《地震灾害对四川省区域生态系统危害及损失评价》等。《科技导报》对该专题进行了重点评述。

2 办刊理念与措施

2.1 创新态度

编辑部对于刊发创新性论文的态度是:宁争议不平淡，推陈出新。

2.2 捕捉学科动态

科技期刊是科学研究的“龙头”和“龙尾”，但要抓住前沿科研成果，就须将手伸向

"龙身",参与到科学研究中去,才能获得优秀稿源。《生态学报》编辑部在这方面主要做了4件事:

(1)建立学术联系人制度。在重要的生态学研究机构选择年富力强的科研人员担当学术信息联系人,定期为《生态学报》传递最新研究热点和动态[2]。每一名科学编辑经营几个研究领域,定期与学术联系人联系,了解科研进展获取重要科研信息。

(2)建立重点生态学研究机构走访制度。为了应对优秀稿源不断外流的状况,编辑部变被动为主动,变坐等为策划、邀约,主动出击获得稿源[2]。从2010年起策划了重点生态学研究机构走访活动,通过走访了解前沿科研动态并邀约稿件、组织专题来扩大刊物影响力。

(3)建立重大课题跟踪机制。对与生态学相关的国家重点课题登册造表,定期跟踪,了解进展,及时邀约稿件[2]。

(4)建立学术会议参加机制。要求编辑部每名科学编辑每年定期参与生态学专业会议,接触、熟识学术共同体成员,了解最新学科进展[2]。

2.3 出版机制创新

(1)建立绿色出版通道。编辑部为高质量的研究论文设立快速发表通道,稿件修改结束直接进入出版程序,不需排队,帮助作者抢夺首刊权[2]。

(2)开辟研究快报和问题讨论栏目。前沿性研究多不成熟,争议性较大,编辑部在报道栏目中专门设置了针对初步研究的研究快报和针对有争议论文的学术争鸣栏目。这两个栏目的论文不要求理论和数据的完整性,要求观点明确、引据确凿、文字简练、分析充分,侧重于新学说、新方法的阐述。

2.4 编辑人才培养

期刊是智力密集型的行业,经营得好坏全靠人,因此人才的培养是期刊发展的根本保证。只有编辑的学术素养高、能力强才能识别和判断优秀稿件,协助期刊发展。

(1)编辑人才引进。在人才引进中编辑部坚持基本原则:① 将编辑引进与编辑部发展目标和整体规划的要求相结合,按需招聘;② 始终要求综合素质高,坚持一专多能[3]。

(2)编辑的培养。为提高编辑人员的素质,编辑部鼓励并有计划地安排编辑人员在职进修,在具有博士学位之后还创造机会使其进入更专业的学校或机构深造[3]。

(3)编辑人员素质的国际化。采取"走出去、请进来"的方法,通过国际合作让我们的编辑到国际编辑平台学习交流。

3 对未来发展的思考

为满足生态学科发展、学术交流深入和全媒体时代对科技信息传播的需要,《生态学报》将在以下几个方面加速建设:

(1)依托学科发展进一步凝炼报道方向,在编委会指导下适度扩大报道范围,造就新的学科领域,打造名副其实的生态学大刊;

(2)依托中国生态学学会资源,与国外学会和出版机构合作,借船出海,以新的蓬勃发展的生态学视角在国际出版平台上打造具有中国背景的高水平生态学国际期刊;

(3)应对全媒体时代的需要,进一步打造和提升行业网络平台——中国生态环境期刊网,使其能够为学科同仁和管理者提供全方位的生态学学术交流服务和生态环境政策支持。

《生态学报》争取经过5年的艰苦创业,造就以行业平台为依托、学术研究为龙头、市场营销为推动、编辑发展为目的的多赢办刊体系,在学科领域里为广大作者、读者和审者再现辉煌,为我国科学研究的学术交流再立新功。

参 考 文 献

[1]李文华,赵景柱. 生态学研究回顾与展望[M]. 北京:气象出版社,2004.

[2]孔红梅,段靖,郭雨齐等. 提高中文科技期刊学术影响力的方法[J]. 中国科技期刊研究,2013,24(1):187-190.

[3]孔红梅. 科技期刊应加强编辑团队建设——以《生态学报》编辑部为例[J]. 编辑学报,2012,24(4):390-392.

The Operation Practices of *Acta Ecologica Sinica* Relying on the Development of Ecology

KONG Hongmei, DUAN Jing, LIU Tianxing
Editorial Office of Acta Ecologica Sinica, Beijing 100085

Abstract: *Acta Ecologica Sinica* (AES) as the best ecological journal in China obeys this rule, closely catching hold of the development of ecology discipline, and thus makes some achievement. This paper tried to share practical experience of AES from three aspects, reporting hot research topics of ecology, the strategies of journal operation and AES's future development, to counterparts to promote China's journal operation.

Keywords: *Acta Ecologica Sinica*; Ecology; Disciplinary development; Operation practices

审稿编辑:翁彦琴

12.《生物多样性》

秉承定位　彰显特色

周玉荣[①]　时意专　闫文杰
《生物多样性》编辑部,北京　100093

摘要:简要介绍了《生物多样性》的创刊背景、定位及发展过程,总结了《生物多样性》发表内容的特点,并提出了今后的发展设想。《生物多样性》是在国际、国内对生物多样性保育及可持续利用日益关注的形势下,于1993年我国签署《生物多样性公约》之际诞生的,已成为我国生物学领域公认的高水平学术刊物,被SCI刊物的引用次数也呈逐年递增趋势,并得到了相关机构的认可。《生物多样性》自创办起就重视策划与组稿,重视数字化和网络传播,办刊理念超前,及时报道生物多样性科学领域的热点问题及《生物多样性公约》履约进展以及相关的研究成果。报道内容呈现以下特色:①紧跟学科前沿,反映研究热点;②科学性与社会性兼顾;③为交叉学科提供平台;④形成了优势领域和稳定作者群;⑤特色栏目设置符合作者和读者的需求。与国内其他中文科技期刊一样,《生物多样性》也正面临着优秀稿源匮乏、信息传播范围窄和传播效率不高等严峻形势。《生物多样性》编委会和编辑部会把握时机,应对挑战,在"立足本土的国际化"和前沿创新与基础支撑兼顾的定位下,继续提高学术质量和编校水平,保持特色,保持在国内生物学类期刊中的优势地位,最终跻身有国际影响力的期刊行列。

关键词:优秀稿源;期刊特色;研究热点;引用率;国际化

1　创刊背景和定位

中国的生物多样性研究始于20世纪80年代末,1990年3月在北京召开的生物多样性学术研讨会拉开了中国生物多样性研究的序幕[1]。为了推动全球的生物多样性保护,1992年联合国环境与发展大会通过了《生物多样性公约》,同年我国政府签署了《生物多样性公约》。在这样的背景下,中国科学院生物多样性委员会适时创办了专业学术刊物——《生物多样性》,季刊,1993年10月出版创刊号。1993—1996年每年出版1期英文增刊,向国外同行介绍中国生物多样性研究的新进展。2001年改为大16开,彩色封面,英文刊名由 *Chinese Biodiversity* 改为 *Biodiversity Science*。2003年改为双月刊。

《生物多样性》自创刊起就准确定位,服务于国内研究者及管理者,旨在发表生物多样性科学领域的创新性原始研究论文和有新观点的高水平综述;及时报道保护、管理和持续利用生物多样性方面的应用基础研究成果和履行相关国际公约的进展。这在创刊词中体现得比较充分[2]。在20年的发展历程中,刊物虽然发生了很多变化,但一直秉承

① 《生物多样性》编辑部,编辑,E-mail:biodiversity@ ibcas. ac. cn。

这一定位,合理把握自己的生态位。创办之初以发表关于生物多样性概念、研究方法、国外进展评述的文章为主,继而关注中国本土原创性的研究成果,特别是相关重大项目产生的研究成果,目前的报道内容已深入到生物多样性的起源、维持和持续利用机制等更深层次的研究,是我国发表生物多样性研究成果最多、影响最大、生物多样性科学领域最重要的刊物,对于推动中国生物多样性研究与保护工作起到了重要作用。

2 国内外影响力不断提高

学术刊物的重要作用在于提供学术交流的平台,及时发表原创性的科学研究成果,对学科发展和取向起指导作用;同时也是一部不断更新的教科书,直接服务于人才培养和队伍建设[3]。《生物多样性》不断实践着这样的理念,在读者中的影响力不断提高,影响因子和被引频次不断增加,其中影响因子连续多年位列生物学类期刊前4位,2006年位列第一,杜绝了零引用文章。

鉴于刊物的学术影响力,《生物多样性》已被国内外多家检索系统收录(http://www.biodiveristy - science.net);连续5年获得中国科协精品科技期刊项目资助,连续两届荣获“中国精品科技期刊”称号,5次入选中国百种杰出学术期刊。

随着刊物影响范围的扩大和中国生物多样性科学研究水平的提高,刊发的文章被相关的SCI刊物引用的频次也逐年增加[3]。2012年被评为2012中国国际影响力优秀学术期刊,进一步说明了《生物多样性》虽然是中文期刊,但也具有一定的国际影响力。

3 办刊理念超前,重视策划与组稿

《生物多样性》编委会始终认为,期刊作为一个平台,不能被动地发表文章,应当有自己的策划,有计划地组织立意新颖、创新性强的热点或前沿领域的稿件,以对国内的研究工作起指导作用。围绕研究热点出版专刊(专栏)目前已成为国内外名刊为提升影响力、促进学术交流而采取的一种有效的措施,这也符合作者和读者的需求。

《生物多样性》创刊以来,先后约请了许多著名科学家为刊物撰稿,发表了不少前瞻性、有重大社会经济影响的文章。2000年起,《生物多样性》编委会和编辑部围绕国家重大科学研究计划、关系国计民生的热点问题、国家重大工程对生物多样性的影响等研究热点共策划了13个专刊(专栏),包括生物入侵、山地植物多样性分布规律、物种濒危机制与保育对策等方面[3]。

4 重视数字化和网络化传播

《生物多样性》在数字化和网络化方面走在了我国科技期刊的前列。1999年已经开始在中国科学院生物多样性委员会网站(http://www.brim.ac.cn)上实现了开放获取。当时,国内实现网上开放获取的刊物还很少。2002年建立了自己独立的中英文网站(http://www.biodiversity - science.net),并实现了在线预出版。

数字化和网络化提高了期刊的信息传播效率,而采编系统的使用则进一步提高了稿件处理速度和编辑效率。2005年编辑部采用了科技类杂志社稿件采编系统,稿件处理通过网络来实现,作者也可以通过网络实时查询审稿进程,便捷高效,成为刊物发展的有效支撑。

5 报道内容彰显特色

对于科技期刊来讲，特色是其存在和发展的根本[4]。那么，刊物如何在复杂的学科领域中把握好自己的生态位？这是值得每个办刊者深入思考的问题，在我国重复办刊、期刊定位交叉的大环境中显得尤为重要。《生物多样性》从创办伊始，就深刻地认识到这个问题，不断思索并调整办刊方针，拓宽生态位，突出特色。主要体现在以下方面：

（1）内容新颖，紧跟学科前沿，反映学科热点。《生物多样性》对很多研究领域在国内做了开创性的报道，例如，把“生物多样性”这一崭新的概念及其测度方法介绍到中国[5-8]。近年来，生物多样性科学领域的热点问题，在本刊都有及时地介绍和相关的研究成果发表，如关于生物多样性与生态系统功能的争论和进展、生物入侵、全球变化对生物多样性的影响、生物多样性信息学等。

（2）科学性与社会性兼顾。刊登的论文不仅涉及科学问题，还有公众感兴趣的社会问题，如外来物种风险、生态系统受威胁等级、转基因作物商品化的环境生物安全、濒危物种或重要生态系统的保护实践等。为履行《生物多样性公约》服务也是《生物多样性》创刊时确定的定位之一，发表了一系列相关文章，以指导我国的生物多样性保护工作。

（3）为交叉学科提供平台。“当今科学技术发展的关键点就是交叉、融合”，这是中国科协主席韩启德院士 2009 年提出的观点。生物多样性科学具有多学科、综合性和多尺度地理空间的特征，《生物多样性》为很多交叉学科领域研究成果的报道提供了平台，兼顾与生物多样性保护有关的经济学、社会学、有关保护政策、管理、自然保护区以及各学科的交叉领域等方面的内容，与国际上的一些热点问题结合紧密。这已成为刊物的又一个重要特色。

（4）优势领域和稳定作者群的形成。优势和特色领域的形成是一个长期的过程。《生物多样性》经过 20 年的发展，通过广泛约稿、组织专刊和专栏、缩短稿件发表周期、减免优秀稿件版面费等一系列措施不断吸引和优化某些领域的稿源，已形成一些特色领域和相对稳定的作者群。如生物入侵、珍稀濒危物种保护、生物多样性监测、重要遗传资源、自然保护区管理等领域的知名专家很多是《生物多样性》的作者。

（5）特色栏目设置。生物编目是生物多样性研究的重要基础，但同时也因为不容易出成果而不被重视。为了给经典分类学著作提供交流平台，《生物多样性》2011 年起设立生物编目栏目，发表针对生物多样性热点地区、调查空白地区的物种编目以及中国乃至世界重要生物类群的编目文章。这类稿件因信息庞大，一般分为正文与附录两部分，编目以附录的形式在线发表。

6 发展设想

毋庸讳言，《生物多样性》作为中文科技期刊，也面临着优秀稿源匮乏、信息传播范围窄和传播效率不高等严峻形势。如何提升核心竞争力，获取优秀稿源，并使这些科研成果最大范围地得到传播，是《生物多样性》面临的巨大挑战。合理定位、提高传播效率、加大稿件处理过程的透明度、加强与读者的互动及与媒体的沟通等是我们提出的对策[3]。此外，我们认为还需要进一步梳理以下两种关系：

（1）本土化与国际化的关系。从我国国情来看，中文科技期刊在推动我国科技进步方面仍起着不可磨灭的作用，有着不容忽视的市场；另一方面，打造一批具有国际影响力的优秀期刊，则是实现期刊强国之梦的必由之路。办刊者需要认真分析自己的读者群和发展前景而合理定位，而不是一刀切地谈国际化或英文化。《生物多样性》的读者既包括研究者，也包括与生物多样性保护和持续利用工作密切相关的工作者。因此，为最大限度地实现办刊的定位，《生物多样性》会继续立足国内，并更多地履行社会责任，致力于推动中国的生物多样性科学研究与保护。

（2）印刷版与电子版的关系。随着移动互联网技术全面深入到人类生活，3G、Wi－Fi以及日新月异的移动装置等技术的进一步融合，人类阅读方式已不知不觉地由传统的纸版过渡为电子版，科研人员在线获取和阅读网络信息正逐步取代阅读印刷本。因此，一些图书馆已开始考虑停订印刷版期刊而代之以电子版[9]。这无疑会给期刊的经营收入带来巨大挑战。提高印刷版定价、寻求广告的支持、付费电子版或许是几种解决问题的思路，但如何权衡各种措施的利弊和实施的难易，还需要进行调研和摸索。另一方面，平板技术的出现也给网上电子版提出了新的要求和挑战，网上内容及版式要体现新颖、灵活、美观、便捷等特点，适合通过手机、iPAD等新型阅读工具，甚至已出现手机版或iPAD版。

期刊的竞争归根结底是优秀稿源的竞争。适逢中国科协的精品科技期刊项目实施，《生物多样性》编委会和编辑部会把握时机，应对挑战，在“立足本土的国际化”和前沿创新与基础支撑兼顾的定位下，继续提高学术质量，保持特色，保持在国内生物学期刊的优势地位，最终跻身有国际影响力的期刊行列。

参考文献

[1]马克平，娄治平，苏荣辉．中国科学院生物多样性研究回顾与展望[J]．中国科学院院刊，2010(25)：634－644.
[2]钱迎倩．创刊词[J]．生物多样性，1993(1)：1.
[3]马克平，周玉荣．继往开来，积极推动中国生物多样性科学发展——《生物多样性》创刊二十年回顾[J]．生物多样性，2012(20)：535—550.
[4]桂厚义．特色是科技期刊发展的根本[J]．出版科学，2005(1).
[5]马克平．试论生物多样性的概念[J]．生物多样性，1993(1)：20—22.
[6]马克平．生物群落多样性的测度方法Ⅰ．α多样性的测度方法(上)[J]．生物多样性，1994(2)：162—168.
[7]马克平，刘玉明．生物群落多样性的测度方法Ⅰ．α多样性的测度方法(下)[J]．生物多样性，1994(2)：231—239.
[8]马克平，刘灿然，刘玉明．生物群落多样性的测度方法Ⅱ．β多样性的测度方法[J]．生物多样性，1995(3)：38—43.
[9]李砚楼，张永梅，张囡．印刷版与电子版外文期刊比较分析——以辽宁石油化工大学图书馆为例[J]．情报探索，2012(7)：73—74.

Development of *Biodiversity Science* over the Past 20 Years

ZHOU Yurong, SHI Yizhuan, YAN Wenjie
Editorial Office *of Biodiversity Science*, Beijing 100093

Abstract: In this paper, we review the developmental process of *Biodiversity Science* (formerly *Chinese Biodiversity*) and summarize its scope and focus. *Biodiversity Science* was established as a quarterly journal in 1993, when China had subscribed the Convention on Biological

Diversity. Since then, many significant researches on Chinese biodiversity were published in this journal, and "biodiversity" became gradually familiar to Chinese people from a new concept. By 2003, it began publishing bimonthly. Between 1993 and 1996, one English supplement was published each year in order to connect Chinese researchers with worldwide community in the biodiversity field. It has ranked one of the leading scientific journals in the field of biology in China, and its reputation has been continuously recognized by national agencies. At the same time, citations from SCI journals have increased consistently over the last 20 years. Being one of the earliest open – access journals, papers were available online at http: www.brim.ac.cn in 1999, and in 2002, websites both in Chinese and in English were launched at http://www.biodiversity – science.net. By 2005, *Biodiversity Science* began to use the online manuscript handling system, *Journal X*, to speed up the peer review process. *Biodiversity Science* specifically addresses major topics in biodiversity along with researches on the implementation of the Convention on Biological Diversity. It also provides a platform to different viewpoints and interdisciplinary research. However, problems are facing the Chinese sci – tech journals, including internationalization, information spread, pressure to publish in SCI journals, etc. We put forth our corresponding suggestions.

Keywords: Excellent articles; Journal feature; Topic design; Research hotspots; Cited rate; Internationalization

审稿编辑:翁彦琴

13.《应用生态学报》

《应用生态学报》发展历程与思考

肖 红[①]
《应用生态学报》编辑部,沈阳 110016

摘要:《应用生态学报》为中文科技核心期刊,于1990年创刊,主要报道应用生态学领域的创新性科研成果与科研进展,在传播我国应用生态学领域最新研究成果和信息、促进国内外学术交流、发现和培养应用生态学人才、推进我国应用生态学发展等方面都发挥了重要作用。2012年该刊获得中国科协中国科协精品科技期刊工程项目(2012—2014)择优资助,为该刊的进一步发展提供了很好的支持。本文简要回顾了该刊的发展历程、现状及新形势下期刊的发展对策,旨在为进一步提升期刊学术影响力和打造精品期刊提供参考。

关键词:《应用生态学报》;应用生态学;精品期刊;发展对策

《应用生态学报》创刊于1990年,由中国科学院主管,中国生态学学会和中国科学院沈阳应用生态研究所联合主办。

1 期刊基本情况

《应用生态学报》的前身为1983年创刊的《陆地生态译报》及1988年创刊的《生态学进展》,《陆地生态译报》以翻译国际前沿的生态学文章为主,在国外期刊订阅量少、一般科研人员阅读和接触机会均有限的情况下发挥了积极作用。随着我国生态学研究的发展及外文资料稀缺性的下降,《陆地生态译报》改刊为《生态学进展》,刊载我国生态学研究的综述、述评性文章及原创论文,对我国生态学研究领域的拓展起到了指导作用。1990年,为服务于蓬勃发展的生态学科学研究,《生态学进展》更名为《应用生态学报》,以突出生态学研究的应用性。

应用生态学是一个极其宽广的研究领域,是生态学的一大研究门类,所有与研究人类活动有关的生态学分支如农业生态学、渔业生态学、林业生态学、草地牧业生态学、污染生态学、城市生态学、资源生态学以及野生动植物管理保护、生态预测用到景观生态学、区域生态学及全球生态学中的部分或大部分领域都可归属在应用生态学这一门类之下。自1990年创刊以来,《应用生态学报》刊期不断缩短(1990—1996年为季刊,1997—2001为双月刊,2002年至今为月刊),先后由曾昭顺(1990)、沈善敏(1991—2010)及韩兴国(2010—)担任主编,在传播我国应用生态学领域最新研究成果和信息,促进国内外学术交流,发现和培养应用生态学人才,推进我国应用生态学发展等方面都发挥了重要

① 中国科学院沈阳应用生态研究所《应用生态学报》常务副主编,编审,E-mail:xiaohong@iae.ac.cn。

作用。

《应用生态学报》被国内外多种重要检索系统收录，包括中国科学引文数据库（CSCD，核心期刊）、中国科技论文与引文数据库（CSTPCD）、中国学术期刊综合评价数据库（CAJCED）、中国期刊全文数据库（CJFD）、万方数据库、中国学术期刊全文数据库、中文科技期刊文摘数据库、美国医学索引（Medline）、美国《生物学文摘》（BA）、《化学文摘》（CA）、荷兰《生态学文摘》（EA）、日本《科学技术文献速报》（CBST）、俄罗斯《文摘杂志》（AJ）以及美国 BIOSIS Preview、TOXCENTER、CAPLUS、BIOTECHNO、《农业文摘》（CAB）等。

《应用生态学报》先后获中国科技信息研究所百种中国杰出学术期刊（2004、2005、2009 年和 2010 年）、全国优秀科技期刊奖三等奖、中国科学院优秀期刊奖二等奖等奖项，2012 年获得中国科协精品期刊项目期刊学术质量提升项目资助。根据中国学术期刊电子杂志社、中国科学文献计量评价研究中心与清华大学图书馆 2012 年 12 月 26 日共同发布的中国学术期刊国际影响力综合分析结果，《应用生态学报》入选 2012 中国最具国际影响力学术期刊。

近年来，《应用生态学报》主要影响力指标保持稳定增长态势，具体指标如表 1。

表 1 《应用生态学报》2007—2011 年影响因子和被引频次

年份	影响因子			被引频次		
	数值	生物学类排名	期刊总排名	数值	生物学类排名	期刊总排名
2007	1.498	3	47	7416	2	4
2008	1.632	3	19	7979	2	4
2009	1.733	3	18	9430	2	2
2010	1.640	2	23	9295	2	5
2011	1.468	2	28	9482	2	5

2 期刊学术质量建设

《应用生态学报》现任编委分别来自 36 个研究所及大学，包括：中国科学院、中国林业科学院、中国农业科学院、中国环境科学院的相关院所及北京大学、浙江大学、北京师范大学、南京大学、武汉大学、兰州大学、同济大学、复旦大学、中山大学、厦门大学、中国农业大学等，代表了我国生态学研究的水平。从年龄构成上看，现任编委以出生于 20 世纪 50—60 年代的专家为主，兼顾了老先生对期刊的长期贡献和新兴专家的潜在发展空间。

在日常工作中，积极发挥编委会战略导向作用及专业优势，针对期刊如何定位、如何办出特色进行指导，提出建议和选题方案；推荐研究性论文，撰写综述或述评类文章；并从本领域出发与编辑部以共同组织会议等形式，形成有影响力的会议专栏。

建立了审稿专家库。审稿专家的学术水平、精力以及对期刊工作的重视程度均影响其对稿件的审理质量。通过审稿反馈情况判断和筛选优秀审稿专家，保持良好的合作关系。依托中国科协精品期刊项目对优秀审稿专家进行奖励,对专家工作进行肯定和促进。通过采用双向盲审制度,使专家对稿件的评价更加客观、公正,即从制度角度保证稿件的评审质量。利用学术不端检测系统对来稿的学术不端情况进行筛查,从源头杜绝此类现象在期刊刊载论文中的发生。

《应用生态学报》作为应用生态学研究领域的重要学术期刊,每年自由来稿稿源充足,稿件筛选余地较大,但是在办刊过程中达成如下共识:学术质量是科技期刊的灵魂,获取高质量的学术论文是期刊生存和发展的基础,应充分发挥编辑的主观能动性,通过跟踪本学科的发展动态,积极了解研究领域前沿和最新进展,通过多种方式有针对性地组织优秀稿件。如:通过关注国内相关重点学科、重点实验室的科研成果,积极邀请和争取高水平、高质量的稿件;鼓励不同学术观点展开讨论,对持不同学术观点的稿件给予发表;关注"新兴"学者,通过优质服务,培养其忠诚度,与其共同成长;关注重要会议信息,通过会议组织稿件;选择评审专家的同时邀请其投稿。此外,2012 年,《应用生态学报》依托科协精品期刊项目对优秀作者进行奖励,提高作者投稿积极性。

3 期刊出版质量建设

期刊的形式美是期刊整体策划的重要组成部分,这与期刊的文化定位和读者定位有着重要关系,是文章思想和版式设计的高度统一。《应用生态学报》为月刊,每月 18 日出版,大 16 开,每期刊载约 40 篇学术论文,260 页左右,铜版纸印刷,内文采用双栏版式,图表规范严谨,符合科技期刊严肃内敛的定位,封面采用内文相关彩图并附相应说明,使期刊严谨之余也有活泼生动的点睛之笔。

《应用生态学报》2005 年采购了期刊远程处理系统,建立了网络编辑平台,并分别于 2009 年和 2012 年对系统进行升级,使稿件的处理工作完全不受地域和办公地点的限制,便捷了作者、专家、编辑的稿件处理,提高了工作效率。

期刊来稿经多个环节层层把关,包括初审、2 ~3 名专家外审、作者修改、编辑加工、再次退修、常务副主编主审、排版、三校一核以及主编终审等,保证了期刊较好的出版质量,也获得了作者的广泛认可。

4 期刊出版人才培育

编辑部的工作与期刊的水平、质量密切相关,编辑素质是期刊质量的保证。《应用生态学报》现有编辑 6 人,其中正高级职称 1 人,副高级职称 3 人,中级职称 2 人;博士 3 人,硕士 2 人,大专 1 人。编辑人员具有在学科上的平衡和优势互补。编辑工作的独立性较强,编辑部注重加强编辑道德建设,提倡乐于奉献、忠于职守、严谨求实、为人作嫁的精神,并坚持以人为本,营造和谐、合作氛围,提高凝聚力和活力。通过参加学术及专业会议,不断提高编辑学术修养,使编辑有能力根据专家评审意见及自身的知识背景对文章进行判断和取舍。编辑部还重点抓好编辑加工的规范化和标准化,提高刊载文章的科学性和可读性,另外,注意审稿质量和时效并重,依据实际情况灵活处理,不断缩短刊发周期。

5 数字化建设和国际化传播

《应用生态学报》发表文章即时在自有网站发布，定期向国外相关数据库发送电子版或纸质版期刊，包括电子版全文上网合作单位 CNKI、中国科学院开放存取期刊平台，并与德国 Springer 出版集团、美国 Taylor&Francis 出版集团、美国 ProQuest 出版公司、英国剑桥大学出版社、大英百科出版集团等达成合作协议，通过数据整合、平台对接等方式助推本刊的国际化传播。

6 发展战略

审时度势，《应用生态学报》未来发展仍将立足国内，进一步提高期刊声誉和显示度；提高英文摘要可读性，扩大国际影响；发挥编委对期刊工作的积极性；着重编辑出版质量管理，特别是审稿控制；加强组稿；创建特色栏目；开辟述评类栏目来增强期刊的学术导向作用；完善网站建设；进一步缩短发表时间；调查出版效果（谁在订阅、谁在浏览和下载以及下载次数），征求出版反馈意见；有条件地引进市场机制，如排印、发行、广告等。

秉承以上办刊理念，《应用生态学报》将不断跟踪学术前沿，拓宽组稿渠道，提升期刊学术影响力，打造精品期刊。

Development Course of *Chinese Journal of Applied Ecology* and Relative Thinking

XIAO Hong

Editorial Office of *Chinese Journal of Applied Ecology*, Shenyang 110016

Abstract: *Chinese Journal of Applied Ecology* is one of the core journals in science and technology of China, which mainly presented the research results and progress in applied ecology. The journal is of significance in promoting science communication in home and aboard, talent training in the field, and advance of the discipline. In 2012, the journal gained the Exquisite Scientific Periodical Project of China Association of Science and Technology from 2012 to 2014, that would benefit its further development. In this paper, the development course, current status and countermeasures of the journal were chiefly summarized, which would provide some reference for its influence and quality lifting.

Keywords: *Chinese Journal of Applied Ecology*; Applied ecology; Exquisite periodical; Development countermeasures

审稿编辑：翁彦琴

14.《作物学报》

借精品科技期刊工程之力　促《作物学报》发展

程维红[①]
《作物学报》编辑部，北京　100081

摘要：《作物学报》已有90余年的办刊历史，是我国作物科学研究领域的领衔期刊，拥有阵容强大的编委会，依靠严格的同行评议制度确保刊出论文的学术水平。近年来，在中国科协精品科技期刊工程项目的资助下，不断缩短出版周期、提高编辑出版质量、学术影响力稳步提升；建设期刊网站，全面实现开放存取和编辑部办公的网络化。《作物学报》编辑部今后计划充分发挥编委会的作用、加强选题组稿、扩大期刊宣传、建好期刊网站、提高编辑素质，以适应办刊精品化、国际化的需要。

关键词：编委会；学术质量；期刊显示度；数字化建设；编辑素质

《作物学报》是中国科学技术协会主管、中国作物学会和中国农业科学院作物科学研究所共同主办、科学出版社出版的有关作物科学的学术期刊。前身可追溯到1919年1月由中华农学会创办的《中华农学会丛刊》，后相继改名为《中华农林会报》、《中华农学会报》、《中国农业研究》和《农业学报》，1962年改为现名《作物学报》，至今已有90余年的办刊历史。《作物学报》主要刊登农作物遗传育种、耕作栽培、生理生化、种质资源及与农作物有关的生物技术、农业气象等领域以第一手资料撰写的研究论文、研究简报、专题评述等。读者对象是从事农作物科学研究的科技工作者、大专院校师生和具有同等水平的专业人士。作物科学是农业科学的核心学科之一，在我国经济、社会和农业科技发展中占有极其重要的地位[1]。《作物学报》是我国作物科学研究领域的领衔期刊，具有独特的风格，长期以来形成了稳定的学术选题和报道方向，在科学共同体内拥有举足轻重的地位，是我国几代作物科学工作者辛勤耕耘的一块重要学术园地。

《作物学报》2006—2011年连续6年获中国科协精品科技期刊工程项目（B类）的资助，2012年获中国科协精品科技期刊工程项目——学术质量建设项目的资助。以上项目的资助为《作物学报》的发展提供了强有力的经济保障，受资助7年来期刊工作取得了很大进展，步入了一条快速稳定的良性发展轨道，并为今后更快更好地发展创造了良好的基础条件。

1　《作物学报》现状及近年工作进展

1.1　拥有阵容强大的编委会

《作物学报》编委会由122位本领域知名科学家组成，其中有两院院士25位，占编委

① 中国农业科学院作物科学研究所，《作物学报》副主编，编审，E-mail：chengweihong@caas.cn。

总人数的 20%。编委中除顾问和部分院士外,均为 20 世纪 50—60 年代出生的本领域年富力强的学科带头人。为充分发挥编委会的作用,倡议每位编委每年至少撰写或推荐一篇高质量的论文,2012 年《作物学报》刊登的 270 篇文章中有 30% 的文章由编委研究团队贡献。每年召开一次编委会会议,由编辑部汇报一年来的工作进展,并商讨下一年度的工作计划。

1.2 依靠严格的同行评议制度确保刊出论文的学术水平

《作物学报》依靠严格的同行评议制度确保刊出论文的学术水平,每篇文章的刊出必经 2 位以上同行专家评审,再经常务编委终审和主编签发。长期保持并不断充实着一支学科覆盖面宽、治学严谨,由资深老专家和中、青年学科带头人组成的 800 余人的审稿专家队伍。《作物学报》实行由常务编委轮流的终审制度,由担任常务编委的 10 余位本领域知名科学家对经多位同行专家评审并经作者修改的稿件进行名副其实的终审,约有 10% 质量不高的论文在终审过程中被淘汰。

1.3 刊登的论文体现了我国作物科学的学科发展水平

2009—2012 年《作物学报》刊登论文的省部级以上基金论文比均在 99% 以上,篇均基金项目数在 2.9 项以上。其中,国家自然科学基金项目、国家高技术研究发展计划(863 计划)项目、国家重点基础研究发展计划(“973”计划)项目等国家级重点科研项目所占比例达 60% 以上;单一项目中国家自然科学基金项目所占的比重最大。以上数据表明,《作物学报》刊登的论文紧密结合了我国经济建设的战略需求,基本把握住了我国作物科学领域的前沿,较充分地体现了我国作物科学的学科发展水平。

1.4 学术影响力在中国科技期刊中处于领先水平

据中国科学技术信息研究所公布的《中国科技期刊引证报告(核心版)》中的统计结果显示,近年来《作物学报》的学术影响力稳步提高,在中国科技期刊和我国农业期刊中处于领先水平。总被引频次从 2005 年的 2617 次增加到 2011 年的 5508 次,增加了 110.5%,影响因子从 2005 年的 1.169 增加到 2011 年的 1.559,增加了 33.4%。2008—2011 年《作物学报》的综合评价总分分别位列中国科技核心期刊的第 5、第 6、第 3 和第 3 名;总被引频次、影响因子和综合评价总分的学科排名保持领先。

1.5 不断缩短出版周期

近年来《作物学报》的出版周期逐年缩短,在严格实行同行评议和稿件录用标准的前提下,平均出版周期从 2004 年的 15.8 个月缩短到 2012 年的 7.6 个月,解决了出版周期过长的问题,提高了科技信息传播的时效性。出版周期缩短的主要措施有:2004 年由双月刊改为月刊,缩短刊期;2004 年自建了网站,全面实现了编辑部办公的网络化,缩短了审稿周期。

1.6 编辑出版质量不断提高

为使出版的期刊形式规范、形态完美,更加符合国际惯例,更加适应办刊精品化的要求,近年来在提高期刊编辑出版质量方面做了以下工作:①2006 年将目录格式改版,使其更加美观并符合国际惯例。②2007 年在每篇研究论文的“讨论”部分后增加“结论”部分。③2007 年将页眉改版,去掉中英文对照的重复信息,增加了 ISSN、CODEN、网址、E-mail 等有用信息;规范了首页下方基金项目的写法;参考文献中外文刊名采用国际通用的缩写形式。④2007年将内文改为全铜版纸印刷,随文刊登彩色图片和图版,提高了期刊的档次,方便了读者阅读。⑤2008年排版软件由方正改为Microsoft Word,一方面可给作者发电子版校样,将出版周期缩短了15天左右;另一方面,出版后可直接方便地转换成PDF格式文件,提高了网站全文上网的效率。⑥2008年每篇文章增加了在CrossRef数据库解析的DOI号,使文章上网后可以在全球范围检索到,有效提高了《作物学报》的国际显示度。⑦从2011年起,比印刷版本提前2个月在中国知网进行优先数字出版,在每篇文章的首页下方增加了"网络出版日期"和相应网址。⑧近几年,放宽对论文篇幅的限制,通过降低版面费收费标准等方法,鼓励作者撰写资料丰富、讨论深入、参考文献齐全的文章,篇均页数由2005年的5.6页增加到2012年的8.6页,以确保论文内容的可读性和完整性,提升了论文的学术价值。

1.7 数字化建设在我国科技期刊中保持领先

随着数字技术及网络传播与交流的快速发展,科技期刊的采编、生产、传播、阅读等方式正在发生重大变化,传统出版正在向数字出版过渡。近年来《作物学报》积极顺应由传统出版模式向数字出版模式的转变,采取追求互联网覆盖面最大化的数字出版策略[2],对提高《作物学报》的学术影响力起到了重要作用。

《作物学报》2004年建成独立网站,向读者免费提供现刊及过刊全文,实现了开放存取(Open Access),加入到目前国际流行的开放存取期刊的行列。实现了作者在线投稿、专家在线审稿,全面实现了编辑部办公的网络化。2006年将《作物学报》网站改版,采用"开放存取+在线预出版+超前或现刊"的期刊网上出版模式[3],增加了在线预出版(Online first)——最新录用免费全文,使《作物学报》的网上出版周期比印刷版提前了2个月。同时还将从1962年创刊号起的全部过刊上网,供读者免费浏览、下载全文。网站建设7年来,编辑部坚持做好最新录用在线预出版全文(比印刷版提前2个月)及现刊(比印刷版提前7-10天)的及时更新上网。截至2012年12月,网站上共有240期,全文5000篇,篇均全文下载300次以上。

为充分扩大《作物学报》的影响和在互联网上的显示度 至今尚未与任何一家数据库签订独家期刊数字出版合作协议。目前在国内CNKI(中国知网)的中国期刊全文数据库、万方数据的中国数字化期刊群、重庆维普的中文科技期刊数据库、科学出版社期刊发布平台和台湾华艺数位股份有限公司的中文电子期刊服务5家数据库全文上网。

1.8 《作物学报》近年所获得的重要奖项和荣誉

(1)2011年荣获第二届中国出版政府奖期刊奖提名奖。

(2)2005年荣获第三届国家期刊奖提名奖。

(3)2002—2012年连续11年被中国科技信息研究所授予百种中国杰出学术期刊称号,目前在我国农业期刊中仅此一本。

(4)2009和2011年两度入选中国精品科技期刊。

(5)2009年,在中国期刊协会、中国出版科学研究所联合举办的新中国60年有影响力的期刊及期刊人的推选活动中,荣获了新中国60年有影响力的期刊称号。

(6)在北京大学图书馆编著的《中文核心期刊要目总览》2004/2008/2011年版中列在"农学/农作物类核心期刊表"的首位。

(7)2009 和 2011 年在武汉大学信息管理学院中国科学评价研究中心编著的《中国学术期刊评价研究报告》中被评为中国权威学术期刊(A+)。

(8)2012 年被中国学术期刊电子杂志社、中国科学文献计量评价研究中心与清华大学图书馆评为中国最具学术国际影响力学术期刊。

2 《作物学报》发展规划

2.1 加强编委会建设,充分发挥编委会的作用

编委会是期刊的核心,是保障和提高期刊学术声誉和水平的关键,期刊编委会在期刊发展中发挥着极为重要的作用。期刊编委的主要任务应是为期刊组稿、荐稿、审稿、定稿和撰写综述。《作物学报》编委会目前存在地区和学科分布不够合理、编委会的组稿荐稿作用未充分发挥等问题。计划除 4 年一度的编委会换届改组外,每年对编委会做适当调整,吸纳更多的本学科年富力强、热心支持本刊工作的学科带头人成为本刊编委。请每位编委每年至少撰写或推荐一篇高质量的论文,组织编委有计划地撰写高水平的综述文章。

2.2 加强选题组稿,保障和提升期刊的学术水平

自 20 世纪 90 年代中后期国内许多科研单位科研评价体系中引入 SCI 评价指标系统以来,国内大量高水平研究成果流向国外 SCI 源期刊发表,导致我国学术期刊的报道内容不能完全反映我国学术研究的最高水平。在此以前,《作物学报》发表的研究论文基本代表当时我国作物科学研究的最高水平,但目前《作物学报》存在自由来稿中优秀论文严重不足的问题,距离引领学科发展、促进科学交流、争取科学研究首发权的高层次学术期刊办刊目标相去较远。因此,设法找到和吸引优秀稿源,以确保并提升《作物学报》的学术水平是长期存在的、摆在我们面前的艰巨任务,是期刊编委会和编辑部工作的重中之重。2012 年《作物学报》得到中国科协精品期刊工程项目——学术质量建设项目的资助,按照项目要求计划实施以下措施。

(1)加强选题组稿。通过期刊编辑深入本学科重点高校和科研院所,参加专业学术会议等方式,组约优秀稿件,增加约稿比例。

(2)刊登高水平综述文章。约请本领域的知名科学家撰写高水平的综述,免收其评审费和版面费。

(3)降低收费标准。继续实行降低版面费收费标准、对新投稿免收审稿费等措施,扩大稿源;与此同时,严把审稿关,降低稿件录用率,保障和提高本刊的学术水平。

(4)奖励优秀论文作者。奖励 5% 以上的高水平、高影响力论文的作者。

(5)优稿优酬。降低 10% 优秀论文的发表费用 50% 以上;对 10% 优秀论文将稿酬标准提高 50% 以上。

(6)奖励优秀审稿专家。对 20% 优秀审稿意见将审稿费标准提高 50% 以上。

2.3 扩大期刊宣传,提高国内外显示度

期刊的宣传工作不仅仅是一种商品的推广,更是提高期刊影响力的一项重要工作,广泛的宣传可以为期刊赢来更多的优秀稿件。计划全方位、多渠道、多途径开展《作物学

报》的宣传工作,有效增加作者和读者数量,增加期刊的投稿数量、发行量和网络版下载次数,进而提高期刊的总被引频次和影响因子,提高期刊的学术影响力。鼓励编辑走出去,深入本学科重点高校和科研院所,广泛听取编委、作者、读者对本刊工作的建议和意见,加深科研工作者对期刊的了解、理解和支持,增强科学共同体办好期刊的信心。通过相关专业学会和研究机构的网站,广泛搜集相关专业学术会议信息,每年在10个以上专业学术会议上分发《作物学报》宣传页。

2.4 加强数字化建设,利用互联网做最广泛的传播

数字化与网络化是学术期刊出版的发展方向。数字出版和网络传播在对传统学术期刊出版形成巨大挑战的同时,也为学术期刊的发展带来大好机遇。《作物学报》在数字化建设方面虽已具有良好的基础,但在网站技术含量、显示度、信息量、信息主动推送等方面与国外期刊网站相比还存在较大差距。因此,计划在期刊信息数字化和网络化方面不断与时俱进,继续走在我国科技期刊的前列。建好期刊网站,进一步丰富网站内容,提高网站的技术含量,完善网站功能,特别是一些为读者和作者服务的功能。设法加大本刊网站的宣传力度,有效提高网站访问次数。设法把网上内容推送给读者,尝试在《作物学报》作者、读者(引用者)分布最集中的院校和科研单位的网站上设置链接。将本刊网站加入到其他大型网络平台中,以增加《作物学报》网站的显示度。及时更新网站内容,继续做好本刊网站在线预出版“最新录用”(Online first)和与印刷版同步开放存取“现刊”的及时上网。

2.5 加强编辑队伍建设,提高编辑素质

编辑队伍建设是学术期刊核心竞争力建设的重要工作,高水平的精品期刊要求办刊人员具有先进的办刊理念和较高的综合素质。计划通过引进高素质人才和加强对现有编辑人员培训等措施提高编辑部人员的综合素质,以适应学术期刊办刊精品化、网络化、国际化和市场化发展的需要。鼓励编辑人员积极参加各类相关机构组织的与期刊精品化、国际化有关的人员培训、专题学术交流和研讨活动。通过参加有关编辑出版的培训和学术会议等方式,使办刊人员具有良好的职业道德、合理的知识结构、熟练的编辑技能。开拓编辑人员的国际化视野,提高把握学科发展前沿的意识和能力,促进期刊更好更快地发展。

参考文献

[1]中国科学技术协会,中国作物学会. 作物学学科发展报告2009—2010[M]. 北京:中国科学技术出版社. 2011.

[2]程维红,任胜利,路文如等. 中国科协科技期刊的数字出版策略分析[J]. 编辑学报,2011,23(5):443-446.

[3]程维红. 中外农学期刊网站现状调查与比较分析[J]. 中国科技期刊研究,2006,17(6):1120-1124.

Support of CAST Project for Excellent Scientific Journals Accelerate the Promotion of *Acta Agronomica Sinica*

CHENG Weihong

Editorial Office of *Acta Agronomica Sinica*, Beijing 100081

Abstract:*Acta Agronomica Sinica* (*AAS*) is a monthly academic journal co - sponsored by Crop Science Society of China and the Institute of Crop Sciences, Chinese Academy of Agricultural Sciences, and under the supervision of China Association for Science and Technology. The predecessors were *Proceedings of China Association of Agricultural Science Societies* started in 1919. As one of the key scientific journals in China, *AAS* has been financially supported by China Association for Science and Technology since 2006. *AAS* is the leading journal of crop sciences and reflects the latest achievement in all aspects of crop sciences in China. The editorial board consists of 122 specialists. The strict peer - review procedure guarantees the academic level and raises the reputation of the journal. The work plan of editorial department of *AAS* in the future are as follows: ①Select more young, eager and diligent professionals to join in the Editorail Board; invite the members of the Editorail Board to contribute their high quality research paper and review articles to *AAS*. ②Come near to the potential authors with high acadamic level, and encourage them to submit thier research paper to *AAS*. ③Design and disseminate the advertising leaflets of *AAS* on relative professional conferences to attract more contributors and readers. ④Perfect the functions of journal's website, especially the functions that service the readers and authors and efficiently enlarged the journal's visibility through the Internet. ⑤Encourage the editorial staff to attend meetings concerning the topic of journal development and training courses for scientific editor to improve their ability.

Keywords: The editorial board; Academic level; Journal's visibility; Digital publishing; Staff's ability

审稿编辑:翁彦琴

15.《林业科学》

在坚守中追求卓越

朱乾坤　张君颖[①]

《林业科学》编辑部,北京　100091

摘要:《林业科学》是最具影响力的林业科技期刊之一。通过实施精品科技期刊工程,期刊在选题、加强审稿队伍建设、密切与读者联系、培养人才及信息化建设方面取得显著成效。

关键词:期刊质量;《林业科学》;精品期刊

《林业科学》是由中国林学会主办、中国科学技术协会主管的林业综合性学术期刊,创刊于1955年,作为中国林学会的会刊,《林业科学》的前身可以追溯到1921年创刊的《森林》。创刊以来,《林业科学》以促进林业科技繁荣为己任,办刊质量与期刊影响力不断提高。特别是近年来,《林业科学》积极适应科技发展的新形势、新要求,推行精品科技期刊建设,在提高服务水平和能力、推进信息化建设、加强人才队伍建设方面取得明显成效,期刊的影响力进一步提升。

1　期刊基本情况

1.1　期刊简介

作为综合性学术期刊,《林业科学》的收稿范围包括森林培育、森林生态、林木遗传育种、森林保护、野生动植物保护与利用、水土保持与荒漠化治理、森林工程、木材科学与技术、林产化学加工工程、林业经济等方面,栏目设置包括学术论文及研究报告、综合评述、学术问题讨论、研究简报、植物新品种与良种等。创刊50年多来,《林业科学》坚持以国家级、省部级重点科研项目的研究成果为刊登重点。截至2012年年底,共刊发论文6214篇,全面反映了我国林业科学研究的最新进展和前沿水平,在推动林业科技进步、推出优秀人才等方面发挥了重要作用,广大林业科技工作者将《林业科学》视为发表高水平学术论文的首选期刊。

迄今为止,《林业科学》共有9届编委会,本届编委会主任为中国林学会理事长江泽慧教授,另有7位院士和近40名国内知名专家及5名外籍学者担任编委。著名林学家、教育家,中国工程院前副院长沈国舫院士自1996年起担任主编至今。

1.2　期刊影响力及评价指标

《林业科学》被中国核心期刊(遴选)数据库等9家国内重要数据库及CA(《化学文摘》)、AJ(《文摘杂志》)等15家国际大型数据库收录,影响因子、总被引频次等期刊评价

① 中国林学会《林业科学》编辑部主任,研究员,E-mail:zjy_lykx@vip.sina.com。

指标一直名列林业科技期刊首位。在中国科学技术信息研究所对全国的自然科学期刊进行的 4 次综合评分中,《林业科学》综合评分分别为 93.1、95.3、94.6 和 92.4,排名分别居第 9 位、第 7 位、第 6 位以及第 9 位,连续 4 年进入中国科技期刊前 10 名。中国学术期刊电子杂志社、中国科学文献计量评价研究中心与清华大学图书馆 2012 年首次发布的中国学术期刊国际影响力综合分析结果中,《林业科学》入选"中国国际影响力优秀学术期刊"。

1.3 获奖情况

《林业科学》曾在中国科协及中宣部、国家科委、新闻出版署的历届评比中获得表彰,荣获第一届和第二届国家期刊奖及第三届国家期刊奖提名奖(排名居学术类期刊第 1 位);先后 9 次获得中国科学技术信息研究所评出的百种杰出学术期刊称号;被评为新中国 60 年有影响力的期刊;刊载的论文入选中国百篇最具影响国内学术论文;有 20 篇论文入选领跑者 5000——中国精品科技期刊顶尖论文,占入选林学类论文总数的近 50%。编辑部主任张君颖 2009 年被评为新中国 60 年有影响力的期刊人,2011 年荣获中国出版界最高奖"第二届中国出版政府奖优秀出版人物奖(优秀编辑)"。

自 2006 年以来,《林业科学》连续入选中国科协精品科技期刊工程项目。

2 建设精品科技期刊的主要举措和成效

2.1 关注国家林业建设的重点和热点问题,及时反映最新研究成果

作为林业科技期刊的领军者,《林业科学》在全面反映我国林业科学最新研究成果的同时,十分关注对国家重大战略及突发性重大自然灾害的及时反应。《林业科学》先后配合西部大开发、重大生态建设项目和林业六大工程等开设"专家笔谈"栏目。2008 年初,我国南方遭遇了百年不遇的特大雨雪冰冻灾害,《林业科学》迅速与在一线考察的专家取得联系,在第 3 期推出了"关注重大雨雪冰冻灾害对我国林业的影响——专家笔谈"专栏,初步评估灾情,为林业恢复与重建出谋划策;与此同时,公开征集论文,并于当年第 11 期推出了《重大雨雪冰冻灾害专刊》。该专刊汇集了灾情调查、损失评估、灾情成因及森林资源恢复重建的意见与建议,已成为灾后林业恢复重建及相关研究的重要文献。

2.2 严格执行审稿制度,加强审稿专家队伍建设

在稿件的处理过程中,编辑部坚持不唯名、不唯上、不唯亲,严格执行三审制。对于接收的稿件,编辑部先与作者签订出版合同,要求每一位作者签字,以保证作者对稿件的知情权;送审前,先对稿件进行查重,然后送两位专家双盲审稿,稿件的录用与否完全由专家做出判断;作者修改后的稿件经编辑加工后送学科副主编、主编签字才能进入发稿阶段。在此期间,责任编辑还要再进行一次查重,最大限度地避免学术不端行为的发生。作为行业科技期刊的领头羊,《林业科学》学术民主、严谨求实、弘扬正气、整肃学风的做法,必将成为推动科技期刊健康发展的正能量,发挥重要的示范作用,产生重要的影响力。

2.3 办刊育人,推动林业科技人才成长

优秀的学术期刊堪称作者的良师益友,这其中审稿专家的作用功不可没。沈国舫主

编说过:“青年林业科技人员以在《林业科学》发表自己的研究成果和学术论文作为衡量自己学术水平和程度的一个重要标志,而我在学术成长过程中也得到过《林业科学》的许多帮助。”中国科学院院士、《林业科学》常务副主编唐守正回忆:“通过向《林业科学》投稿,在与编辑部交换意见过程中我懂得了如何写论文,我经常建议我的学生将优秀论文投到《林业科学》,因为在论文的审稿和修改过程中可以学到知识,积累经验。”来自中国科学院的审稿专家张其德先生,曾3次审阅一篇稿件,每次的审稿意见都写满几页纸。这篇原来不太成熟的论文,在张先生的精心指导下,几经修改,最终达到了发表的水平,作者也从中深切领会了做学问的态度与方法。许多年轻的林业科技人员对《林业科学》所给予自己的学术上的帮助与提高,更是难以忘怀。国际竹藤网络中心研究员、博士生导师范少辉对他第一次在《林业科学》发表论文的情形印象深刻:“当时,我还是林业科学研究领域的一名新兵,我的文章得到《林业科学》的认可,给了我极大的动力与信心。我被《林业科学》不分门第权位、学术至上的作风深深感动,《林业科学》成了伴随我成长的良师益友。”

《林业科学》在追求高水准办刊的过程中,潜移默化地培养了科技人员良好的学风与严谨的科学态度,营造了良好的学术环境,对林业学科发展起到了引领和导向作用,这也是《林业科学》能保持高质量的重要因素。2005年,在纪念《林业科学》创刊50周年大会上,主办单位中国林学会首次表彰了《林业科学》优秀审稿人,此后又进行了第二次优秀审稿人评选,对那些恪尽职守、认真负责的优秀审稿专家进行表彰,感谢他们对《林业科学》的无私奉献、严格把关,以进一步树立严谨求实、客观公正的优良学风。

2.4 关注林业科技工作者的需求,贴近科研一线办刊

学术期刊的服务对象是科技工作者,只有加强与科技人员的联系,才能使期刊发展充满活力。为此,走出去、开放性办刊成为进一步提高办刊质量的有效措施。2008年以来,学会秘书处分管领导带领编辑部成员走访大学、科研院所,在中国林科院、东北林业大学、南京林业大学等单位,共召开8次座谈会,与审稿人、作者、读者面对面交流,介绍期刊发展动态、审稿程序、在线采编系统的使用等情况,征求他们对改进办刊工作的意见和建议。调研走访活动使得期刊能及时把握科技人员的需求,相关整改措施也取得立竿见影的效果。这也为稳定高水平的作者群,争取高质量的稿源提供了保证。此外,编辑部针对青年科技人员多次开展科技论文写作的专题讲座,结合办刊实践答疑解惑,受到广泛欢迎。

2.5 办刊信息化成效明显

在中国科协精品科技期刊工程项目的支持下,《林业科学》的信息化建设快速推进,一步一个脚印,一年一项成果。

2007年底期刊在新浪网开通博客,将编辑部的发展动向、期刊的出版动态及时公布,并通过博客与读者互动,目前访问量已达2.2万余次;

2009年初,启用独立域名的期刊网站,在线采编系统投入使用;同年8月,现刊同步上网;同年12月,实现过刊全部上网及现刊同步上网,供读者浏览、免费下载,目前网站日访问量约200人次;

2010 年,完成创刊以来编辑部档案资料数据库建设;

2011 年,启用采编系统短信平台,实现现刊在线提前发布;

2012 年,调研网站使用情况,充实档案数据库,为 2013 年网站升级改版做准备。

2.6 传承科学精神,作学术良知的守望者

作为主办单位的中国林学会,始终将办好《林业科学》作为学会工作的重要内容,长期以来为期刊正常运行提供着有力的保障。科学、民主、去行政化的管理方式,使论文的审查、录用完全由审稿专家及编委会决定,单位领导从不干预,在办刊人力、物力等条件上则是给予全力的支持与保障。编辑人员则更加自觉地坚持和传承前辈学人严谨求实的学风,把追求刊物的品质放在第一位。编辑部坚持不跟风、不盲目扩容、不为经济利益所动,坚守学术的纯洁,甘当学术良知的守望者。这也是对《林业科学》办刊传统的最好继承。

3 进一步办好精品科技期刊的思路和对策

《林业科学》实施精品科技期刊工程项目 6 年来,已具备了信息化办公平台,拥有一支具有较高素质的办刊人才队伍,发挥了林业科技期刊领头羊的作用。但在 SCI、EI 的冲击下,期刊同样面临着优秀稿源不足、高水平论文减少等问题,服务能力、期刊影响力离作者(读者)的期望仍有一定差距。为此,今后要按着以提高期刊质量为核心的工作思路(图 1),推动各项工作上新台阶,为将《林业科学》办成国内一流、国际上有重要影响的中文科技期刊付出更大的努力。

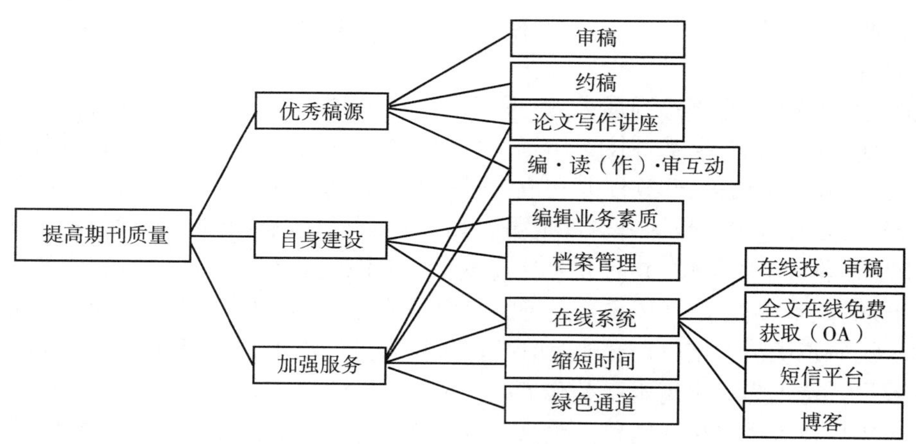

图 1 《林业科学》期刊质量保障体系

在以往成绩的基础上,《林业科学》计划在以下几方面开展深入的工作。

(1)加大征稿、组稿力度。继续深入高校、科研院所进行交流,做好重点研究团队、研究课题的跟踪反馈工作。

(2)提高稿源质量激励措施。对优秀审稿意见提高审稿费标准,为优秀稿件开设绿色通道,减免版面费。

(3)加强稿件质量调控。在现有基础上,继续提高高影响力论文所占比率,降低“零引用论文”数量。

(4)信息化建设。进行期刊网站的升级改版,丰富网站内容,提供精细化服务;提高

利用网络平台的技术水平。

(5)提高编辑人员的业务素质。鼓励编辑更多地参加学术交流和业务进修活动。

Overview of Implementing the Project of Excellent S&T Periodicals for *Scientia Silvae Sinicae*

ZHU Qiankun, ZHANG Junying

Editorial Department of *Scientia Silvae Sinicae*, Beijing 100091

Abstract: Being one of the most influential scientific periodicals, *Scientia Silvae Sinicae* achieved remarkable results in topic, reviewing, keeping close touch with readers, personnel training and information construction, by implementing the Project of Excellent S&T Periodicals established by CAST.

Keywords: Quality of journals; Forestry sciences; Excellent periodicals

审稿编辑:翁彦琴

16.《土壤学报》

科技期刊学术质量与传播力建设

陈德明① 卢 萍 檀满枝
《土壤学报》编辑部,南京 210008

摘要:阐述了《土壤学报》创办及发展、定位与目标、获奖及资助以及国内外影响;对编委负责制、编辑的创造性劳动在期刊学术质量建设中的作用进行了论述和分析;就期刊未来发展提出了设想,从期刊学术与品牌建设、刊发论文和期刊的显示度提升、文献和信息服务、新技术的集成和应用等方面进行展望。

关键词:学术质量;编委负责制;高被引论文

1 《土壤学报》概述

1.1 期刊创办与发展

《土壤学报》(*Acta Pedologica Sinica*)是由中国科学院主管、中国土壤学会主办的中文科技学术期刊,前身是《中国土壤学会会志》(*Bulletin of the Soil Science Society of China*),于1948年12月创刊。1952年更名为《土壤学报》,不定期出版;1955—1956年定期出版,为半年刊,科学出版社出版;1957年起改为季刊,面向全国发行;1966年下半年由于科研工作停顿停刊,1978年8月经中国科学院批准正式复刊;2002年起改为双月刊。历任主编均由著名土壤学家担纲。

1.2 期刊定位与目标

《土壤学报》反映土壤学各分支学科的最新研究成果,主要刊登本领域具有原始创新性的学术论文,以及能反映现代土壤科学发展方向的优秀综述与评论文章,同时也刊登重大研究项目进展和问题讨论等。

创刊以来,《土壤学报》始终坚持贯彻正确的办刊宗旨,刊登论文的学术水平和编辑出版质量不断提高。该刊反映了我国土壤科学研究的发展轨迹和理论水平的提高,推动了学科建设和学术交流;同时也为国际同行所重视,是中国土壤学界与国际土壤学界进行学术交流的重要窗口。该刊目标是成为土壤科学领域国内一流并具一定国际影响力的中文学术期刊。

1.3 获奖及资助

《土壤学报》是我国土壤学科领域高水平学术刊物,在国内享有较高声誉,为中国科技论文与引文数据库、中国科学引文数据库、中国科技期刊引证报告、中国期刊全文数据库、中国学术期刊文摘、中国学术期刊综合评价数据库、中国核心期刊(遴选)数据库、中

① 中国科学院南京土壤研究所,《土壤学报》编辑部主任、编审,E-mail:dmchen@ issas. ac. cn。

国科技期刊精品数据库等的来源期刊和中国知网、中国学术期刊(光盘版)、万方数据系统科技期刊群、中文科技期刊数据库所收录。在国际上也有一定影响,被 Chemical Abstract (CA)、CAB Abstracts 系列、FAO Agris AGRINDEX 等国际重要数据库和检索系统收录。

该刊多次荣获国家、地区及省部级奖励。2000 年入选中国期刊方阵期刊;为中国科技核心期刊、中文核心期刊、中国百种杰出学术期刊、中国精品科技期刊、中国科协精品科技期刊、RCCSE 中国权威学术期刊;2012 年入选中国最具国际影响力学术期刊。

该刊获中国科协 2012 年度精品科技期刊工程——期刊学术质量提升项目资助。

1.4 国内外影响力

根据《中国科技期刊引证报告(核心版)》对期刊影响因子和总被引频次等文献计量指标的统计,该刊影响因子和被引频次连续多年居农学类科技期刊前列。据中国学术期刊电子杂志社、清华大学图书馆和中国科学文献计量评价研究中心 2012 年对我国学术期刊国际他引影响因子和国际他引被引频次的文献计量分析,《土壤学报》的国际影响力在我国学术期刊中进入 TOP 5% ,标志着该刊在国际上已具有一定影响力。

2 《土壤学报》学术质量建设

学术质量是科技学术期刊的核心[1]。稿件质量是期刊学术水平的决定性因素,也是期刊的生命力所在,而严格有效的审稿是提高期刊学术质量的重要途径之一。因此,建立高水平的编委和审稿人队伍对提高期刊学术水平、提升期刊影响力起重要作用。此外,期刊编辑在编辑活动中的主体性和创造性也是保证期刊学术质量的重要环节。

2.1 编委负责制与学术质量

《土壤学报》依托期刊主办单位和承办单位的学科和人才优势,设有健全的期刊编辑委员会,编委会队伍精干,专业、学历、年龄等结构合理。编委均为土壤科学各个专业领域的学科带头人。编委学术水平为国内同专业领域中最高,在引领土壤学科发展、提高期刊学术质量、扩大期刊影响力等方面起到了至关重要的作用。

该刊不仅编委会组织健全,更重要的是其采取了国际上通行的科技期刊运行模式,即编委负责制。2009 年,该刊以期刊稿件远程处理系统建设为契机,推行了编委负责制。该刊所有编委均为执行编委,全权负责其研究领域的稿件审理,包括初审、推荐审稿人、审回稿件的取舍,直至稿件审理有了结果才转入编辑处理程序。利用期刊网站可对编委负责制进行现代化和网络化的实现[2]。实行执行编委负责制,让专家学者参与审稿的全过程,有助于稿件的质量控制,提升期刊的学术水平,促进期刊学术建设。例如,稿件在送达相关专业领域的编委后,编委首先从专业的角度进行初审,以确定有无进一步审理的必要:如果初审通过,编委会推荐该领域的"小同行"来进行外审;如果初审不通过,编委也往往会给出中肯的意见,方便作者修改后改投。而对于外审审稿意见有分歧的稿件,编委也会通过自己的审阅给出合理的评判。

2.2 编辑的创造性与学术质量

《土壤学报》的编辑在稿件的学术质量建设中同样起重要作用。编辑是联系作者与审稿专家之间的桥梁,但不是仅完成简单的传声工作。审稿专家、执行编委很多时候从稿件的科学性、创新性等宏观角度评价稿件的质量，未必对细节处能一一指出不足，而很多研究生作者，虽然研究有前沿性、创新性，但由于撰写论文经验不足，论文的规范性、可读性较差，所以即使对于内容合格的文稿，责任编辑仍需发挥创造性劳动，鉴别和指正原稿的不完整及不正确之处，提出改善的意见，帮助作者提高稿件学术质量。

《土壤学报》有一支较高专业水平的编辑队伍，他们具有相关学科的专业背景，了解学术前沿，有能力对稿件质量做出独立判断。4 名从业编辑中，具有土壤学相关专业博士学位和具有副编审以上职称的人员比例均达到 75%。专业的素养使得编辑能通过对专家意见的分析及对学科发展状况的了解，从不成熟、不完善的原稿中发掘有价值的、推动科技进步的新观点、新方法、新成果，帮助作者突出这些闪光点，从而使文稿达到较高的水平。

在编辑加工过程中，编辑部要求编辑从多层次对稿件质量进行全方位的把关：对原稿的内容、形式、整体设计和局部结构进行研究；对文稿中概念运用、逻辑推理、语法措辞进行斟酌；对统计处理、数据材料进行核查；对繁词冗句进行删减，对混乱图表重新设计；对不足部分、模糊概念建议作者补足、澄清；对文献索引进行核实；等等。科技期刊编辑活动的创造性才是科技期刊编辑活动的本质[3]。正是《土壤学报》编辑这些创造性劳动使文稿主题突出、文笔流畅、结构严密、富有新意，使文稿质量得到提高，符合出版要求。

3 《土壤学报》发展设想

3.1 加强品牌建设，打造学术高地

期刊品牌是期刊业发展水平的重要标志[4]。创建期刊品牌，首先要有好的内容质量。科技期刊学术水平的高低，除了与编委、审稿专家的严格审稿，以及与编辑的创造性劳动密切相关外，与稿件的学术质量更是直接有关。而目前我国科研评价偏重于 SCI 影响因子，致使高质量的论文流向了高影响因子的国际期刊，国内期刊无法获得优秀科研成果的首发权，期刊学术质量和学术影响力难以提升[5]。因此，吸引和刊发高质量高被引的学术论文是期刊品牌建设的重要环节。该刊拟通过切实有效的举措，进一步组织和吸引优质稿件，打造土壤科学的学术高地，引领学科发展。

3.2 强化服务与宣传，提升期刊影响力

3.2.1 提高刊发论文和期刊的显示度

该刊计划将 1948 年创刊以来的过刊全部上网，创刊以来的全部论文均可免费下载，实现开放获取。利用网络传播的优势，加强对历史文档的整理、保护和利用，提高刊发论文的显示度，更好地为科研人员提供信息服务。

吸引和发表高水平的学术论文也是提高网络下载次数和引文次数的保障。同时，对论文的编辑完善也有助于提升论文的显示度，一个好的论文标题、丰富而翔实的摘要、准确恰当的关键词以及合理引用参考文献，也都是提高网络时期科技论文显示度必不可少的手段[6]。

3.2.2 强化文献和信息服务

2012 年 6 月起该刊实行文献推送服务，将每期目录在纸质期刊出版前推送到读者手中，方便读者获取。该服务增强了文献获取的便捷性，增加了论文的点击率和下载率。

该刊始终将期刊网站的建设与维护放在十分重要的位置，为读者提供了丰富及时的

信息。预发表论文信息的提前上网充分发挥了网络资源时效性强的优势,增加了论文的点击率。今后计划增加作者、读者、审稿专家感兴趣的内容,通过期刊网站构建与编委、审稿专家、作者和读者的信息共享机制,提高网络化服务水平。

3.2.3 加强新技术的集成和应用

数字对象标识符 DOI(Digital Object Identifiers)的特点是具有唯一性,保证了在网络环境下对数字化对象的准确提取。进行 DOI 注册和 CrossRef 链接才可能将刊发的论文融入到国际学术论文出版行列,方便国内外的读者通过网络检索平台查到论文的源期刊[7-8]。该刊计划注册为 CrossRef 会员,为每篇全文上网的论文注册 DOI 号,并将其与搜索引擎相连,以方便读者查找。

二维码技术从20 世纪80 年代末开始出现,它是纸质出版与多媒体出版的桥梁,可以将纸质出版无法加载的声音、动画等多媒体信息通过二维码存储起来。近年来二维码技术应用在科技论文上,主要是利用网络平台和移动互联平台,增强文章的可获取性,使读者随时随地进行阅读。该刊计划引进二维码技术,在智能移动终端日益普及、电子阅读快速发展的环境下,方便读者多途径地获取该刊文献信息。

参 考 文 献

[1]钟华. 科技期刊的学术质量控制[J]. 国防科技,2010,31(5):45-47,61.

[2]史永超. 利用网络实现编委负责制[J]. 中国科技期刊研究,2003,14(Z1):828-829.

[3]黄政,郝希春. 关于科技期刊编辑质量考核的思考[J]. 编辑学报,2011,23(4):291-293.

[4]石峰. 期刊品牌建设迫在眉睫 完善学术期刊评价体系[EB/OL]. [2012-10-30]. http://www.chinaxwcb.com/2012-10/30/content_255262.htm.

[5]中国科学技术协会. 中国科协科技期刊发展报告[M]. 北京:中国科学技术出版社,2011.

[6]杜秀杰,赵大良,葛赵青等. 数字出版时代如何提高科技论文的显示度[J]. 中国科技期刊研究,2012,23(1):126-128.

[7]王维朗,吕赛英,游滨等. 提升科技期刊国际显示度的途径与策略[J]. 中国科技期刊研究,2011,22(5):743-745.

[8]徐文娟,陈素军. 关于中文 SCI 期刊的困惑与思考[J]. 中国科技期刊研究,2010,21(6):866-868.

Building up Academic Quality and Spreading Capacity of Sci-Tech Journals ——A Case Study of *Acta Pedologica Sinica*

CHEN Deming LU Ping TAN Manzhi
Editorial Office of *Acta Pedologica Sinica*, Nanjing 210008

Abstract: A case study of *Acta Pedologica Sinica* was performed to elaborate origination and development, orientation and goals, awards and funds, and influences at home and abroad of the journal, as well as the editorial board responsibility system and editors' creative work in building up academic quality of the journal. Projects for future development of the journal were put forward and prospects anticipated in such aspects as building - up of its academy and brand, heightening of displaying degree of the journal and its papers published, literature and information services, integration and application of new technologies, etc.

Keywords: Academic quality; The editorial board responsibility system; Frequently cited papers

审稿编辑:翁彦琴

17.《水产学报》

悠久的渔业发展史铸就腾飞的水产期刊

陈 鹏[①]
《水产学报》编辑部,上海 201306

摘要:《水产学报》是中国水产科学研究领域历史最为悠久的刊物之一。为总结期刊发展的经验,促进期刊长远发展,简要回顾了期刊的历史沿革,重点总结了期刊提高质量所采取的措施及取得的成效,分析了期刊发展中存在的问题,对期刊将来的发展提出展望。

关键词:《水产学报》;学术质量;措施;成效

渔业,是人类最古老的生产行业。中国渔业的发展史更是源远流长,一直是中国社会经济的重要组成部分及中国政治与文化发展的基础之一,对世界渔业的发展也产生了极大的影响。

如今,中国已成为世界上水产品产量最高的国家,水产品也成为我国唯一年人均消费量超过世界平均值的农产品。鉴于水产在农业和粮食安全中的重要性,我国的863计划、973计划等重大资助项目都针对水产生物的研究进行了长期的部署和规划。同时,我国目前设有水产类相关专业的学校已超过70所,设有水产类研究生教育的高校也增至10多所,加上中国水产科学研究院及全国20多个省、自治区、直辖市所直属的水产研究所,我国水产领域的科研实力正日益增强,水产研究的蓬勃发展需要一个能代表我国水产科技发展水平的、质量较高的、在国内具有较高影响且具有一定发展潜力的期刊,将广大科研工作者的学术成果传播给世界同行。

《水产学报》是由中国科协主管、中国水产学会主办、科学出版社出版的以反映我国水产科学技术成果为主的学术类核心期刊,创刊于1964年,是中国水产科学研究领域历史最为悠久的刊物之一,已成为促进中国水产科学研究发展、加强国际学术交流、展示中国水产科学领域最新科研成果与研究进展的重要平台。

1 《水产学报》的历史沿革

1964年,《水产学报》创刊,同年,《水产学报》编辑委员会组建成立,由国际著名鱼类学家、中国鱼类学的主要奠基人和水产教育家朱元鼎担任第一届主任委员。

1966—1976年,《水产学报》停刊。1980年3月,恢复出版。2000年,为进一步扩增期刊内容信息量,增加论文时效性,由季刊改为双月刊。2010年,《水产学报》由双月刊变更为月刊。

---

① 《水产学报》编辑部,副研究员,E-mail:pchen@shou.edu.cn。

2009年,《水产学报》与科学出版社正式签署合作协议,由其负责学报在全球范围内的所有电子媒介推广,此次合作必将进一步提高学报的办刊质量和办刊水平,也将为学报走向国际舞台提供重要支撑。

2 《水产学报》推进质量建设的举措

2.1 加强制度建设,立足期刊长远发展

“有规矩才能成方圆”,建设一个高水平、高要求、高质量的编辑部,完善的制度是根本保证。在过去的几年中,编辑部逐步对审稿制度、约稿制度、校对制度、奖惩制度、财务制度、网络管理制度、档案制度,广告承接制度、出版发行监管制度等进行了全面的修订与补充,为期刊的下一轮改革及发展提供了制度支持。

2.2 调整审稿专家库,确保论文质量

审稿专家的水平体现了一本杂志的水平,严格且审慎地调整和优化审稿专家库是编辑部保证论文质量的一项重要举措。

(1)提高审稿人的门槛。尽量保证审稿人在其专业方向上有较高的学术造诣,并注重其在专业领域发表文章的经历。

(2)加强审稿人评价。及时更新审稿人的信息,保证现有的审稿人是活跃在专业领域的主流力量,由编辑部整理其审稿情况、科研情况提请主编或编委打分,剔除不合格者,健全数据库。

(3)充分了解审稿人特点。有些审稿专家完全符合上面两个条件,但由于大部分专家都承担着大量的科研或行政任务,因此,编辑部按照专业方向对编辑进行分工,由编辑尽其所能地跟踪或了解专家工作情况、科研情况,及时掌握专家动向,保证送出的稿件能及时返回,从而保证论文的审稿时滞。

(4) 发挥审稿专家的作用。审稿人都是行业内的专家,在给专家分配审稿、请求支持的同时,主动向审稿人约新稿,并请审稿人审读杂志,从中选出关心杂志发展,有意学术交流的审稿专家作为候选编委的对象。

2.3 加大对优质稿源的吸引力度

目前,优质稿源的竞争非常激烈,特别是政策性支持优秀稿件出国的现象非常严重,这对建设以母语为主的精品期刊非常不利。同时,同行之间的竞争,跨专业、跨领域抢登稿件,也对行业期刊的发展带来了新的冲击。为了保证期刊质量,杂志社在吸引优质稿源工作上做了很多工作。

2.3.1 主任约稿

主任的权威和能力是编辑无法替代的,主任出面可以约请到权威专家写的文章。自2010年以来,杂志社主任的定期约稿已经成为杂志社获取优质稿源的一项非常重要的举措。特别是自2011年起,为响应国家节能减排的号召,主任连续约请海洋、水产领域的专家撰写高质量的碳汇渔业专题综述,并承诺对约稿开设绿色通道,稿件接受后不收取审稿费,减免版面费,在行业内产生了良好的反响。

2.3.2 重点走访

良好的人脉是杂志社获取优质稿源的无形的竞争力。良好人脉的建立,需要杂志社

编辑多年走访,与专家、作者、读者面对面交流后赢取的信任而逐渐建立。多年来,编辑们"全面撒网",在上海海洋大学海洋学院、集美大学水产学院、厦门大学海洋系等大学以及科研院所或组织专家、作者、读者见面会,或单独走访,拉近编辑与作者的距离。

2.3.3 精心服务

(1)为作者提供有价值的审稿意见。无论稿件是否录用,杂志社在经过两次审稿后,都会给每一篇论文出具详细的审稿意见,一是为了完善实验,提高实验的水平,二是提高论文水平,保证期刊质量,三是即使是退稿,也要让作者在审稿意见中获得有价值的信息。

(2)精心编校,提高杂志出版的标准化水平。编辑工作的一丝不苟往往体现在对作者来稿加工的字里行间,从行文到格式,从内容到形式,从标点到单位和量,越严谨、越标准、越准确,越容易取得作者和读者的信任,同时也就加大了争取优质稿源的机会。

(3)开通 QQ 和微博,保持编辑部与作者交流渠道的通畅。提供便捷和多渠道的通讯方式,是拉近编辑与作者、读者距离,赢取相互信任的一种有效手段。自 2006 年采用勤云稿件采编系统后,增加了"作者社区",并开通了水产学报新浪微博和腾讯微博。

2.4 加大编辑培养力度

编辑素质的提高是期刊质量提高的催化剂,编辑部始终重视编辑的培养与提高,特别是在目前期刊数字化大发展的时期,编辑部更重视提升编辑的网络素质,专门派编辑参加中国知网的期刊网络化学习,并督促编辑对新推出的相关的软件进行及时的学习,要求编辑熟练掌握网上投稿、网上审稿、网上修稿、校对及网络版期刊的制作等技术,为期刊的网络化发展提供有力的支撑。

3 《水产学报》推进质量建设的成效

3.1 出版时滞大大缩短

信息产品的时效性直接影响信息产品的有效性。近几年,编辑部通过对审稿专家库的调整,有效保证了审稿质量、提高了论文质量、缩短了审稿时滞、保证了论文处理过程的良性循环,加快了论文发表。2009 年论文发表的平均时滞为 330 天,2010 年为 289 天,2011 年为 253 天,2012 年为 210 天。

3.2 基金论文和高被引论文增加

办好精品科技期刊,论文是基础,没有高水平的原创性论文,可谓"巧妇难为无米之炊"。高水平的原创性论文的来源就是目前国家支持的各种研究课题,能否吸引和获得这些研究课题组的论文(通称基金论文)就成为提高科技期刊学术质量和扩大学术影响力的关键。自 2006 以来,《水产学报》发表基金论文的比例始终保持在 98% 以上。而根据 2011 年版《中国高被引指数分析》提供的数据,在被引频次前 10 名中,有 3 篇是在《水产学报》上发表的论文,可见学报在推动行业科技创新中发挥着重要作用。

3.3 期刊引证指标稳中有升

在中国科协和中国水产学会的大力协助下,期刊已成长为中国水产领域内的权威期刊和主流期刊,在国内的影响因子始终稳居水产类期刊的前列。2012 年影响因子为 0.903,总被引频次为 2183,居行业第一,学科扩散指标 18.36,亦为行业第一。在中国科技期刊综合评价中,《水产学报》总分一直位居1998种期刊的前20名,2012年为第19名。

《水产学报》还9次获得百种中国杰出学术期刊称号,2次获得科技部中国精品期刊奖,2次获得华东地区优秀期刊奖、上海市新闻出版局编校质量优秀奖。

4 思考与展望

4.1 期刊的宣传

2008年,《水产学报》与中国知网签订了独家代理发行的协议,2009年,加入科学出版社期刊方阵,希望能借助这两个平台加大期刊的宣传和国际化推广力度。但不足的一点是,期刊对自身的宣传做得却不够,还是借助于期刊50年来在行业内积累的影响和"老本"。因此,在今后的发展过程中,期刊将加大"走出去"的力度,制订期刊年度推广和宣传计划,借助期刊已有的采编网站、集群化网站或兄弟期刊的媒介,有广度、有深度、有力度地加快与科研院所、高等学校及水产机构的合作步伐。

4.2 期刊的经营

与国外著名科技期刊相比,《水产学报》的经营意识还有很大的差距,仅以期刊刊登广告而言,直至现在还存在不同的意见,有的编委仍认为"严肃的学术期刊,刊登广告使神圣的科学技术研究带上了铜臭,影响了期刊的圣洁形象"。因此,在这一点上,《水产学报》及国内的一些科技期刊应该提高认识,加快与国际期刊传播理念的接轨。

4.3 期刊的集群

当前,国际著名期刊和出版集团纷纷在中国抢滩登陆,国际期刊的质量精品化、运行集群化和竞争全球化发展策略给中国出版业带来了巨大冲击。国外各大出版商、著名科技社团的出版社已在中国设立了办事机构,准备大力开拓中国市场,中国科技期刊已开始面临严峻的国际竞争压力。为应对国际的激烈竞争,国内科技期刊做出了积极探索,其中,尝试按行业构建期刊出版与经营业务平台,由行业期刊中最具权威和实力的期刊编辑部牵头,其他期刊志愿参与,基于信息技术开展编辑出版经营业务,成为期刊出版的一种新模式。

2011年11月,在《水产学报》杂志社的积极组织下,中国水产学会水产期刊协作网成立大会在厦门召开,与会的37家水产期刊对水产行业内期刊的集群化发展模式进行了深入的探讨,《水产学报》作为第一届主任委员单位提出了建设水产期刊集群化发展平台——中国水产期刊网的想法和提议,得到了与会期刊的广泛赞同。如今,中国水产期刊网一期工程已经完成,4家水产杂志已经加入网站,其他有意向的水产类兄弟期刊正在洽谈当中。

Development of the *Journal of Fishery of China*

CHEN Peng
Shanghai Ocean University, Shanghai 201306

Abstract: *Journal of Fishery of China* (JFC) was established in 1964 under the auspices of the Chinese Society of Fisheries, and it plays an important role in developing the nation's fisheries and agriculture sciences. Currently it is published monthly by Science Press, Beijing, China. The history of JFC is briefly introduced, the measures to improve the quality of periodicals is summarized, and the achievement is listed in this paper. On the basis of these, the problems in the development of journals is analysed, and the prospects is put forward.

Keywords: Fishery; Journal; Academic level; Measure; Achievement

审稿编辑:翁彦琴

18.《航空学报》

找准定位 挖掘潜力 打造优秀航空航天学术期刊

蔡 斐[①]
《航空学报》编辑部,北京 100191

摘要:介绍了《航空学报》的创刊历史、办刊宗旨、数据库检索及获奖情况,探讨了航空航天学科的重要性及行业内的期刊情况。《航空学报》作为中国航空航天学科的综合性学术期刊,近年来,注重挖掘自身潜力,学习国际一流期刊的办刊模式,狠抓期刊学术质量,取得了较突出的成绩,成为航空航天领军学术期刊。

关键词:航空航天;质量控制;影响因子;精品期刊

1 期刊基本情况

《航空学报》(*Acta Aeronautica et Astronautica Sinica*,AAAS)是由中国科协主管,中国航空学会、北京航空航天大学共同主办的综合性学术期刊,办刊宗旨为及时反映中国航空航天领域科学技术发展水平,交流国内外科技新成果,推动新理论、新技术的发展。1965 年创刊,创刊初期为内部刊物(季刊),1966 年因文革原因停刊,1978 年复刊,仍为内部刊物。1980 年 6 月,《航空学报》开始向国内外公开发行,季刊,即《航空学报》第 1 卷第 1 期。1984 年改为双月刊,2009 年改为月刊。

《航空学报》被国内外多种数据库收录,包括美国《工程索引》核心(EI Compendex)、俄罗斯文摘(AJ)、美国国际航宇文摘(IAA)、美国剑桥科学文摘(CSA)、美国化学文摘(CA)、荷兰 Scopus 数据库和日本 JST 数据库等国外数据库;以及中国科技核心期刊(中国科技信息研究所)和北京大学图书馆中文核心期刊,中国科学引文数据库、中国知网、万方、维普等国内数据库。

《航空学报》是国内航空航天领域影响力最大的综合学术期刊;其综合排名、影响因子和总被引频次连续多年均名列航空航天类核心期刊第一,是该领域唯一连续 11 年荣获“百种中国杰出学术期刊”称号的学术期刊;2008 年、2011 年被评为中国精品期刊(三年评一次);2009—2014 年获得中国科协精品期刊 B 类资助;2012 年获得中国知网首度颁发的中国最具国际影响力学术期刊(5%)称号。

2 期刊的学科特点

2.1 航空航天学科的重要性

《航空学报》属于航空航天类期刊。航空航天领域属于国家战略产业,其科研成果代

① 《航空学报》副主编,编辑部主任,E-mail:caifei@ buaa. edu. cn。

表了一个国家的科技、国防实力和创新性水平,国家始终给予大力支持和投入。《国家中长期科学和技术发展规划纲要(2006—2020年)》中确定的16个重大专项中的大型飞机、中国卫星导航系统、高分辨对地观测系统和载人航天与探月工程等,均与航空航天密切相关。这不仅是航空航天工业发展的需要,更是提高我国自主创新能力和增强国家核心竞争力的需要。提高我国航空航天科研水平,将带动流体力学、固体力学、计算数学、热物理、化学、材料学、信息科学、环境科学等诸多基础学科的重大进展,可大幅度地提高我国的科学技术水平与自主创新能力。

2.2 中国航空航天期刊概况

航空航天类期刊均属于工程技术类期刊。根据中国科技信息研究所(中信所)2012年发布的最新引证报告,航空航天类期刊共有44种,其中核心期刊29种,核心期刊平均影响因子为0.306,平均被引频次为578。在44种航空航天期刊中,被SCI收录的期刊仅有1种(*Chinese Journal of Aeronautics*),EI收录11种,占全部期刊的1/4。

从航空航天期刊的平均引证指标及被国际数据库收录情况来看,中国航空航天期刊目前的水平与我国近年来在航空航天领域取得的突出成就是不太相符的。因此,找准定位,挖掘自身潜力,引领同行期刊,共同打造优秀航空航天类学术期刊团队,成为《航空学报》义不容辞的责任。

3 学术质量定位

3.1 引证指标

引证指标在一定程度上反映了期刊的学术质量,尤其在当前的科研评价体系中,引证指标的高低会影响期刊的稿源质量,因此办刊人应充分了解期刊在各评价体系中的相关引证指标及在本领域中的排名,以便为期刊准确定位,找出不足,对症下药,从而提升学术质量。

引证指标中较重要的几个指标有:影响因子、总被引频次、综合评价总分、他引率等。根据中信所2012年发布的最新数据,《航空学报》综合评价总分为91.8分,高出学科平均值(39.19)134.24%,蝉联航空航天类核心期刊第1,并位居全国1998种核心期刊的第11名;影响因子为0.604,高出学科平均值(0.306)97.39%;总被引频次1856,高出学科平均值(578)221.11%。值得一提的是,《航空学报》的他引率为88%,远高于同类其他核心期刊。

由以上数据可见,《航空学报》在国内同领域期刊中是非常优秀的,因此编委会将期刊的未来发展方向定位为:充分发挥期刊的学科引导作用,继续保持在国内航空航天类学术期刊中的领先位置;成为中国及华语地区航空航天科研人员发表和查询高水平论文的首选精品期刊;成为充分展示国内外航空航天领域最新、最高水平研究成果、产学研相结合的立体化学术交流平台。

3.2 权威数据库收录

对于工程应用类期刊来说,最重要的国外数据库为SCI(Science Citation Index,科学引文索引)与EI(Engineering Index,工程索引)。如前所述,中国航空航天类期刊中被SCI收录的仅有一种、被EI收录的仅有11种,因此,期刊编辑部应加强与国内外相关权威数据库的联系,了解其选刊原则[1-2],并根据其要求对期刊的编辑出版规范与标准进行相应的调整与修改。

3.3 学术影响力

作为我国航空航天领域影响力最大、综合排名第一的学术期刊，长期以来，《航空学报》所刊载的文章及时地反映了我国航空航天领域科学技术最新发展水平，推动了新理论、新技术的发展，促进了人才成长，是我国航空航天领域科研人员发表优秀论文的首选学术期刊。

随着我国航空航天事业的迅猛发展，大量优秀科研论文不断涌现，为了解决大量优秀论文积压问题，以及达到新形势对期刊提出的国际化、精品化、数字化要求，《航空学报》近年来在搭建数字化平台、提高载文量、改变工作模式、提升学术质量、控制出版质量等方面做了许多工作，从而提高了期刊学术影响力与编校水平，能够快速、准确地将我国航空航天领域最新、最好的研究成果发表出来。

4 采用国际先进数字化出版模式

《航空学报》作为航空航天领域的旗舰期刊，在数字化建设进程中始终处于先锋地位。近年来，编辑部一直紧跟国际一流期刊办刊模式，在全国期刊中率先建立独立网站，采用投审稿系统、抄袭检测系统与优先出版模式。

早在2006 年，期刊就建立了独立的期刊网站（http://hkxb. buaa. edu. cn），内容完备，功能齐全，目前日点击量达 3000 次以上。网站除了具有作者在线投稿、查稿，审稿专家在线审稿，主编、编委、编辑远程办公等基本功能以外，还另有多种功能：录用稿件预发表（即录即发）、航空航天优秀实验室介绍、优秀综述文章、过刊检索等。2010 年，在全国期刊中率先创办了论坛，目前会员达 5900 人，同时也通过博客和微博等多种方式为编辑部与作者、读者扩展沟通平台，获得读者与作者的好评。

2007 年，期刊就完全采用投审稿系统处理稿件，并建立起非常完善的作者库与专家库，目前作者库已有 14000 多人，专家数据库已有 3600 多人。

2009 年，在抄袭检测系统开发之初，期刊就率先使用该系统对稿件进行多次查重，包括：投稿、编辑前、发表前分别查重，最大限度地避免了学术不端论文的发表。

2010 年，针对优先出版（in press）这一国际出版领域的最新模式，成为首批与“中国知网”合作的期刊，在其数据库平台做文章预发表，使期刊全部录用文章即录即发，大大缩短了发表周期，因成效显著，在“中国知网”首次优先出版全国发布会中应邀做大会发言，获得了与会期刊代表的高度评价。

2012 年，和万方数据库合作开展文章 DOI 检索工作，再次通过数字化平台加大文章的显示度，充分与国际接轨。

5 挖掘潜力，保证质量

5.1 审稿程序严格

《航空学报》的审稿程序相当严格，所有来稿均需经过 4 审：专业编辑初审、两位或以上同行专家审查、编委主审、主编终审。每一审都有淘汰，因此退稿率较高（75%）。期刊现有审稿专家 3600 余名，其中大多数为工作在科研一线具有较高学术造诣的中青年专家,他们了解科研最新进展、思想活跃、关心学报,从而保证了审稿质量和审稿速度。

5.2 编委会尽职

编委会由 90 人组成,其中院士 15 人,长江学者 18 人,国家杰出青年基金获得者 5 人,国际编委分别来自 7 个国家。所有编委均为航空航天领域相关学科的学术带头人,不仅通过主审保证刊载文章的学术质量,为刊物的发展出谋划策,更在宣传、组稿等方面发挥重要作用。每一篇经过两位专家审阅通过后的稿件,均须经专业编委主审,这为本刊刊载文章的学术质量提供了强有力的保障。

5.3 编辑团队高效

拥有高效务实的编辑团队,编辑均为硕士及以上学历。编辑不仅能按规定配合编委会完成日常审稿及稿件编校工作,保证期刊的出版质量,同时也具备较强的科研能力。根据编辑队伍年轻化情况,通过以老带新,编辑部采取定期开会交流、内部培训、外部培训、积极参加学术会议等方式,鼓励青年编辑在工作中多钻研、多思考,并撰写论文。近年来,整个团队在《编辑学报》等核心期刊中发表文章数十篇[3-13],参加各类编辑会议做大会报告多次,并分别获得一等奖、二等奖多项。编辑业务素养的不断提升,为期刊发展提供了强有力的人力资源保障。

5.4 主办单位支持

《航空学报》由中国航空学会与北京航空航天大学联合主办,前者为本刊制定了明确的办刊方向,后者在办公条件以及人员编制方面为期刊地发展提供了长期的支持,为期刊更好、更快的发展奠定了良好的基础。

6 结语

《航空学报》作为我国航空航天领域的领军期刊,其行业影响力、学术价值、社会效益、数字化建设水平在国内学术期刊界也名列前茅。编辑部将继续秉承优良的办刊精神,找准定位,挖掘自身潜力,学习吸收优秀的办刊模式,为全国的科技期刊发展发挥典范作用,为航空航天业的战略发展提供更宽阔的交流平台,以更加昂扬的姿态踏上国际期刊舞台。

参 考 文 献

[1]Thomson Reuters. Web of Science 遴选标准[EB/OL]. http://ip - science. thomsonreuters. com. cn/publishing/ journalselectionstandard/.

[2]S&T Information Ltd. Elsevier 二次文献数据部. EI 选刊原则[EB/OL]. http://www. chinaeidata. com/ apply. htm.

[3]蔡斐. 如何提高英文版期刊的被引频次和影响因子[J]. 编辑学报,2005,17(2):133 - 135.

[4]蔡斐. 加速中国英文版科技期刊国际化的举措[J]. 编辑学报,2006,16(3),397 - 399.

[5]孔琪颖,蔡斐,张利平,等. 正确看待"科技期刊学术不端文献检测系统"检测结果[J]. 2009,21(6):544 - 546.

[6]孔琪颖,徐晓,葛建平,等. 国内外科技期刊稿约对比分析[J]. 2010,22(Sup. 2):64 - 66.

[7]葛建平,杨冬,徐晓,等. 国外开放存取期刊的盈利模式探析[J]. 编辑学报,2011,23(2):181 - 183.

[8]孔琪颖,蔡斐,张利平,等. 学术期刊品牌网络营销——以《航空学报》中、英文版为例[J]. 2011,23(1):125 - 127.

[9]葛建平,范真真,李明敏,等. 关于国内英文国际期刊语言国际化的思考[J]. 编辑学报,2012,24(6):1-3.
[10]葛建平,徐晓,蔡斐. 英文版期刊激发国际审稿专家积极性的举措——以《中国航空学报》(英文版)为例[J]. 编辑学报,2013,25(1):1-3.
[11]李明敏,葛建平,蔡斐. 科技期刊稿件在线处理系统的建设与认识[J]. 2012,23(Sup.1):42-45.
[12]徐晓,孔琪颖,蔡斐. 科技期刊编辑如何快速有效地邀请国际审稿专家[J]. 编辑学报,2011,23(S1):61-63.
[13]赵利,蔡斐. 网络环境下科技期刊审稿人的选择[J]. 编辑学报,2009,21(S1):55-57.

Find Right Position, Tap Potential to Forge An Excellent Aeronautical and Astronautical Academic Journal

CAI Fei
Editorial Office of Acta Aeronautica et Astronautica Sinica, Beijing 100191

Abstract: This paper first introduces the history, aims and purpose, retrieval databases and the awards of *Acta Aeronautica et Astronautica Sinica* (AAAS), then explores the significance of the aerospace discipline, as well as the status quo of journals of the same type. In the recent years, as a comprehensive academic journal in aerospace engineering, AAAS has been devoted to tapping its potential, actively learning the international advanced model of running a journal, and attaching great importance to the academic quality, all of which bring huge success and help AAAS achieves the leading position among all the journals in aeronautics and astronautics.

Keywords: Aeronautics and astronautics; Quality control; Impact factor; Excellent periodical

审稿编辑:翁彦琴

19.《岩石力学与工程学报》

精品期刊的编辑实践

佘诗刚①
《岩石力学与工程学报》编辑部,武汉 430071

摘要:《岩石力学与工程学报》是1982年在国际著名岩石力学专家陈宗基先生倡导下创办的科技期刊,经过30年的不断发展壮大,目前各项指标在同行期刊中位居前列。为了使《岩石力学与工程学报》有一个更好的可持续发展空间,本文对创办精品期刊编辑实践经验进行总结,以激励学报更上一层楼,同时供同行参考。

关键词:期刊研究;精品期刊;编辑实践

1 学报取得的初步成效

《岩石力学与工程学报》(以下简称学报)创刊于1982年,是由中国科协主管、中国岩石力学与工程学会主办、中国科学院武汉岩土力学研究所承办的国家一级学术期刊。经过30年的艰苦努力,学报在实践中探索出一套较为完善、合理的管理体系和运行模式,在期刊界同行中产生了较大影响,2011年影响因子和总被引频次分别为1.434和6 571[1,2],并于2006—2012年度6次被中国科技信息研究所评为百种中国杰出学术期刊。学报在2006—2008年连续3年获得中国科协精品期刊C类资助基础上又于2009—2012年连续4年获得B类示范项目资助,还于2009—2012年度连续两届荣获国家自然科学基金重点学术期刊项目资助。2012年中国科技信息研究所发布的《2012年中国科技期刊引证报告(核心版)》中综合排名第6名。2012年12月26日,获得由中国学术期刊电子杂志社、中国科学文献计量评价研究中心与清华大学图书馆共同颁发的"2012中国最具国际影响力学术期刊"奖牌,在175种科技期刊中排前45名。

2 采取得力措施,确保学报质量

2.1 充分依靠学会、编委会和承办单位的作用

(1)2004年,学报刊期由月刊转为半月刊,这对于缓解出版周期过长的压力起到一定的作用,但若长期如此,难以确保学报的学术质量。为此,学报常务副主编经过认真思索,在自身努力和有关方面的支持下,学报于2006年由半月刊恢复为月刊。2006—2007年,学报的论文发表周期控制在一年以内;2008—2010年分别控制在8~9个月;2011和2012年控制在7个月,2012年以后,论文发表周期控制在6个月内,论文发表周期得到大幅度缩短。从8年的运行状况来看,此举更有利于学报的稳定和可持续性发展,对提高

① 《岩石力学与工程学报》常务副主编,研究员,总编,E-mail:sgshe@whrsm.ac.cn。

学报的学术质量和编辑质量更为有利。

(2)2007 年上半年,学会理事长钱七虎院士亲自到武汉与承办单位中科院武汉岩土力学研究所的领导就学报的中长期发展所配备的人员、办公条件、待遇及编制等问题达成一致意见,并签订相关协议,这为学报的可持续发展奠定了良好基础。

(3)明确编委的作用。目前,学报定期召开编委扩大会议,发挥主编、副主编和总编作用,并就组织优秀稿源、缩短发表周期、提高学术质量以及中英文摘要质量把关等问题请专家及编委献计献策,切实解决实际困难。① 严格履行编委的工作条例与责权利,关心与支持学报工作和对学报做出较大贡献(编委每年至少投稿 1 篇、审稿 3 ~ 5 篇、推荐稿 1 篇);② 采用编委负责制,提高编委的责任感,为稿件的选用把好关;③ 每期设立两位轮值编委(或常务编委),组织小范围评审会,推荐 1 ~ 2 篇优秀稿件,提高优秀稿件比例;④ 编委务必参加每年度召开的学报编委扩大会议,总结上一年工作任务落实情况,明确下一年任务和分工,进一步提高学报知名度;⑤ 认真做好第七届编委换届工作,真正把第一线的中青年科研骨干吸纳到新一届编委会。还在编委中评出和表彰 6 名特殊贡献奖和 46 名杰出贡献奖获得者,极大地调动了他们为学报做出贡献的积极性。

2.2 采取措施全面提高稿件质量

质量是期刊的生命线,没有质量,就没有高水平的学术期刊,更谈不上发展和创办精品期刊。因此,对于学术质量,学报近年来是常抓不懈。具体的措施如下:

(1)约稿与积极组织高水平的稿件。主动对院士、国内外知名专家及优秀中青年专家约稿,组织高水平稿件,并及时出版 10 余期国家重点基础研究发展规划(973)项目、4 期国家自然科学基金重大项目,以及南水北调西线工程、国际核废料地质处置、盐岩地下油气储备工程项目等专辑。2006—2012 年有 90 余位国外著名专家和海外华人学者共发表 100 余篇较高水平学术论文。学报发表的正刊文章中近 40% 为组、约稿。

(2)栏目更新,2006 年起常设“陈宗基讲座”栏目。现已推出 6 讲,均获得较好反响。以后各期讲座将总结经验,办出品牌与特色。考虑到突出讲座的主题,拟邀 3 ~ 5 位专家围绕有关主题做专题报告,为广大读者奉献岩石力学与工程领域的最新、最高水平研究成果。

(3)提高稿件录用门槛,建立并完善稿件初审机制,加大退稿力度。自 2005 年开始,所有登记的稿件在外审之前,必须经过初审和二次初审,初审退稿率接近 40% 。只有在以上两级初审中通过,才能送至外审专家进行评审。学报规定所有外审稿件必须由不少于 2 名外审专家进行审阅。审稿意见返回后,常务副主编(或总编)综合审定,并提出是否录用意见,然后提交主编终审签字。目前,学报的退稿率基本维持在 75% 左右这样一个较为合理的水平。

(4)注重突出学报特色。从 2004 年开始,适当控制发表土力学方面的文章,2005—2012 年,学报发表土力学方面的文章为 15% 左右,基本上显示了学报的办刊宗旨和特色,即以岩石力学与重大岩土工程为主,土力学与地基基础兼而有之,但应严格控制其发表数量。在此基础上,突出岩石力学基础研究、重大岩土工程关键技术、注重现场与室内试验以及测试技术方面的论文。

(5)控制一稿多投现象的发生。学报自 2004 年开始对一稿多投、重复发表或抄袭的文章进行重点审查，在2004—2008年查出98篇重复发表的文章，而近4年仅查出18篇。2006年3月，学报与《岩土力学》编辑部达成一致，并发表了联合致作者公开信——关于一稿多投的处理意见；同时，编辑部在发给作者的清样稿中明确要求作者提出书面保证。2010年以来"一稿多投"的现象明显减少。对于在学报上发现有学术不端行为的作者，编辑部采取了严厉的处罚措施，如公布"一稿多投"作者的公开道歉信，并在两年内不发表该第一作者的任何文章，且在必要的情况下通知作者所在单位，希望能以此引起广大作者和读者重视，尽力避免一稿多投事件再次发生。同时，编辑部也欢迎广大编委和读者相互监督，积极踊跃向本刊反馈信息，共同维持一个良好的学术环境。

(6)积极开展评奖活动，回馈编委、审稿专家和作者，以鼓励作者撰写高水平论文。从2004年开始，学报已评选出近8年来在本刊发表的优秀论文36篇，并上报中国科协评奖。另外，抓住学报创刊30周年暨英文版启动5周年庆典的机遇，评选并表彰优秀论文137篇，青年(40岁以下)优秀论文54篇。

(7)积极向作者反馈退稿意见。这也是促进学术进步的重要手段。在初审时，对于每一拟退稿件，编辑部都组织专家对文章进行评审，最后交由总编审定，尽量减少误判。同时，学报编辑部还允许和鼓励作者对评审意见提出不同的观点，待作者陈述理由并对文章进行修改后，仍然可以再次投稿并优先评审。约3%误判的稿件得到纠正。

(8)建立了一支较高水平的优秀审稿专家队伍。不断补充并完善学报审稿专家网(700余人)，每两年评出并奖励年度优秀审稿专家。根据计划，审稿专家将每2年更换一次，学报将在近期对审稿专家进行较大幅度的调整。创刊30周年时评出并奖励了110名优秀审稿专家，尤其重视发挥中青年科研骨干在审稿中的作用。

2.3 编辑人才的培养与激励

一流的刊物离不开一流人才，学报的发展也离不开优秀的编辑人才，因此在近年的发展过程中，特别注重具有专业知识背景的编辑人才队伍建设。自2004年以来，先后引进6名博士和硕士，吸引和培养优秀人才做责任编辑，并在岗位上加强编辑技能培训，使之迅速成长。目前，学报的专职副主编、责任编辑均持证上岗，总编2010年入选全国新闻出版行业领军人才。

(1)培养编辑骨干，先后选派20余人次参加全国主编、编辑上岗培训和国际岩石力学大会，并鼓励骨干参加全国出版专业职业资格考试。编辑部内部形成了"团结协作，共创精品"的良好氛围。

(2)鼓励编辑参加国内外各种岩土力学与岩土工程方面的学术会议，不断了解岩土力学最新发展动向和前沿研究领域，积累新知识。近年选派6人次参加国际会议，30余人次参加国内岩土力学与编辑交流会。

(3)设立优质编辑奖、认真审稿奖、优良服务与协作奖和认真排版奖等，对获奖者给予表彰和各种物质奖励。此举调动了方方面面的积极性，愿为提高学报质量做贡献。

(4)组织业务骨干进行英文培训，使他们能够尽快成长，为英文摘要、英语专业术语等把关。同时，加大编辑部现有其他人才的培养，尤其是有计划地组织骨干拓宽专业知识，结合编辑工作撰写较高水平的学术论文，目前已在《编辑学报》、《中国科技期刊研究》等核心杂志上发表10余篇论文；不断培养和提高编辑人员的业务素质，鼓励青年编辑在交流会上发言,介绍工作体会。下一步学报将从现有人才资源中选拔部分人员进行集中培训,以造就出一批优秀出版专业人才,壮大学报办刊实力,为创办精品期刊奠定坚实的基础。

2.4 稿件的合理分流

近年来,特别是2006年学报改为月刊以来,刊出文章数量有较大压缩,一些质量较好的文章将不能在正刊上发表,这无论对作者还是编辑部来说,都需要加以理解。为确保学报健康、有序地发展,避免录用率波动过大,学报把优中取优的稿件安排在正刊发表,其余合格文章则安排在增刊上发表。若退稿力度一下过大,则不利于学报的正常发展,对作者、读者来说也是一个不小的冲击,甚至会造成读-编间的误会。原增刊论文修改到位、补充较充分,且更能体现其新颖性或应用上的独创性,可由作者申请或总编推荐正刊复审,其中近10%增刊论文转为正刊发表,这也给每位作者公正、平等的机会。目前出版的增刊均得到EI COMPENDEX收录(9年收录均为100%)。

2.5 营造良好的学术讨论氛围

为更好地营造学术氛围,引导学报的健康发展,在学术讨论方面做出较大努力,将发表讨论文章作为提高学报刊发论文质量的一个途径。近8年发表讨论稿共30余篇,特别是2010年开始主动要求编委对已发表的论文进行点评,有的论文引起同行的极大关注,其点击率比其他文章高出近一倍。学报进一步引导并鼓励理事和编委参与点评工作,2013年初已经又一次启动,并作为常态,得到各位编委的大力支持。读者对学术问题的合理讨论,做到对事不对人,营造和谐的学术氛围。对讨论稿,学报不收取版面费,且稿酬从优。这几年的运作实践证明,很多作者、读者是很愿意在本刊上就有关学术问题、论点进行讨论的,这极大地活跃了学术氛围,也促进了学报的健康发展。学报计划进一步加强学术讨论,引导学术争鸣和学科进步。

2.6 明确责任制,严把审读与检查质量关

(1)明确责任编辑和审读与检查责任制,对于一些大错决不姑息,并适当给予经济处罚,但做到对事不对人,避免下次再次出现类似的错误。

(2)英文摘要仍然需要投入较大的精力,同时还应增聘若干国内外在该领域知名的教授和专家,对学报的英文摘要进一步把关和审核,避免出现重大错误。

(3)编辑部对英文摘要和参考文献均需要二次校对,然后送外审专家审读,进行第3次质量把关,做到用词合理、准确,关键词翻译到位。

(4)为提高学报的编辑出版质量,编辑部不断完善学报编辑加工及版式设计。

(5)建立差错纠正机制,在稿件编辑完毕后,要经过审读、检查和互校程序。通过多方面的共同努力,学报发表的文章在学术水平和编辑加工质量上均有较明显提高,此举得到业内各方面的支持与肯定,其差错率控制在万分之二以内。

2.7 稿件远程处理系统和网站建设

经过多方共同努力,本刊于2005年9月开通网站(http://www.rockmech.org)和稿件远程处理系统,投稿、审稿、退修、录用和退稿等基本上采用电子化自动办公,为广大读者、作者、编者、审稿专家和科研人员创造了一个良好的网上交流互动平台。同时,又可以动态管理和积累审稿专家信息,及时更新和维护数据库。

(1)学报稿件远程处理系统顺利开通后,经历数次改版、扩版,对网站进行了网站

更新,使得页面更友好。目前每天网站访问量达600人次,总访问量已超过100余万人次。

(2)逐步规范了网上投稿、审稿、录用与退稿程序。来稿要写明项目负责人和通讯作者;来稿所有作者都要签字,并提供版权协议书;修回稿要附上对修改意见的回复说明,修回重审的稿件要寄送原审稿人或新的审稿人再审,以确定是否录用;退稿时,其稿件上都附有退稿理由。

(3)为了更好地服务于广大读者、作者、审稿专家和科研人员,学报将1988年以来已发表的文章以电子版(PDF格式)在“过刊浏览”栏目中免费提供。

(4)对网站上信息做到及时更新,对“作者留言”做到耐心及时地给予答复。同时,在网站上发布和更新各种岩土工程信息和会议消息,逐渐在读者尤其是广大青年和研究生中形成一种良好印象和氛围,让他们觉得学报是其知心朋友、学术讨论的阵地;同时,也能让他们免费享用更多的前沿信息、研究动态及学报资源。

3 挑战与展望

2006年以来,《岩土力学》、《岩土工程学报》和《土木工程学报》等兄弟期刊先后被EI COMPENDEX收录,加之近年来,由于一些科研院所和大专院校对SCI论文的片面要求和评价体系的不当导向,使得一些优秀稿源流向国外,这对于学报来说,将面临更多的压力和挑战。面对激烈的市场竞争,学报应开拓思路,下大力气争夺一流文章,力争引导学术进步,真正办成精品期刊。

(1)积极筹建学报理事会。学报的发展一直以来受到社会各界的广泛关注,为进一步加强与高等院校、科研单位和企业间的联系,应广大科研院所、高校等单位的要求,学报经反复考虑,提出筹建理事会。一方面是对编委会工作的进一步补充,同时在理事单位的积极参与和支持下,促进学报发展,增加发行量,不断扩大学报影响。

(2)继续狠抓学术质量和编辑质量,特别是英文摘要质量和编辑质量。继续坚持对任何一篇被录用稿件,其审稿专家不得少于2人。若文章修改不到位,建议该文再次退修,直到满足要求为止。在编辑过程中,若发现该文有较大缺陷,在得到主编或总编确认后,仍然可以退稿。

(3)强化审稿程序,建立一支中青年优秀审稿专家队伍,加强小同行审稿。对于审稿不认真者,将采取淘汰制,建议每2年更换审稿专家不少于30%,并适当增加海外审稿专家。

(4)在适当情况下,以学报名义主办一些国内外学术交流会议,倡导自由讨论,合理引导学科发展。

(5)抓住有利时机,及时和一些国内外知名学术刊物进行交流与合作,如近几年与《国际岩石力学与采矿科学杂志》主编J. A. Hudson和Robert W. Zimmerman等教授进行沟通,提出多吸纳一些国际编委,把学报引向国际市场。在扎实工作的基础上,学报也将毛遂自荐,面向国际,力争走向国际化发展的道路。同时吸收国内外优秀的稿源,并适当发表用英文撰写的优秀论文,提高学术期刊的核心竞争力和国际知名度。为了把我国岩石力学和岩土工程研究成果推向国际,2009年创办了*Journal of Rock Mechanics and Geotechnical Engineering*。经过4年运行,特别是和国际出版商Elsevier合作后,效果良好。

参 考 文 献

[1]中国科学技术信息研究所. 中国科技期刊引证报告[M]. 北京:科学技术文献出版社,2002 - 2012.
[2]万锦堃,薛芳渝. 中国学术期刊综合引证报告[M]. 北京:科学出版社,2002 - 2012.

Editorial Practices on Selected Academic Journals—A Case Study of *Chinese Journal of Rock Mechanics and Engineering*

SHE Shigang
Editorial Office of *Chinese Journal of Rock Mechanics and Engineering*, Wuhan 430071

Abstract: *Chinese Journal of Rock Mechanics and Engineering* (CJRME) started in 1982, which is proposed by the internationally famous rock mechanics expert, Professor TANT jongkie. With the over thirty years' developments, its various indicators are ranked top among the peer journals. In order to have a better and sustainable development for CJRME, this paper tries to summarize the experiences and practices on this selected academic journal, which may be helpful for the development of similar academic journals.

Keywords: Periodicals study; Selected journals; Editorial practices

审稿编辑:翁彦琴

20.《兵工学报》

提高办刊质量 打造精品期刊

高玉国[①] 李 莹 许毅达
《兵工学报》编辑部,北京 100081

摘要:介绍了《兵工学报》的基本情况,对《兵工学报》的学术质量建设、编辑质量建设、政治质量和学术道德建设、版式与印装质量建设、数字化建设、制度化建设的情况作了较详尽的分析,分析了办刊面临的主要问题,并提出下阶段将开展的工作。

关键词:精品期刊;学术质量;学术道德;出版质量;数字化

国家"十二五"规划中强调"创新",兵器工业作为国家战略性产业,要实现我国兵器装备的跨越式发展,必须注重和加强兵器科技自主创新能力。要更好地完成这一重任,就要加强研究与创新成果的报道、宣传、交流和学术交流平台的建设等工作。《兵工学报》作为重要的兵器科技学术交流平台之一,必须进一步提高期刊的办刊质量,努力打造精品期刊,发挥在繁荣兵器行业学术交流、促进兵器科技自主创新中的重要作用。

1 期刊的基本情况

《兵工学报》是中国科学技术学会主管、中国兵工学会主办的综合性学术刊物,创刊于1979年4月,我国著名的系统与控制工程及运筹学专家吴沧浦教授为首任主编,现任主编为工程力学专家高修柱教授。

《兵工学报》以报道和反映我国兵器科技领域的最新学术成果,促进国内外学术交流,推动我国兵器科学与技术学科发展为办刊宗旨,主要刊登基础研究、应用基础研究和工程技术方面的论文,内容涉及国防科技和军民两用技术领域及相关交叉学科,重点关注兵器科学与技术学科。

《兵工学报》是我国改革开放后创办的第一本行业学术期刊。1979年12月试刊出版,1980年3月正式出刊,刊期为季刊。1981年1月,为了加强国际间的学术交流,《兵工学报》通过国际书店正式向国外公开发行。2000年1月,《兵工学报》由小16开本改为大16开本,页码仍为96页;2001年1月,页码增至144页;2003年12月,刊期由季刊改为双月刊;2006年,页码增至196页;2007年1月,刊期变更为月刊,页码为128页。

1991年5月,获得中国兵器工业总公司1989—1990年度优秀科技期刊奖二等奖。1991年9月,获得首届国防科技期刊评比三等奖。1992年9月,获得中国科协首届优秀学术期刊奖三等奖。1997年4月,获得中国科协科技期刊奖三等奖。2005年11月,得到

---

① 中国兵工学会《兵工学报》编辑部副主任,研高工,E-mail:mgao1964@263.net。

中国科协择优期刊资助。2005 年 12 月,被评为第四届中国百种杰出学术期刊。2006 年获得中国科协精品科技期刊工程项目资助。2007 年 7 月,被中国科协评为精品科技期刊工程项目 C 类。2008 年 6 月,入围中国科协精品科技期刊工程延续项目,从 C 类跃升为 B 类,直接获得 2008 年度资助。2008 年被评为中国精品科技期刊。2009 年被评为中国科协精品科技期刊示范项目非资助项目期刊;2011 年又荣获第 2 届中国精品科技期刊和 2010 年中国百种杰出学术期刊。2012 年 8 月,入围中国科协精品科技期刊工程项目。这些成绩标志着《兵工学报》已经成为中国兵工科技期刊中影响力最大、综合质量最高的学术期刊。

经过多年的发展,《兵工学报》已成为中国科技论文统计源(CSTPCD)期刊(中国科技核心期刊)、《中文核心期刊要目总览》(2008 版)核心期刊、中国科学引文数据库(CSCD)来源期刊、中国学术期刊综合评价数据库来源期刊、中国科技期刊精品数据库收录源期刊、RCCSE 中国权威学术期刊、中文科技期刊数据库来源期刊、《中国学术期刊文摘》收录源期刊、万方数据数字化期刊群收录期刊、中国知识资源总库 · 科技精品期刊库收录源期刊、中文电子期刊服务资料库(CEPS)收录期刊。此外,还是美国工程索引(EI)、美国化学文摘(CA)、英国科学文摘(SA)、俄罗斯文摘杂志(AJ)等国际检索机构的收录源期刊。

近年来,在学报编委会和主办单位中国兵工学会的领导下,在中国科协精品科技期刊工程项目的大力支持下,《兵工学报》的各项工作又取得了很大的进展。

2　学术质量建设

学术质量是《兵工学报》赖以生存的基础。多年来,《兵工学报》始终把提升学术质量和水平作为首要工作来抓。首先,坚持“五审”制,即专职编辑初审、两位同行专家评议、常务编委复审、副主编审查和主编审定,严格审稿,每个阶段都有权力退稿,保证了论文学术质量;其次是落实责任,责任编辑从知识结构、学术水平、科研道德、评议水平 4 个方面遴选一流高等院校、一流研究院所的同行专家审稿,必须认真审核各级审稿专家的评审意见,指导作者做好稿件的修改工作;完善审稿意见书的内容和条款,制定了科学有效的选稿标准;重视审稿专家队伍建设,优化审稿专家数据库,细化专家领域分类,实现了小同行专家评审。中国科学技术信息研究所《2012 年版中国科技期刊引证报告》显示:《兵工学报》的影响因子为 0. 388(2011 年版为 0. 335),增长 15. 8%;总被引频次 1058(2011 年版为 884),增长 19. 6%;在兵工技术类期刊中综合评价得分 81. 9(2011 年版为 73. 3),增长 11. 7%,列本学科第一。据中国知网公布的 2012 年版《中国学术期刊影响因子年报》统计,《兵工学报》复合影响因子为 0. 687,比 2011 版的 0. 604 有所提高。此外,《兵工学报》的网络发行与传播力也正在扩大,据中国知网 2012 版统计报告显示:《兵工学报》机构用户总计 2827 个,含国际用户 146 个,包括美国国会图书馆、美国国防大学、美国航空大学等高端用户;机构用户分布在 14 个国家和地区;个人读者分布在 10 个国家和地区。

3　编辑质量建设

与学术质量一样,编辑质量也是《兵工学报》的立刊之本。多年来《兵工学报》在狠抓学术质量的同时，也非常重视编辑质量工作。编辑部认真推行期刊的标准化、规范化，根据学报的学科和专业特点，制定了符合学报特点的内部编排规范，与国家有关标准和编辑规范、行业专业标准一起构成了学报出版规范体系框架，保证每位编辑加工的规范统一，提高编辑质量；每年组织多人次的编辑业务学习、交流和培训，提高了编辑综合素质和稿件处理能力；对审查通过的稿件，要求对稿件文字、参数、图表、文献进行细致的加工、编辑，为使文章更鲜明、层次更清楚、结构更严谨，每位编辑还做到了善于发现各级审稿专家没有发现的技术问题和遗漏问题，以及作者修改中的疏漏问题，不给读者留下疑问；按照国家有关部门对期刊出版的相关规定，学报严格实行“三校”制，统一每期出版规范，把差错率控制在最低程度；坚决贯彻落实中国科协关于所属科技期刊刊后审读制度，对出版后的每期学报，编辑部在第一时间进行认真审读，找问题、找不足，一旦出现差错，及时纠正，杜绝再次发生同样的问题。

4 政治质量和学术道德建设

政治质量是期刊的生命，如果出了问题，将依照国家《出版管理条例》和有关规定予以严肃处理，严重的要停刊。多年来，《兵工学报》认真遵守国家关于期刊出版的法律法规和有关各种规定，始终坚持正确的政治和学术导向，没有出现任何违法、违纪、涉及国家安全和秘密、伪科学等事故。由于学报内容所处军工领域的特殊性，在论文涉密问题上尤其要严格把关，坚决贯彻《中华人民共和国保守秘密法》、《新闻出版保密规定》和《关于防止在出版物中泄露国家秘密的通知》精神，健全和规范了编辑部来稿和论文发表时的内容涉密审查制度。在所有投稿作者签署的论文著作权转让协议中，设置是否存在与国家法律法规相违背的问题、内容是否涉密的条款，增加声明该论文资料真实、无剽窃他人学术成果、无一稿多投的问题；在学报的稿件在线处理系统中安装学术不端检测软件，编辑部在作者投稿时和论文发表前各核查一次；制定学报关于一稿多投的处理声明，在学报网站上公布，并大力进行学术道德教育。多年来刊登的所有论文中没有出现抄袭与剽窃、伪造、篡改、不当署名、一稿多投等学术不端稿件。

5 版式与印装质量建设

所谓期刊出版质量，讲的是它的综合质量，其中包括期刊的版式和印装质量。对于学报来说，抓排版和印装质量，就是要严格落实质量要求制度和防范质量问题措施，达到学报的版式设计要求和优良的印装品质。为保证学报的版式与印装质量，编辑部经常与排版和承印单位沟通，督促对方严格按照双方合同条款执行，确保每期版式与印装工艺的稳定，多年来版式和印装质量没有出现过重大问题，保证了出版质量。2013 年，按照精品科技期刊标准，编辑部对封面进行了重新设计，使封面更美观，封面和正文用纸质量更佳，并更换了信用等级高、实力较强的印刷厂，以提高出版印刷质量。

6 数字化建设

为满足编辑工作和期刊出版市场的需要，学报开展了数字化基础平台建设，对学报网页进行了全新设计，加强了功能化、人性化，撰写更新和补充了期刊网站的基本信息及资料;学报使用的在线投、审稿平台极大地方便了作者投稿、查稿及与编辑部的互动,便利审稿专家的评审,提高了编辑的责任意识和工作效率;推出过刊、当期论文数据库,并实现开放获取,更好地为科技工作者服务;做到了当期纸介版与网络版同步出版;从2013年开始,学报发表的每篇论文增加了DOI标注,获得国际通用的唯一永久标识,使读者在网上获取文献的方式变得简单、容易,从而扩大学报在网上的传播范围加快传播速度,增加被引概率;为加强学报数字化建设,专门配备了1名技术人员;主动加强与大型数据库的合作和联系,建立互惠互利的合作关系。

7 制度化建设

一本好的期刊,后面必然有一个强有力的编辑部;一个好的编辑部,它的管理工作必然做得好、做得细。为提高学报的质量,扩大其学术影响力,编辑部与时俱进地创新和完善制度,提升制度执行力,初步建立一个符合学报特点的管理机制,把管理工作基本提高到精细化、规范化的层次。科学化和规范化的稿件处理程序是编辑部的工作主线,编辑部各项规章制度的建设主要围绕着这个主线展开。编辑部制订了《学报审稿通则》、《学报编排规范》、《编辑部职责和人员岗位分工》和《学报稿件处理流程》等。通过不断完善和健全各种规章制度,提高了编辑部规范化管理水平。

8 下阶段开展的工作

《兵工学报》虽然取得了一些成绩,但与国内外大刊相比,还存在着不小的差距,仍然面临着如何进一步提高学术影响力,如何吸引优秀稿源等问题。为把《兵工学报》办得更好,进而在全面提升兵器科技自主创新能力、推动兵器科技学术交流的进程中发挥更大的作用,学报编委会和编辑部再度对刊物未来发展进行了规划,并提出下阶段7项重点工作:①围绕兵器科学技术学科的前沿和热点做好选题,开展组稿和约稿工作,拓宽优秀稿源;②加强审稿专家队伍建设,严格履行同行评议,保障和提升论文的学术质量和水平;③缩短论文发表周期,提高时效性,吸引一流作者、一流稿件;④加强专业技术和编辑业务的学习,不断夯实编辑人员的知识基础,提高编辑部整体素质和能力;⑤继续完善编辑部管理制度,实施精细化管理和规范化出版;⑥加快期刊数字化建设步伐,适应编辑工作和期刊出版市场的需要;⑦加强期刊编委队伍建设,发挥编委在办刊过程中的重要影响和作用。通过上述7项工作措施的实施,我们确信,《兵工学报》今后将会以更鲜明的形象、更突出的特色、更加高效的工作流程、更为周到的服务,为社会、为读者奉献优秀的科技论文与创新成果,在促进兵器学科不断繁荣进步、为兵器科技自主创新体系建设做贡献的过程中,自身得到更大的发展,成为中国的精品科技期刊。

The Study of Improving Journal Quality and Building A Boutique Journal

GAO Yuguo, LI Ying, XU Yida
Editorial Office of *Acta ArmamentarII*, Beijing 100089

Abstract: The basic state of *Acta ArmamentarII* is introduced firstly. Secondly, the constructions of academic quality, editing quality, political quality, academic ethics, format quality, printing and binding quality, digitization and institutionalization are analyzed in detail. Then, the main problems of publication are researched and the work that should be done next is proposed.

Keywords: Boutique journal; Academic quality; Academic ethics; Printing and binding quality; Digitization

审稿编辑:翁彦琴

21.《机械工程学报》

坚持严谨、严肃、求真、唯实 办好精品学术期刊

张 彤① 罗晓琪 王淑芹
《机械工程学报》编辑部,北京 100037

摘要:概述《机械工程学报》的历史沿革、期刊定位、战略目标、获奖及获得基金资助等基本情况,总结期刊提高学术质量与出版质量的具体措施,以及在数字出版领域的不断探索。同时结合学科发展特点和《机械工程学报》自身情况,提出若干战略构想,从而加快期刊国际化进程,力图打造走向国际的精品期刊。

关键词:学术质量;学术不端;出版质量

1 基本情况

1.1 辉煌历史

《机械工程学报》(以下简称《学报》)于1953年创刊,是由中国机械工程学会主办的机械工程领域的高水平学术期刊,是中国机械工程领域的顶级学术刊物。翻阅60年来出版的《学报》,学者们严谨的文风跃然纸上,字里行间无不透着科学、文化、开放的内涵和底蕴。

1953年,新中国第一批机械工程领域知名专家庄前鼎等创办了《学报》。在前几届编委会中,有我国科学界的旗手、世界级的科学家钱学森;有被国际学术界称为"吴氏通用理论"的创立者、中国工程热物理学科的创始人、世界级的科学家吴仲华;还有一大批耳熟能详的机械工程专家,如刘仙洲、李酉山、朱景梓、雷天觉等。当时没有专职的办刊人员,《学报》都是由他们亲自编辑、出版,发表了一大批当时机械工程领域的最新成果,其中不乏激励我国机械工程界开拓奋进、引领风骚的扛鼎之作。

自创刊至今,《学报》始终坚持严谨、严肃、求真、唯实、理论联系实际的办刊方针,在广大读者、作者中享有崇高的威望,获得国内外多位专家学者的高度评价[1]。1994年第5期、第6期和1995年第1期,《学报》发表了路甬祥教授(时任浙江大学教授,现任全国人大常委会副委员长)、陈鹰教授的三篇系列文章[2-4]。钱学森对此三篇文章给予了很高评价,他专门写信给戴汝为院士(控制论与人工智能专家,中国科学院院士向),其谈及此三篇文章的重要性以及所受的启发。

中国科学院和中国工程院院士路甬祥对《学报》这样评价:"《学报》创刊已经半个世纪了,从大学时代起,我就是她的忠实读者,后来为她撰稿,成了作者。20世纪90年代后有幸成为她的编委,参与审稿……始终坚持忠实地反映我国机械工程界的学术成就,反

① 《机械工程学报》副主编,E-mail:cjme_zt@126.com。

映机械工程科学的前沿发展,反映我国机械工业发展的重大成就。她坚持严谨、严肃、求真、唯实,理论联系实际的学风与文风。形成了自己独特的风格与传统,不仅在中国机械工程界赢得了很高的声誉,而且在国际工程学术刊物界也赢得了广泛的赞誉。当之无愧地成为新中国成立以来创刊的最优秀的工程学术刊物之一……"

60 年来,《学报》从一个侧面记录了我国机械工程技术的历程,是一部厚重的机械工程发展史,是机械工程领域先辈们为我们留下的一份宝贵财富。

1.2 多次获得期刊奖和中国科协精品科技期刊工程项目资助

《学报》在几代机械工程领域专家、学者和办刊人的共同努力下,取得了令人瞩目的成绩:1999、2003、2005 年连续三届荣获国家期刊奖;2001 年被列入中国期刊方阵双高期刊;2008 年被列入中国科协精品科技期刊;2009 年荣获新中国 60 年有影响力的期刊的称号;2011 年获得第二届中国出版政府奖期刊奖。此外,《学报》连续多年获得中国科协精品科技期刊工程项目、国家自然科学基金委员会项目的资助。

1.3 影响力指标稳步增长

目前,《学报》被国际、国内多家检索系统收录,包括:美国工程索引(EI)光盘版及网络版、美国化学文摘、英国科学文摘、日本科学技术文献速报、俄罗斯文摘杂志、美国金属文摘、铝文摘和工程材料文摘、中国科学引文数据库、中国科技论文统计源期刊、中国学术期刊综合评价数据库以及中国学术期刊网络出版总库等。《学报》作为 EI 的收录源期刊,近年来被 100% 收录。

《学报》自 2010 年 1 月变更为半月刊,全年共出版 24 期。目前稿件录用率约为 30%,论文发表周期平均 8 个月,期刊的各项学术指标和出版指标都在稳步增长,如图 1、图 2 所示[5-6]。中国科学技术信息研究所的《中国科技期刊引证报告》数据显示,《学报》近年来的总被引频次和综合评价总分在机械工程类中都位居榜首。

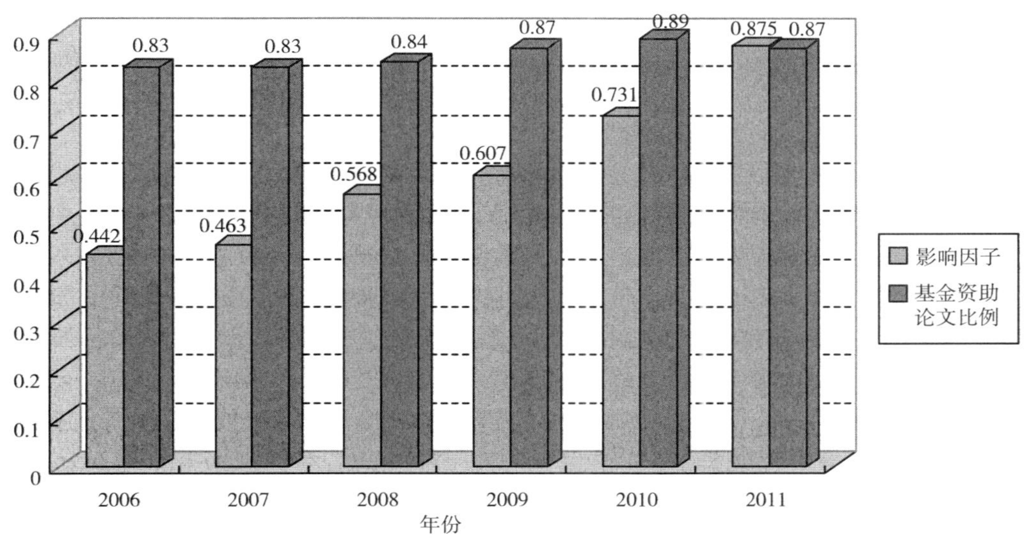

(a)影响因子与基金资助论文比例

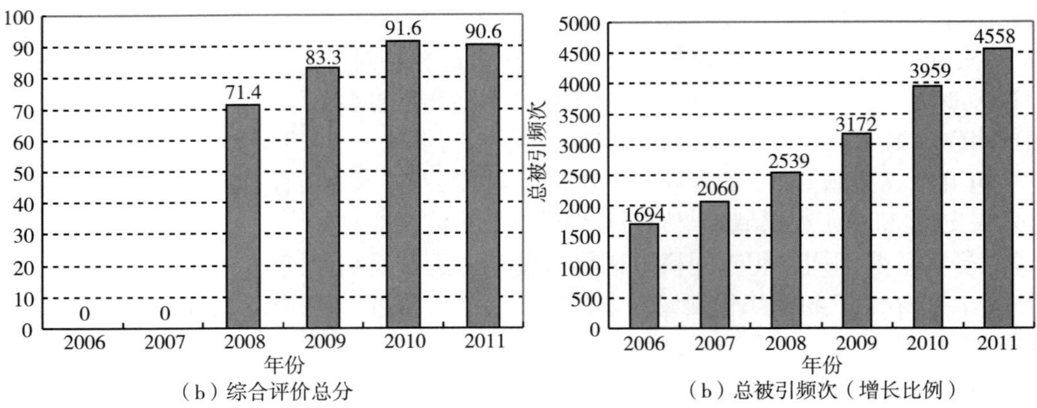

（b）综合评价总分　　（b）总被引频次（增长比例）

图 1　《学报》2006 – 2011 年影响力指标统计（来源：中国科学技术信息研究所）

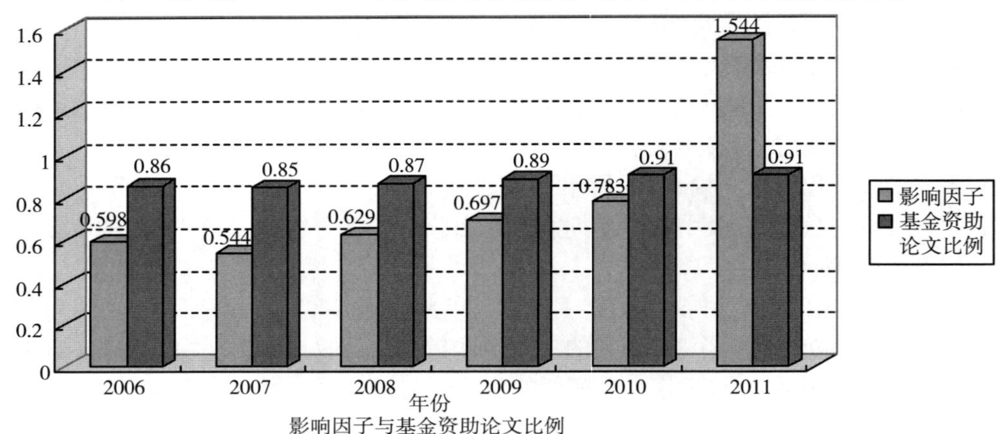

影响因子与基金资助论文比例

图 2　《学报》2006—2011 年在中国知网上统计的影响因子和基金资助论文比例的情况（来源：中国知网）

2　重视学术质量建设，倡导严谨治学之风

2.1　紧跟学术前沿，引领学科发展

《学报》注重刊登基础研究和工程技术应用的优秀科研成果，旨在反映本学科的学术水平与发展动向，报道本领域重大研究进展。《学报》保持与国家重大计划单位、首席科学家的联系，密切关注国家“863”、“973”、国家自然科学基金等重大科研项目的进展，及时报道取得重大进展的科研成果。例如，高档数控机床重大专项、高铁领域的关键技术问题等，都在《学报》以专栏的形式进行了报道，在行业里有很好的反响，带动了学科发展。同时，《学报》注重培养青年学者，积极为青年学者提供学术交流的平台。几十年来，机械工程领域的大家、名家的优秀成果几乎都能在《学报》找到，路甬祥院士在《学报》先后发表了 20 多篇研究论文。

2.2　编委与审稿专家队伍的建设

《学报》现任编委由 152 位业界知名专家和学术带头人组成，其中包括 32 位院士和 40 位国外专家。编委们在策划专栏，组织优秀稿件，推荐优秀青年学者等方面发挥了重要作用。

《学报》拥有一支近千名学科带头人组成的审稿专家队伍,使《学报》的审稿工作质优、高效。编辑部采取多种办法鼓励审稿专家,例如评选年度优秀审稿专家,免费阅读文献资料等。《学报》通过作者推荐、专家介绍、自荐,以及从优秀作者中挑选符合条件的专家等方式不断更新审稿专家库。

2.3 坚决抵制学术不端行为

《学报》始终倡导良好的学术之风,坚决抵制学术不端行为,统一规范论文的审稿标准,严把学术质量关,构建公平公正的学术交流平台,杜绝一切弄虚作假的学术造假行为。按照编委会制定的关于对论文抄袭、造假等学术不端现象的处理措施的规定,在稿件处理流程中采取了一系列的措施。

2.3.1 来稿阶段

根据《著作权法》,要求作者提供论文专有使用权的授权书(并附所有作者的亲笔签名)。同时让所有作者核实下列内容:论文内容为原创、内容经过导师同意发表、不存在一稿多投、引用的主要文献全部列出。

2.3.2 审稿阶段

编辑在送审前进行网络查重,要求审稿专家尽量在国内外检索系统检索相关资料,核对是否有抄袭、重复发表等现象。由编辑和专家共同实施多手段、多渠道的文献检索办法,有效地减少了抄袭与剽窃、一稿多投、伪造、篡改、不当署名、同一学术成果多篇发表等学术不端行为。

2.3.3 定稿阶段

利用科技期刊学术不端文献检测系统在论文定稿前与正式出版前两次检测,有效分析和检测各种学术不端行为。

3 科学规范的编辑出版流程,铸就质量精品

3.1 坚持严格评审,保证刊物的高学术水平

《学报》采用编辑初审—专家评审—编委复审—主编(主任)审定的四审制,层层把关。编辑部根据专家意见,并参考了国外同类期刊的审稿单,对《审稿意见》单进行了多次完善。专家对论文的多项内容进行打分,同时给出评价。

3.2 科学、有效的编辑出版流程,保证期刊高质量出版

针对审稿通过的稿件,编辑部采用二加工、三校对、一核对的编辑加工流程,责任编辑负责通读,质量负责人进行印刷前检查。在严格执行各阶段质量要求的同时,还采取以下措施进一步保障质量:①聘请专业人员对英文摘要进行语言润色;②应用黑马校对软件,降低编校差错率;③编辑部自主开发辅助编辑软件,对科技名词术语、量和符号、规范的图表、公式、参考文献等提供辅助编辑加工。

除了前期的评审和质量把关,《学报》还非常重视出版后的质量检查工作,并以此作为编辑工作的一个重要延续。每期出版后,采取责编自检与他人互检结合的方式对期刊进行质量检查,定期召开质量检查会,并认真整理会议纪要,将容易疏漏和常出现的问题整理成文,纳入编辑培训教材中,全组学习后纳入年终质量总结报告。

4　重视人才培养，打造精品团队

《学报》非常重视编辑的培养，对新编辑采取“一带一”的形式，老编辑传授新编辑知识，边干边学，逐步积累。编辑定期参加机械工业出版社组织的编辑学习、培训，及时学习和掌握新标准。此外，《学报》要求编辑每年参加所负责专业的国际、国内学术会议，了解行业进展，结识科研专家，从而帮助编辑丰富选题思路，并有助于组织优秀稿件。目前，《学报》编辑团队多数具有硕士、博士学位，不仅专业知识扎实，而且团结协作，具有开拓进取精神。

5　数字出版建设

5.1　网络化、数字化办公平台建设

《学报》拥有自主开发的网络化、数字化办公平台，该平台最具特色之处在于基于编辑部自身工作特点而设计的作者工作区、专家工作区和编辑工作区，并且完全实现了作者投稿、编辑送审、作者修改、编辑加工、定稿以及 OA 等一系列出版的无纸化办公流程。目前《学报》自创刊以来所刊登的论文都已数字化并放到工作平台，方便读者阅读。

5.2　大力开展电子刊的研制、宣传工作

为顺应数字化发展的出版趋势，《学报》开发、制作了电子版刊物。基于 Web 数据库技术的电子版软件制作的电子刊，占用存储空间小，便于传输和保存。电子刊在内容等方面和印刷版完全一致，图形、声音和文字并茂，使用方便，读者反映良好。

6　关注当下，思考未来

经过几代人的努力，《学报》取得了长足发展，成为我国机械工程领域科技体系中重要的组成部分。但随着网络技术的快速发展，人们阅读方式的转变，期刊发展面临着巨大的挑战。如何更好地发挥学术期刊交流的桥梁作用是期刊编辑需要认真思考的重要课题。

6.1　坚持办刊宗旨，强化品牌影响力

本着坚持严谨、严肃、求真、唯实、理论联系实际的办刊方针，继续不断提升期刊的学术质量和出版质量，对创新性和重点学科的科研成果集中力量宣传报道，对一般性学科继续关注和跟踪报道，从而统筹兼顾，发挥刊物的学科带头作用，不断强化期刊的品牌影响力。

6.2　加快期刊国际化发展步伐

随着出版传媒的全球化发展，《学报》也需要加快与国际接轨的进程，并与国际同类期刊加强交流、学习与合作，开拓思路，努力创新，加快《学报》迈向世界一流科技期刊的步伐。未来，《学报》将着力编委会、审稿专家队伍国际化，作者、读者国际化，加强与国际编委交流与沟通并积极发挥国际编委的作用。同时，《学报》要继续加入更多国际检索系统，充分利用各种渠道加大期刊科技成果的广泛传播，从而为实现我国从制造大国向制造强国进而向创造强国转变，贡献一份力量。

参 考 文 献

[1]创新发展六十年编委会. 创新发展六十年[M]. 北京：机械工业出版社，2012.

[2]路甬祥,陈鹰. 人机一体化系统与技术——21世纪机械科学的重要发展方向[J]. 机械工程学报,1994,30(5):1-7.
[3]路甬祥,陈鹰. 人机一体化系统与技术立论[J]. 机械工程学报,1994,30(6):1-9.
[4]路甬祥,陈鹰. 人机一体化系统科学体系与关键技术[J]. 机械工程学报,1995,31(1):1-7.
[5]中国科学技术信息研究所. 2012年版中国科技期刊引证报告(核心版)[M]. 北京:科学技术文献出版社,2012.
[6]《中国学术期刊(光盘版)》电子杂志社等. 中国学术期刊影响因子年报(自然科学与工程技术)[M]. 北京:《中国学术期刊(光盘版)》电子杂志社,2012.

How to Publish Excellent Academic Journal with the Rigorous, Serious, Truthful, Realistic Policy

ZHANG Tong, LUO Xiaoqi, WANG Shuqin
Editorial Office of *Journal of Mechanical Engineering*, Beijing 100037

Abstract: The historical development, orientation, strategic objectives, awards and funding programs of *Journal of Mechanical Engineering* (JME) are introduced. The specific suggestions on how to improve the academic quality and the publishing quality are presented, and a new approach on digital publishing mode is also mentioned. At the same time, on the basis of the scientific developing characteristics and the JME's own situation, several strategic objectives are put forward to accelerate the process of internationalization and publish excellent international academic journal.

Keywords: Academic quality; Academic misconduct; Publishing quality

审稿编辑:任红梅

22.《煤炭学报》

博观约取　厚积薄发　打造煤炭行业最具学术影响力的期刊

韩晋平①　毕永华　朱拴成
《煤炭学报》编辑部,北京　100013

摘要:为了促进期刊间的交流与学习,进一步提升《煤炭学报》的学术影响力,保证期刊沿着正确的方向快速发展,对《煤炭学报》近年来在学术质量控制、编委及审稿专家队伍建设等方面积累的经验进行了总结和提炼,分析了在办刊过程中出现的问题和不足,并提出了今后努力的方向。

关键词:学术质量;编委会;审稿专家库;精品期刊;煤炭学报

《煤炭学报》创刊于1964年,至今已走过49年的风风雨雨。49年在历史的长河中只是不经意的一瞬间,而对于《煤炭学报》来说,却是一代又一代学报人为之奋斗的金色年华。49年来,《煤炭学报》始终坚守着自己的办刊理念,坚守着煤炭行业这块纯洁的学术阵地,在众多编委以及广大专家、作者的精心呵护下,期刊质量逐年提高,学术影响力不断扩大,得到了广大煤炭科技工作者的一致肯定[1]。回首过去,《煤炭学报》在办刊方面积累了不少宝贵的经验,取得了一定的成绩,但也存在很多问题;展望未来,数字出版时代的到来给期刊出版提出了新的挑战,同时也带来了更多的机遇。

1　《煤炭学报》的基本情况

《煤炭学报》是由中国科学技术协会主管、中国煤炭学会主办,煤炭科学研究总院承办的关于煤炭及相关领域的综合性学术期刊,主要刊载煤田地质与勘探、矿井建设、煤矿开采、矿山测量、煤矿机械与电气工程、煤矿安全、煤炭加工利用、煤矿环境保护等方面的学术论文。

1962年,为了繁荣和发展煤炭科技事业,中国煤炭学会被批准筹建,为了开展国内外学术交流,在1964年正式创刊了《煤炭学报》(季刊),该刊在"文化大革命"中曾一度停刊,1979年随着中国煤炭学会首届会员代表大会的召开而复刊(季刊)。1993年改为双月刊,2007年改为月刊。1979至2012年年底,共出刊219期,发表涉及煤炭科学技术各专业领域较高水平的学术论文共5200多篇,被美国《工程索引》(EI)等20多种国内外重要文献检索系统收录。

《煤炭学报》始终以"登一流文章,办一流期刊"为指导思想,以刊物质量为工作的中心,做到"年有报道中心,期有报道重点",紧密围绕煤炭工业现代化的实际,孜孜不倦,使《煤炭学报》的质量逐年提升,期刊各项评价指标稳步提高[2-3]。根据中国科学技术信息

① 《煤炭学报》,编辑,E-mail:mtxbhjp@126.com。

研究所发布的中国科技论文统计结果(2012 年版中国科技期刊引证报告(核心版)),2012 年《煤炭学报》各项评价指标又迈上了一个新台阶:总被引频次达到了 3191 次,影响因子达到了 1.119,在矿山工程技术类期刊中均列第 1 位;综合评价总分为 82,在统计的 1998 种核心期刊中名列第 34 位。

《煤炭学报》于 1992 年和 1996 年分别获首届全国优秀学术期刊二等奖、第二届全国优秀科技期刊一等奖;1999 年获首届国家期刊奖;2001 被国家新闻出版署授予"双奖期刊"称号;2004、2007、2010、2011、2012 年先后 5 次荣获"百种中国杰出学术期刊"称号;2009 年荣获"新中国 60 年有影响力的期刊"称号;2012 年荣获"2012 中国最具国际影响力学术期刊"称号。

2 《煤炭学报》的期刊建设工作

2.1 打好基础,主动出击,保障期刊学术质量

学术质量是学术期刊的核心,是编辑部各项工作的重中之重,为此,《煤炭学报》一直把提高期刊学术质量放在编辑部工作的首位。

2.1.1 核心编委队伍的建设

1995 年,《煤炭学报》充分利用专家资源,组建了一支学术水平高、专业覆盖面宽、学术影响力大、热心为提高《煤炭学报》学术质量做实事的编委队伍。经过十几年的筹建和完善,目前《煤炭学报》的编委队伍已经涵盖煤炭行业所有的院士、各学科的带头人以及煤炭企业的总工等重量级人士。考虑到这些专家往往身兼数职,有些很难真正参与期刊的各项工作,故编辑部在此基础上又组建了一支学风正派严谨、学术思想活跃和热爱编委工作的核心编委队伍,目前这支核心编委队伍在策划学科选题、组织优秀稿件、开展各种学术活动等方面发挥了积极作用,从而有效扩大了期刊的学术影响力。

2.1.2 审稿专家队伍的建设以及审稿流程的不断完善

审稿专家队伍的建设是保证学术刊物质量的基础工作,同行专家的评审意见是评判论文学术水平和确定能否发表的主要依据,建立一支动态的高水平、高效率的审稿专家队伍,是保证期刊学术质量和健康发展的一项关键举措[4]。经过多年的运作和总结,目前《煤炭学报》已经建立起一支学术水平高、影响力大、热心为学报的学术质量把关的动态审稿专家库,专家库由煤炭系统各专业的院士、教授、学术带头人以及行业外相关专业的专家和学者组成,同时,《煤炭学报》也非常注重审稿专家的老、中、青结合,提倡不同的学术观点的相互讨论,鼓励学术争鸣。

为提高《煤炭学报》的学术质量,编辑部一直严格执行稿件三审制度,即编辑初审、同行专家外审和主编终审,并对审稿质量进行动态评议。

(1)严格初审以保证遴选到最优秀的稿件。这要求专业编辑不仅熟悉相关的专业知识,而且要按照文稿政治性、创新性、学术性、科学性,以及写作格式和规范表达等方面的要求对稿件进行严格审读,把好审稿的第一关。

(2)创造积极的、热情的外审环境。《煤炭学报》的外审工作量非常大,每篇稿件至少要经过 2 ~3 次外审和复审,多年来,《煤炭学报》一直严格执行外审制度,坚持"双盲"送审,让审稿专家无心理压力,可以率直、客观地评价稿件;对待所有稿件都一视同仁,坚决

杜绝人情稿。

(3)主编根据审稿人的意见以及专业编辑的初审意见,对稿件做出最终的决审意见。在审稿过程中,外审可能会有好几次,主编也会对一篇稿件反复考虑,以保证优秀的文章不会被退稿,不符合《煤炭学报》刊登要求的文章被剔除。

2.1.3 积极组织优秀稿件

期刊内容的科学性、创新性、实用性和导向预见性,是衡量期刊质量的重要标志,为此,编辑部鼓励专业编辑主动出击,与专家学者密切交流,积极参加相关专业国际学术会议,掌握专业领域内的最新发展动态,想办法把他们最优秀的稿件吸引到《煤炭学报》上来,并通过国内有国际交流背景的专家积极向海外作者约稿。同时,编辑部主动向本学科领域的著名专家约一些综述性的稿件,以把握本学科的发展动向和趋势,增加信息量,进一步吸引更多的新作者投稿。

2.1.4 对编辑人员的高标准、严要求

编辑必须能够准确把握行业发展的最新动态及前沿,具备良好的判断力,率先决定哪些内容能发表,哪些内容不能发表,这对提高期刊的学术质量有非常重要的作用。为此,编辑部要求:各位专业编辑要准确选题,抢“新”和争“先”发表最新的重大成果,保证期刊发挥学术导向作用;严格初审,避免两个极端问题的出现,不能完全依赖审稿专家,也不能让编辑主管臆断;认真加工,保证论文的科学性和规范性;仔细核查,保证参考文献的准确引用。

2.2 积极开展期刊经营,努力实现期刊的双效一

《煤炭学报》在积极实施精品期刊战略的同时,积极开展期刊经营,坚持“办好主业、发展辅业”的办刊思路,通过发展协办单位、主办和协办学术会议、策划出版专著和论文集、开展课题研究等创收手段,经济效益逐年攀升,有效地弥补了办刊经费的不足,实现了期刊经济效益和社会效益的有机统一[5]。

2.3 规范流程,制度当先,严控期刊出版质量

2.3.1 引入了ISO9000系列质量管理认证体系

早在2005年,《煤炭学报》在全国期刊界率先通过了ISO9000的质量认证,用规范的管理体系管理编辑的工作流程。多年来,编辑部一直严格按照ISO9000的要求结合编辑部工作自身特点,从计划、实施、检查到问题处理4个方面制定了详细的工作流程和规范,保证了期刊的出版质量和工作效率;进一步完善了编辑部内部规章制度,使各项制度落实到人,使编辑部的管理更加规范。

2.3.2 制定了严格的编校质量控制制度

编校质量是期刊质量非常重要的一个环节,多年来,《煤炭学报》始终坚持交叉审读制度,取得了非常好的效果。具体做法是:在专业编辑加工稿件达到“齐”、“清”后,交予其他编辑进行交叉审读;审读后进行沟通、讨论最后达成共识,达到“定”;付印前交作者和主编进行最后的审读;根据交叉审读的情况进行奖惩,问题少的进行奖励,问题多的进行批评,这样有助于增强编辑的责任心。

2.4 重视人才,树立正气,加强部门文化建设

人才是期刊取得长足发展的根本保障。营造“树正气、讲团结、比贡献、求发展”的编

辑部文化,用正能量去感染、带动每一个人,做到人尽其才,实现其自我价值,一直是编辑部持之以恒的目标。

一个人的能力是有限的,而集体的智慧则是无穷的,如果编辑部仅靠个人单打独斗去解决一些问题是不可能的,只有充分发挥编辑部所有成员的特长,调动大家的积极性才能保证期刊发展稳中求进。也只有在困难面前群策群力,荣誉面前按劳分配,充分实现编辑部所有成员的自我价值,才能保证编辑部拥有统一的目标、统一的思想、统一的规则、统一的行动、统一的声音。

2.5 与时俱进,开拓创新,推进数字化出版

为了提高工作效率,扩大《煤炭学报》的影响,编辑部在2006年就建立了自己的网站,安装了远程稿件处理系统,实现了作者网上投稿、查稿、上传修改稿,专家网上审稿。2010年编辑部免费向读者开放了网刊,提供最新论文电子版的下载,提高了期刊的显示度,也极大地促进了论文的传播,为作者提供了一个更加便捷的阅读和引用环境。2012年,《煤炭学报》与中国知网(CNKI)合作开展优先数字出版业务,提高了刊登论文的时效性。

3 目前存在的问题

尽管《煤炭学报》已经取得了一些成绩,但与国内外知名期刊相比,还有一定的差距,也存在一些问题与不足,总结起来主要有以下几个方面:

3.1 数字化出版还未形成

《煤炭学报》早在2006年就开始了数字化出版的探索,经过几年的发展,网站和采编系统已经初具规模,但距全流程的数字化出版还有一定的距离,目前仅停留在纸质期刊数字化后上网,这在很大程度上降低了论文传播的效率。

3.2 综述性论文较少

综述性论文最能提高期刊的影响力,但同时又是很难组约到的稿件。一方面,一篇好的综述性论文的作者肯定是行业内顶尖的专家,具有很高的视野;另一方面顶尖专家一般身兼数职,业务繁忙,所以好的综述性论文产出也少。

3.3 期刊的国际化进程缓慢

由于受语言限制,期刊国际交流少,加之编辑部重视程度不够等原因,《煤炭学报》国际化进程缓慢。

3.4 周期长,时效性差

由于近年来《煤炭学报》收稿量剧增,造成了稿件积压,出版周期长,文章的时效性差。

3.5 对于重大专项的跟踪还不够深入

目前,国家重点基础研究发展计划("973"计划)资助的项目较多,这些项目资助的课题都是当前煤炭行业最为前沿和热点的领域。虽然近几年《煤炭学报》也有计划地跟踪了几个重大课题,但是力度还是不够,而且对课题本身缺乏深层次的了解。

3.6 行业顶尖优秀论文流失严重

由于目前《煤炭学报》不是SCI收录期刊,编辑部组织顶尖优秀论文的难度较大,导

致不少顶尖优秀论文发表在国外 SCI 收录的期刊上。

4 未来努力方向

煤炭行业强有力的支撑和中国科协精品科技期刊工程项目的资助，为《煤炭学报》的发展注入了动力。通过深入调研和学习制定发展战略，对照问题找差距，编辑部将会继续加强以下几个方面的工作。

4.1 加快发展数字化出版

期刊的数字化出版形式有纸本期刊数字化、期刊优先数字出版、期刊数字化内容同步上网、开放获取（OA）、按需印刷（POD）等。编辑部要对照标准，紧跟形势，加强数字化意识，加大资金投入，更新设备引进人才，培养在线工作能力，提高编辑出版效率、缩短出版时滞。

4.2 重视综述性论文稿件的组约

综述性文章具有较高的学术水平，能启迪科研人员做出正确的选题判断，能吸引更多的读者，对提高期刊的学术影响力具有重要的作用。编辑部要充分发挥核心编委的力量，制定选题计划，主编和编辑要主动出击，根据选题组织稿件。

4.3 积极加快期刊的国际化进程

积极加强国际间的交流与合作，努力实现期刊定位、期刊编委、审稿人队伍、编辑队伍、作者队伍以及出版发行的国际化。

4.4 加强国家重大项目的选题组稿

密切关注重大专项的研究进展和最新成果，每年至少组织 1 期国家重大项目的专题论文；每期至少刊登两篇重点学科带头人的论文；重点专业每期至少组织刊登 1 篇热点论文，做到年年有重点，期期有热点。

4.5 实施优秀论文奖励政策

在采取各种举措吸引优秀稿件的同时，每年进行优秀论文评选活动，分别进行表彰和奖励。

4.6 加强优秀论文的宣传推广

做好期刊网站建设和宣传工作，开通专题论文等重要论文的窗口，做到重大专题的预告、组稿、发布等环节的实时报道；利用网刊系统大力推广优秀论文，并提供免费下载；积极与中国知网等知名大型数据库合作，开展重要专题论文的宣传活动，多途径地扩大优秀论文的传播。

5 结语

近年来，《煤炭学报》在期刊学术质量提升、编委队伍以及审稿专家队伍建设等方面积累了不少成功的经验，取得了一定的成绩，但相比而言，《煤炭学报》与国内外知名期刊相比差距较大，在诸多方面依然存在着不足。但是，在中国科协精品科技期刊工程项目的大力支持下，编辑部将继续奋力拼搏，矢志不渝，将《煤炭学报》打造成煤炭行业高质量、高水平、高品位的最具学术影响力的期刊。

参考文献

[1]《煤炭学报》编辑部.献给读者——纪念创刊40周年[J].煤炭学报,2004,29(1):1.
[2]《煤炭学报》编辑部.新年寄语[J].煤炭学报,2008,33(1):1.
[3]《煤炭学报》编辑部.新年寄语[J].煤炭学报,2011,36(1):1.
[4]冯晓磊,陈玲.精品期刊与品牌建设的思考[J].市场周刊(理论研究),2011(11):8-9.
[5]高雪梅.《煤炭学报》的办刊体会[J].学会,2003(1):44-45.

Struggling to Make a Well - known Journal with Huge Influence

HAN Jinping,BI Yonghua,ZHU Shuancheng
Editorial Office of *Journal of China Coal Society*,Beijing 100013

Abstract:For sake of the mutual communication among journal editors,the authors summarized the experiences in article quality control, editorial committee organization and reviewers' invitation,etc. Besides,problems and shortages during the journal development were analyzed and the future journal orientation was studied based on the current academic status and influence of the *Journal of China Coal Society*.

Keywords:Academic quality;Editorial committee;Reviewer database;Excellent journal;*Journal of China Coal Society*

审稿编辑:任红梅

23.《软件学报》

《软件学报》的系统工程建设

方　梅[1]

《软件学报》编辑部，北京　100190

摘要：期刊发展是一项系统工程，必须从各个方面全方位地制定期刊发展规划，并持之以恒地实施。从优化办公流程到建立工作条例和规章制度，从建立严格的保密制度到拓展广泛的传播途径，《软件学报》形成了期刊独特的办刊理念。同时积极推动期刊数字化和网络化建设，树立期刊品牌形象，提高工作效率。关注期刊出版发展趋势，制定期刊发展规划，实现期刊可持续发展。

关键词：《软件学报》；系统工程；办刊理念

1　期刊基本情况

《软件学报》创刊于 1990 年，由中国科学院软件研究所和计算机学会联合主办，月刊，标准 16 开本，176 面，CN11 －3560/TP，ISSN1000 －9825，邮发代号：82 －367。重点刊登我国计算机科学基础理论、软件理论、软件技术和软件工程方面的重要研究成果，传播科技信息，及时反映我国计算机软件的学术水平，并努力加强期刊在国际上的学术地位和影响力，以促进计算机领域的发展。

经过 23 年的发展，在历届编委会、审稿专家以及主办单位的大力支持和编辑部的共同努力下，《软件学报》已经发展成为国内计算机学术界具有较高影响力的学术期刊之一。为进一步提高期刊的国际影响力，2005 年《软件学报》结合期刊自身特点进一步明确了期刊定位：致力于创办与世界计算机科学和软件技术发展同步的以中文为主的中文国际软件学术期刊，刊登计算机软件各领域原创性研究成果的期刊，为全球华人同行提供学术交流平台。

目前，《软件学报》已被国内外多个重要专业数据库和检索系统收录，同时，期刊多年荣获“百种中国杰出学术期刊”称号，先后获得国家自然科学基金重点学术期刊项目资助，中国科协精品科技期刊工程项目资助，中国科学院科学出版基金科技期刊择优资助基金资助。

《软件学报》主要计量指标（核心影响因子和核心被引频次）从 2006 年开始一直位居学科前列，如表 1 如示。

---

[1] 《软件学报》编审，主任，E-mail：fangmei@ iscas. ac. cn。

表 1 《软件学报》2000—2012 年核心影响因子和核心总被引频次以及学科排名

年份	核心影响因子	学科排名	核心总被引频次(自引比)	学科排名
2012	1.459	1	4073(0.05)	2
2011	1.422	1	4286(0.05)	2
2010	1.432	1	4159(0.08)	3
2009	1.538	1	3619(0.06)	2
2008	1.644	1	3450(0.11)	2
2007	1.436	1	2743(0.06)	2
2006	1.792	1	2257(0.07)	2
2005	0.919	2	1598(0.05)	2
2004	0.765	4	1391(0.12)	2
2003	0.704	5	929(0.11)	4
2002	0.624	5	704(0.09)	2
2001	0.56	5	484(0.11)	3
2000	0.559	4	374(0.14)	3

2 优化编辑流程,规范编辑制度

2.1 公开透明的稿件处理流程和时间进度提高了编辑部工作的有效性

从稿件登记、初审、外审、审稿意见处理、编辑校对、印刷直至寄送样刊,《软件学报》将稿件的处理流程和各个节点的时间安排公布在期刊网站上(图 1),方便作者了解论文在每个阶段的要求和处理时间,减少了作者频繁打电话咨询稿件处理进度的次数,使编辑减少了重复性的工作,极大地提高了编辑工作效率,同时也对编辑工作起到了很好的监督作用。

2.2 计分制的审稿意见表保证审稿人提供详细的评审意见

《软件学报》在参考和吸取国外期刊和会议的论文评审意见表的基础上,根据期刊特点和要求设计了计分制评审意见书(图 2)。从 2001 年至今多年的使用效果来看,该评审意见书达到了较好的效果:①引导审稿人审稿。审稿人只需按照项目要求逐一给出分值或意见,即完成审稿,使审稿人明确知道编辑部想了解的审稿要求,从而减少答非所问现象的发生;②引入模糊分值概念,即 0 - 10 分的计分制度,审稿人可以给出 0 - 10 分中的任意分值,从而使审稿人可以提供更准确的评判标准。

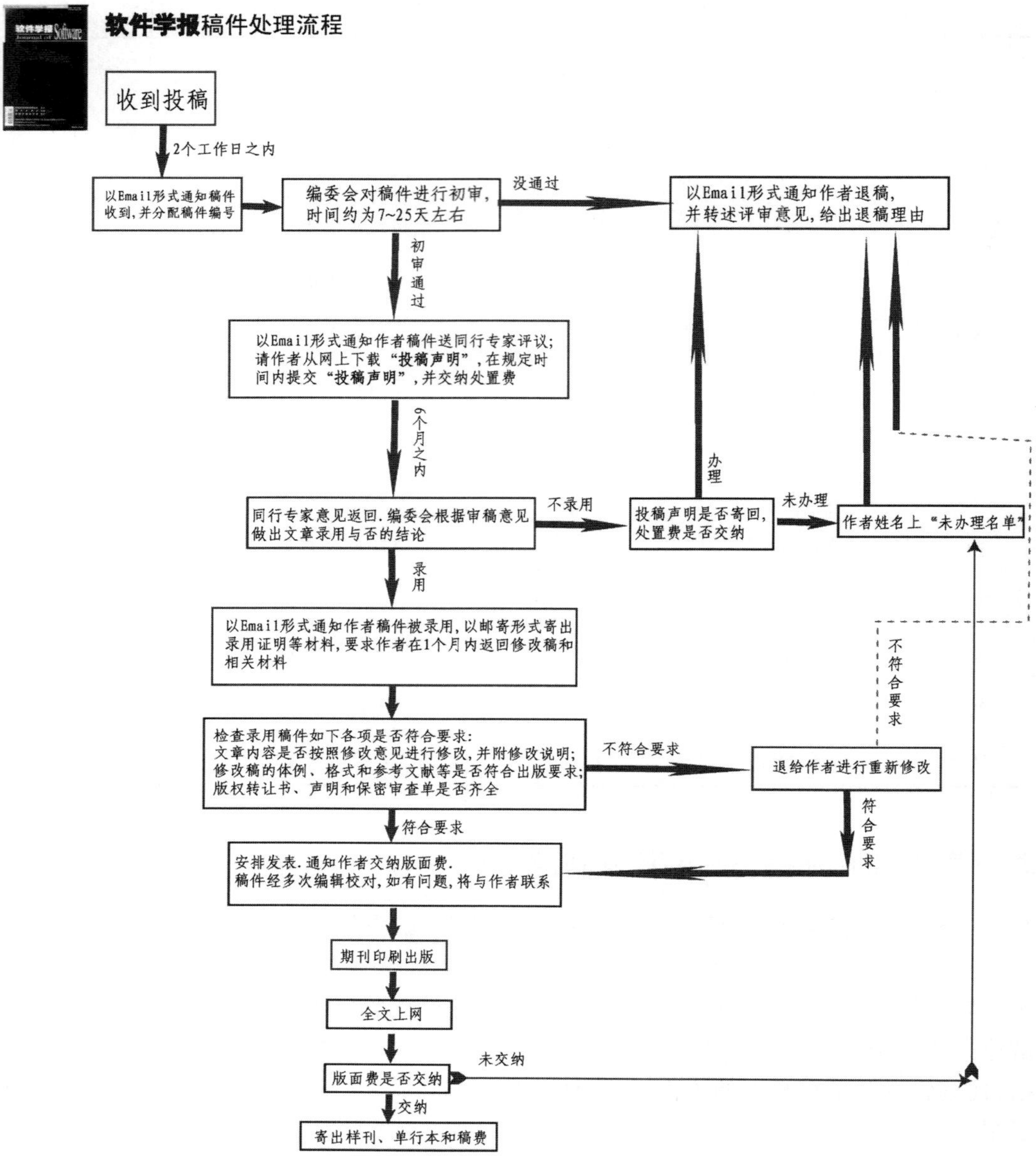

软件学报稿件处理流程

收到投稿

2个工作日之内

以Email形式通知稿件收到,并分配稿件编号

编委会对稿件进行初审,时间约为7~25天左右

没通过

以Email形式通知作者退稿,并转述评审意见,给出退稿理由

初审通过

以Email形式通知作者稿件送同行专家评议;请作者从网上下载**“投稿声明”**,在规定时间内提交**“投稿声明”**,并交纳处置费

6个月之内

同行专家意见返回.编委会根据审稿意见做出文章录用与否的结论

不录用

投稿声明是否寄回,处置费是否交纳

办理

未办理

作者姓名上“未办理名单”

录用

以Email形式通知作者稿件被录用,以邮寄形式寄出录用证明等材料,要求作者在1个月内返回修改稿和相关材料

检查录用稿件如下各项是否符合要求:
文章内容是否按照修改意见进行修改,并附修改说明;
修改稿的体例、格式和参考文献等是否符合出版要求;
版权转让书、声明和保密审查单是否齐全

不符合要求

退给作者进行重新修改

不符合要求

符合要求

符合要求

安排发表.通知作者交纳版面费.
稿件经多次编辑校对,如有问题,将与作者联系

期刊印刷出版

全文上网

版面费是否交纳

未交纳

交纳

寄出样刊、单行本和稿费

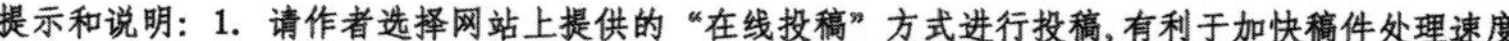

提示和说明:
1. 请作者选择网站上提供的“在线投稿”方式进行投稿,有利于加快稿件处理速度。
2. 2006年,中文投稿处置费为150.00元/篇,英文投稿处置费为300.00元/篇.请作者在收到交纳通知之后再交纳。
3. 特别要求作者要保证投稿文章的合法性(无抄袭、剽窃、侵权等不良行为),要求每一位作者在“投稿声明”上亲笔签字(不得代签)。请作者在收到要求提交投稿声明之后再提交。
4. 作者可通过网站上的“在线投稿”系统查询稿件处理状态。
5. 稿件录用之后如联系方式(尤其是Email地址)有变化,请及时通知编辑部,以免影响文章正常发表。
6. 上“未办理名单”的作者将影响到下一次投稿的处理。

图1 稿件处理流程

《软件学报》稿件审查意见表

<table>
<tr><td colspan="2">编号： 送审时间： JOS 收到时间：</td><td colspan="7"></td></tr>
<tr><td colspan="2">文章题目：</td><td>密码</td><td colspan="6"></td></tr>
<tr><td colspan="9">作者姓名： 作者单位：</td></tr>
<tr><td colspan="8">第一部分：文章与本刊刊登内容的相关性及对文章的整体评价
(A) 文章与本刊内容相关性及稿件类型（数值在 1–10 分）
(1) 此文与本刊内容的相关性有多少？----------
10 分=完全相关
5 分=部分相关
1 分=不相关
(2) 文章类型（选择其一，打“✓”）
研究报告/技术报告/实验报告/综述/应用/其他</td><td>

[ ]</td></tr>
<tr><td colspan="8">(B) 稿件评价（数值在 1–10 分）
(1) 选题、研究背景----------
10 分=适当且为热点问题
5 分=适当但已过时
1 分=不适当
(2) 文章的学术水平处于国际的什么地位？----------
10 分=属于国际领先水平
5 分=属于国际先进水平
1 分=无
(3) 创造性和新颖性----------
10 分=工作内容及结果具有很强的创造性
5 分=有些新观点
1 分=没有新意
(4) 研究水平----------
10 分=推理严谨,文章达到预期所研究的目标
5 分=推理较严谨,但文章的动机和目标不明确
1 分=工作有问题,不能达到预期目标
(5) 文章是否提供了丰富的、重要的和最新的参考文献？----------
10 分=参考文献是充足的、重要的和最新的
5 分=缺少重要的参考文献,需增加文献
1 分=参考文献太少、过时
(6) 文章题目、摘要及关键词表述是否准确？----------
10 分=非常准确
5 分=一般
1 分=很不准确
(7) 文章前言部分所述研究目标能否使读者有兴趣继续阅读----------
10 分=非常有兴趣
5 分=一般
1 分=没有</td><td>
[ ]

[ ]

[ ]

[ ]

[ ]

[ ]

[ ]</td></tr>
</table>

图 2 计分制评审意见书

2.3 严格的保密制度使编委会和审稿人可以独立办公

审稿人信息的保密性对于稿件的公正评审十分关键。如果不能保证审稿人的“安全”，审稿人就有可能迫于同行或同事的压力而不能提供相对公正的评审意见，从而失去评审稿件的意义。编辑部在这方面起着至关重要的作用，尤其是在熟悉的人面前，这种把关是需要勇气和智慧的，既要坚持原则，又要注意方式和方法，编辑部的价值理念和行为方式是导向和风向标。在作者询问稿件情况时，仅告知论文评审结果，不涉及审稿人任何信息，同时编辑部建立了一条硬性规定：不能向任何外人透露审稿人信息，透露审稿人信息者是严重违犯编辑职业道德的行为，将影响其今后在编辑部的发展。《软件学报》严格的信息保密制度赢得了审稿人和作者的尊重，保证了审稿人和编委会可以独立办公，从而保证了期刊学术质量。

2.4 广泛的传播途径使刊物得以快速传播

虽然“酒香不怕巷子深”，但在期刊出版业迅速发展的今天，顺其自然的发展相当于不发展，编辑部必须主动出击，加快发展。为了扩大优秀论文的传播速度和广度，《软件学报》采取了如下措施：

(1)及时向包括 EI 在内的各检索数据库提供电子数据；

(2)全文上网；

(3)通过 E-mail 推送论文；

(4)及时告知作者全文链接地址；

(5)为论文注册 DOI 号码。

期刊发展绝不是一个措施或几个措施、一个方面或者几个方面做好了就可以发展起来的，它是一项系统工程，必须从各个方面全方位地制定和实施期刊发展规划，并持之以恒地长期坚持执行，期刊才能得以全面可持续发展。《软件学报》办刊理念是：通过规范、高效的办公流程，树立良好的期刊形象和口碑，吸引高质量的论文投稿；严格的保密制度保障审稿人和编委会能够提供相对公正的审稿意见；严密的审稿流程为筛选出高质量的论文提供保证；广泛的传播途径使优秀论文在最短的时间内、在尽可能广的范围内传播和扩散，使读者能够方便查找和阅读。

3 推动期刊数字化和网络化建设

办公手段的现代化和出版形式的数字化是期刊提高编辑效率、提升期刊影响力最有效的手段。在期刊发展的各个阶段，《软件学报》都在推动期刊在数字化和网络化方面的建设[1]。

3.1 注册独立域名

2001 年《软件学报》注册了独立的域名 http://www.jos.org.cn，网站的点击量稳步上升，从建站初期 200 人次/天到现在 6000 人次/天的点击量，网站已成为编辑部的窗口，是联系作者、审稿人、编委、编辑部和读者的平台。

3.2 排版软件成功转型

2002 年第 1 期开始，《软件学报》排版软件实现从北大方正向 Word 的成功转型，消除了妨碍期刊发展的瓶颈问题，为期刊今后数字化发展奠定了基础[2]。使用 Word 排版软件可以实现如下功能：①设立投稿模版；②录用文章按期刊标准格式排版；③通过

E-mail校对清样;④发表文章转为 PDF 之后直接上网。Word 作为排版软件对于实现编辑部网上办公、提高编辑效率和期刊数字化出版起到了关键的作用。

3.3 网上办公系统

《软件学报》从 2001 年开始使用网上投稿和查询系统,极大提高了编辑部的工作效率,但随着编辑流程各个环节需求的不断增加,该系统已不适合期刊发展。在主办单位的大力支持下,《软件学报》于 2005 年 2 月使用了新版网上办公系统。新版网上办公系统包括四大模块:在线投稿与查询、在线编委、在线审稿和在线编辑。网上办公系统进一步规范了编辑部工作流程、提高了工作效率、树立了期刊的良好形象。

4 关注期刊出版发展趋势,制定期刊发展规划

4.1 开放获取(OA)

在开放获取(OA)概念刚刚被引进国内,国内期刊界对开放获取的前景尚存在不同声音之际,《软件学报》非常敏感地意识到这种出版形式将是今后期刊发展的方向和趋势,所以积极筹备和推进期刊的开放获取,并将开放获取列入期刊发展战略。《软件学报》2003 年第 1 期开始实施开放获取:全文即时上网,比印刷版提前 10 天,读者免费下载阅读。同期全文追溯到 2002 年第 1 期。开放获取对《软件学报》的发展起到了重要作用,解决了期刊论文发表时滞过长的问题,加快了期刊出版速度[3]。

4.2 DOI 标注

DOI (Digital Object Identifier)是国际标准的标识码,相当于文章在网上的身份证号码。2004 年,国内只有中国科学杂志社是唯一拥有注册 DOI 号码的机构,经过与中国科学杂志社多次联系和沟通,从 2005 年第 3 期开始,《软件学报》为发表的每一篇文章标注 DOI 号码,为期刊进入国际交流主渠道提供条件。

4.3 预发表制度

网络技术的发展为期刊出版提供了广阔的平台,预发表是近几年在网络技术发展的基础上新兴起来的新型出版模式,即在印刷版正式出版之前将论文提前发表在网站上,网络版比印刷版提前几个星期或者几个月,目的是加快出版速度,扩大论文的影响力。2007 年 8 月《软件学报》尝试预发表制度,将第 10 期论文提前预发表在网站上,比印刷版提前 2 个月。

4.4 高被引论文优惠政策

高被引指数是近几年在国内出现的期刊指标。2006 年出版的《中国期刊高被引指数》显示,《软件学报》2005 年总被引 2387 次,5 年影响因子在自动化、计算机技术类目中名列首位,其中 53.8%(728 篇)的文章被引用过,116.90 篇(16%)文章带来了 50% 的被引频次,单篇文章一年最高被引 47 次;88.79 个(14.2%)作者对期刊被引频次带来了 50% 贡献率;在学科最高被引的前 100 篇文章中,《软件学报》的论文占 32 篇。

为鼓励这些高被引论文作者,从 2006 年开始,《软件学报》期刊网站上公布了被引 20 次以上的高被引列表,制定了相关的费用减免优惠政策,鼓励和吸引高被引论文的作者投稿,明确了以发表高质量的学术论文为期刊的发展目标。

参 考 文 献

[1]方梅.数字化时代的网上期刊编辑部[J].中国科技期刊研究,2005,16(4):517-519.
[2]方梅.Word在科技期刊编辑部网上办公过程中的应用[J].编辑学报,2004,16(6):427-428.
[3]方梅,李桂云.全文上网对期刊发行量及期刊主要计量指标的影响[J].中国科技期刊研究,2007,18(2):275-277.

Systemic Project Construction *of Journal of Software*

FANG Mei
Editorial Office of *Journal of Software*, Beijing 100190

Abstract: The journal development of system engineering must be from all aspects of all-round development and implementation of, and perseverance to stick with it, the journal can be sustained and all-round development. Journals unique concept of running the journal from optimizing office processes to establish work rules and regulations, from the establishment of strict confidentiality regime to open up a wide range of route of transmission. Actively promote the journal digitization and network construction, establish periodicals Brand, and improve work efficiency. Concerned about journal publishing trend, formulate the development of periodicals development plan to achieve the sustainable development of the journal.

Keywords: *Journal of Software*; Systemic project; Concept of running the journal

审稿编辑:任红梅

24.《化工学报》

继承传统　开拓未来
——写在《化工学报》创刊90周年之际

赵颖力[①]　于　岚　刘家新　周新宇　唐晶晶
《化工学报》编辑部，北京　100011

摘要：在《化工学报》创刊90周年之际，回顾了《化工学报》的历史沿革和发展历程以及近年来所取得的成绩。从拓宽报道范围、提高稿源质量和审稿质量、加强编委和编辑队伍建设、加强学风建设和加强数字化建设等方面，介绍了《化工学报》的学术质量建设情况以及在宣传推广方面所做的工作。基于对目前存在问题的思考，提出了今后的发展设想。

关键词：《化工学报》；稿源质量；审稿质量；学风建设

2013年，《化工学报》喜迎90华诞。在90年漫长的岁月里，不管是在优越的条件下，还是在困难的环境中，无论是战争年代，还是和平时期，《化工学报》虽几经更名，数度停刊复刊，但始终保持严谨求实的学风，迈着坚定的步伐前进，保持了旺盛的生命力，取得了累累硕果。值此创刊90周年之际，应当尤其感谢那些曾经为《化工学报》的诞生和发展做出杰出贡献的老一辈科学家，感谢那些至今仍然一如既往地支持、关心《化工学报》健康发展的专家和学者们！

1　期刊基本情况

《化工学报》是由中国化工学会和化学工业出版社共同主办、化学工业出版社出版的中文刊物，其前身是创刊于1923年的中华化学工业会会刊《中华化学工业会会志》和创刊于1934年的中国化学工程师学会会刊《化学工程》。前者于1929年随总会由北京迁至上海后更名为《化学工业》。新中国成立后，《化学工业》与《化学工程》于1950年合并，定名为《化学工业与工程》，并开始立卷。该刊自1952年第4期起更名为《化工学报》，我国著名化工专家、中国化学工业的先驱者之一侯德榜先生为刊物题写了刊名。《化工学报》编委会以该届编委为第一届编委会成员。创刊以来，《化工学报》经历了由半年刊改为季刊、双月刊直至2001年扩版为月刊的发展过程，至2013年已出版了64卷。曾任《化工学报》编委会副主任的中国科学院资深院士时钧先生在《化工学报》创刊80周年时发表的纪念文章中说："《化工学报》在引领中国化学工业与工程的前进上功不可没，可以说，它是我国现当代化工史的一个见证、一面镜子，其中浓缩着我国化工界开拓者和后继者几代人的希望、追求、奋斗与业绩。"《化工学报》的历史，就是我国化工科学技术发展史的缩影，她是伴随着我国化工事业的发展而壮大的。

① 《化工学报》编辑部主任，E-mail：zhaoyl@cip.com.cn。

《化工学报》作为我国化工领域的一个综合性学术期刊,登载的论文以反映我国化工领域的基础理论研究及应用基础研究的重大成果为目标,兼顾新技术和新方法的介绍。经过多年的努力,《化工学报》不断向前发展,已成为展示我国化工科研成果的重要窗口、开展学术交流的重要平台、发现和培养人才的重要园地。《化工学报》的社会影响日益扩大,在期刊评比中多次获奖:2005 年获第三届国家期刊奖提名奖,2011 年获第二届中国出版政府奖期刊奖提名奖,2002—2012 年连续 11 年入选中国百种杰出学术期刊,2006—2012 年连续入选中国科协精品科技期刊工程示范项目,2012 年入选中国最具国际影响力学术期刊、RCCSE 中国权威学术期刊(A+),2006、2011 年荣获全国石油和化工行业优秀期刊一等奖。《化工学报》被 EI 等国内外重要数据库收录,其影响因子、总被引频次、综合评价总分等计量指标在国内化工类期刊中位于前列。

2 期刊学术质量建设

2.1 拓宽报道范围,增加刊载信息量

"严谨,求实,创新"是《化工学报》自创刊以来就一直保持的优良传统。不断努力创新,与国际化学工程科学的发展保持同步,是《化工学报》的办刊追求。近年来,随着学科的发展,《化工学报》逐步拓宽了报道范围,除了涵盖传统的化工领域外,与化工相关的生物、资源、环境、新能源、新材料、信息、安全等新兴和交叉领域,也都已进入《化工学报》的报道视野。

由于报道领域的拓宽,作者和读者面也扩大了,涌现出了许多新的投稿单位和作者,稿源大幅增加。2012 年,《化工学报》增加页码到近 400 页,保证了报道的时效性。目前,文章发表周期保持在 6 个月左右。

2.2 加强组稿工作,提高稿源质量

稿源质量是刊物质量的决定因素。面对国内优秀稿源严重外流这一现实,《化工学报》加大了组稿力度,目前发表的"综述与专论"栏目的文章主要以约稿为主。编辑部每年参加国际国内相关学术会议数十人次,会上积极宣传刊物,联系专家,约组高水平稿件;每年走访多所高校和科研单位,加强与一线科研人员的交流。《化工学报》注重对国家重大基础研究项目、应用研究项目及其产业化情况的报道,以及热点问题的报道,2012 年设立了"焦点问题 · 热点论坛"栏目并积极组稿,针对不同时期大家共同关注的热点问题展开讨论,百家争鸣,以求明确发展方向,发展前沿技术。

编辑部还以出版专刊的方式争取优质稿源。如:配合国内外重要学术会议出版专刊,挑选优秀会议论文发表,在支持学术活动的同时也扩大了自身的影响;出版老一辈科学家的有关纪念专刊,以及《化工学报》创刊若干周年的纪念专刊,在全国范围内约组有代表性的单位和专家的高水平稿件;每年出版一期化学工程联合国家重点实验室专刊,发表实验室有代表性的研究成果,这些成果反映了我国化学工程学科的最高科研水平。通过这些办法的实施,《化工学报》的稿源质量得到较大提升。

2.3 加强质量管理,提高审稿质量

2.3.1 逐步完善审稿专家库

审稿是学术期刊编辑出版的重要环节,选准审稿人是确保审稿质量的关键。《化工

学报》对审稿专家库实行动态管理，及时更新审稿人员，通过各种可能的途径在全国乃至全世界华人范围内物色负责的、客观公正的审稿专家，并对这些专家的具体研究方向进行深入了解，采用“小同行”审稿。目前编辑部已拥有5000余人的审稿专家队伍，2012年为《化工学报》审稿的专家达1300余人。编辑部将年度审稿人名单在期刊和网站上予以公布并致谢，评选优秀审稿人并在中国化工学会年会的大会上颁奖。

2.3.2 坚持执行严格的审稿制度

在稿件的录用上，《化工学报》采取编辑部初筛、栏目编委初审、外审专家审查、栏目编委审定、主编终审制，每篇文章至少经过6人次审查。为方便国际学术交流和国外检索系统收录，《化工学报》由负责修改英文的专家对每篇文章的英文摘要进行把关和修改。目前，稿件录用率保持在30%，国家自然科学基金等重要项目的论文比例占所刊载的论文的85%，国家级和省部级项目的论文占较大比例。

2.4 加强编委队伍建设

《化工学报》拥有一个由化工领域知名专家和学科带头人组成的权威性的编委会，从而保证了期刊“高品位、高权威性”的定位。目前，编委会由70位专家组成，其中院士17位，国外著名专家4位。编委会每4年换届一次，换届工作严格按照编委会章程执行，每两年召开一次编委会全体会议，每年召开一次主编工作会议。编委在撰稿、审稿、组稿，推荐优秀论文和合格的审稿人，宣传推广刊物，提供国外先进办刊模式方面的资料和信息等方面发挥了积极作用。

2.5 加强编辑队伍建设

化学工业出版社作为《化工学报》的主办和出版单位，始终把社会效益放在第一位，对学术期刊采取积极扶持的政策，给予了编辑部人力、物力、财力的大力支持，为期刊的发展奠定了基础。在人才培养方面，出版社有打好基础的岗前培训、加快编辑成长的系统培训、提高素质的全员培训、开阔眼界的国外培训和送到高校的强化培训等培养方式[1]。此外，编辑部还通过组织内部研讨，参加编辑行业培训与会议，与兄弟期刊座谈、交流切磋办刊之道等方式，不断丰富实践经验。通过参加化工及相关领域学术会议和调研，了解学术前沿和研究热点，提高组稿能力和筛选、鉴别稿件的能力。

2.6 加强学风建设

《化工学报》一直坚持严谨求实的办刊传统，积极采取措施抵制和纠正各种不良学风。例如，近些年编辑部对网上发来的揭发一些作者一稿两投、抄袭等问题的检举信，都进行了认真核查，按规定做了严肃处理。编辑部发布的《对一稿两投问题处理的声明》，对维护版权法、树立良好的学风起到了一定的促进作用[2]。

《化工学报》主张在科学面前人人平等。对于新作者和偏远地区、民族地区的作者，编委会和编辑部采取积极扶持的态度，在稿件修改过程中进行反复探讨，使其最终达到发表要求。对于退稿的稿件，编辑部及时地将审查意见反馈给作者，使其了解文章的欠缺所在和改进方向。一批批新作者通过投稿锻炼了科技论文的写作能力，同时通过专家的审稿意见进一步提高了学术水平。许多作者在来信中发自内心地表达了他们对审稿专家和编辑部的感激之情。

2.7 加强数字化建设

《化工学报》2004年开通了拥有独立域名的网站；2006年采用远程稿件处理系统，实现了作者远程投稿、查稿和专家远程审稿；2007 年起将纸质版发表的文章全文同步上网，并将《化工学报》1951 年以来过刊发表的 8000 多篇文章全部上网，供读者免费查阅；2010 年更新了远程稿件处理系统，实现了编辑远程办公；2011 年重新设计了《化工学报》网站，丰富了网站信息；2012 年完成了对远程采编系统的升级改造，出版社三个化工期刊专家数据库整合为一，实现了资源共享；2012 年完善了网刊制作，与中国知网合作进行优先数字出版，在《化工学报》网站也实现了网络预出版。通过加强数字化建设，缩短了文章发表周期，提高了对广大读者、作者的服务水平。

3 期刊宣传与推广

为塑造专业期刊品牌形象，编辑部对从组稿、编辑、排版、印刷到发行、宣传推广等各方面工作进行了规范管理，并积极采取措施加以改进。《化工学报》利用封面文章对有特色的论文进行重点推介；为每篇文章注册 DOI 号，以增加文章的显示度；在编辑部承担的《中国化工学会通讯》网刊的制作和发送工作中，将每期目录和重点推介文章作为专栏发送给广大化工科技工作者；在发行方面，加大宣传力度，采取多渠道发行，与多家期刊建立了交换关系，并向国内外重要的检索系统和学术机构赠刊；积极参加出版行业会议、会展，了解科技期刊发展趋势，学习借鉴高水平期刊办刊经验。

编辑部采取开门办刊的方式，走出去，向专家学习，向同行学习，不断吸取养分完善自己。在出版体制改革的大环境下，编辑部转变观念，努力提高经营能力。通过建立协办制，组织科学家论坛，参与承办学术会议，组织专家到国外进行学术交流等学术活动，积极扩大刊物影响。2012 年在编委会倡议下，筹建了《化工学报》发展理事会，利用《化工学报》专家资源优势，通过开展与企业的咨询或项目合作，旨在将《化工学报》打造为促进我国化工科技成果转化的一个软平台，此项工作正在顺利展开。

4 思考和发展设想

在期刊发展的道路上，《化工学报》也面临一些困难和挑战，如：由于高水平论文纷纷投向国外被 SCI 收录的刊物而导致的高质量稿源偏少；论文发表周期与作者的期望和编辑部的目标还有一定差距，有待进一步缩短；随着数字化出版的发展，纸版期刊的发行量逐年下降。面对新的机遇和挑战，如何把现代出版传播理念运用到办刊实践，加快创办精品期刊并走向世界，这些都是需要深入探索，逐步解决的问题。

21 世纪是科学技术突飞猛进并且对经济社会发展产生深刻影响的时代，化学加工工业作为国民经济的支柱产业迫切需要得到较大较快的发展。《化工学报》在促进我国化工学科发展中任重而道远，未来，期刊继续坚持办刊方针和办刊方向，积极发挥编委会的作用，不断提升编辑队伍的能力，追踪前沿、不断创新，为广大读者、作者提供更好的服务。

参考文献

[1]赵颖力，曹敏，王琳，史来娣.《化工学报》编辑部的人才建设[J]. 编辑学报，2004，16(3)：222－223.
[2]赵颖力，刘家新，曹敏等. 期刊在净化科研学术风气中可采取的措施[J]. 中国科技期刊研究，2005，16(5)：742－743.

Inheriting the Tradition and Developing the Future ——written on the Occasion of the 90 Anniversary of Starting Publication of CIESC Journal

ZHAO Yingli, YU Lan, LIU Jiaxin, ZHOU Xinyu, TANG Jingjing
Editorial Department of CIESC Journal, Beijing 100011

Abstract: On the occasion of the 90 anniversary of starting publication of CIESC Journal, the evolution and development history, as well as the achievements of CIESC Journal were reviewed. The academic quality construction of CIESC Journal was elaborated from aspects of broadening the coverage, improving manuscripts quality and peer review quality, the editorial board and the editor team building, the academic atmosphere construction, and the digital publishing, etc. The efforts in publicity and promotion of the journal were introduced. At last, the further work was proposed based on the consideration of the problems we faced.

Keywords: CIESC Journal; Manuscripts quality; Peer review quality; Academic atmosphere construction

审稿编辑:任红梅

25.《中国电机工程学报》

开拓进取 勇于创新 打造电力行业一流学术期刊

王剑乔 韩 蕾[①] 王庆霞 刘浩芳
《中国电机工程学报》编辑部,北京 100192

摘要:介绍了《中国电机工程学报》创刊47年的发展历程。期刊采取一系列措施提升学术质量与期刊影响力,包括严格执行初审、外审、主编终审的论文审查制度;针对热点问题积极组稿约稿;扩大刊载容量;组织优秀论文评选活动等。

关键词:精品期刊;电力行业;《中国电机工程学报》;专家办刊

1 期刊基本情况

《中国电机工程学报》(以下简称《学报》)是中国科学技术协会主管,中国电机工程学会主办,中国电力科学研究院承办的国家一级学报,主要报道动力和电力工程领域的新理论、新方法、新技术和新成果。《学报》于1964年创刊,原名《电机工程学报》,1985年更名为《中国电机工程学报》。1986年由季刊改为双月刊,1999年改为月刊,2005年改为半月刊,2007年改成旬刊,分为电力系统、发电、电工电机三个方向,每月5、15、25日出版,月刊登论文60篇,约350页。出版录用率始终保持在20%以下,基金论文比始终保持在70%以上,每期发行3500册。

《学报》在期刊评比中多次获奖:1992年、1996年荣获中国科协优秀科技期刊奖二等奖;1992年荣获首届全国优秀科技期刊三等奖;2005年荣获第三届国家期刊奖百种重点期刊;自2002年连续10年被评为百种中国杰出学术期刊;2011年获得中国出版政府奖期刊奖提名奖;2012年入选中国最具国际影响力学术期刊。2007—2011年共有10篇论文入选中国百篇最具影响国内学术论文。此外,《学报》还获得国家自然科学基金项目资助,2006年起连续获得中国科协精品科技期刊工程示范项目资助。目前,《学报》被美国工程索引(核心数据库)(EI,Compdex),英国科学文摘(SA,INSPEC),德国数学文摘(ZM),俄罗斯文摘杂志(AJ),波兰哥白尼索引(IC),美国剑桥科学文摘(CSA)以及日本科学技术振兴机构文献数据库(JST)收录。

据《中国科技期刊引证报告2012》(核心版)[1]统计,《学报》在40种动力与电力工程类核心期刊中,总被引频次、学科影响指标、综合评价总分均位列第一,连续9年学科各项指标总排名第一。2011年《学报》的总被引频次为10845,影响因子为1.313,综合评分86.7,在中国科技期刊1998种核心期刊中综合评价排名第24位,在动力与电力工程类期刊中排名在第1位。

① 中国电力科学研究院期刊中心,《中国电机工程学报》编辑部副主任,副编审,E-mail:hanlei@epri.sgcc.com.cn。

2 严格执行稿件三审制,充分发挥编委会的作用

专家办刊[2]是期刊发展的原动力。《学报》坚持聘请同行专家审查稿件制度,刊登的稿件必须经过两位专家同意;为保证审稿的客观性,选择的审稿专家与作者不能是同一单位,并且注意作者和专家的地域分布。目前,《学报》审稿专家库由来自国内重点高校及科研院所领域的电力专家2000余人组成。

2012年11月,《学报》新一届编辑委员会成立。编委会由60名权威专家和学者组成,其中院士8人,外籍编委7人。主编定期对稿件进行审查,对论文严格把关。

3 针对热点问题积极组稿,提升学术质量

《学报》通过中国知网的学术不端检测系统[3],对所有稿件进行学术不端的防范,重复率10%以上的稿件,编辑部将根据实际情况退稿或建议作者修改。

《学报》鼓励优秀作者投稿,加强期刊优秀稿源建设[4]。为了充分发挥科技期刊对科学技术的促进和引领作用,鼓励广大专家学者和科技工作者积极发表优秀学术论文,《学报》主办单位中国电机工程学会于2010年举办了首届《中国电机工程学报》"百篇杰出学术论文"评选活动,得到广大专家学者的大力支持和好评。目前,第二届评选活动正在筹备。

此外,《学报》积极关注社会热点,发掘、遴选和刊登高水平稿件,对智能电网、特高压输电、废弃物的减量化与资源化利用、控制和减少污染物排放、可再生能源发电、电动汽车等专业领域进行深入报道。2012年,《学报》开展对国家重大项目"973"项目、"863"项目和综述性论文的约稿,并开展了"大规模间歇式电源并网与大容量储能系统"专题的组稿工作,期刊学术影响力不断扩大。

4 扩大刊载容量,缩短发稿周期

随着电力工业的飞速发展,电机工程及相关领域的科技论文产出日益增多。为了进一步缩短论文发表周期,及时刊载电机工程领域最新的科研成果,加快成果传播,《学报》于2011年11月增加了电力系统方向、电工电机方向旬刊,同时增加了期刊页码,扩大了刊载容量。2012年《学报》全年收稿3501篇,刊登稿件811篇,见表1。

表1 《中国电机工程学报》2008—2012年收稿和刊登稿件情况

稿数	2008年	2009年	2010年	2011年	2012年
收稿篇数	3315	3172	3111	3104	3501
刊登稿篇数	815	720	720	737	811

5 未来发展

近年来电力行业突飞猛进,电力学科某些领域已经接近甚至达到了国际先进水平,因此稿源丰富,加之采用采编系统,利用网络处理稿件,提高了工作效率,录用的稿件水平不断提高的同时,稿件数量也日渐增多。因此,在2007年,学报由双月刊变更为旬刊,每旬关注于某个研究方向(上旬为电力系统自动化分册,中旬为热工分册,下旬为电机电

工分册),各分册刊出量基本相同。经过统计发现,实际上,三个研究方向在电力系统领域的发展不是很均衡,由此引起三个研究方向的稿源不均衡。根据这一事实,学报及时调整了每个分册的刊出量。今后,学报将根据稿源情况进一步优化现有资源的利用,突出专业及学科特色,尽量使所录用的稿件保持在较高水平,努力多刊登学术水平较高的稿件。同时,《学报》由于受语言限制,与国外高学术水平的刊物相比,其国际影响力还有明显差距,致使近年来大量优秀论文投往 IEEE 刊物。为了吸引优质稿源,《学报》正在积极申办英文版电力学术刊物,以期在国际平台上展示我国电力技术的成果。

参 考 文 献

[1]中国科学技术信息研究所. 2012 年版中国科技期刊引证报告(核心版)[M]. 北京:科学技术文献出版社,2012.

[2]刘萍,赵东芝. 浅谈依靠专家办刊[J]. 中国科技期刊研究,2003(5):88 - 89.

[3]吴均,江润林,张晓琴. 利用学术不端检测系统研究科技论文中存在的问题[J]. 中国科技期刊研究,2010(5):636 - 639.

[4]李东. 浅谈不断提高科技期刊质量的方法[J]. 黄冈师范学院学报,2011,31(3):16 - 18.

Development of a World-class Academic Journal in Power Industry with Pioneering and Innovation Spirits

WANG Jianqiao, HAN Lei, WANG Qingxia, LIU Haofang

Editorial Board of Proceedings of the CSEE, Beijing 100192

Abstract: This paper reviews the development course of Proceedings of the CSEE since it was founded 47 years ago. The editorial board takes a series of measures to enhance academic quality and the influence of the journal, adhering to the evaluation principle of preliminary review, peer review and the final approval of the editor - in - chief. Meanwhile, editors actively solicit contributions for hot issues and subjects of the power industry, and devoted their efforts to increasing publication capacity and organizing campaigns to select excellent papers

Keywords: Top quality journal; Power industry; Proceedings of the CSEE; Peer review

审稿编辑:任红梅

26.《仪器仪表学报》

"走出去,引进来" 促进期刊学术质量提升

张 莹[①] 郭亚文 张钟华 殷佳丽
《仪器仪表学报》编辑部,北京 100009

摘要:阐述了提升期刊学术质量的思路和措施,包括:优质稿源积累;编委会与评审专家队伍建设;加强与读者、作者、专家的沟通;优秀论文奖励机制等。在中国科协精品科技期刊工程示范项目支持下,《仪器仪表学报》的稿源质量显著提升,评审专家队伍更加壮大,审稿分配更加合理完善,期刊影响力不断提升,获得了行业内广泛的肯定。

关键词:学术期刊;学术质量;选题组稿;国际合作

1 引言

学术期刊是学术交流体系的重要环节,作为科学界公认的正式学术交流载体,对其进行质量建设是促进科学交流的需要,也是整个社会获取科学知识的需要[1]。学术期刊的质量主要表现在两个方面:一是编校质量,也称为表现质量,即差错率少、封面设计美观、纸张好、排版印刷质量高、装订精美等;另一方面则是学术质量,也即内在质量,指能够抓住科学技术前沿和精华、传播迅速、高学术价值和高使用价值,是期刊内容创新性、科学性、导向性和实用性的体现[2]。编校质量有相对明确的要求和标准规定,易于操作,也较为容易在较短时间内有所提高;学术质量则主要通过文献计量评估(常用的文献计量指标主要包括期刊引用计量指标)的方式进行,学术质量的提高是一项长期而艰巨的任务,需要持之以恒地艰苦工作才能有所体现。国际化期刊应该是指报道国际上最先进的研究进展,使用国际通用的语言出版,拥有一定数量的读者群,编委会、审稿队伍、作者和读者均是全球化的,并能被国际上本领域权威的专业数据库所收录的期刊[3]。期刊要想发展就要抢市场,要凭借卓越的质量和品牌效应去打开市场,要到国外市场上去发行,而不是只在国内市场。在办刊宗旨上,要不断地以发展的、开放的思维来调整办刊思路,以适应发展的需要[4]。

本文从《仪器仪表学报》在提升期刊学术质量和出版质量方面的思路和措施着手,重点阐述如何在办刊过程中坚持"走出去,引进来"的策略,使得《仪器仪表学报》积极稳健地活跃在学术舞台上,并为科研工作者提供成果发布和学术交流的平台。

2 期刊基本情况

《仪器仪表学报》创刊于 1980 年 2 月,2005 年 1 月改为月刊,是中国科协主管、中国

---

① 中国仪器仪表学会《仪器仪表学报》副主编,E-mail:aoezyy@163.com。

仪器仪表学会主办，中国仪器仪表学科最具影响力的学术性刊物。《仪器仪表学报》自创刊以来，着力报道科学前沿、研究热点和学科发展方向，力主科学思想创新，重视科学实验验证，倡导学术“百家争鸣”，注重青年才俊的培养。

通过不懈努力和长期积累，《仪器仪表学报》奠定了其在国内仪器仪表领域的领先地位。目前刊物已被美国工程索引（EI）、美国化学文摘（CA）、英国科学文摘（INSPEC）、俄罗斯文摘杂志（AJ）、中国学术期刊综合评价数据库、中文核心期刊、中国科学引文数据库、中国科技论文与引文数据库（CSTPCD）、中国学术期刊（光盘版）、中国期刊网、中国学术期刊文摘等国内外等主要检索系统收录。自 2006 年起，《仪器仪表学报》连续获得中国科协精品科技期刊工程项目资助，此外，还多次获得中国科技信息研究所颁发的“百种中国杰出学术期刊”称号。

3 提升学术质量的重点举措

《仪器仪表学报》采取了一系列提升期刊学术质量的措施，包括优质稿源积累；编委会与评审专家队伍建设；加强与读者、作者、专家的沟通；建立优秀论文奖励机制立等多项措施。这些措施相辅相成，交叉进行，稳步提升了期刊学术质量：

首先，打基础，广泛组织优质稿源。抓住学科优势资源，追踪前沿信息，有的放矢地获取优质稿源，积累国内外优秀稿件，逐步推进国际化进程。

其次，精益求精，多元化工作，优化期刊质量。优化评审专家队伍，提升同行评审质量，增加国际编委数目，加强编辑部管理制度建设，提升期刊学术质量和国际影响力。

第三，良性循环，保证期刊可持续发展。积极服务作者、读者，奖励并培育优秀论文，充分发挥编委会的作用。

3.1 加强优秀选题组稿

《仪器仪表学报》牢牢抓住本学科重要研究机构，积极采取“走出去，引进来”策略，通过参加学术会议活动、主动走访、专家推荐等方式，建立与高被引论文团队的互访机制，努力让期刊以一种主动的方式把握期刊的内容质量。

首先，编辑部依托中国仪器仪表学会总会和各地方分会，走进全国范围内选定的重点科研机构、重大项目、重点工作的研究团队，以面对面交流的形式获取优秀研究论文，建立编辑与作者之间的直通车，在编辑部和研究团队之间形成正反馈，确保编辑第一时间获取学术成果信息，并提供优先发表绿色通道。具体形式包括专题研讨会、项目汇报工作会、编辑选题交流会等。其次，编辑部发动编委组织前沿专题或撰写报告。第三，编辑部举办“科技论文撰写”讲座及进行读者调研，帮助研究人员拓宽获取科技信息的有效途径，交流高质量论文写作方法等。

3.2 重视期刊传播

一方面，《仪器仪表学报》广泛走访行业研究机构以获取基金论文，并积极利用国外检索系统、期刊开放获取、与国外出版机构和学术机构合作等方式，加大论文传播的广度和速度，增加论文被引率。另一方面，编辑部重视作者和读者的服务工作，借助网络平台积极发布信息，积极向读者推荐优秀论文和前沿信息，并把反馈的信息及时传递给作者。第三，编辑部还向国内外重要学术会议和活动推荐优秀论文作者做报告，此举不仅维系了核心作者群,而且增加了论文的下载量和被引频次。第四,通过与大众媒体合作,以科普的语言传播重大研究成果,提升论文和期刊的影响力。

3.3 提升高影响力论文比率

高影响力论文能够给研究工作人员提供重要参考和启发,发表高影响力论文对期刊意义重大。高影响力论文的获取离不开前瞻性的邀稿,除了紧紧抓住尖端科研研究机构研究进展,构建单篇高引用作者库,还要进行作者信息库管理和有效利用。

《仪器仪表学报》首先抓住国内外研究热点,关注国际前沿研究方向,依托国家中长期规划,充分掌握学科资源分布,与100多个高端研究团队建立联系,有的放矢地获取优秀论文,实现期刊精准邀约稿。其次,编辑部逐步建立高被引作者信息库,并逐步扩大完善,实现良性循环。同时还要建立零引用论文预警机制,分析并预先排除零引用论文,逐步降低零引用数目。

3.4 加强审稿专家队伍建设

学术期刊必须秉持专家办刊,坚持优化审稿专家队伍,提升同行评议实效。一方面从优秀作者中挖掘新的评审专家,不断扩大评审队伍。另一方面,对评审专家信息从粗放管理到精准管理,按照研究方向、行业类别对审稿专家进行精确分类。同时,还要建立审稿专家的评价机制,从评审反馈信息中入手,如:统计专家平均评审时滞、退稿率、评审风格、作者满意度等,并对优秀审稿人进行激励和奖励,从而保证稿件评审的高质量、高效率。

3.5 实施优秀论文奖励政策

实施优秀论文奖励政策,旨在维护并鼓励优秀作者。《仪器仪表学报》组织专家进行论文评审,评选出前5%论文,给予奖励并组织学术交流论坛。同时,编辑部还借助于网络平台,宣传并推广优秀论文。

3.6 加强期刊编委队伍建设

编委在扩大期刊的国内外影响力、进行专题邀稿、同行评审等方面作用重大,一流期刊要有一流的编委队伍。《仪器仪表学报》敏锐地捕捉到国内外学术带头人的信息,并通过举办International Symposium on Test Automation & Instrumentation(ISTAI)会议以及相关国际交流活动,和IEEE I & M Society等一批国际组织建立合作,逐步扩充国际编委的数量。同时,编辑部聘任在国际学术交流领域活跃的国内外专家做编委,其工作不限于审核摘要,要求能够组织国际稿件,支持期刊各项工作,能够在重要场合推荐和宣传期刊,在期刊的国际学术交流中发挥重要作用。

3.7 逐步推进期刊国际化

秉持“走出去,引进来”的理念,《仪器仪表学报》拓展编辑部与国外知名院校、重点实验室的合作与交流,掌握国内外优势学科资源,搭建学术沟通的桥梁,这些将逐步推进期刊的国际化。此外,期刊还组织国内编委、作者出访国外;参与国际会议筹备,积极提升期刊国际影响力。

4 总结与展望

中国科协精品科技期刊工程项目的实施,对《仪器仪表学报》的发展产生了较好的推动作用。在项目申报与评审环节,得到专家点评,同时也与同行进行交流,使编辑部有机会丰富办刊的思路和方法。在项目启动后,通过中国科协举办的各项培训会、研讨会,使期刊在质量提升方面获得了理论支持和经验参考。应该说,中国科协精品科技期刊工程项目的实施,为我国科技期刊界注入了活力,是孕育高水平期刊的沃土。

《仪器仪表学报》在持续得到资助项目支持的情况下,论文质量显著提升,基金论文、国际来稿量都有所增加,评审专家队伍更加壮大,审稿分配更加合理完善,审稿周期明显缩短,得到了行业内广泛的肯定。

综上所述,《仪器仪表学报》提高学术质量的举措切实可行,卓有成效,未来将继续在这些方面改进完善,特别是期刊的国际化和数字化,对期刊提高国际影响力有着非常重要的作用。《仪器仪表学报》将始终如一地坚持高质量办刊,为提升仪器仪表领域期刊群的影响力和核心竞争力而努力,为读者提供更全面的服务,共同为世界科技发展及学术交流做出贡献。

参 考 文 献

[1]黄蓉,朱晓文. 刘培一. 学术期刊质量建设的相关因素分析[J]. 出版广角,2008(5):10 - 12.

[2]于琴琴,汤宏波,段磊,等. 审稿专家对我国学术期刊质量建设的评价和建议[J]. 出版广角,2008(5):18 - 21.

[3]游苏宁. 期刊国际化应选择恰当的参照物[J]. 中国科技期刊研究,2005,16(4):545 - 546.

[4]肖宏. 面向国际的学术期刊发展措施[J]. 编辑学报,2001,13(3):177 - 179.

Promotion of *Chinese Journal of Scientific Instrument*

ZHANG Ying GUO Yawen ZHANG Zhonghua YIN Jiali

Editorial Office of *Chinese Journal of Scientific Instrument*, Beijing 100009

Abstract: To promote the academic and editorial quality in instrument and control field, main work idea and method are introduced, including: acquire excellent paper, solicit contribution topics, construct editorial board and peering review team, effective communication, award and so on. Supported by the CAST journal project, CJSI has greatly improved and got better result, and got good reputation.

Keywords: Academic journals; Academic quality; Contribution topics soliciting; International cooperation

审稿编辑:任红梅

27.《硅酸盐学报》

提高期刊影响力的办刊实践

李姗姗[①]
《中国硅酸盐学报》编辑部,北京 100831

摘要:以《硅酸盐学报》为例,从期刊学术质量与出版质量建设、数字化出版及期刊国际化等方面简述办刊实践,总结提升办刊实力的经验与方法,从而提高期刊影响力。

关键词:《硅酸盐学报》;数字化出版;案例

《硅酸盐学报》(以下简称《学报》)是中国硅酸盐学会主办的中、英文无机非金属材料领域综合性学术期刊,是中文核心期刊、中国期刊方阵双效期刊、中国精品科技期刊、百种中国杰出学术期刊、中国科协精品科技期刊,被中国学术期刊(光盘版)全文收录,并被美国工程索引、美国化学文摘、英国科学文摘、俄罗斯文摘杂志等检索系统收录。

《学报》在办刊工作中,始终坚持以马克思列宁主义、毛泽东思想、邓小平理论、"三个代表"重要思想和科学发展观为指导,贯彻执行党和国家的各项方针、政策,严格遵守国家法律、法规;以"服务行业、鼓励创新、促进学术和技术进步、抵制学术腐败"为己任,报道无机非金属材料领域的创新性科研成果。

《学报》是我国无机非金属材料领域历史最悠久的综合性学术期刊,其学术影响力综合排名一直位列化学工程学科前两名,连续10年被评为百种中国杰出期刊,是中国科协精品科技期刊工程示范项目资助期刊。自1957年创刊以来,《学报》秉着不断学习、不断进取的精神,经历各种磨砺,终于走出了一条具有自身特色的道路,并获得了骄人的成绩。现就《学报》学术质量、出版质量、数字化出版、期刊国际化建设等方面详细讲述《学报》的发展过程,并总结期刊发展过程中存在的问题,探讨其解决方法。

1 学术质量建设

学术质量是学术期刊的生命,是期刊的核心价值和追求的目标。《学报》从期刊自身角度出发,通过对编委和审稿专家队伍的建设、稿源的发现和维护来提高自身的学术质量,从而在重要指标上不断地进步和突破。

1.1 编委队伍建设

科技期刊编委会是办刊的"智囊团",是期刊维系和发展的重要保证,能否充分发挥编委的积极性直接影响了期刊的办刊质量和知名度。因此,重视和发挥编委会作用的问题已经被越来越多的期刊工作者所关注。为保证学术质量,《学报》吸纳国内外相关重点科研机构的知名专家、学科带头人和科研骨干等进入编委会。《学报》编委会组成均为院

① 中国硅酸盐学会《硅酸盐学报》助理编辑,E-mail:lsskad@163.com。

士、教授及研究员，国际编委人数比例达到23.38%，本领域学科带头人比例占20%。为进一步加强编委队伍的建设，《学报》每年召开一次编委会会议，议程主要为编辑部工作总结、发展规划、专题定向及约稿。此外，编委积极向《学报》推荐国外专家，并在国际学术交流活动中发掘人才增补到编委队伍中，不断完善编委的学术实力和学科影响力范围。编委们工作都很繁忙，但他们均在百忙之中抽出时间审稿、推荐优秀稿件、为学报出谋划策，充分发挥了自身优势，不遗余力地为《学报》的进步和发展做出贡献，《学报》对编委的这种奉献精神也给予高度评价和信任，这使得两者之间的关系越来越紧密、和谐，从而实现工作上的无缝合作，也保证了《学报》的学术质量。

1.2　审稿专家队伍建设

学术期刊的质量取决于所刊登论文的学术质量，而审稿是保证期刊质量的不可缺少的重要环节，选择合适的审稿专家是学术期刊的质量保证和基础，因而审稿队伍建设是学术期刊最基础的工作之一[1,2]。《学报》的主要审稿、审定专家为编委成员，此外《学报》从已出版的专家名典、国家重大课题负责人、作者推荐审稿人中选择一部分学术水平拔尖、英文水平高，特别是有海外留学和工作经历的无机非金属材料领域的专家作为《硅酸盐学报》的审稿专家。此外，在该领域中发表高被引频次论文和影响因子论文的作者有时也会成为审稿专家队伍的候选人才，这加强了《学报》作者、读者、审者的三位一体性，在一定程度上稳定了稿源。

《学报》审稿专家的年龄结构目前以中年专家为主，老年、青年专家为辅。青年专家的创新观点、中年专家的大局把握和老年专家的学术造诣，使审稿专家结构呈青、中、老的金字塔形状，进一步保证了《学报》稿件的学术质量。

1.3　稿源稳定与发展

稿源的整体质量直接影响到科技期刊的学术水平。稿源整体质量的提高，将提升期刊的质量，从而提高期刊的学术水平，因此，《学报》非常重视稿源的稳定与发展。《学报》一般根据年度选题计划，依靠编委会、审稿专家和主办单位的学术资源和会议资源，选定热点专题，通过约稿及学术会议征稿，提高稿源质量，拓宽组稿范围。此外，《学报》还通过向作者、编委、审稿专家征询意见，分析刊发论文的被引用情况和其他期刊的论文质量，结合国家基金支持的重点项目，连续邀约高质量论文，保证某些前沿专题稿源的连续性。《学报》还通过不断地与作者之间的交流来稳定稿源：尊重作者，同他们保持良好的交往，定期发送《学报》最新刊登的论文及行业讯息，为作者提供优质的服务。同时，《学报》为培养、发现人才制定了鼓励政策：每年参照《硅酸盐学报》优秀论文奖管理办法对5年内所刊登论文进行创新性、学术水平、社会影响、写作质量等评审，并进行资金奖励，目前《学报》已进行了7届优秀论文奖评审，获奖文章数达36篇，奖金总额达13.2万元。

1.4　筹办学术会议

为了不断提升《学报》的品牌形象，吸引读者、作者，提高期刊影响力，《学报》积极组织品牌会议。通过有针对性地选取热点学科话题，定期举办小型、尖端、前沿的学术会议，邀约专题报告、举办科研创意演讲及展报评议等活动。这些活动不仅提高了《学报》在业界的学术影响力，而且还组织到大量稿件。

表 1 《硅酸盐学报》无机材料专题历届会议

年份	会议名称
2009	功能陶瓷薄膜和涂层材料研讨会
2010	无机新能源材料研讨会
2011	水泥基材料研究与应用国际研讨会
2012	第二届无机新能源材料研讨会

2 出版质量建设

2.1 编辑出版工作

自创刊以来，为保证学术质量和服务读者，《学报》一直以严谨、不断进取的工作方式进行期刊编辑出版工作。近 5 年来，《学报》共刊登 1834 篇文章（见图 1，图 2），其中无机新能源材料、水泥和复合材料、玻璃、陶瓷、人工晶体、矿物材料、耐火材料分别占 1.83%，16.29%，7.12%，55.63%，6.42%，9.03%，3.68%。各类基金资助的论文约占 78%，论文退稿率达 60%。中国科学技术信息研究所数据显示，5 年来《学报》的总被引频次从 1939 上升到 2142，影响因子等引证指标也稳中有升。2008—2012 年的论文发表时滞也整体缩短，见图 3。

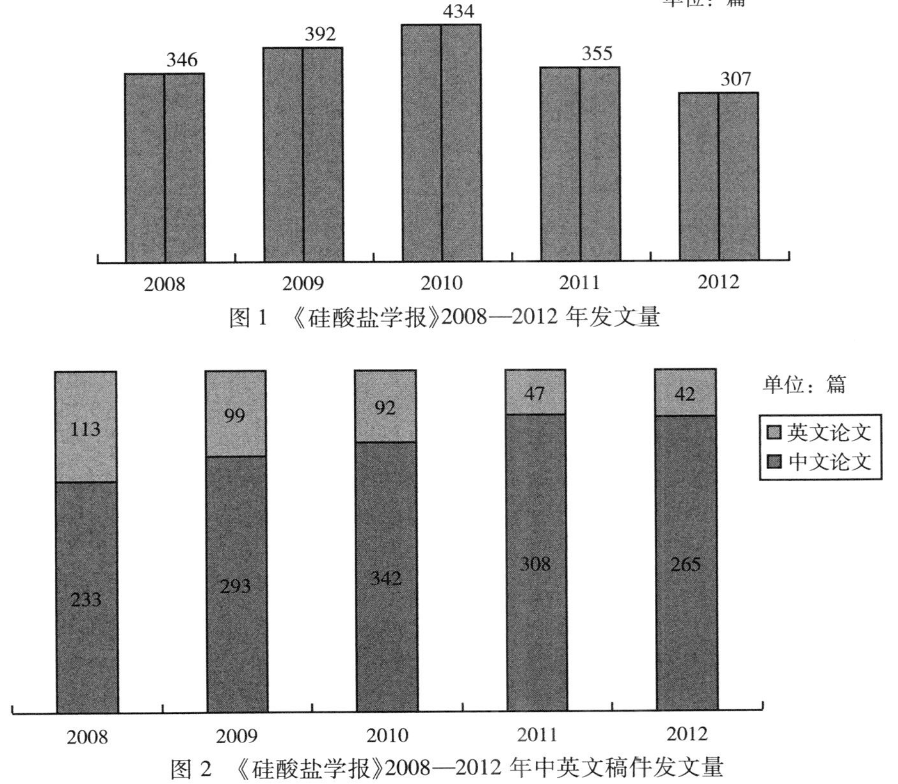

图 1 《硅酸盐学报》2008—2012 年发文量

图 2 《硅酸盐学报》2008—2012 年中英文稿件发文量

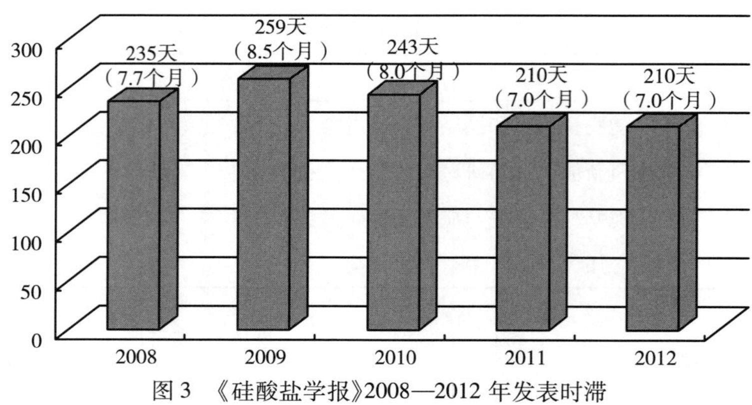

图 3　《硅酸盐学报》2008—2012 年发表时滞

2.2　优化编辑流程

编辑流程是期刊正常、有序出版的保证，是实现出版计划的具体步骤和编辑加工的前提条件，是保障期刊出版质量的关键[3]。为了规范、准确、科学地评审和选用稿件，优化科技期刊的编辑流程，不断提高工作效率和质量，《学报》总结日常工作经验，对编辑流程进行了优化。

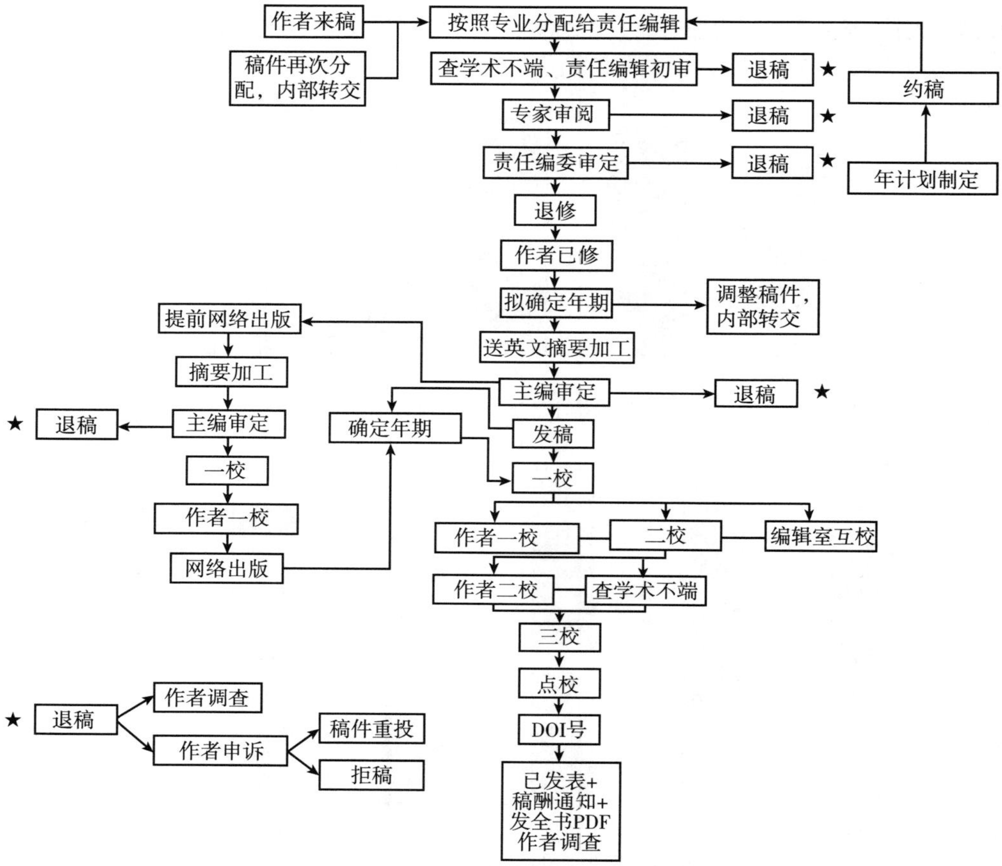

作者来稿
稿件再次分配，内部转交
按照专业分配给责任编辑
查学术不端、责任编辑初审　退稿 ★
专家审阅　退稿 ★
责任编委审定　退稿 ★
约稿
年计划制定
退修
作者已修
拟确定年期　调整稿件，内部转交
送英文摘要加工
主编审定　退稿 ★
发稿
提前网络出版
摘要加工
主编审定　★ 退稿
一校
作者一校
网络出版
确定年期
一校
作者一校　二校　编辑室互校
作者二校　查学术不端
三校
点校
DOI号
已发表+
稿酬通知+
发全书PDF
作者调查
★ 退稿
作者调查
作者申诉
稿件重投
拒稿

图 4　《硅酸盐学报》稿件流程

《学报》编辑流程中,首先加强了稿件的初审,初审退稿率已在逐年增加;更加重视学术不端的检测环节,建立学术不端作者黑名单库;不断更新专家数据库,力求将稿件准确、及时地送达给专家审稿,并确保一般稿件在规定时间内完成审稿;增加了为作者和读者服务的环节:给作者、编委、学会会员定期发送《学报》电子版,及时更新网刊,提供读者在线阅览和免费下载;增加稿件优先出版环节,缩短发表周期;设立专题定期约稿制度等。对这些工作的重视使得《学报》各项引证指标均有提升,特别是策划专题引证指标提升较明显。

2.3 编辑管理制度及工作规范

质量是刊物的生命,学术质量是根本,编校是保证[4]。编校是办刊人员能通过自己的努力提高刊物质量的最可行的手段之一,所以抓好编校工作是把好刊物质量之脉的关键。一直以来,《学报》以优秀的编校质量获得广大专家、读者的好评,这归功于编辑的敬业精神和不断革新的编辑工作规范。在稿件编辑工作中,《学报》严格按照国家相关编辑出版标准和规范编辑加工稿件,在发挥自身专业特点的同时,增加了编辑之间对稿件的互校。编辑和校对中特别注意国家编辑规范中没有明确规定的物理量和符号的统一,纠正图、表和文字表达中常见的错误,确保稿件格式、版式统一。

2.4 抵制学术不端

随着科技论文的传播速度越来越快,越来越多的稿件被爆出存在学术不端问题。由此可见,如何辨别一篇文章是否存在抄袭、伪造篡改等问题成为编辑审稿过程中的重中之重。《学报》于 2012 年 3 月签署了《中国科协所属全国学会关于加强科技期刊科学道德规范营造良好学术氛围的联合声明》,坚决抵制一切学术不端行为。

3 数字化出版建设

为响应国家关于期刊改革的部署,保证刊物可持续发展,紧跟信息时代步伐,《学报》在数字出版方面迈出重要一步,并不断强化其建设,取得了较好效果。首先,《学报》在审稿流程中增加了“优先出版”环节,通过尽快将已确定录用并通过作者校对的稿件上传到互联网上,实现稿件真正意义上的优先,这在很大程度上缩短了审稿周期,同时赢得了作者的好评,提高了《学报》的公信度及影响力;其次,《学报》每期制作电子网刊,通过邮件等方式向广大作者及专家传递信息,在一定程度上提供了快捷、方便、“到家”的服务;再次,《学报》不断更新网站系统,使其功能完善,力争做到内容丰富、图文并茂、可达到进行多媒体浏览的最佳效果。

4 期刊国际化

《学报》的期刊国际化以向外推广作为重要目标,根据自身特点和发展需求,积极学习国外期刊办刊的有益经验,不断增强自身能力[5]。首先,《学报》不断清晰自身的国际化定位,聘请国外编委,并通过邮件、电话等邀约国际英文稿件,国际论文比率达到 0.2%;其次,聘请专业人员对英文稿件进行语法审核,逐步达到出版语言及编辑的国际标准化;再次,《学报》加强了国际交流合作,连续 10 年组织国内科技工作者参加国际学术会议,并积极与国际出版社联系,提高了《学报》的国际影响力与知名度;最后,《学报》利用学会的学术资源和学术平台,紧密跟踪科研热点,并通过组织国际国内学术交流、完善英文网站建设、扩大《学报》在境外的发行量、参加图书展览会等方式,进一步提升《学报》的国际影响力。

5 结语

纵览《学报》的办刊发展历程,道路漫漫且艰辛。办期刊是个繁杂而又细致的工作,需严把科技期刊的质量之脉,充分意识到《学报》作为精品科技期刊的责任和义务,在以后的工作中不断努力探索、学习、研究和提高,以保证刊物的质量。

参考文献

[1]聂兰英,王钢,金丹,等. 论科技期刊审稿专家队伍的建设[J]. 编辑学报,2008,20(3):241-242.
[2]黄劲松,彭超群,杨兵. 审稿专家的选择与管理[J]. 编辑学报,2003,15(1):55-56.
[3]丁岩,龙秀芬,吴惠勤. 论科技期刊审稿过程的优化——以《分析测试学报》为例[J]. 韶关学院学报:自然科学版,2012,33(10):85-89.
[4]曾小汉,王慰,赵卫兵,等. 提高科技期刊稿源质量方法讨论[J]. 黄冈师范学院学报,2011,31(3):153-155.
[5]喻伟. 科技期刊国际化问题思考与探索[J]. 长江大学学报(社会科学版),2010,33(4):24-27.

Practice of Running *Journal of the Chinese Ceramic Society*

LI Shanshan
Editorial Office of *Journal of the Chinese Ceramic Society*, Beijing 100831

Abstract: Experiences gained in running journal of the Chinese ceramic society are briefly and systematically summarized with detailed data from the academic quality, the publication quality, the digital publishing and the internationalization to enhance the ability of running journal and improve the influence of journal.

Keywords: *Journal of the Chinese Ceramic Society*; Digital publishing; Typical examples

审稿编辑:任红梅

28.《地球物理学报》

提高学报学术水平和影响力　打造一流精品期刊

刘少华　何　燕①
《地球物理学报》编辑部,北京　100029

摘要:《地球物理学报》自1948年创刊以来,一直是我国地球物理及相关学科最主要的期刊平台,为我国地球物理学的发展做出了重要贡献。目前已被10多种著名国际检索系统收录,主要计量学指标总体上在国内位居全国科技期刊前列,全球处于同类期刊中游水平。通过强化编委队伍建设、加强期刊优秀稿源建设、构建网络化数字化编辑出版平台等举措,不断提高学术质量,增强期刊影响。未来将通过吸引高水平文章、加强审稿专家队伍建设和拓展期刊国际合作等方式,进一步提高学报的学术水平和影响力,打造一流精品期刊,扩大国际影响力。

关键词:学术质量;编委会;稿源建设;精品期刊;国际影响力

《地球物理学报》(以下简称《学报》)创刊于1948年,由中国地球物理学会和中国科学院地质与地球物理研究所联合主办,是地球物理科学的综合性学术刊物,主要刊登固体地球物理、应用地球物理、空间地球物理和大气、海洋地球物理以及与地球物理密切相关的交叉学科的研究论文,着重报道创新性研究成果。

1　基本情况

1.1　创刊背景

《学报》的问世与我国20世纪20～40年代的地球物理研究背景和环境密切相关。我国的地球物理研究工作起步于20世纪20年代,当时,地球物理学作为国际上一个新的研究方向和交叉学科,受到了我国物理学家和地学家们的关注,并开始研究地球物理问题。40年代国际地球物理学研究飞速发展,我国迫切需要有相应的地球物理全国性组织和出版物。1948年4月20日,由翁文波、方俊、李善邦、赵九章、陈宗器、顾功叙和傅承义7人组成的筹备委员会宣告《学报》正式创刊:中文名称为《中国地球物理学报》,英文名为 *Journal of the Chinese Geophysical Society*[1]。《学报》的性质定为学术性期刊,其主要任务是传播知识、学术交流和人才培养。根据学科的特点,《学报》刊载的主要内容可以分为三大版块:①地磁、高空及气候,主要为气体地球物理部分;②地震与地球内部物理,主要为固体地球物理部分;③地球物理勘探,即应用地球物理部分。一直到现在,在学科不断发展过程中,《学报》刊载的内容不断增加,涉及整个地学研究的绝大部分领域,包括能源、气候、灾害、军事等,但顺序一直未变[2]。

①　《地球物理学报》编辑部,博士,编辑,E-mail:yanhe@ mail. igcas. ac. cn。

1.2 主要发展历程

1948 年《学报》创刊号为英文版，翁文波先生担任主编，全年仅 1 期；1950 年开始，每年出两期，为半年刊；1954 年，《学报》更名为《地球物理学报》，稿件用中文撰写，附外文摘要，傅承义先生为主编；从 1956 第 5 卷起，外文名改用拉丁文译名 *Acta Geophysica Sinica*；1974—1981 年，刊期改为季刊，每期 80 页，期间有些年份停刊；1982 年起，刊期改为双月刊，每期达到 120 页，篇幅增加了一倍；2003 年开始，扩版为大 16 开本，到 2008 年，达到每期 300 多页，信息量成倍增加；2009 年起，由双月刊改为月刊，载文量达到相当规模。

为进一步扩大国际交流，1988 年，学报英文版（*Chinese Journal of Geophysics*）（季刊）由美国阿伦顿出版公司（Allenton Press Inc.）出版，面向全球发行。从此，《学报》有了中英文两个版本。2000 年起，英文版由美国地球物理学家联合会（AGU）发行网络版（双月刊）。

作为我国唯一的地球物理学综合性学术期刊，《学报》中文版曾经与世界 50 多个国家的 130 多个机构建立期刊赠阅和交换关系，向国外相关地球物理机构和大学图书馆免费赠送和交换期刊。这一系列工作，使《学报》在国际上逐步为更多的学术同行所认知、认可，并受到尊重。

1.3 定位与战略目标

作为面向全国、走向世界的综合性学术期刊，《学报》代表了我国地球物理学发展水平，其定位于反映本学科的最高水平和全面反映地球物理各个分支学科的最新研究成果。《学报》不仅强调刊载独创性研究成果和学术性理论性较强的论文，也刊载技术性应用研究成果，把《学报》的学术质量永远放在第一位，注重期刊的国际化发展。

1.4 获奖

《学报》在历届中国科学院期刊评比中均获一等奖，连续三届荣获国家期刊奖，连续 7 年荣获中国科技百种优秀期刊奖；2009 年被评为新中国 60 年有影响力期刊；2012 年入选中国最具国际影响力学术期刊，同年，还获得 RCCSE 中国权威学术期刊（A^+）称号。《学报》专职副主编刘少华被评为新中国 60 年有影响力办刊人。此外，《学报》于 2009—2012 年获得国家自然科学基金委重点学术期刊专项基金资助，2012 年获得中国科学院出版基金资助。

1.5 国内外影响力指标

《学报》是地学领域中具有代表性的期刊之一，目前已被 10 多种著名国际检索系统收录，如美国科学引文索引（扩展版）（SCI－E）、美国石油文摘（PA）、美国化学文摘（CA）、美国剑桥科学文摘（CSA）、俄罗斯文摘杂志、日本科学技术数据库（JST）等。同时，《学报》也是中国自然科学核心期刊，被国内相关检索机构全部收录，如中国科学院文献情报中心的《中国科学引文数据库》（CSCD）、中国科技信息研究所的中国科技论文与引文分析数据库（CSTPC）、北京大学图书馆的《中文核心期刊要目总览》以及 CNKI 和维普数据库等。

据 CJCR 数据显示，近年来《学报》主要计量指标一直位居地球物理学科之首，位居全国科技期刊前列（表 1 和表 2）。

表 1　CSTPCD 数据库:(核心版) CJCR 主要指标排名状况

年度	总被引频次	学科排名	全国总排名	影响因子	学科排名	全国总排名	文章数
2006	2518	1	52	1.642	2	21	233
2007	3565	1	30	2.823	1	3	232
2008	3556	1	44	2.295	2	4	222
2009	4121	1	42	2.084	3	9	355
2010	4001	1	52	1.998	2	7	323
2011	4530		38	1.560		16	352

表 2　CSCD 数据库计量指标及排序

年度	总被引频次		影响因子	
	全国总排名	数值	全国总排名	数值
2006	15	2057	14	1.4077
2007	10	2926	2	2.6051
2008	13	3081	3	2.1487
2009	9	3720	6	1.9625
2010	16	3279	4	1.7227

在国际期刊领域,根据美国汤森路透公司 SCI 数据库 JCR 报告统计,各项排名由原来的相对较低,逐步提升,目前主要计量学指标总体上处于全球同类期刊中游水平,具有一定知名度和影响力(表 3)。

表 3　JCR 主要指标排名状况(CHINESE J GEOPHYS－CH)

年度	总被引频次及学科排名		影响因子	学科排名	文章数及排名	
2011	1718	30/76　(39.47%)	0.72	53/76　(69.7%)	352	5/76
2010	1438	29/77　(37.6%)	0.832	54/77　(70%)	323	5/77
2009	1578	30/75　(40%)	0.844	51/75　(58%)	355	6/75
2008	1063	30/64	0.639	51/64	222	10/64
2007	819	33/63	0.662	52/63	232	7/63
2006	709	32/59	0.55	49/59	233	8/59

2　学术质量建设

2.1　优秀的主编和一流科学家组成编委会

《学报》编委会由地球物理学及分支学科的国内外著名科学家组成。现任主编为我国著名地球物理学家刘光鼎院士,编委 60 人,由国内外不同年龄层次的地球物理学及相关领域的优秀科学家组成,其中,境外编委人数占总编委人数的16%。

编委会承担制定期刊发展战略、参与期刊撰稿、审稿、监督等一系列重要任务。每年的下半年召开一次编委会工作会议,听取编辑部一年来的工作汇报,审查编辑部工作,总结经验,交流看法,审批下一年度的工作安排,并制定长期发展规划。《学报》充分发挥编委会的作用,使编委们积极参与学报的组稿、撰稿和荐稿工作。

2.2 高素质的期刊编辑团队

《学报》现有6名编辑中,3位具有博士学位或博士后经历、全体人员均有大专以上学历。编辑部全体人员能够互相协作,互相帮助,熟练掌握最新的网络编辑出版系统。

2.3 优秀稿源建设

正如傅承义主编一直强调的那样,"一个学术刊物的质量取决于它所刊登的论文,而论文的质量只有在稿源充沛时才有选择的余地"[2]。学报通过多种举措组织优秀稿件。

2.3.1 积极参加重要学术会议,跟踪研究前沿动态

对某些在国内举行的重要国际学术会议,《学报》给予深度参与,发掘优秀稿源,出版专辑。如2009年,《学报》深度参与在北京主办的第19届国际地球电磁感应讨论会,协助组委会遴选优秀稿件,并在《学报》2010年第3期刊登了国际讨论会的优秀论文专辑,展示了地震预测监测电磁法、大地电磁和深部探测、浅层电磁法、海洋和航空电磁法及岩石试验和地磁场等领域的国际最新成果。

2.3.2 密切跟踪国家重大科研项目和国际合作项目,与首席科学家等科研骨干建立热线联系

《学报》密切关注我国地球物理学领域重要课题的进展情况,与国家基金委项目、国家"863"和"973"项目、各部委项目(如中科院知识创新重大工程项目)等的首席科学家和负责人保持密切联系,及时刊登重大项目的阶段性成果和最终研究成果。如:

(1)参与大庆油田的"973"油气重大项目火山岩成油成藏机制及规律研究,并在2011年第1期出版该项成果专辑,报道我国油气资源综合研究成果。

(2)全程跟踪国家"十五"、"十一五"、"十二五"期间国家重大海洋地球物理科学项目和国际合作项目进程,与相关研究的首席科学家李家彪、郝天珧、王家林、陈洁等保持密切联系,《学报》的主编和专职副主编曾多次参加项目年度进展汇报会、总项目验收会等,并在2011年第12期出版了国家"973"项目南海大陆边缘动力学及油气资源潜力成果专辑,报道我国海洋地球物理研究重大进展。

(3)深部探测技术与实验研究(SinoProbe)专项是我国科技发展史上迄今为止规模最大的地球物理方法技术研究和深部探测实验计划。《学报》与项目地球物理首席科学家魏文博教授合作,在2012年12月出版了中国深部探测地球物理技术与实验研究成果专辑。

2.3.3 密切关注重大突发事件,第一时间作出迅速反应

在5·12汶川地震后,《学报》迅速做出反应。在震后两个月出版的2008年第4期(2008年《学报》是双月刊)发表张培震等论文《2008年汶川8.0级地震发震断裂的滑动速率、复发周期和构造成因》,2008年第5期发表王卫民等论文《四川汶川8.0级地震震源过程》,这两篇论文分别被评为2010年和2011年《中国百篇最具影响国内学术论文》。在2009年2月《学报》又出版了反映汶川地震深层次研究成果的专辑,为抗震救灾和相

关地学研究交流提供了良好平台。

2.4 期刊网络化数字化基础设施建设

《学报》通过升级改造原有网络平台，加快专家库建设、纸版过刊资料的数字化升级，搭建了与国际同步的先进信息平台。编辑人员在实践中逐步掌握和熟练网络化、数字化编辑出版技术。2009 年开始，在升级版玛格泰克期刊编辑出版系统的基础上，实现期刊日常工作的网络化。《学报》依托编辑部的期刊在线平台，将网上投稿、审稿、催审、查询稿件等工作同步进行，并实现 1954 年以来稿件全文免费下载(OA)和在线发布。通过这个平台，《学报》及时快速地发布编辑部信息，满足全球地球物理工作者对期刊的查阅、下载、投稿、审稿、咨询、征订等工作需求，为读者和作者提供全面服务。2010 年，《学报》开展新一轮网络升级和数据库建设工作，系统升级为 JOURNAL2.0 版本，将单刊系统变更和提升为多刊一体的综合网络系统。2011 年，多刊网络系统逐渐发挥巨大的作用，从根本上改变了编辑部传统的工作方式，全面提高了工作效率，实现了编辑部与作者、审者及广大读者的在线互动。缩短了出版周期，提高了传播科技成果和信息的实效性，逐渐成为学科发展的信息中心。网站升级开通以来，点击率已达 87 万余次。这种全球性的广泛交流，极大地促进了中国地球物理学成果的国际交流。

期刊审稿专家库也在不断扩展和完善之中。为避免稿件在送审过程中的不准确、片面和腐败现象，需要有专业更细、门类更广泛的专家库，方能够随机选择审稿专家，完成对稿件的科学审查。地球物理学门类广泛，建立有针对性的分类专家库具有长远的战略意义。目前《学报》审稿专家库基本涵盖了地球物理学领域的各个学科，实现了审稿环节上的科学性和准确性。

3 《学报》未来发展的思考和设想

3.1 加强稿源基地建设，从源头上保证期刊的学术质量

在继续跟踪重大项目，加强组稿工作，参与国内外重要学术会议，跟踪国际学术研究前沿动态的基础上，重点加强与海外科学家的联系，把海外优秀华人科学家作为联系重点。依靠编辑部所在科研院所的学科优势，通过国内科学家的推荐和介绍，与国际知名华人科学家建立联系网络，获取更多国外优秀稿源，提升期刊国际论文比率，特别是第一作者或通信作者的“国际论文比”，争取在现有基础上提高 20% 以上。

3.2 加强审稿专家队伍建设

审稿专家的工作态度是保证稿件质量和出版速度的关键。要加强审稿专家队伍建设，严格履行同行评议制度，确保发表高质量的论文，分流一般性文章，杜绝质量低劣或抄袭文稿。

措施 1：建立和完善网络专家数据库。逐步增加网络专家数据库内容，不断扩大审稿专家队伍。让小同行审稿专家学科对口，保障和提升论文质量。

措施 2：从《学报》作者中选拔佼佼者入围审稿专家库。在《学报》近年内发表较高影响力文章两篇以上的第一作者，进入专家数据库；争取优秀的国际知名华人科学家成为审稿专家和优秀撰稿人。

3.3 增强期刊出版发行能力，扩大期刊影响力

进一步拓展期刊国际合作出版工作。加强与美国地球物理家协会(AGU)的合作交

流，在提高期刊的稿源质量、国际显示度和影响力和数字化建设方面取得效果。同时，加强同国外重要数据库如汤森路透公司等合作，加强与艾斯维尔、斯普林格等出版巨头的联系，及时掌握国际期刊发展动态。

参考文献

[1]王水. 中国地球物理学会. 辉煌的历程——中国地球物理学会60年[M]. 北京：地震出版社，2007：511－512.

[2]傅承义. 中国地球物理学报情况汇报——纪念《地球物理学报》创刊40周年[J]. 地球物理学报，1988，33(6)：611－612.

The Developing *Chinese Journal of Geophysics*

LIU Shaohua，HE Yan

Chinese Journal of Geophysics Editorial Board，Beijing 100029

Abstract：Since its founding in 1948，*the Chinese Journal of Geophysical* has been the major periodical platform for geophysics and related disciplines of China，made important contributions to the development of Chinese geophysics society. Currently more than 10 kinds of famous international search system include the Journal. The major metrology indicators of *Chinese Journal of Geophysics* ranks top of scientific and technical journals in China，and middle level of the global similar academic periodicals. Through strengthening editorial team capacity building，expanding excellent manuscripts sources，building digital editing and publishing platform and other initiatives，the journal continuously improves academic quality，and enhances international influence. In the future the journal will try to attract overseas high level manuscripts，to enhance reviewers team building and expanding the international cooperation，to further improve the academic standards and international reputation，and finally build a first－class top quality journal.

Keywords：Academic quality；Editorial board；Expanding excellent manuscripts sources；Top quality journal；International influence

审稿编辑：任红梅

29.《测绘学报》

建设精品科技期刊 提升期刊学术影响力

张燕燕[①]
《测绘学报》编辑部,北京 100045

摘要:介绍中国科协精品科技期刊工程项目入选期刊《测绘学报》的基本情况、发展目标和主要措施。着重从《测绘学报》编委队伍建设、《测绘学报》审稿质量控制规范、《测绘学报》的数字化建设以及各界对《测绘学报》的评价4个方面介绍《测绘学报》在精品科技期刊建设的编辑出版实践中,在提升学术影响力方面所采取的措施、方法和取得的成绩。总结《测绘学报》发展过程存在的问题,提出期刊今后进一步发展的构想。

关键词:《测绘学报》;精品科技期刊;编委会;审稿质量

1 《测绘学报》基本情况

《测绘学报》由中国测绘学会主办,创刊于1957年,是中国科协最早的77种自然科学刊物之一,是EI核心期刊。创刊55年来,《测绘学报》始终坚持"尊重科学、弘扬学术、追求卓越、求实创新"的办刊理念,站在测绘地理信息科技发展的前沿,以推动测绘地理信息科学发展为己任,积极倡导和鼓励测绘地理信息科技创新,在测绘地理信息界同行评议中享有最高的学术地位,成为中国测绘地理信息界的领衔期刊,建立了较好的品牌效应。

《测绘学报》获得过中国科协优秀期刊称号,入选过中国百种优秀学术期刊,2008年、2011年连续两届入选中国精品科技期刊300种。2012年入选中国国际影响力优秀学术期刊,2006年起连续获得中国科协精品科技期刊工程项目资助,同时,还连续多年荣获新闻出版总署印装质量优秀奖,2007年、2011年连续两届入选全国优秀测绘期刊。此外,《测绘学报》发表的论文也入选"中国百篇最具影响国内学术论文"。目前,《测绘学报》被美国工程索引(EI)、俄罗斯文摘杂志(AJ)、荷兰斯高帕斯数据库(Scopus)、美国剑桥科学文摘(CSA)、荷兰地学数据库(GeoBase)、美国乌利希期刊指南(UPD)、日本科学技术振兴机构数据库(JST)等知名国外检索系统和数据库收录。

2012年12月中国科技期刊统计结果的两大权威发布机构分别在北京发布了2012年度科技期刊统计数据,《测绘学报》影响因子继续保持测绘地理信息学类期刊排名第一。中国科学技术信息研究所发布的《2012年版中国科技期刊引证报告(核心版)》,《测绘学报》影响因子在其收录的测绘地理信息学类14种核心期刊中继续保持第一;中国学术期刊电子杂志社、中国科学文献计量评价研究中心与清华大学图书馆发布的《中国学

---

① 《测绘学报》执行副主编,编审,E-mail:chxbzyy@ sina. com。

术期刊影响因子年报(2012 版)》,《测绘学报》影响因子在其收录的 24 种测绘地理信息学期刊中同样位居第一。

2 《测绘学报》的学术质量建设

2.1 《测绘学报》编委队伍建设

《测绘学报》编委会是《测绘学报》的学术管理机构,负责引领《测绘学报》的专业学术导向和对学报学术质量进行把关,以保证《测绘学报》在反映测绘地理信息学科学术水平和发展动向,代表学科发展前沿上的超前意识。

《测绘学报》编委会同时也是中国测绘学会下属的一个专业委员会,主任和副主任、秘书均按照中国测绘学会有关规定选拔聘任,4 年一届,并按学会章程完成编委人选推荐工作。《测绘学报》编辑委员会每年需向学会上报当年学术活动计划、期刊出版情况,并撰写测绘学科蓝皮书中《测绘学报》论文分析卷、提交年度学术总结报告。

目前,《测绘学报》第 10 届编委会共有 52 名编委,其中 15 名为中国科学院和中国工程院院士,8 名为外籍知名学者。全部编委都是学科带头人和博士生导师,并且许多人在与测绘地理信息有关的国际组织中担任职务,有的编委同时还是一些国际科技期刊的编委。《测绘学报》编委负责《测绘学报》拟刊用论文的学术终审,拥有一票否决权。

《测绘学报》编辑部除经常与编委沟通外,每年还组织召开一次全体编辑委员会委员工作会议,汇报总结本年度编辑出版执行情况,提出并讨论下一年度出版选题方向和工作计划,同时,每半年召开一次编委会主任副主任委员工作会议,对近期的学报选题审稿等有关工作进行布置安排,保证《测绘学报》能够积极引导我国基础测绘理论和高新技术的研究和应用,这对加强《测绘学报》的学术导向作用,强化其专业影响力有非常重要的意义。

2.2 《测绘学报》审稿质量控制规范

从 2001 年起,《测绘学报》的刊用率一直在 20% ~28% 之间。测绘地理信息界的一个公认就是,在《测绘学报》上发表论文是最难的,都以能在《测绘学报》上发表论文为荣。这个同行公认来自于编辑部严格的各项规章制度,也来自于创刊 55 年来历任主编的支持和严格要求以及历任编辑们兢兢业业的工作。

《测绘学报》实行学术质量的三审制与编辑加工的双三审制。具体程序为:高级编辑预审→责任编辑初审→送专家外审→编委审稿→执行副主编复审→主编终审→责任编辑编辑加工→执行副主编复审→主编终审→当期责任编辑选稿发排、组织校对(校对室两个校次,编辑一个校次,计算机软件一个校次,编辑部聘请审读员通读核查→执行副主编通读复查→编辑部主任通读签字出片→当期责任编辑检查胶片→付印)。

编辑部制定了各项编辑出版规范细则,在稿件的处理过程中,严格按照有关程序进行操作。如稿件外审至少需要送社外 3 位以上与作者不同单位的专家评审,且其中一位须为编委,并采取双向匿名审稿方式,以保证审稿过程的公平、公正。在审稿专家的选择方面,要求审稿人应了解论文所涉及领域的最新进展,具有副教授以上职称,有论著发表,学风严谨,评判公正,无门户之见等。当期责任编辑在每个校次后都需仔细检查、核红,避免疏漏。如遇疑问要及时与作者联系确认,或组织编辑部人员讨论决定,不得以

“文责自负”为借口放弃责任。

在学术不端防范方面，鉴于目前《测绘学报》从收稿到刊出需要 9 个月左右，所以从 2009 年起编辑部规定责任编辑初审时进行第一次学术不端检测，稿件刊出前编辑部再进行第二次学术不端检测，并根据《测绘学报》关于学术不端的规定及时处理。从中国知网为《测绘学报》提供的反馈信息可以看到，自 2009 年起《测绘学报》未发表过疑似学术不端文献。

2.3 《测绘学报》的数字化建设情况

《测绘学报》自 1997 年开始采用计算机网络管理，建立起了《测绘学报》作者、审稿人管理平台和数据库，并不断更新维护。2008 年，《测绘学报》开通了自有网站，全面建成了期刊在线网络平台，实现了稿件全程在线处理系统和编辑流程网络化，实现了在线投稿、审稿、录用发布以及期刊内容免费下载。数字化成为《测绘学报》编辑管理工作一个强有力的手段。同时，自 2012 年起，《测绘学报》开放了创刊以来的全部文献供读者免费下载，实现了 OA 出版。

2.4 读者、作者和学术界对《测绘学报》的评价

《测绘学报》发表的论文内容涉及大地测量、卫星导航定位、工程测量、遥感技术、航空摄影测量、地图学、地理信息科学、矿山测量、海洋测绘、地籍测绘、地图印刷、测绘仪器，信息传输等测绘学科及其相关学科，主要栏目有测绘快报、学术论文、博士论文摘要及学术活动信息。目前，已刊登的论文中 95% 以上为国家重大科研课题和各项科学基金资助项目。

中科院测量与地球物理研究所欧吉坤研究员这样评价《测绘学报》[1]：“作为学报的一名忠实读者、执着的撰稿人和认真的审稿人，我对学报确实有深厚的感情。在我心目中，学报是一面旗帜，引领着测绘学科的科技工作者攀上一座又一座高峰；学报是导师，培养了成千上万的高级人才。测绘领域的沃土里，良种发芽，茁壮成长，开花结果，都得到了学报的营养滋润。学报还是我们的朋友，拉着作者和读者的手一道前行，创造一个又一个新成果。”

解放军信息工程大学钱海忠副教授谈到[1]：“初次接触《测绘学报》是在 2002 年准备博士生开题时在图书馆，让我感到最特别的是该刊物刊载的文章内容充实，大多属于创新性研究，同时能够使我从每一篇文章中了解或学习到包括技术细节在内的新知识、新方法和新途径……2004 年起，我逐步仿效学报的论文格式和要求，撰写创新性强的文章向学报投稿，意料之中收到了编辑部的退修信，意料之外是退修信中评审专家对我提出了大量甚至‘苛刻’的修改意见，然而，我发现评审专家的专业水平非常高，他们会对文章的总体结构和思路把关，有时还会推荐你几篇相关的文章阅读以开阔你的视野，也会对文章的细节如标点符号、英文单词的用法，结论的写作、个别词语的可靠性和可用性、图表格式等提出科学合理的意见。通过投稿过程中的反复修改，作者将会和高水平的评审专家之间形成互动，从而不断学习到新的知识和技能。这也是我喜欢向《测绘学报》投稿的最大原因。”

原国家测绘局局长、全国政协委员金祥文评价《测绘学报》“反映我国测绘科技制高点”；已故原国家测绘局局长喻沧教授评价说：“《测绘学报》作为高水平的学术刊物，几

十年来,在发表优秀科技论述、传播先进科技信息、促进科研成果转化为生产力方面,做出了很大贡献,赢得了测绘界的赞誉";中国工程院院士王任享提倡"弘扬学报光荣传统,努力净化学术阵地,为测绘界做好榜样。";原国家测绘局副局长杨凯教授评价《测绘学报》是"入门者的先生,欲进者的导师,有成者的伯乐,决策者的高参,传播现代地球信息科学,支撑现代地理信息产业";中国工程院院士宁津生称赞《测绘学报》是"现代测绘技术交流的最佳窗口,地理空间信息服务的最优平台"。原武汉大学校长、中国工程院院士刘经南为《测绘学报》题词:"弘扬优良传统 引导创新思维 培育测绘英才 建设精品期刊",中国科学院院士高俊题词:"引领学科 风雨兼程50载,经天纬地 桃李芬芳遍神州";同行《测绘科学技术学报》主编王小同评价《测绘学报》:"勇攀高峰成绩满天下 辛勤耕耘硕果集一身"。

3 思考和展望

自20世纪90年代以来,以卫星导航定位、航空航天遥感、地理信息系统等技术为代表的现代测绘地理信息技术得到了空前发展。全球金融危机爆发后,世界各国政府均把测绘地理信息科技发展作为提高本国竞争力和生产力的最基本内容之一。国家测绘地理信息局重点实验室及工程中心也由"十五"末的9个扩展到目前的17个,研究领域从传统的大地测量、摄影测量与遥感、地图制图拓展到对地观测、海岛(礁)测绘、国土环境与灾害监测、现代城市管理等领域。对此,《测绘学报》更是任重道远。

近年来,在中国科协的大力支持下,通过精品科技期刊工程项目的资助和实施,《测绘学报》取得了很多成绩,但仍存在一些值得改进之处。

(1)《测绘学报》为双月刊,每期160页,与其他测绘期刊以及其他行业的精品期刊相比,出版的总页数仍然偏少,刊物发文量偏少,出版时滞也偏长。

(2)引导学术风气建设也是科技期刊一项刻不容缓的任务。目前一稿多投、重复或抄袭的行为多次发生,2011年《测绘学报》编辑部通过学术不端文献查询系统查出多篇审稿通过、即将刊出的稿件,花费了编辑和审稿人的大量心血,《测绘学报》编辑部会对此类文章的作者的再投稿进行更严格的审核,或者拒绝接收。

(3)办刊经费仍显不足。目前出版社转企改制工作已结束,学术期刊将拥有许多良好的发展机遇,同时也面临着更大的挑战,《测绘学报》要不断向前发展,要走向国际化,还需要不断加大投入,《测绘学报》也期待与科技期刊界共同探索学术期刊良性发展的模式。

《测绘学报》正按照中国科协的要求,坚持以科学发展为主题,以深化创新发展为动力,着力提升刊物创新发展能力,着力增强《测绘学报》传播力和国际影响力,着力发挥刊物在促进测绘地理信息学研究、传播测绘地理信息科学成果中的重要作用,为测绘地理信息科技自主创新和建设创新型国家作出应有的贡献。

参考文献

[1]《测绘学报》编委会.《测试学报》创刊50周年纪念文集[M].北京:测绘出版社,2007.

Development of Academic Influence: A Case Study of *Acta Geodaetica et Cartographica Sinica*

Zhang Yanyan
Editorial Department of *Acta Geodaetica et Cartographica Sinica*, Beijing 100045

Abstract: *Acta Geodaetica et Cartographica Sinica* is the most authoritative periodical and the main documents in China Surveying, Mapping and geoinformation circles. It has been chosen as an item of excellent scientific and Technical Periodicals Project of CAST. The current status on academic influence *of Acta Geodaetica et Cartographica Sinica* is discussed in this paper including the editorial board ,peer review quality, digital construction, etc ,as well as its development goals, main measures and achievements on publishing China key scientific journals.

Keywords: *Acta Geodaetica et Cartographica Sinica*; China key scientific journals; Editorial board; Peer review quality

审稿编辑:任红梅

30.《石油学报》

创建中国石油行业领军学术期刊

熊　英[①]　王　秀　赵宗举
《石油学报》编辑部，北京　100724

摘要：《石油学报》是中国石油学会于1980年创办的学术期刊，其肩负着代表中国石油行业上游业务最高学术及技术水平、引领科技发展方向、宣传科技成果的重要责任，在中国科协的大力支持及领导下，已发展成为中国石油界及科技界的知名期刊。学术期刊质量的关键在于学术质量建设，《石油学报》主要从审稿专家对论文学术质量的严格把关、进一步加大对优秀稿件的约发力度以及加强编审队伍建设3个方面进行了长期细致、卓有成效的工作，努力将《石油学报》打造成中国石油工业界的一张"金名片"。

关键词：质量建设；编审队伍；双盲审稿；石油工业

学术期刊是学术交流体系的重要环节，作为科学界公认的正式学术交流载体，对其进行质量建设是促进科学交流的需要，也是整个社会获取科学知识的需要[1]。学术期刊的质量主要表现在两个方面：一是编校质量，也称为表现质量，即差错率少、封面设计美观、纸张好、排版印刷质量高、装订精美等；另一方面则是学术质量，也即内在质量，指能够抓住科学技术前沿和精华、传播迅速、高学术价值和高使用价值，是期刊内容创新性、科学性、导向性和实用性的体现[2]。编校质量有相对明确的要求和标准规定，易于操作，也较为容易在较短时间内有所提高；学术质量则主要通过文献计量评估（常用的文献计量指标主要包括期刊引用计量指标，即影响因子、总被引频次等）的方式进行，学术质量的提高是一项长期而艰巨的任务，需要持之以恒地艰苦工作才能有所体现。

期刊出版是作者投稿、编辑收稿并送审、专家同行评议、编辑编校与读者引用论文并指导其科研工作的循环过程。因此，学术期刊是由作者、编辑、专家和读者四大主体组成的四位一体系统，学术质量的建设与这四大主体密不可分。

1　基本情况

中国石油学会1980年创办了《石油学报》，长期以来，在中国科协的大力支持及领导下，已成为中国石油界及科技界的重要知名期刊，在业界具有很高的声誉及影响力。作为中国石油学会主办的高级别科技期刊，《石油学报》肩负着代表中国石油行业上游业务最高学术及技术水平、引领中国石油上游科技发展方向、宣传中国石油上游科技成果的重要责任。《石油学报》主要刊载石油和天然气地质勘探、油气田开发技术与工艺、石油与天然气钻井、海洋油气工程、油气储运、石油矿场机械以及相关分支学科、交叉学科的

---

① 中国石油学会《石油学报》编辑部，编辑，高级工程师，E-mail：xiong_ying@cnpc.com.cn。

基础和应用研究的创新性成果和高水平论文。目前,刊物被国外 8 家著名检索系统或数据库收录,包括:美国《工程索引》(EI 核心库)、美国《剑桥科学文摘》(CSA)、美国石油文摘数据库(PA)、日本科学技术文献数据库(JST)、俄罗斯《文摘杂志》(AJ)、波兰《哥白尼索引》(IC)、美国《化学文摘》(CA)和美国地质文献数据库(Geo - Ref)。《石油学报》采用全彩铜版纸印刷,保证了高质量的出版印刷效果。在国内,《石油学报》已通过中国知网(CNKI)、万方数据及维普资讯等国内期刊网全文上网。

在全国和中国科协组织的科技期刊评比中,《石油学报》多次获得各种奖励,2002—2012 年连续 11 年荣获百种中国杰出学术期刊奖,2002 年、2006 年及 2011 年分别荣获第五届、第六届和第七届全国石油和化工行业优秀期刊评比一等奖,2006—2012 年连续 7 年荣获中国科协精品科技期刊称号。《石油学报》还获得首次由中国学术期刊(光盘版)电子杂志社、清华大学图书馆和中国科学文献计量评价研究中心共同评选的 TOP 5% 2012 中国最具国际影响力学术期刊称号。近年来期刊主要量化指标稳步上升[3-11](图 1),各项学术引证指标一直位居同类学科前茅。在全国核心科技期刊中影响因子排名总体居于前 50 位,近 2 年进入前 30 位。

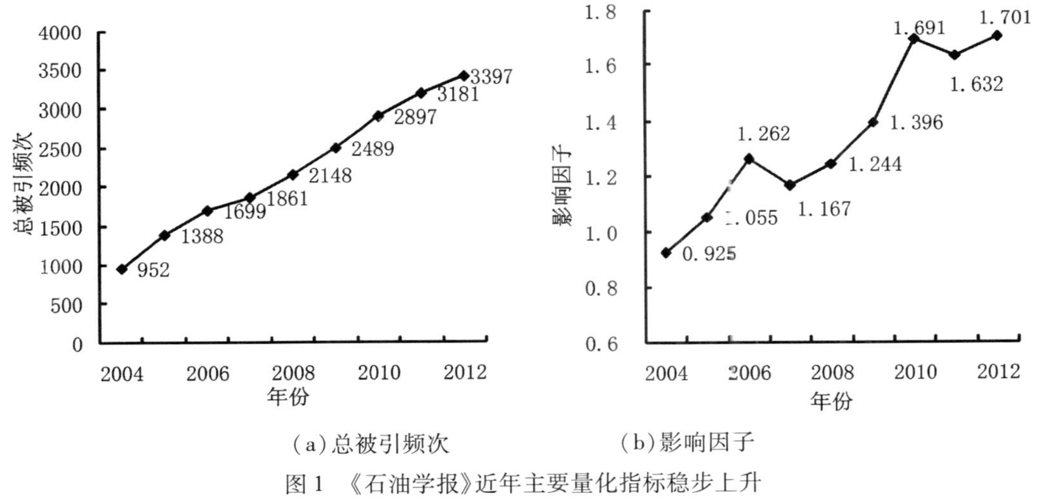

(a)总被引频次　　(b)影响因子

图 1　《石油学报》近年主要量化指标稳步上升

来源:中国科技信息研究所 2004—2012 年《中国科技期刊引证报告(核心版)》

2　审稿专家对学术质量的把控

在总体保证期刊刊载量的前提下,《石油学报》实施严格的"三审四校"及"双盲审稿"制度,明显提高了刊发稿件的学术及编辑质量。"三审"即编辑部初审、同行专家外审和主编终审[12]。一般情况下需要 3 位专家(1 位特约初审专家、2 位外审专家)对稿件进行盲审,评价通过后方可发表,部分论文还需要 1 ~2 位专家的盲审复审。通过多位专家的严格审稿把关以及作者的多次修改完善,对刊发论文的学术质量有较大提升。对于作者来说,《石油学报》给予充分的自由,包括学术观点(鼓励学术争鸣)、篇幅、行文风格、插图表数量及参考文献引用量等,进而鼓励更多更好的来稿,把《石油学报》越办越好!

2.1 编辑部初审

由于《石油学报》来稿量较大，加大初审力度及提高初审质量对优选稿件、缩短审稿周期及提高工作效率均十分重要。初审的主要着眼点及重点是关注稿件内容是否具有创新性、新意及可取之处，是编辑部内部人员（包括主编、编辑等）或聘请的初审专家以外审专家的视角来审查稿件的过程。初审的原则是“谨慎退稿及有理有据地退稿”。

对于初审后认为需要退稿（包括“改投他刊”及“不宜在本刊发表”2 种处理意见）的稿件，需要对投稿作者写明具体的退稿意见：①对于“改投他刊”退稿处理意见，一般适用于不符合《石油学报》发文的专业范围的投稿论文；②对于“不宜在本刊发表”退稿处理意见，则需要写明投稿论文创新性不够的具体意见，甚至进一步研究工作的建议。对于缺乏参考文献、学风极其不严谨及基本不符《石油学报》论文格式规范等稿件，原则上以“格式不符《石油学报》要求”做退稿处理。对于存在一稿多投、重复发表、抄袭、剽窃及著作权侵权等行为的稿件，分别以相应问题警告意见做退稿处理。

当然，对于初审后认为需要外审的稿件，一般也需要编辑部人员或聘请初审专家写明具体的审稿意见，包括对创新性及其理论、实际意义、文字表达、图表使用、参考文献引用等方面的评价、论文不足之处及其修改意见，甚至进一步研究工作的建议，以备外审后终审时参考。

2.2 同行专家外审

经初审后需要外审的稿件，编辑部一般选择 2 位同行专家进行盲审，针对研究论文及综述性文章采用不同的审稿标准及审稿原则。

（1）对于研究论文，外审意见包括对论文的创新性及其理论、实际意义的评价，以及对文字表达、图表使用、参考文献引用等的评价，特别是应指出论文存在的不足之处并给出具体的修改意见，甚至对进一步研究工作的建议；并给出明确的录用意见，如直接发表、修改后发表、修改后再审、改投他刊、不宜在本刊发表等。对于创新性成果，尤其是地质勘探栏目，主要包括三方面或三个层次：①获得了新资料或新发现；②在新资料基础上或新理论指导下，提出了对研究地区的新认识，甚或在此新认识指导下获得了好的勘探开发效果；③提出了较为普遍适用的新理论、新技术、新方法，该新理论、新技术、新方法不仅适用于研究区，对其他地区也具有指导与实际意义。对于油田开发和石油工程栏目，主要考察论文是否有新技术、新工艺、新设备以及其实际应用效果。对于已有技术的应用类文章，原则上不拟刊登。

（2）对于综述性文章，外审意见主要包括对该综述文章的综合性（是否反映综述主题在国内外的进展，是否把握其发展规律和发展趋势）、评述性（是否全面、深入、系统地论述了综述主题，并反映了作者的观点和见解）、先进性（是否调研了最新文献、反映了最新信息和科研动向）的评价；考察综述文章是否能反映出所写专题的历史背景、研究现状和发展趋势，是否检索和阅读了大量文献特别是最新文献；给出对文字表达、图表使用、参考文献引用等的评价，特别是应指出文章存在的不足之处并给出具体的修改意见；最后给出明确的录用意见。对于综述类文章，原则上《石油学报》采用向知名专家约稿的方式刊发及采纳知名专家的投稿。

外审一般要求在编辑部送审后的 30 天内完成并返回审稿意见至编辑部，为确保外审专家意见的及时返回,采用间隔 15 天通过手机短信及电子邮件提醒方式提醒审稿专家。若超过 40 日送审期,尚未收到审稿专家意见,则该审稿专家意见原则上不作为录用参考意见并另择专家外审。合计外审期(即首次送审日至所有外审意见返回的时限)一般不超过 2 个月。

2.3 主编终审

综合考虑外审、初审意见,由主编参考编辑部相关编辑的意见,最后审定对投稿论文的最终录用意见。

①对于直接发表的稿件,直接进入责任编辑加工流程。②对于修改后发表的稿件,由责任编辑将外审、初审及终审意见综合形成修改意见并与作者联系修改事宜,一般要求作者在收到修改意见之后的 30 日内修改完成并将修改稿及修改说明(修改说明应写明具体修改处以及不能修改的原因)返回责任编辑,之后,由责任编辑负责文稿的编辑加工(包括参照外审及初审的修改意见要求,核对作者返回的修改稿是否对原投文稿进行了应有的修改与完善以及与作者沟通明确作者不能按照审稿意见修改的原因等)。③对于修改后再审的稿件,由收稿编辑将外审与初审意见综合后,通知作者进行修改,一般要求作者在收到修改通知之后的 30 日内完成修改并将修改稿及修改说明(修改说明应写明具体修改处以及不能修改的原因)返回给原收稿编辑,由收稿编辑初步核实修改稿(参照外审及初审的修改意见要求,核对作者返回的修改稿是否对原投文稿进行了应有的修改与完善)之后,由收稿编辑按照初次终审时确定的复审或外审专家(一般选择 1 位专家)再送复审或外审,待复审或外审意见返回后,由主编终审确定稿件录用意见。一般情况下,对稿件只进行 1 次修改后再审。④对于改投他刊、不宜在本刊发表的稿件,由收稿编辑综合外审及初审意见,通知作者相应的退稿意见并感谢作者对本刊的支持,欢迎作者再次投稿《石油学报》。

《石油学报》希望办成一份被广大作者、读者喜爱的行业学术期刊,希望与广大作者、读者、审稿专家建立良好的互动关系,以期为大家做好优质服务工作。为鼓励更多更好的来稿及帮助作者提升稿件的学术水平,编辑部一般邀请 3 位同行专家对稿件进行匿名评审,并会将评审及修改意见甚或进一步研究工作的建议即时反馈给作者,对于初次审稿及复审未被录用的稿件,欢迎作者在进一步深入研究工作及修改完善后,再次投稿《石油学报》,迄今这样的稿件被最后录用刊发者还不少,希望广大作者对《石油学报》“锲而不舍”,《石油学报》则成为作者永远的朋友。

2.4 双盲审稿制

《石油学报》采用“双盲”审稿制,即审稿专家与作者之间均隐去姓名等身份信息情况下的审稿。这样比较有利于审稿的公正性与客观性以及避免某些作者对审稿专家审稿意见与审稿结论的干扰等不良影响,对于保障公正地录用与发表论文以及保证论文质量、扩大《石油学报》的影响等具有重要作用。

稿件被送专家初审之前,需要去掉作者身份信息,包括正文及页眉的中、英文姓名及工作单位,脚注处及文后的作者简介,致谢等;去掉基金具体名称、编号,只保留“国家重大科技专项”或“国家自然科学基金项目”等说明基金级别的文字;另外,还需对稿件做“学术不端检测”并将抄袭率较高的相关信息告知初审专家。

外审专家返回意见如果有附件(审稿意见、带批注的流程稿),对作者开放外审意见时，不能将带有外审专家署名的审稿意见以及带批注的流程稿中的批注中有外审专家姓名的批注稿，直接发给作者查看或下载，需要做相关处理。

3　进一步加大组约稿力度

论文的学术水平决定着科技期刊的学术质量，而组稿方式又直接关系到稿件的质量[13]。近年来，《石油学报》紧密围绕办刊宗旨，组织刊发了一批反映基础油气地质、非常规油气勘探开发以及定向钻井、海洋深水钻井等方面新理论、新技术的论文，为今后油气勘探提供了新的思路和依据，并且前瞻性地提出了中国油气勘探的潜在领域和方向，这些论文对于中国油气勘探都具有重要的指导意义，对提升《石油学报》的影响力及办刊质量发挥了重要作用。

首先，《石油学报》直接或通过中国石油地质年会等重要学术会议向知名专家学者约请反映油气重大发现、后备战略接替区域以及基础石油地质理论等方面的最新研究成果，发表了《四川盆地普光超大型气田的形成机制》、《海拉尔盆地贝中次凹——残留型叠合小断陷盆地油气勘探的成功案例》、《渤海湾盆地牛东1超深潜山高温油气藏的发现及其意义》、《高海拔与超深地层石油地质若干问题》、《中国深层油气成藏条件与勘探潜力》、《中国多旋回叠合盆地立体勘探》以及《论块体油气地质体与油气勘探》等一批有较大影响力的论文，其中《四川盆地普光超大型气田的形成机制》一文入选2011年度“中国百篇最具影响国内学术论文”[14]。

其次，《石油学报》与相关课题项目部密切合作，及时报道国家重大科技专项、973项目、国土资源部重大项目等课题研究进展。在课题项目部对其研究成果优选的基础上，编辑部仍严格审稿程序，优中选优，然后根据所选出论文的数量在以正刊不同期次连续发表、同一期次专栏发表以及专刊多种形式集中展现了这些重大课题的研究成果，取得较好的实际效果。其中《深水区——南海北部大陆边缘盆地油气勘探新领域》一文在2009年和2011年两度入选“中国百篇最具影响国内学术论文”[14-15]。2012年组织了2期增刊(《第四届中国石油地质年会专辑》(18篇论文)及《海相碳酸盐岩油气勘探与开发论文专辑》(20篇论文))均属院士、知名专家及国家重大科技专项的高水平创新成果，重点对非常规油气如页岩油气、致密油气、碳酸盐岩油气等的勘探与开发理论技术进行了报道，对推动我国非常规油气的勘探开发进程将发挥重要指导作用。2013年计划发行2期专题性增刊，分别为《天然气勘探与开发》及《海洋油气勘探与开发》，也均为国家重大科技专项成果。

第三，《石油学报》持续关注四川盆地海相碳酸盐岩、深水区等热点地区最新成果，相继发表了《四川盆地大中型天然气田分布特征与勘探方向》、《南海北部大陆边缘盆地油气地质特征与勘探方向》、《南海北部深水区油气地质特征》等网络点击量和下载量较高的论文，对提高《石油学报》影响力和学术质量起到了积极的推动作用。

第四，《石油学报》关注非常规油气研究以及油气勘探开发新技术，发表了《四川盆地中北部侏罗系大面积非常规石油勘探潜力的再认识》、《页岩气测井解释和岩心测试技术》、《缝网压裂技术及其现场应用》、《低渗透储层产量递减模型的渗流机理及应用》、《深水钻井条件下合成基钻井液流变性》等论文，为今后油气勘探开发提供了新的思路和技术支持。

4 加强编审队伍建设

一方面,《石油学报》通过引进高水平人才,完善编辑部人员结构。为确保审稿及编校质量,《石油学报》在现有编辑全部取得责任编辑资格的基础上,2012 年又通过公开招聘的方式引进了 1 位博士后、2 位博士作为英文编辑充实编辑队伍,另外,还聘请了 2 位特约初审专家及 1 位高级英文编审。

另一方面,《石油学报》将科研与办刊相结合。目前《石油学报》编辑部有博士学位的人员占 60%,且大部分人员具有从事科研工作的经历。为充分发挥编辑部科研型人才优势,在保证期刊正常运行的基础上,承担本领域的相关科研项目,不仅可以通过课题研究提高编辑人员的专业水平,为其提供良好的个人发展空间,将高水平的人才留在编辑岗位,而且编辑人员紧跟科研生产第一线,有利于抓住学科发展方向及油气勘探开发难题,自己撰写稿件或对相关领域的新成果、新进展及时约稿,为提升办刊学术质量做贡献。另外,还可通过科研项目的创收改善办公条件及人员待遇,进一步吸引高水平人才从事编辑工作。

此外,《石油学报》对外审专家库实行动态管理与维护。审稿,特别是同行评议(外审)是期刊出版的重要环节,严把审稿关是确保期刊整体学术质量的关键[16]。为适应天然气水合物、页岩油气、地震沉积学等新领域、新学科稿件评审的需求,《石油学报》及时聘请相关方面学术水平及知名度高、年富力强的专家充实审稿队伍;根据专家研究方向、联系方式等个人信息变更情况及时更新库内专家信息,确保稿件送审的及时、准确;编辑部细化不同栏目、不同类型稿件的评审标准,以方便专家对稿件质量的把握,并以学识水平、工作责任心、审稿时效等对专家的审稿水平进行衡量,为稿件送审时专家的选择提供了依据,进一步保证了审稿的质量和时效性。

5 思考和发展设想

近年来,《石油学报》的学术水平有了明显提高,但距离中国石油行业领军学术期刊的目标还有一定的差距,特别是期刊的国际化程度还有待提高。国际化期刊应该是指报道国际上最先进的研究进展,使用国际通用的语言出版,拥有一定数量的读者群,编委会、审稿队伍、作者和读者均是全球化的,并能被国际上本领域最权威的专业数据库所收录的期刊[17]。目前随着中国石油企业积极开拓海外市场和中国油气勘探开发技术水平的不断提高,《石油学报》筹办英文版的基础条件已经成熟,并且同行兄弟期刊已有两家创办了英文刊,因此《石油学报》创办英文版也势在必行。目前《石油学报》英文版正在积极筹备之中,将借鉴国内英文刊创办的经验,积极探索一条适合的期刊出版模式,全面提升期刊的国内外影响力和核心竞争力,努力将《石油学报》打造成中国石油工业的一张“金名片”。

参考文献

[1]黄蓉,朱晓文.刘培一.学术期刊质量建设的相关因素分析[J].出版广角,2008(5):10-12.

[2]于琴琴,汤宏波,段磊,等.审稿专家对我国学术期刊质量建设的评价和建议[J].出版广角,2008(5):18-21.

[3]中国科学技术信息研究所. 2003 年版中国科技期刊引证报告[M]. 北京:科学技术文献出版社,2004.
[4]中国科学技术信息研究所. 2004 年版中国科技期刊引证报告[M]. 北京:科学技术文献出版社,2005.
[5]中国科学技术信息研究所. 2005 年版中国科技期刊引证报告[M]. 北京:科学技术文献出版社,2006.
[6]中国科学技术信息研究所. 2006 年版中国科技期刊引证报告[M]. 北京:科学技术文献出版社,2007.
[7]中国科学技术信息研究所. 2007 年版中国科技期刊引证报告[M]. 北京:科学技术文献出版社,2008.
[8]中国科学技术信息研究所. 2008 年版中国科技期刊引证报告[M]. 北京:科学技术文献出版社,2009.
[9]中国科学技术信息研究所. 2009 年版中国科技期刊引证报告[M]. 北京:科学技术文献出版社,2010.
[10]中国科学技术信息研究所. 2010 年版中国科技期刊引证报告[M]. 北京:科学技术文献出版社,2011.
[11]中国科学技术信息研究所. 2011 年版中国科技期刊引证报告[M]. 北京:科学技术文献出版社,2012.
[12]孙敬诚. 科技期刊的外审[J]. 编辑之友,2001(4):24 - 25.
[13]徐川平. 综合性医学期刊组稿方式探索[J]. 编辑学报,2007,19(Sup.):87 - 88.
[14]中国科学技术信息研究所. 2011 中国国内科技论文产出状况[R]. 北京:中国科学技术信息研究所,2012.
[15]中国科学技术信息研究所. 2009 中国国内科技论文产出状况[R]. 北京:中国科学技术信息研究所,2010.
[16]蒋巧媛,黄祖宾. 陆媛峰. 学术期刊吸引优质稿件的战略性策划[J]. 广西大学学报:哲学社会科学版,2008,30(5):125 - 127.
[17]游苏宁. 期刊国际化应选择恰当的参照物[J]. 中国科技期刊研究,2005,16(4):545 - 546.

How to Create a Leading Academic Periodical of the China's Petroleum Industry: A Brief Comment on the Academic Quality Construction of *Acta Petrolei Sinica*

XIONG Ying, WANG Xiu, ZHAO Zongju
Editorial Office of *Acta Petrolei Sinica*, Beijing 100724

Abstracts: *Acta Petrolei Sinica* is an academic periodical founded by the China Petroleum Society in 1980, since then it has being taken significant responsibilities for representing top academic and technical levels of the upstream business of petroleum industry in China, guiding developing orientations of petroleum science and technology and publicizing scientific and technological achievements gained in the China's petroleum industry. Supported and led by the China Association for Science, *Acta Petrolei Sinica* has become a well - known periodical in the China's petroleum industry as well as in the scientific and technological circle of China. The quality of an academic periodical depends mainly on the academic quality construction, during which the editorial department of *Acta Petrolei Sinica* has made great efforts in setting strict requirements for the academic quality of contributions, further strengthening the publication of excellent contributions and constantly reinforcing editorial staff, all of these long - term painstaking and fruitful efforts are building *Acta Petrolei Sinica* as a showcase of the China's petroleum industry.

Keywords: Quality construction; Editorial staff; Double - blind reviewing; Petroleum industry

审稿编辑:任红梅

31.《海洋与湖沼》

探索精品办刊之路

丛培秀　刘秀娟　虞子冶①
《海洋与湖沼》编辑部,青岛　266071

摘要:以《海洋与湖沼》为例探讨了在当今严峻情势下如何抓住机遇,打造一个水科学领域的精品科技期刊。加强期刊优秀选题组稿,加强审稿专家队伍建设,加强期刊编委队伍建设,缩短出版时滞,加快期刊网络化建设,提升服务意识,强化期刊宣传等举措,是全面提升期刊质量的根本途径和重要措施。

关键词:海洋与湖沼;精品科技期刊;期刊质量

《海洋与湖沼》由中国海洋湖沼学会主办,是国内海洋湖沼科技领域富有影响的基础性综合学术刊物之一,创办于1957年,主要刊载水科学领域基础理论和技术应用研究成果,内容涉及水圈范围内的生物学、物理学、化学、地质学等学科及其分支学科,形式有论文、研究简报、高新技术、高水平综述、学术争鸣等。

《海洋与湖沼》是水科学领域最早、最有影响的基础性综合学术刊物之一。据中国科技信息研究所资料显示,近10年来(1996—2006)《海洋与湖沼》的影响因子和总被引频次均位居国内水科学领域期刊前列。自2002年以来,《海洋与湖沼》是国内水科学领域唯一受中国科协择优资助的期刊,同时也是受中国科学院择优资助的刊物。以上资助为《海洋与湖沼》的发展提供了强有力的经济保障,期刊工作取得了很大进展,步入了一条快速稳定的良性发展轨道,并为今后更快更好地发展创造了良好的基础条件。

1　打造精品是《海洋与湖沼》的使命与追求

科技期刊不仅是科研成果传播与交流的重要工具,也对一个国家或地区的科技发展起着重要的促进作用[1]。进入21世纪,中国的科技期刊面临严峻挑战,期刊自身与我国以及世界科技研究发展水平的落差使得学术期刊理应具有的学术导向作用得不到发挥,其生存与发展受到极大影响[2]。如何化挑战为动力,化危机为机遇,增强自身的国际影响力和核心竞争力,成为中国科技期刊首要面对的任务。针对这一现状,政府管理机构在深入调研的基础上,积极引导,鼓励创新,旨在挖掘科技期刊创新潜力,提高影响传播能力,使科技期刊在促进科研、报道成果乃至彰显我国科技实力方面发挥重要作用[3-4]。

服务学科发展,精益求精办刊是《海洋与湖沼》一贯秉承的理念,打造精品科技期刊是《海洋与湖沼》赋予自己的新使命。《海洋与湖沼》具有50多年丰富的办刊经验,在水科学领域具有很强的影响力。老牌期刊在建立品牌意识、推进宣传等方面有很大的优

---

①　《海洋与湖沼》编辑部主任,E-mail:zyyu@hotmail.com。

势,在学术时效性、期刊网络化、数字化方面有很大的发展空间,但是也容易受到一些从旧体制延续下来的痼疾的影响。为响应中国科技期刊精品发展战略的需求,充分发挥在水科学领域的引领作用,《海洋与湖沼》希望进一步提升期刊学术质量,塑造期刊品格,打造一个专业、权威的精品科技期刊。围绕提高学术质量、出版质量、服务质量,《海洋与湖沼》把握自身定位,一分为二看待自己,脚踏实地开展了大量积极而富有成效的工作,并积极探索未来发展规划,为实施精品战略、打造精品期刊打下了基础,开拓了今后发展的道路。

2 提升学术质量,突出《海洋与湖沼》在水科学领域的优势

2.1 加强期刊优秀选题组稿

质量是期刊赖以生存和发展的基础,只有具备高质量的期刊才能在国际化、市场化、专业化和数字化出版的大潮中获得新的生命力,增强在国内外同行中的影响力和竞争力。为提升期刊学术质量,争取优质稿源,需要加强与科研战线的合作。

(1)加强与水科学领域国内外科研机构、科研团队的合作与交流。以期刊为平台,开展相关学科的学术讨论或组织相关的学术会议,并及时、快速地发表优秀论文。此外,组织编辑积极参加海洋、湖沼及其他相关领域的专业学术会议,尤其是全国性、世界性的高端会议,通过学术交流挖掘更好的选题。向科研一线的科学家、编委和审稿人约稿,请他们为本刊撰稿或为本刊推荐优质稿件,争取优先发表最优质的稿件。

(2)优化整合本单位内部资源,逐步打造优势栏目。《海洋与湖沼》以中科院海洋研究所为依托,这是一家海洋科学基础研究与应用基础研究、高新技术研发的综合性海洋科研机构,在海洋科学研究领域具有很高的影响力。现有科技人员400余人,博士点9个、硕士点11个,研究生400多人,长期以来为《海洋与湖沼》提供了大量优质稿源。因此,充分利用研究所的内部资源优势,对期刊学术质量发展具有重要作用。

通过对研究所内课题组和个人进行摸底排队,进行资源调查和整合,主动策划选题并组稿。以一些国家和省部级基金课题组以及横向项目课题组为组稿的基本作者群体,跟踪报道他们各阶段的科研成果,刊发系列文章,并计划在3~5年内,逐步打造出优势栏目[5]。

(3)关注学科热点,追踪科技前沿。在编辑部内部实行目标管理制度。每一位责任编辑都要负责对本学科和相关学科课题组的跟踪和联系,向课题组人员宣传办刊理念和服务信息,并及时关注他们的研究进展。尤其要紧密追踪并积极反映国内外重大科研项目的研究进展(如“863”、“973”项目等),这些项目的研究成果代表了国家甚至国际科研的最高水平。此外,编辑还应具备独到的目光,及时发现科研领域的新人和新项目,发现具有独特价值的论文,关注新人新项目的成长,发现和培养新生力量[6]。

(4)采取激励机制,通过快速发表的形式吸引知名作者的文章,形成名人与名刊互以为荣的局面。对于著名专家学者的特约稿采取优先发表、免收发表费等方式争取尽可能多的优秀稿源。对本刊优秀论文和优秀审稿意见实施奖励政策,优秀论文的奖励比例达5%以上,优秀审稿意见的奖励比例为20%,具体措施是将审稿费标准提高50%。

2.2 加强审稿专家队伍建设

审稿专家是期刊质量的把关人,优秀的审稿人对于保证期刊质量具有十分关键的作

用。如果说优秀的作者是“千里马”，那么审稿人就是“伯乐”[7]，他们用慧眼辨别出优秀的稿件，并提出中肯的修改意见，用自己渊博的知识使“璞玉”变成“美玉”[8]。

首先，严格履行同行评议，保障和提升论文质量。其次，建设一支相关领域专家组成的老中青三结合的专业审稿队伍，并利用网络平台，构建一个国际范围的、动态更新的专家数据库。另外，加强与审稿人的联络和交流，使审稿人真正感受到编辑部对其意见和建议的重视，对其支持的需求，以增强审稿人的主人翁意识。例如，给审稿人寄生日贺卡和节日贺卡，为院士、知名学者出专辑[8]，在每年最后一期公布该年度全部审稿人名单以肯定其工作业绩等，加强与审稿人的情感沟通。

2.3 加强期刊编委队伍建设

编委是办刊的中坚力量，一流的编委会对期刊发展的促进作用非常显著。《海洋与湖沼》的编委会成员共 50 人，其中两院院士 14 人，外籍编委 6 人，均为水科学领域的学科带头人。通过专业化、国际化的编委，可实现高质量的组稿、审稿。因此，切实发挥编委的实效性，明确编委成员的责任、义务、荣誉，公示业绩，邀请编委为本刊撰稿或推荐优质稿件，是非常重要的举措。

重视编委的换届工作，尽量避免编委“虚名”、“挂名”，及时吸纳担任重大科研项目的主要负责人及科研领域的学术带头人，组织起一支经验丰富、理论水平高、了解学科最新发展动态的编委队伍。一些德高望重的编委培养了一大批有成就的学生，也结识不少科学家，鼓励他们推荐优秀学生和相关科学家的论文，不仅能获得大批优秀稿源，还能扩大期刊宣传[9]。

2.4 提升传播速度，加快期刊网络化建设

信息新颖、传播迅速是期刊的特点和优势。而缩短出版时滞是科技期刊走向国际的一个基本要求。顺应信息化浪潮，《海洋与湖沼》进一步集成并扩大信息量，增强知识传播的时效性，逐步推进出版周期高频化、信息密集化、版本多元化。

目前的做法是利用计算机网络技术，构建期刊网络平台，将编辑、出版、发行、管理及经营中的每个环节都整合在一个系统平台上，全面实现作者在线投稿、在线查稿、编委和专家在线审稿、编辑远程办公，从而极大地降低编辑流程中各个环节的成本，提高出版效率。

《海洋与湖沼》2009 年启用了网上投、审稿系统（勤云远程稿件处理系统），开启了期刊的网络化进程。通过及时将最新刊出的文献信息录入系统，在线提供过刊全文，实现期刊数字化发行，为读者提供了免费的在线获取服务。目前对稿件的处理已基本完成了由传统方式向网络办公的顺利对接。为进一步强化数字化建设，不久的将来将实现期刊的整体数字化和网络化，从现刊逐渐过渡到所有过刊，对每篇文章实行 DOI 标识。

2.5 提升服务意识，强化期刊宣传

打造精品科技期刊，必须提升服务意识。一本好的期刊，不仅与期刊质量有关，编辑部的工作作风也至关重要。因此，要和读者、作者、审者建立友好关系，真正树立服务意识，把他们的需要置于最高境地，在各个方面使他们满意。这既树立了期刊的形象，也有利于期刊品牌的打造。

提升服务意识，要于细微处见精品[6]。首先，充分利用网络平台，为读者、作者、审者

提供多样化的服务，如：原文获取、投稿指南、在线帮助和邮件提醒等，增进与读者、作者、审者之间的沟通交流。另外，耐心、尽力地为作者、读者解疑排忧，通过举办相关培训、约请专家做报告等方式指导作者撰写或修改科技论文。

要打造精品科技期刊，不仅要在服务上下功夫，做好对外宣传也非常重要。除了利用印刷宣传品、参加展览、组织学习班、开展学术交流等方式，《海洋与湖沼》计划未来拓宽、拓深宣传层面：加强与国内外优秀同专业期刊的交流和与合作，塑造品牌意识；深入到各大学和研究机构、图书馆等去推广和宣传期刊，发展用户。

3 总结和展望

随着科技进步和信息飞速传播，对于中国科技期刊而言，顺应时代潮流，把握自身的特点和优势，体现引领作用，促进科技成果传播，既是摆在面前的任务，又是未来的生存之道。保证组稿质量，做好审稿专家队伍和编委队伍建设，提高出版质量，做好网络化、数字化出版工作，提高服务水平，广泛宣传，是全面提升期刊质量的根本途径和重要措施。《海洋与湖沼》作为国内水科学领域的重要期刊，以打造精品期刊为目标，本着求实创新的工作态度，经过一代代编辑的努力，取得了丰硕的成果和经验。

中国科协精品科技期刊工程项目为《海洋与湖沼》指引了未来的发展方向，为打造精品、健康发展提供了平台与保障。我们在之前工作的基础上，为未来几年《海洋与湖沼》的发展制订了具体目标和规划：一是紧密结合科研一线，重点推介国内前沿、高水平成果，未来 3 年内组织出版至少 2 期高级别会议特刊专辑；二是严把论文学术质量关，尊重作者，服务作者，以期切实提高期刊影响力和出版质量，而不是逐本求末，追求表面虚华；三是推进审稿专家队伍发展，建设一个更大范围的动态更新的审稿专家数据库；四是广泛宣传，吸引水科学领域优秀论文，提高国际论文比率。通过以上各项工作，将《海洋与湖沼》真正建设成为中国乃至东亚地区有重要影响力的水科学领域优秀期刊。

参 考 文 献

[1]任胜利. 我国科技期刊的现状及其在学术交流中的作用[J]. 中国科技期刊研究，2007，18(3)：357－360.

[2]刘远颖，刘培一. 论学术期刊核心竞争力的提升[J]. 中国科技期刊研究，2007，18(2)：191－194.

[3]2012 精品科技期刊工程项目指南[EB/OL]. http://www.cast.org.cn/n35081/n35096/n13118139/13904420.html.

[4]贺德方，乔晓东，曾建勋，等. 精品科技期刊发展战略的支持方式研究[J]. 中国科技期刊研究，2006，17(2)：179－181.

[5]李小玲，王龙杰，马殷华，等. 普通高校学报也应当实施精品战略——广西师范大学学报(自然科学版)提高学术质量的做法[J]. 编辑学报，2005，17(2)：144－145.

[6]杨小平. 中国科技期刊精品发展之思考[J]. 中国科技期刊研究，2007，18(4)：567－571.

[7]张洁，王倩，董应才，等. 浅论学术期刊人力资源激励机制[J]. 农业图书情报学刊，2004，15(7)：77－79.

[8]王平. 利用激励机制提高科技期刊的质量和影响力[J]. 编辑学报，2007，19(5)：361－363.

[9]诸叶梅,覃怀银.浅析科技期刊的发展及面对挑战的应对措施[J].中国科技期刊研究,2006,17:920-923.

Aiming at a Competitive Science and Technology Journal: An Example of *Oceanologia et Limnologia Sinica*

CONG Peixiu, LIU Xiujuan, YU Ziye

Editorial office of *Oceanologia et Limnologia Sinica*, Qingdao 266071

Abstract: Taking *Oceanologia et Limnologia Sinica* for example, we discussed the ways of forging a competitive science and technology journal in water sciences. Under present tough situation of scientific publication, we shall enhance journal quality by encouraging submission, intensifying solicitation, improving peer - review quality, motivating editorial board, upgrading technologies in e - publication, and promoting the service for effective scientific propagation.

Keywords: *Oceanologia et Limnologia Sinica*; Competitive science and technology journal; Publication quality

审稿编辑:莫　京

32.《遥感学报》

以质量树品牌　以创新谋发展

边　钊[①]　闫　珺
《遥感学报》编辑部,北京　100101

摘要:“十二五”时期是国家深化新闻出版体制改革、促进文化大发展、大繁荣的重要时期,中国科学技术的迅猛发展,大量科技成果的快速涌现,也吸引了国外出版机构和科技期刊的大举进入,它们通过直接或间接方式参与中国优秀稿源的竞争,严重冲击着国内科技期刊发展。与此同时,大部分国内科技期刊还固守着传统的经营理念、办刊模式和技术手段,发展速度较为缓慢,难以适应学科发展的需要。如何保质保量树品牌,求实创新谋发展也成为国内科技期刊的重要任务。《遥感学报》在分析国内外期刊发展趋势的基础上,结合遥感及相关领域科学技术迅猛发展的大好形势,探索出一条符合自身特色的办刊之路。

关键词:国际化;办刊质量;数字化出版;新媒体;集约型

1　明确办刊方向,确定期刊定位

《遥感学报》(以下简称《学服》)创刊于 1997 年,主办单位为中国科学院遥感应用研究所、中国环境遥感学会,主管单位为中国科学院。《遥感学报》是随着中国遥感事业的发展而成长起来的第一本遥感刊物,在中国遥感科学技术的发展进程中始终发挥着重要作用。《遥感学报》致力于报道遥感领域及其相关学科具有国际、国内先进水平的研究报告和阶段性研究简报以及高水平的领域综述。着重反映学科领域的新思路、新成果、新进展。内容涉及遥感基础理论,遥感技术发展、遥感在农业、林业、水文、地矿、海洋、测绘等资源环境领域和灾害监测中的应用以及遥感与 GIS、空间定位系统(GPS)的结合及其应用。

多年来,《遥感学报》荣获许多重要期刊奖项和荣誉,2012 年入选中国最具国际影响力学术期刊,2005—2012 年连续 8 年入选百种中国杰出学术期刊,2008—2011 年连续两届入选中国科技精品期刊,并先后荣获“期刊方阵”、全国优秀测绘期刊奖、中国科学院优秀期刊奖、全国优秀地理期刊奖等殊荣,在历年中国科学院科技期刊审读评价中《遥感学报》编校质量均获好评。

根据 2012 年《中国学术期刊国际引证报告》,《遥感学报》的国际他引影响因子为 0. 315,在 3533 种科技期刊中排名 106。根据 2012 年《中国科技期刊引证报告》,《遥感学报》的综合评价总分排在测绘类期刊的第 1 名;总被引频次为 1496,位列测绘类期刊第 2 名;影响因子为 0. 710,位列测绘类期刊第 2 名;期刊综合评价指标位居全国 1998 核心期

① 《遥感学报》编辑部,网络编辑。E-mail:bianzhao@ irsa. ac. cn。

刊的第 73 名。

2　学术质量是期刊的生命

期刊的学术质量是期刊可持续发展的重要保证[1-3]，为确保《遥感学报》的学术品质，编辑部采取了一系列有效措施。

2.1　精心策划选题，加强组稿约稿工作

近年来，《遥感学报》将高水平的选题策划以及组稿、约稿作为编辑部的工作重点，开展了对国内遥感领域重点学术研究机构进行走访的工作，陆续推出一系列前沿专栏和专辑，积极组织高质量、高影响力的优秀论文。

（1）把握遥感领域的研究动态，策划体现遥感科学发展水平和最新进展的选题，如“水质遥感：纯水光学参数测量”、“极地遥感专栏”等。

（2）密切关注国家重点课题的研究工作，对课题的成果进行连续的跟踪报道。

（3）要求每一位编辑利用参加学术会议的机会拜访遥感领域的学者专家，了解他们的研究动向，邀请其把最新的研究成果发表在《遥感学报》上。

（4）积极参与国际学术交流和国际合作，开拓国际稿源。先后参加多次亚洲遥感大会，发表大会优秀论文；与美国光学学会建立战略合作，共同组织“中国对地观测最新进展论坛”；与 SCI 期刊 *Journal of Applied Remote Sensing* 建立合作，学习国际期刊的运作管理经验。

2.2　充分发挥编委会的作用

编委会的整体水平和作用直接影响刊物的方向和质量。《遥感学报》编委会是学报的学术领导机构，负责指导和监督学报编辑部工作，并且为学报的成长发展做出了巨大贡献：

（1）强大的编委队伍：历任主编均是遥感领域的院士，76 位编委汇集了全国重要遥感机构的学科带头人和知名学者，其中两院院士 12 位，15 位国际编委分别是来自 13 个国家的外籍知名遥感科学家，为学报提供了雄厚的学术资源。

（2）高效的主编副主编联席制度：8 位主编、副主编直接参与学报的日常审稿、定稿以及选题策划工作，审议出版计划，检查审稿情况。

（3）严格的编委会年会制度：每年学会年会期间都要召开学报编委会，总结学报工作，规划学报近期工作。每位编委必须参与组稿和审稿工作，充分利用其所在领域的学术资源，组织策划学科前沿重大成果选题，亲自撰写或推荐高影响力的论文。

（4）活跃的国际编委团队：国际编委除了承担英文论文的评审，还要负责提升期刊的国际论文比，通过其在本国的影响力，组织高质量的国际论文，开展学报的海外推广及与国际学术团体的合作交流。

2.3　强大的审稿专家团队

《遥感学报》遵循学术规范，执行同行评议，拥有一支活跃在科研一线，公正严谨的审稿专家团队，能够保证论文的学术品质逐年提升。

（1）近年来，随着英文论文的不断增加，学报还邀请越来越多的国际审稿人参与论文评议工作，并正在建立国际审稿专家库。

（2）为贡献突出的审稿专家制定更完备的奖励和服务机制，提升学报学术品质。综合审稿专家的审稿情况，评选“年度优秀审稿专家”，为他们本人及所在单位颁发“优秀审

稿专家”证书，并对不少于10%的优秀审稿专家给予一定额度的奖金且全年免费赠刊，同时对他们撰写的论文实行减免相关费用和启动优先处理通道等专属优惠措施。

(3)保证学报审稿团队的动态更新和不断壮大，利用参加学术会议以及通过数据库检索的方式，寻找治学严谨、公信力高、科研能力强的学者专家，尤其是活跃在科研一线的新锐科研人员充实审稿团队。

2.4 严格杜绝学术不端现象

为维护健康良好的学术气氛、保护广大读者的权益，确保论文的原创性，先后加入了《中国科协所属全国学会关于加强科技期刊科学道德规范营造良好学术气氛的联合声明》和全国地理期刊学术道德联盟。严格依据中国科协、国家教育部和中国科学院等有关学术道德标准规范，在稿件处理各环节进行多次审查，并制定了《学术不端认定和处理办法》，一经发现严肃处理。严格执行同行评议审稿制度，不给低质论文可乘之机，严防各种学术不端现象的发生。

2.5 加强与读者、作者的互动

(1)开通公共邮箱，在《遥感学报》官方网站上开通“留言板”模块，解答作者和读者提出的问题，增加交流的机会。

(2)为了让作者能够了解已发表论文的引用情况，每年年底根据中国科学引文数据库(CSCD)的引文检索结果，把上一年发表论文的被引情况报告发送给作者。

3 加强期刊出版质量建设

自创刊以来，始终贯彻国家各项有关期刊出版的管理规定和法律法规，严格执行国家编辑出版标准规范。

(1)《遥感学报》拥有相互独立、功能各异的中英文网站，采用与国际接轨的在线业务系统，实现了从投稿、论文评审到编辑加工、网络出版的全流程网络办公，提高了工作效率，缩短了稿件处理周期；英文网站更购置了先进的Scholar One在线投稿业务系统，以适应国际作者和审稿专家的习惯；在实现投、审、编全流程在线处理功能和网刊功能的同时，中文网站还为国内读者提供了丰富及时的专业信息服务，而英文网站将成为快速提升海外显示度和影响力的重要渠道。

(2)针对突发性的重大灾害事件，《遥感学报》设置了灵活高效的应急报道机制。在2008年四川汶川地震及2011年日本海啸灾害发生后，《遥感学报》都在第一时间快速联合多名院士及领域专家，组织出版专栏，及时报道遥感在灾情监测、评估以及灾后重建等方面的最新应用成果和进展。

(3)《遥感学报》建立了完整的编辑出版流程以及编校出版质量检查审核制度，除了三名专业编辑校对人员对每期论文进行三审三校，编辑部内部还要对每期编校的论文进行校对检查，并将每篇论文校样送给论文作者审核，确保编辑出版质量。

4 重视人才培养

随着出版行业的繁荣发展，高素质的编辑人才的需求不断增长，如何建立出版编辑人才的培养机制，顺应时代发展的需求也成为期刊出版单位的重要任务。《遥感学报》编辑部拥有一支年轻专业的编辑团队，并通过以下措施不断提高编辑水平，培养职业素养，加强队伍建设。

(1)优化编辑人才结构。为适应学报国际化发展的需要，编辑部设置了中文编辑、英文编辑、网络编辑岗位，选拔具有硕士以上学历的专业青年人才充实编辑队伍，做到分工明确，职责清晰。

(2)重视编辑人才培养。鼓励编辑积极参与遥感领域的学术交流，与活跃在一线的科研人员交朋友，培养对科研成果的敏感度；鼓励编辑紧跟期刊发展潮流，关注国际同行期刊动向，学习先进的办刊理念，钻研数字出版技术；结合每位编辑的教育背景及岗位要求因材施教，把每一位编辑都培养成适应新时代要求的复合型编辑。

(3)不断提升编辑业务水平和职业素养，每位编辑不仅必须获得从业资格，还要参加由国家新闻出版总署认证的编辑在职教育和上岗培训(每年不少于 72 学时)。编辑部内部在日常工作中互帮互学，确保编辑部具备较高的整体业务能力。

(4)定期组织交流活动，分享办刊经验和工作体会，不仅提高了编辑的业务能力，对人际交往能力的提高也大有裨益。

5　期刊数字化平台建设

在从传统印刷出版向数字出版转型的过程中，结合自身特点和发展策略，在数字化出版方面开展了大量工作。

(1)先后进行两次改版，2012 年完成系统全面升级。升级后的网站在继承在线处理功能和网刊功能的同时，依托网络优势还增加了很多特色栏目，如：网站中的“历年遥感会议”模块为读者提供了每年要召开的国内遥感会议信息，“封面说明”模块提供了历年各期的封面图像及文字说明，每年评选一次最优审稿专家，旨在鼓励和感谢其为学报所做的工作。

(2)建立了历年期刊全文数据库，一方面，可支持学报编辑部针对不同需求，对论文数据、投稿作者信息、审稿专家信息进行统计分析，发现有潜力的作者群体、跟踪研究热点，为学报的科学发展规划提供可靠依据；另一方面，也可满足广大读者根据不同类型的阅读需求，进行复杂的文献查询、检索和在线浏览、下载服务。

(3)制定了元数据标准，对网刊中历年发表论文的重要信息如作者、单位、中英文关键词、参考文献、引用格式进行了规范化处理，为学报后续的全面数字出版做好了准备。

(4)于 2010 年加入了中国科学院 OA 期刊群，不仅提供历年发表论文的目录、摘要，还提供每篇论文的 PDF 全文在线浏览和免费下载。

(5)实现了优先出版，除了在学报网站实现优先录用，还与中国知网合作对学报最新录用的论文优先出版，大大缩短了出版周期，提高了论文的时效性和曝光度。

(6)提供丰富的专业信息服务。学报网站不仅是学报的业务平台、网刊平台，同时也是学报对外宣传和提供各类信息服务的窗口。“全球 SCI 最新发表论文”模块实时更新发表在全球 SCI 期刊上的最新学术论文信息；“遥感会议”模块可以提供全年重要遥感学术会议的详细信息；“相关链接”模块建立了与国内外各大科学数据库、重点科研机构、重要遥感期刊的相互连接。

6 期刊资源集约化建设

随着期刊数字化网络化的发展,如何充分利用网络资源,加强期刊资源集约化建设成为期刊面临的重大问题。实现科技期刊出版的集约化既是世界科技期刊的发展趋势,也是世界科技期刊发展的成功经验。而中国科技期刊存在条块分割、重复办刊、力量分散,以及技术能力不高、缺乏国际竞争力等诸多弊端。所以集约化是中国科技期刊发展的大势所趋,也是做大做强中国科技期刊业的根本出路[4]。近年来,《遥感学报》在这方面做了大量尝试。

(1)通过联合《中国图象图形学报》,结合两刊在学科上的交叉性,以及满足期刊效益最大化的需求,组建新媒体科技期刊运营平台,实现从选题策划、组稿、在线业务,到网刊发布、数据检索、专业化信息服务等方面的资源共享。今后,还将联合本领域更多的优秀学术期刊,形成本学科具有代表性的集群化的运行平台,实现资源共享的最大化。

(2)尝试和专业的技术公司合作,采用领先的排版印刷技术,实现期刊的高品质数字化出版。先进的XML数字化排版技术可以形成标准灵活、结构化的出版资源,不仅符合国际出版行业资源存储管理的标准形式,为加入更多的国际化数据库奠定基础,也可以转换成满足读者需求的阅读终端显示模式,使读者随时随地体验无缝阅读,将大大增强《遥感学报》的传播力和国际影响力。

7 加强期刊的宣传推广工作

宣传推广对于提升期刊的影响力起着举足轻重的作用,《遥感学报》一直以来十分重视期刊的宣传推广工作。

(1)充分依托官方网站各种专业服务功能对期刊进行宣传,如利用E-mail alert、RSS等推送功能把最新目次和论文发送给作者、审稿专家以及读者,让他们能够快速了解本领域最新的研究成果。

(2)密切联系遥感领域的专家和学者,定期把最新出版的刊物免费邮寄给遥感领域的专家、研究机构、图书馆。

(3)要求编辑人员充分利用参加学术会议的机会发放宣传资料。

(4)搜集和整理科技论文写作方面的相关资料,并利用官方网站进行发布,帮助作者提高写作能力。

(5)定期把学报所获重要奖项、最新举措、专栏组稿等信息通过新闻稿的方式在期刊网站、主办单位网站、学会网站、中科院网站上进行报道。

(6)定期举办“与科学家面对面”活动,邀请本领域活跃的学者专家与广大读者分享最新的研究成果以及热点研究方向,并在期刊网站上发布报告视频。

8 思考与发展

《遥感学报》虽然目前已跻身国家级权威学术期刊的行列,然而与众多国内科技期刊一样,面对规模较小、集约化程度低等诸多因素的制约,需要进一步探索转型期的良性办刊模式。纵观国际知名学术期刊的成功办刊模式,结合遥感领域的发展趋势,今后《遥感学报》的重点将放在提高学术质量以及顺应数字化出版等方面。

首先,《遥感学报》将采取一系列有效的措施策划出版前沿遥感专栏,使学术质量更上一层楼,在巩固学报在国内遥感领域的优势地位基础上,提升国际影响,实现从国内权威期刊向国际有影响力期刊的转型。

此外,《遥感学报》还将依托迅猛发展的网络化、数字化的环境,不断尝试和运用多种最新网络技术手段,实现从传统出版模式到数字化出版的转型。积极开展与国际数字化出版平台及重要国际遥感机构的合作,加入更多国际数据库,不断提升学报的海外影响力和显示度,走出一条符合自身特色的办刊之路。

参 考 文 献

[1]袁桂清.论科技期刊选题策划的意义与方法[J].中国科技期刊研究,2012,23(2):180-184.

[2]林松清,佘诗刚,刘小然.试论退稿率与期刊学术质量控制——以《岩石力学与工程学报》为例[J].中国科技期刊研究,2012,23(2):282-286.

[3]祝晚华,孙瑛.提升行业科技期刊的学术质量水平的方法探讨[J].中国科技期刊研究,2012,23(5):866-868.

[4]吴寿林,刘利,胡小萍.我国科技期刊集约化的现状及基本构想[J].中国科技期刊研究,2009,20(3):392-395.

Road to Excellence of *Journal of Remote Sensing*: Quality and Innovation

BIAN Zhao, YAN Jun

Editorial of Journal of Remote Sensing, Beijing 100101

Abstract: The rapid development of China's science and technology attract the foreign publishing houses and scientific and technical journals into China. A lot of excellent manuscripts lost which hinders the development of domestic scientific and technical journals. At the same time, most of the domestic scientific journals' development is relatively slow because of the traditional business concepts and technology. Based on the analysis of the development trend of the international journals, combining with the rapid growth of science and technology of remote sensing and its related fields, *Journal of Remote Sensing* explores the road to build the first-class journal in the world.

Keywords: Internationalization; Quality of journal; Digital publishing; New media; Integration

审稿编辑:莫 京

33.《地理学报》

学术质量的提升过程和保障措施

姚鲁烽[①] 何书金 赵 歆
《地理学报》(英文版)编辑部,北京 100101

摘要:分析《地理学报》的基本发展历程,列举了近10年来《地理学报》获得的各类期刊奖励和基金资助,显示了期刊主要指标的提高过程。系统地介绍了期刊质量建设的基本特征,总结了期刊提高学术影响力的主要举措。最后着重阐述了《地理学报》在开展审稿意见总结和论文写作研究方面的基本方法和主要内容,指出这是提高期刊编辑学术水平和业务素质的重要途径。

关键词:《地理学报》;学术影响;编辑

1 期刊基本情况

1.1 发展历程

《地理学报》是由中国科学院主管,中国科学院地理科学与资源研究所和中国地理学会主办的学术期刊,由科学出版社出版。《地理学报》的办刊宗旨是:向国际学术界宣传中国地理学的重大科研成果,为中外地理学合作研究提供发表的平台,吸收国际优秀地理学成果。

《地理学报》创刊于1934年,是中国最早创立的学术期刊之一。《地理学报》主要刊登能反映地理学科最高学术水平的最新研究成果,地理学与相邻学科的综合研究进展,地理学各分支学科研究前沿理论,与国民经济密切相关并有较大应用价值的地理科学论文。

1.2 获奖及基金资助情况

近10年来,《地理学报》多次获得新闻出版总署、中国科协、中国科学院、科技部中国科技信息研究所等部门颁发的奖励(表1)。

表1 《地理学报》历年获奖情况

年度	获奖项目
1992	全国优秀科技期刊奖一等奖
1992	中国科学院优秀期刊奖一等奖
1992	中国科学技术协会首届优秀学术期刊奖一等奖

① 《地理学报》编辑部主任,研究员,E-mail:yaolf@ igsnrr. ac. cn。

续表

年度	获奖项目
1992	北京市新闻出版局编辑质量奖、期刊效益奖、办刊条件奖
1994	中国地理学会全国优秀地理期刊奖
1994	全国学会活动先进集体称号
1996	中国科学院优秀期刊奖一等奖
1997	第二届全国优秀科技期刊奖三等奖
1999	中国地理学会第二届全国优秀地理期刊奖
2000	中国学术期刊(光盘版)编辑委员会《CAJ－CD 规范》执行优秀奖
2000	中国科学院优秀期刊奖一等奖
2001	国家新闻出版署中国期刊方阵
2005	第三届国家期刊奖百种重点期刊
2002—2012	连续 11 年获百种中国杰出学术期刊奖
2006—2012	连续 7 年荣获中国科协精品科技期刊工程项目资助
2012	2012 中国最具国际影响力学术期刊奖

《地理学报》自 1996 年以来一直获得中国科学院的科学出版基金资助,2005—2008 年获得国家自然科学基金资助,2006 年以来一直获得中国科协的精品科技期刊的资助。

1.3 期刊主要指标的提高

近 10 年来,《地理学报》的影响因子一直保持在本学科期刊的第一、二名,全国期刊的前 12 位。总被引频次一直保持在本学科期刊的第一名,全国期刊的前 40 名(表 2)。

表 2 《地理学报》2001—2011 年度被引证情况

年度	影响因子	影响因子全国排名	影响因子学科排名	被引频次	被引频次全国排名	被引频次学科排名	他引总引比	即年指标	引用刊数
2001	1.493	5	2	847	50	1	0.91	0.316	183
2002	2.301	3	2	1204	40	1	0.90	0.262	199
2003	2.269	6	1	1691	34	1	0.92	0.307	229
2004	2.273	6	2	2208	26	1	0.92	0.171	267
2005	2.136	7	2	2628	29	1	0.94	0.191	219
2006	2.302	9	1	3164	32	1	0.93	0.304	332
2007	2.143	12	2	3621	29	1	0.93	0.180	359

续表

年度	影响因子	影响因子全国排名	影响因子学科排名	被引频次	被引频次全国排名	被引频次学科排名	他引总引比	即年指标	引用刊数
2008	2.138	5	1	3961	33	1	0.94	0.169	351
2009	2.236	7	1	4522	32	1	0.94	0.133	382
2010	2.438	3	1	4899	26	1	0.94	0.184	386
2011	3.310	4	1	5179	29	1	0.94	0.250	386

来源:中国科技信息研究所历年《中国科技期刊引证报告》。

2 期刊的质量建设

2.1 编委会组成

《地理学报》的编委会有中国科学院院士7人、国外学者5人、大学校长副校长3人、中国科学院所属研究所所长3人,具有很高的学术权威性。国外编委通过电子邮件对期刊提供学术指导,帮助审阅英文稿件。每年都有国外编委来华进行学术交流,提出办刊意见。《地理学报》每年定期召开编委会的汇报会,检查期刊的工作情况、制定期刊改进方案。

2.2 出版过程控制

为规范论文评选方法,《地理学报》所有的来稿都采用国际惯用的双盲制审稿,经过同行评议和三审评选。

为保证印刷质量,自2001年以来,一直采用铜版纸印刷,彩色插图随文混排。

3 期刊提高学术影响力的主要举措

3.1 积极加入国内外的重要检索机构

加入国内外的重要检索机构是增加期刊论文检索途径、提高期刊国际影响力的重要方法。编辑部积极与国内外检索机构联系、全面介绍期刊的办刊宗旨和刊稿内容,按时提供期刊样本。目前被国内外主要检索机构收录。

国内检索机构包括:

(1)中国科技信息研究所的中国科技论文与引文数据库(Chinese Science and Technology Paper and Citation Database,CSTPCD);

(2)中国学术期刊(光盘版)电子杂志社的中国学术期刊影响因子年报(Annual Report for Chinese Academic Journals Factors,ARCAJF);

(3)中国科学院文献情报中心的中国科学引文数据库(Chinese Science Citation Database,CSCD)。

国际检索机构包括:

(1)俄罗斯科技信息研究所(VINITI)的文摘杂志(Abstract Journal of All – Russian Institute of Scientific and Technical Information,AJ);

(2)美国的剑桥科学文摘(Cambridge Scientific Abstracts,CSA);

(3)日本科学技术公司(The Japan Science and Technology Corporation,JST)的科学技

术文献速报(Current Bibliography on Science and Technology)。

3.2 在国内外主办的大型国际学术会议上展示期刊

在国内外主办的大型国际学术会议上展示期刊,是提高期刊在专业学术界知名度的有效方法。自2001年以来,《地理学报》每年都要参加在国内外举办的大型学术会议或期刊展,特别是在国内举办的带有书刊展示的国际学术会议,编辑部都要组织参展。对在国外召开的国际学术会议,编辑部会让参会的作者携带期刊在会议上展出。为了让国外学者更好地了解《地理学报》,编辑部专门印制了英文宣传单,分发给参会的代表。

3.3 数字平台建设

为了更广泛、更有效地发布期刊的研究论文成果,《地理学报》一直紧跟国内外数字出版的形式,进行期刊网站建设,将期刊论文的电子版发送到国内外主要期刊网站上,并实行论文开放获取。《地理学报》1934年以来的稿件都在中国期刊网CNKI上全文发表。2012年,《地理学报》出版了1934—2011年论文光盘。

根据中国科学文献计量评价中心等单位2012年12月出版的《中国学术期刊影响因子年报(自然科学与工程技术)2012年版》统计:《地理学报》在中国期刊网(CNKI)的Web即年下载率(当年发表的论文平均每篇被下载的次数)由2010年的173篇增加到2011年的235篇[1],提高了35.8%(表3),是全国3648种自然科学与工程技术类期刊的最高值。

表3 《地理学报》2009—2011年网络统计指标

年度	总被引频次	影响因子	他引总引比	被引期刊数	当年载文量	Web下载量/万	即年下载率
2009	5353	2.643	0.96	1010	150	25.12	173
2010	7010	3.127	0.96	1050	148	31.10	173
2011	7333	3.081	0.95	1053	150	35.54	235

来源:中国学术期刊(光盘版)电子杂志社历年《中国学术期刊影响因子年报》。

4 提高期刊学术水平的保障措施

对审稿意见的学习和总结是提高期刊学术水平和编辑素质的重要途径。《地理学报》编辑部10余年来持续不懈地对专家审稿意见进行系统分析和归类总结。编辑在收到审稿意见后,不仅要反馈给作者用于论文修改,还要进行审稿意见研究,深入分析审稿意见的类型、层次、属性,提供给作者和编辑用于相关论文的撰写和修改。这样的审稿意见总结极大提高了编辑的专业审稿水平和论文修改能力。

地理学论文审稿意见主要涉及以下几个方面。

4.1 论文的数据要求[2]

(1)数据的类型组合、分析处理、组合匹配;

(2)数据的来源说明、出处标注、采样环境、测定方法、生成过程、转换途径;

(3)数据的时间要求,包括:数据的即时程度、时段长度、过程完整性、时间同步性、类型代表性；

(4)数据的空间要求，包括：数据的空间范围、分布密度、类型涵盖以及数据点线面的差异；

(5)数据的精度要求，包括：观测数据、实验数据、统计数据、模拟数据、历史数据的精度；

(6)数据的合理检验，包括：数据极值合理性、对比合理性的检查；数据的频率分布检验、统计差异检验。

4.2 论文的插图要求[3]

(1)插图的格式要求，包括：标题要求、尺寸比例、字体字号、颜色选择、相关说明；

(2)插图的图例要求，包括：图例的使用类型、定量标注、分级标注；

(3)地图的要求，包括：底图的选择、国界的要求、地名的选取；

(4)曲线图的要求，包括：坐标选择、数值表达、线型区分；

(5)遥感影像的使用，包括：分辨率、成像时间、技术处理等。

4.3 论文的表格要求[4]

(1)表格的基本形式，包括：表头的要求、表注的要求；

(2)表格的行列排序，包括：按重要性的大小排序、按区域隶属关系排序、按相关逻辑关系排序；

(3)表格的数据，包括：数据精度的取舍和统一、排列和对齐方式。

4.4 论文各部分的要求

(1)论文的写作规范要求[5]，包括：标题、摘要、关键词、引言、结论等方面的要求；

(2)论文的英文要求[6]，包括：英文的地名表达、时间表达、概念表达、图表表达等多方面；

(3)论文的参考文献要求[7]，包括：参考文献的广泛性、相关性、可靠性、即时性等的检查；

(4)论文的类型结构要求，包括：时空变化类论文、相关影响类论文、分区分级类论文、实验分析类论文、数学模拟类论文[8]、综述评论类论文。每类论文的要求主要涉及基本步骤、数据要求、常用的插图类型等方面。

参考文献

[1]中国学术期刊(光盘版)电子杂志社等. 中国学术期刊影响因子年报[J],2012,(10):127.

[2]姚鲁烽,赵歆. 地学论文审稿中的数据分析[J]. 编辑学报,2002,14(1):34-35.

[3]姚鲁烽,何书金,赵歆. 地理学论文的插图要求[J]. 地理学报,2007,62(1):104-111.

[4]何书金,姚鲁烽,赵歆. 地理学论文的表格要求[J]. 地理学报,2007,62(2):222-224.

[5]何书金,姚鲁烽,赵歆. 地理学论文的写作规范与要求[J]. 地理学报,2007,62(6):669-672.

[6]赵歆,姚鲁烽,何书金. 地理学论文的英文写作问题[J]. 地理学报,2007,62(3):334-336.

[7]姚鲁烽,何书金,赵歆. 地理学论文的参考文献要求[J]. 地理学报,2008,63(6):669-671.

[8]姚鲁烽,何书金,赵歆. 地理学论文的数学模型写作要求[J]. 地理学报,2007,62(5):555-560.

Upgrading the Quality of *Acta Geographica Sinica*

YAO Lufeng, HE Shujin, ZHAO Xin
Editorial Office of Acta Geographica Sinica, Beijing 100101

Abstract: This article analyzes the development of *Acta Geographica Sinica* and the improvement of the journal's key indicators based on all the awards and funds obtained in the past ten years. And it gives a general introduction to the construction of journal quality and summarizes the main initiatives for upgrading academic influence of the journal. Finally this article indicates that studies on peer review and scientific writing are critical in improving the academic level and professional quality of science editors.

Keywords: *Acta Geographica Sinica*; Academic influence; Editor

审稿编辑:莫　京

34.《中华结核和呼吸杂志》

呼吸与共　薪火相传

李文慧[①]
《中华结核和呼吸杂志》编辑部，北京　100710

摘要：介绍了《中华结核和呼吸杂志》的基本概况及所取得的成绩。在内外竞争不断加剧的情况下，制定了立足国内，面向国际的发展战略。一方面，充分利用专家资源，利用在国内的影响力和历史积淀，积极开展各项活动，加强数字化建设，巩固期刊的学术地位，提升学术影响力；另一方面，积极吸引并发挥国外编委的作用，拓展国际生存空间。

关键词：《中华结核和呼吸杂志》；成就；发展战略

1　概况

《中华结核和呼吸杂志》于1953年7月由中华医学会创办，其前身为《中华结核病科杂志》。在漫长的办刊过程中历经磨难，2次停刊（1960年和1966年），4次更名：《中国防痨》（1959年）、《中国防痨杂志》（1966年）、《中华结核和呼吸系疾病杂志》（1978年）、《中华结核和呼吸杂志》（1987年），刊期由季刊、双月刊改为现在的月刊。

1.1　编辑委员会

《中华结核和呼吸杂志》编辑委员会专家云集，既有德高望重的老专家，又有热心杂志工作、年轻有为的中青年专家，保证了编辑委员会的权威性和连续性。历任总编辑为裘祖源教授、罗慰慈教授、朱元珏教授和钟南山院士。现任总编辑为刘又宁教授，钟南山院士任名誉总编辑。现任编委会由国内外结核和呼吸专业的著名学者、学科带头人，以及医学院校的领导及各大医院的科室主任组成，共计165名，平均年龄49岁。外籍编委约占编委会总人数的10%。编辑委员会的重要职责是引领学科发展，保证杂志的学术质量。

1.2　编辑出版情况

《中华结核和呼吸杂志》现为月刊，每期80面。每年来稿量为1100～1400篇，不包括会议征稿及其他来稿。稿件刊用率为20%～30%。近3年来，论文发表周期进一步缩短，270天内的稿件刊出率保持在85%～91%。国家及省部级以上基金资助的论文比例为24%～31%。杂志的期均发行量一直保持在8000册左右（不包括赠阅）。在各级评审中，《中华结核和呼吸杂志》的编辑及出版质量一直位于中华医学会系列杂志的前茅。

稿件质量是《中华结核和呼吸杂志》唯一的价值取向。在多年的办刊过程中形成了一整套严格而又公正的组稿和审稿制度，始终坚持稿件的三审五定制，保证了论文的学术水平。为避免优秀稿件流失，开辟了绿色通道，优先发表首创的研究论文，确保作者的

---

① 《中华结核和呼吸杂志》编辑部主任，编审，E-mail：liwenhui@cma.org.cn。

首报权。为了公平对待每一篇来稿,建立并完善了申诉制度,如果作者对专家审稿意见或编辑部处理方式不满意,即可向编辑部提出申诉,稿件将重新进入审理程序。

1.3 编辑部人员情况

《中华结核和呼吸杂志》非常注重编辑部人员的梯队建设,每年有计划地组织人员参加培训,使编辑部人员的结构、专业知识始终保持一种良好的状态。编辑部现有 5 人,其中编辑 4 人,编务 1 人,平均年龄 45 岁。3 人为本科学历,2 人为研究生。高级职称 2 人,中级职称 2 人,初级 1 人,均获得新闻出版总署职业资格证书。

2 取得的成绩

2.1 期刊的影响力

自 1953 年创刊以来,在中国科协、卫生部及中华医学会的领导下,在各界人士的支持和关爱下,《中华结核和呼吸杂志》从一棵幼小的树苗长成了一棵参天大树。在办刊过程中,始终秉承“贯彻党和国家对卫生工作的方针政策,贯彻理论与实践、普及与提高相结合的办刊方针,反映我国结核和呼吸专业临床和科研工作的重大进展,促进国内外结核和呼吸专业学术交流”的办刊宗旨。在我国每次重大的公共卫生事件中,充分发挥了期刊的引领及学术导向作用,承担并体现了医学期刊的社会责任,为我国的医学事业做出了应有的贡献。

始终坚持严格的审稿制度,得到医学界同仁的认可,并享有较高的声誉。多年来,被著名的美国医学索引(IM/Medline)及其数据库、美国生物学文摘(BA)、俄罗斯文摘杂志(AJ)等十几种国外重要数据库及检索系统收录,被国内包括中国核心期刊要目总览、中国科技论文统计源期刊(中国科技核心期刊)、万方数据库、中国期刊全文数据库、中国学术期刊综合评价数据库等 20 多种重要数据库及检索系统收录。2001 年入选新闻出版总署遴选的中国期刊方阵,并获双效期刊称号。1999—2011 年连续获得中国科技信息研究所评选的“百种中国杰出学术期刊”称号。2008 年进入国家科技基础条件平台建设项目(编号 2005DKA43504)324 种精品期刊。2006—2012 年连续获得中国科协精品科技期刊工程项目资助(B 类)。在中华医学会 123 种期刊评比中,多次位于综合排名第一。2011 年获得中国出版政府奖期刊奖,在全国近万种期刊中只有 10 种科技类期刊获此殊荣,《中华结核和呼吸杂志》是唯一获此殊荣的医学类期刊。

在 2012 年 11 月发布的我国 1998 种核心期刊内科系统综合排名中,位于内科学类期刊的第 2 位。总被引频次为 5531,位于我国 1998 种核心期刊的第 22 位、内科类期刊第 2 位。影响因子为 1.105,位于我国 1998 种核心期刊的第 77 位、内科类期刊的第 1 位。这两个指标充分反映了《中华结核和呼吸杂志》学科影响的深度和广度。在 2008—2010 年中国科技信息研究所发布的中国前 100 篇高被引论文中,5 篇来自《中华结核和呼吸杂志》,在中国科协的优秀论文评比中,本刊也有多篇文章入选。

2.2 注重学术导向,引领学科发展

多年来,作为授业解惑的园地,刊登了近 100 篇对临床工作具有指导意义的诊疗指南或专家共识。如:《慢性阻塞性肺疾病诊治指南》、《支气管哮喘防治指南及阻塞性睡眠呼吸暂停低通气综合征诊治指南》等,这些文章分别位于我国 100 篇高被引论文的第 1、第 2、

第6位,被广泛引用和传播,对临床规范结核和呼吸疾病的诊断和治疗起到了重要作用。

2.3 加强人才培养,促进期刊发展

作为人才培养的摇篮,《中华结核和呼吸杂志》多年来培养和发现了大批优秀人才,通过举办医学继续教育活动、专题学术会议等形式,涌现出一批年轻有为的中青年专家。如刊物主办的青年呼吸学者沙龙,从1996年至今,坚持每月举办一次,每次围绕一个主题进行讨论。17年来青年呼吸学者沙龙培养了许多中青年优秀人才,目前,北京市各大医院的呼吸科主任均为当年沙龙的骨干和通讯员。非常重视医生的继续医学教育及学科的建设与发展,根据本学科当前的发展状况、热点及难点问题组织专题学术会议,编辑直接面对读者、作者,了解需求,答疑解惑,为临床医生深入了解该领域的学科进展及学术交流提供了良好的平台,促进了全国本专业医务人员业务技能、理论学识的提高。经过多年的工作,涌现出一批学科带头人,如钟南山院士、刘又宁教授、王辰教授,等等,促进了学科的建设和发展。

2.4 承担社会责任

建国初期,我国结核病肆虐,其严重程度引起了社会各界的恐慌。在这关键时刻,《中华结核病科杂志》应运而生,承担了宣传普及结核病相关知识、推动结核病防治工作的社会责任,对遏制结核病在我国的蔓延起到了重要的作用。2003年SARS暴发时,《中华结核和呼吸杂志》迅速反应,短短20天内,在总编辑钟南山院士的带领下,率先组织专家制定了SARS诊疗方案,及时发表,同时制成单行本,送到抗击SARS第一线的医生手中,为我国成功控制SARS疫情起到了关键性的作用。在2004年人禽流感暴发初期,即发表了总编辑钟南山院士撰写的《未雨绸缪,重视对人禽流感的防治》一文,提醒呼吸界同仁关注人禽流感的发生,并及时报道了我国第一例人禽流感病例。随后,独家报道了卫生部公布的所有人禽流感病例的临床表现和诊治经过,为我国人禽流感的防治提供和积累了宝贵的医学资料,具有重要的历史意义。2009年初北美甲型H1N1流感暴发,我国4月初开始出现疫情,当时国内充满了紧张及恐慌的气氛。面对这种局面,及时组织专家,从流行病学、病毒学、临床表现及预后等方面对该病进行了详细的介绍,短短20天内(即5月初)出版了一期《甲型H1N1流感》专刊,及时发送到全国呼吸科医生的手中,使在临床第一线工作的医生对该病有了较深入的认识,为更好地救治患者提供了指导。随后又开设了《新型甲型H1N1流感》专栏,及时刊登全国各地医生的诊治经验。同时积极组稿,出版了一期以"新型甲型H1N1流感"为重点内容的杂志,其中包括该病的首发病例、危重病例及孕妇病例的临床特点及救治经过,对临床具有重要的指导意义。总之,在每次突发公共卫生事件的关键时刻,《中华结核和呼吸杂志》均表现出高度的学术敏感性,体现了期刊的社会责任,为医学事业的发展积累了重要和宝贵的资料。

2.5 以学术引导经营

在办刊过程中,注重期刊学术质量的同时,注重提高经济效益,2007—2012年,编辑部在只有5人的情况下,年总收入达320万~360万,取得了较好的经济效益。在互联网高度发达的今天,《中华结核和呼吸杂志》纸版杂志的期均订阅数一直保持在8000册左右(不包括赠阅),对于只有1万多名本专业医生的队伍来讲,这个订阅数量体现了刊物的学术影响力。

2.6　完善数字化发展平台

20世纪以来，社会信息化浪潮席卷全球，期刊作为现代信息产业的重要组成部分，处在社会信息化浪潮的前沿，网络化、数字化建设迅猛发展。期刊所承载的信息资源是学科生存之本、发展之源，加速实现信息资源数字化已成为期刊建设和发展的核心与关键。目前《中华结核和呼吸杂志》已完全实现期刊出版的数字化，稿件处理的全过程均可在中华医学会信息管理平台中完成，实现了无纸化办公，最后形成可利用计算机识别、存取并进行网络传输的信息化数字期刊，并经由万方数据库这一平台向读者提供开放存取，成为远程网络数字化信息的重要资源。在此基础上，我们还将逐步进行信息资源的再次开发和建设新的数字化信息资源，并对二者进行整合、重组、分类和组织，通过建立网站与相关专业的网络平台构成链接，进一步开发建设学科数字化文献资源，从而形成新的数字化资源体系。

在未来的办刊过程中，《中华结核和呼吸杂志》将一如既往地坚持党和国家的办刊方针，力争办成国内最好的中文期刊和读者喜爱的“双效、双爱”期刊，在立足国内的同时，积极扩大国际影响力，加快走向世界的步伐。

Passing the Torch　Together We Breathe

LI Wenhui

Editorial Office of *Chinese Journal of Tuberculosis and Respiratory Diseases*, Beijing 100710

Abstract: At present, both China's periodicals of English versions and SCI – indexed international journals compete for the domestic market, and large foreign publishing groups increase power of publicity in China. CJTRD is faced with unprecedented challenges. However, the journal adheres to the strategy to expand an international market based on the domestic market, and takes full advantage of the editorial board with scientists and physician leaders. Based on the influence in the country and the history foundation, CJTRD carried out a variety of academic activities to consolidate the academic status and strengthen the influence by the digital dissemination, and invited foreign editorial board for the competitive in the international realm.

Keywords: CJTRD; Achievement; Strategy

审稿编辑：莫　京

35.《中华医学杂志》

见证百年医学发展　如今周刊扬帆起航

赵景辉　刘雪松　李　伟　朱　瑶　高　洁　陈新石[①]
《中华医学杂志》编辑部,北京　100710

摘要:回顾了《中华医学杂志》创刊近百年来的历史发展过程及代表我国医学科学发展的学术成就,重点展示了近十几年来《中华医学杂志》综合改革的进程和成果,以及期刊的获奖和学术引证指标提升的情况,系统介绍期刊学术质量建设的具体措施和取得的成就,同时还阐述了编辑、出版质量建设在提升期刊学术水平中的作用,全面介绍了实施精品科技期刊建设过程中的经验和体会。

关键词:《中华医学杂志》;期刊;学术影响

1　期刊基本情况

1.1　发展历程

《中华医学杂志》是由中国科学技术协会主管、中华医学会主办的一本医学学术周刊。1910 年留美归国的伍连德博士在医学界同仁中倡议成立中华医学会和创办医学刊物。1915 年,以西方来华的医生为主,有少量中国医生参加的学术团体博医会在上海召开例会,参加会议的中国医生有公共卫生及医史学家伍连德博士(1879—1960)、医学教育家颜福庆博士(1882—1970)、公共卫生及热带病学家俞凤宾博士(1884—1930)等,倡议成立属于中国人自己的医学会。1915 年 2 月 5 日,伍连德、颜福庆、刁信德、俞凤宾等 21 位中国医生集会,经商议达成共识,宣布中华医学会正式成立,并推选颜福庆为会长。会上重要议题之一就是创办一个学术刊物,随之拟名为《中华医学杂志》。1915 年 11 月《中华医学杂志》在上海正式创刊,伍连德任总编辑,当月出版了第 1 卷第 1 期,为中英文并列双语期刊。1916 年 3 月出版第 2 卷第 1 期,并定为季刊。当时主要刊登学会的规章制度、病例报告、译文、普及性文章、会议活动消息等内容。1924 年 12 月,由季刊改为双月刊。1934 年 1 月由于稿源比较丰富,为满足读者和作者的需要,决定由双月刊改为月刊。1951 年 1 月《中华医学杂志》随中华医学会由上海迁入北京出版至今[1]。

1915 年创刊的《中华医学杂志》经过几代人的不懈努力,终于走过了艰难的历程,成为现今我国中文医学期刊中刊龄最长、在国内外影响较大的医学科技期刊之一,报道和记录了 19 世纪末至今中国近代医药卫生事业的重大成果和事件,见证了中国现代医学的进步与发展。

---

① 《中华医学杂志》编辑部主任,编审,E-mail:chenxinshi@263.net。

创刊98年来,《中华医学杂志》始终坚持以服务广大读者、作者和医药卫生科技人员、促进国内外医学学术交流和医学科学事业发展为宗旨,紧跟世界医学进步的潮流,以推动中国医学科学技术的进步和发展为己任,积极推广医药卫生领域的新技术、新成果,交流新经验,普及新知识,为提高中国广大医药卫生人员的理论和业务水平、推动中国医学科学技术的进步和知识创新发挥了重要作用。1956年6月《中华医学杂志》报道了我国学者汤飞凡、张晓楼等教授分离出并证实了沙眼病毒,轰动了世界医学界,导致了微生物分类的变革,后来沙眼病毒正式命名为沙眼衣原体;1958年报道了上海广慈医院抢救烧伤病人邱财康成功,首开大面积烧伤救治成功的先例;1963年4月发表了北京宣武医院神经外科王忠诚教授的《脑干肿瘤21例临床分析》,标志了我国神经外科水平在建国后10多年间取得了飞速发展;1963年10月发表了陈中伟、钱允庆教授的《前臂创伤性完全截肢的再植一例报告》,引起了国际同行的瞩目,开创了世界断肢再植成功的先河[2]。

"文化大革命"中1966年8月停刊,1972年5月复刊。20世纪80年代以后,随着我国的改革开放,《中华医学杂志》也见证了我国医学科学技术的迅猛发展。如:《双氢青蒿素与磷酸喹哌治疗恶性疟的随机比较研究》的发表,奠定了我国自主知识产权药物——双氢青蒿素治疗恶性疟的国际地位。2000年第5期在世界上首次报道了夏家辉院士的文章《人神经性耳聋多肽因子样基因克隆和表达分析》。在肿瘤基础与临床研究、糖尿病及心脑血管疾病的防治、器官移植、微创外科、蛋白质谱基因多肽性等方面进行了重点报道,对提高我国医护人员的诊疗水平起到了积极的推动作用。

《中华医学杂志》为适应医学科学的发展规律,从2001年起在中华医学会系列杂志中率先由月刊改为半月刊,每月增加了48面,刊载的信息量大大提高。随着2002年全年收稿量增加至3200篇,又对版面进行了调整,由每期64面增加至72面,2003年再次增加至每期88面,做到了3年一个台阶,学术论文的刊载量提高了1倍。《中华医学杂志》从2005年开始改为周刊出版,开创了我国科技期刊出版的新纪元,成为我国唯一的综合性学术周刊,结束了我国医学科技期刊没有周刊的历史。近5年来期刊的社会影响力和学术影响力均在不断提升,稿源及总被引频次均在不断增加[3]。

1.2　获奖情况

《中华医学杂志》1992年被国家科委、中宣部、新闻出版总署评为优秀科技期刊一等奖;1997年获中国科协优秀科技期刊一等奖;1999年获首届国家期刊奖,2002年又获得第二届国家期刊奖,2005年获第三届国家期刊奖;2002年至今一直被中国科技信息研究所评为百种杰出学术期刊;2008年和2011年被中国科学技术协会评为精品科技期刊;2009年获新中国60年有影响力期刊称号;2012年获中国科学技术协会精品科技期刊提升项目资助。

在中国科技信息研究所、清华大学、中国科学文献计量评价中心公布的2003—2012年《中国学术期刊综合引证报告》中,《中华医学杂志》的被引频次一直位居中华医学会系列杂志之首,2012年达到9405次。2012年《中华医学杂志》综合影响力在我国近2000种科技期刊中排名第90,在综合类期刊中排名第1。

2 成就与经验

2.1 注重学术质量建设

2.1.1 加强编委会队伍建设

2012年9月成立了以中国工程院高润霖院士为总编辑,由国内外190位知名专家组成的第27届编委会,其中两院院士10人,外籍编委14人,分别来自美国、英国、德国、法国、日本等国家。除编委外另聘请了74位中青年专家担任通讯编委。现聘有国内外各学科专家2980人为审稿专家。2008年邀请美国哈佛大学的外籍编委巴巴拉·史密斯和塞缪尔·戴维·罗佰肯来我国进行讲学,对提高编委的科研和审稿水平起到了积极的推动作用。

2.1.2 加强选题策划

选题策划对提高期刊的学术质量作用显著。根据栏目设置及重点栏目进行选题策划。

(1)常设栏目(17个):总编寄语、标准与规范、述评、专家论坛、重点号(重点报道)、临床研究、基础研究、新技术新方法、疑难病例析评、经验交流、病例报告、国内外学术动态、医学动态、综述、读者作者编者、学术活动预告、消息。

(2)特色栏目(11个):医药卫生策略探讨、循证病例报告、急危症抢救、临床医学影像、医学与人文、书评、学术争鸣、读者来信、追踪共识、讲座、继续教育园地。

重点号栏目每年分别就肿瘤的基础与临床、心脑血管疾病、肝炎及感染性疾病、微创治疗、精神疾病、转化医学、遗传少见病罕见病等领域精心选题,每年出版重点号36期左右。本着瞄准高新领域、贴近临床、贴近读者的角度,组织编写规范、指南等,如:《中国中枢神经系统恶性胶质瘤诊治共识》;《神经外科围手术期出血防治专家共识》;《中国痴呆与认知障碍诊治指南》;《中国戈谢病诊治专家共识》;《中国鲍曼不动杆菌感染诊治与防控专家共识》等。这些共识和指南的刊出不仅增加了杂志的权威性,还增加了杂志被引用的频次。近5年来刊出标准与规范26篇;疑难病例析评142篇。读者来信栏目除了刊登中国读者的来信,还刊登了美国乔治华盛顿大学医学中心Zong EZ教授的来信,信中对《中华医学杂志》刊登的重点号的文章给予了充分的肯定,同时又对中国的针灸医学科学研究提出了希望。

2.1.3 加强文章的三审制度

为了防止学术不端行为的发生,实行严格的稿件三审制度,文章定稿前必须至少有两位同行评议通过,还要有责任编辑、主任、总编辑(或者社长)的三级签发,发表前须有所有作者签署的授权书。此外,每月通过杂志刊登有关《一稿两投和一稿两用问题处理的声明》。对学术不端行为一经核实,即给予严肃处理。近5年共处理2起,均给予撤销文章并通知作者单位的处罚。

2.1.4 加强稿源建设

稿源是期刊的生命之源,也是保障期刊学术质量之本。为此,我们采取了保障重点(重点号),跟踪热点("863"、"973"项目、国家自然科学基金、国际合作项目),探寻新点

（邀请国外编委或者国际著名专家撰写述评、专家论坛）等措施增加稿源。近3年来杂志的来稿量不断上升，2012年达到4176篇。除了重点号的文章配发述评、专家论坛外，近几年还针对国内外医学研究的热点进行组稿，如：甲型H1N1流感、三聚氰胺事件、转化医学、超级细菌、肺动脉高压（还邀请美国、英国专家撰写）等广泛关注的问题进行了论述。2012年贺蓓编委邀请了慢性阻塞性肺疾病全球创议科学委员会（GOLD）主席J. rgen Vestbo、科学主任Suzanne S. Hurd和执行委员会主席Roberto Rodriguez - Roisin三位专家撰写了《慢性阻塞性肺疾病全球创议（2011年修订版）概述》。还邀请香港中文大学内科及药物治疗学系感染及传染病科LEE Nelson教授撰写了《糖皮质激素在重症流感治疗中的争议》。在当前国内盲目追求SCI导致优质稿件外流的情况下，《中华医学杂志》采取向国外知名专家组稿的方式，对提高期刊的被引频次起到了积极作用，2012年被引频次达到9405次，位居所有中华系列杂志之首。

2.2　注重编辑出版质量建设

2.2.1　严格制定编辑、出版流程，保障按时出版

更新杂志的网站，并将《中华医学杂志》的网站与医学会的网上处理系统实行链接。利用各种途径宣传杂志，宣传中华医学会的网上稿件处理系统，指导审稿专家正确使用网上稿件处理系统。缩短稿件处理（投稿、审稿、退修、校样）时间，近3年来，出版时滞不断缩短，2012年60%的文章在180天内刊出。

2.2.2　加强业务学习，不断提高编辑质量

在杂志出版前实现编辑、责任编辑、主任的三级审读，对每篇文章的文题、中英文摘要、关键词、有关医学名词、法定计量单位、图表、参考文献进行重点审核把关。对发现的问题进行及时纠正，并与年终奖励挂钩。

2.2.3　加强编辑业务素质培养，提高驾驭复杂问题的能力

近5年先后派出1人次赴美脱产学习，6人次出国参加国际期刊的学术交流，拓展视野，交流经验。邀请国外期刊的管理经营者来华讲学2人次，对提高我国医务工作者的医学科研设计、论文撰写水平起到了积极的推动作用。利用中国科协精品科技期刊工程项目基金专门聘请了1位英文编辑，提高英文摘要国际化水平。近5年来引进硕士研究生2人，取得在职新闻传播学硕士学位1人。编辑部人员每年参加2次编辑业务培训，提高了编辑的综合素质，为期刊出版转型增加了人才贮备。

2.2.4　开展学术期刊与大众媒体的联合，扩大影响力

积极参加中国科协组织的学术期刊与大众媒体的见面会，每月指定专人负责向国内的大众媒体推荐1～2篇《中华医学杂志》刊登的优秀论文的摘要。2008年至今，除新华社刊发通稿外，《健康报》、《科学时报》、《科技日报》、《北京日报》、《北京晚报》、《大众科技报》、《法制晚报》等多家报纸均同步转载报道过《中华医学杂志》的论文，在宣传了杂志的同时，也取得了良好的社会效益。

《中华医学杂志》从创刊至今，经历了近百年的历程，见证了中国医学科学技术的发展。如今，这本国内唯一的医学学术周刊，正扬帆起航迎接期刊改革春天的到来。

参 考 文 献

[1]傅连章. 中华医学杂志的展望[J]. 中华医学杂志,1951(37):1.
[2]陈新石,高润霖. 回首新中国《中华医学杂志》60 载:历史辉煌,任重道远. 中华医学杂志,2010(90):1-4.
[3]李伟,刘雪松,朱瑶,等. 2011 年中国期刊及《中华医学杂志》高被引论文分析. 中华医学杂志,2012(92):1294-1296.

Witnessing 100 - Year Medical Advances, Modern Weekly Scaling New Heights

ZHAO Jinghui, LIU Xuesong, LI Wei, ZHU Yao, GAO Jie, CHEN Xinshi
Editorial Office of *National Medical Journal of China*, Beijing 100710

Abstract: The historical evolutions of *National Medical Journal of China* (*NMJC*) over the last century and representative academic achievements of Chinese medical sciences were reviewed. Particular focus was placed upon the progress, fruits, awards and certifications of *NMJC* over several recent decades. A complete and systemic introduction was offered on the specific measures and outcomes of its academic quality construction. Also mentioned were the roles of this periodical in boosting the academic levels of journal editing and publishing quality construction. And the experiences and ideas of implementing the construction of fine scientific & technological journals were elaborated.

Keywords: *National Medical Journal of China*; Periodical; Academic impact

审稿编辑:莫 京

36.《中华心血管病杂志》

置身沃土　茁壮成长

干　岭[①]　卢　全　刘　冰
（《中华心血管病杂志》编辑部，北京　100710）

摘要：从《中华心血管病杂志》的基本情况、学术质量建设、数字化出版建设等方面撷取40年办刊经验中的典型事例，并对当前形势下杂志的发展提出了思考与设想。坚信虽然面临众多挑战，但只要坚持办刊方针及精品期刊战略，就一定能不断加强期刊的创新发展，增强期刊的影响力和传播力。

关键词：学术质量管理；期刊影响力；精品期刊战略

《中华心血管病杂志》（以下简称杂志）是由中国科学技术协会主管、中华医学会主办的一本临床医学期刊。长期以来，杂志始终坚持正确的舆论导向，坚持理论与实践结合，临床与基础结合、普及与提高结合的办刊方针，以从事心血管病预防、治疗和研究的医务工作者和科研工作者为读者对象，大力报道我国心血管病领域先进的科研成果和临床诊治经验，反映我国心血管病研究的学术水平，有力地促进和推动了我国心血管病领域的学术交流。自1973年2月创刊，杂志如一株幼苗破土而出，在政府、读者、作者和编者的爱护下，随着我国科技的迅速发展茁壮成长，历经40年的风雨，已成长为一棵参天大树。据《2012年中国科技期刊引证报告（核心板）》[1]显示，在1998种核心期刊中，总被引频次排名第31，内科学类期刊排名第3；核心影响因子排名第77，内科学类期刊排名第2，无可置疑地成为我国心血管界最具影响力的专业期刊，在广大临床医师心中享有很高的声誉。

1　基本情况

1.1　缘起和发展

杂志原名《心脏血管疾病》，1972年经2期试刊，于1973年2月出版了创刊号。当时中国还处于10年动乱中，国内大多数学术期刊停刊。著名心血管病专家吴英凯院士在十分困难的环境和条件下，积极倡导，以科学家的远见卓识，冒着“以业务冲击政治”的风险创办了杂志。虽然在创刊初期，限于当时的环境和国内的科研水平，稿源严重不足，只能以介绍国外进展为主并刊登为数不多的论著，当时的她是如此弱小，但仍然让我国心血管医生眼前一亮。“文化大革命”结束后，学术活动开始恢复，1978年8月中华心血管病学分会成立，1979年1月，《心脏血管疾病》更名为《中华心血管病杂志》，成为中华医学会心血管病学分会刊物。由吴英凯院士任总编辑、全国40位专家

① 《中华心血管病杂志》编辑部副主任，编审，E-mail：ganling@cma.org.cn。

组建了第一届编辑委员会,从此杂志翻开了新的一页。在此期间,我国也进入了一个重要的发展时期。科学发展水平决定了期刊发展水平[2],随着我国临床、基础和流行病学研究数量和质量的逐步提高,杂志内容越来越充实,刊载文章质量越来越高。杂志由季刊改为双月刊、月刊,不断丰富栏目,真正成为了广大心血管医生的良师益友和学术交流的园地。

随着全球化、信息化时代的高速发展,传统办刊模式越来越不能满足广大读者和作者的需求,网络化和数字化是期刊发展的重要趋势。在中华医学会杂志社的领导下,杂志紧跟时代发展趋势,积极推进期刊的网络化和数字化建设,实现了办公自动化、管理信息化,并初见成效[3]。

1.2 加入数据库及国际平台

经过多年的努力,杂志已被国内外多家数据库收录,如美国医学索引(MEDLINE)数据库、美国生物学文摘、荷兰化学文摘、俄罗斯文摘杂志、生物学文摘、中国学术期刊文摘(英文版)、中国期刊全文数据库、中国科学引文数据库、中国学术期刊综合评价数据库、中国期刊网、万方数据医药期刊数据库等。这里值得一提的是 MEDLINE 数据库,它是生物医学最重要的数据库之一,对医学期刊而言,被其收录的价值不逊于 SCI 数据库,迄今收录中国期刊 111 种,其中中国大陆期刊 93 种[4]。杂志曾在 1979 年被 MEDLINE 收录,1993 年因数据上传问题等原因被退出。1992 年 2 月,杂志第五届编委会组成时特别提出"促进学科发展,保持学术领先,扩大国际影响,努力重返 MEDLINE"的目标。经过编委会和编辑部多方面的努力,不断提高稿件质量,并加强英文摘要的撰写,杂志于 2005 年如愿以高分再次进入 MEDLINE[5]。

1.3 主要影响力指标、获奖及基金资助

40 年来,杂志经历了螺旋式上升的过程,成绩斐然。根据历年的《中国科技期刊引证报告(核心板)》,2000 年影响因子突破 1 之后,一直处于上升趋势,2010 年达到 1.391,总被引频次也一路攀升。2011 年影响因子突然下降至 0.725,虽然在学科排名中仍位列三甲,但不管是何种原因造成的突降,都敲响了警钟。通过认真分析原因,总结经验,召开编委工作会议,直面问题所在。除继续保持每年发表数个心血管病诊断与治疗指南或共识外,进一步增加了组稿力度,加强高质量评论性文章,对有争议的文章配发点评,充分体现杂志的学术导向作用,增强杂志的实用性和可读性。2012 的引证报告显示,影响因子又回升为 1.099,位列学科排名第 2,总被引频次稳中有升,达到 4946 次,位列学科第 3。

辛勤耕耘换来了收获。杂志在众多期刊中脱颖而出,在国家和科协的期刊评比中多次获奖,如 2001 年入选新闻出版总署中国期刊方阵的百种重点科技期刊,2002 年获第三届中国科协优秀科技期刊奖二等奖,2004 年获第三届国家期刊奖提名奖,2005—2010 年连续荣获百种中国杰出学术期刊称号,2002 年前,两次获得中国科协择优支持基础性和高科技学术期刊专项经费资助,2009—2011 获中国科协精品科技期刊工程项目 C 类资助,2012 年又获中国科协精品期刊培养计划期刊学术质量提升项目。这些都成为了杂志成长的催化剂,特别是 2012 年的学术质量提升项目,其目标切实、具体,方法可执行性强,对杂志的发展起了非常好的指导作用。

2 学术质量建设

2.1 编委和审稿专家队伍建设

总编是编委队伍的领头羊，其垂范作用是潜移默化、不可低估的。在这方面，杂志有着非常优秀的传统，历任总编、副总编都非常关心杂志的成长，对杂志满怀深情，倾注了大量心血为杂志把握方向。吴英凯、方圻、顾复生、高润霖、胡大一等这些耳熟能详的心血管大家，是杂志的历任总编。从第一届的40位编委到第八届的110位编委，地区覆盖面越来越大，如第八届编委会委员来自全国29个省市自治区，并增加6名了港、澳、台及海外编委。根据工作需要和学科分布，又补充了54位通讯编委，他们和其他100多位审稿专家承担了杂志的审稿工作。在京编委则需要出席编辑部每月一次的定稿会。编辑部每年还召开1～2次编委工作会议，讨论杂志工作和发展规划。历任总编无论平时工作多么繁忙，必定要参加定稿会，与编委们一起讨论稿件，对录用稿提出修改意见，从试验设计到整体布局，甚至文题都仔细推敲；对退稿提出中肯的建议，鉴于同行评议的局限性，鼓励作者申述，经审稿会再次讨论通过的稿件可以刊用。随着医学科技的发展和国内外交流的不断深入，对杂志提出了更高的要求，不仅要保持杂志的高质量，更要实现立足国内的国际化发展战略，努力扩大杂志的显示度。现任总编胡大一教授是中国心血管界的领军人物，担任了中华医学会心血管病学分会第八届委员会主任委员等众多职务，也承担了国内外许多期刊的总编、副总编及编委工作，但《中华心血管病杂志》仍然是他最为重视的一本杂志。在杂志创刊40周年之际，他提出杂志要“引领学科发展，推动研究创新，培养推出人才”；编辑部要创建学习型团队，打造精品期刊[6]；编委要“有为才有位”，要关心杂志，积极审稿，主动投稿，并可约请熟知领域的国际专家撰写评论性文章。他本人在杂志上发表了大量引领学科发展的评论性文章。在他的带领和倡导下，大大提高了编委的积极性，杂志的投稿量稳中有升，虽然受SCI的影响，高质量稿件不可避免地大量外流，但杂志仍然保持住了品牌优势和稿件质量。

2.2 加强稿源建设

由中华医学会心血管病学分会、《中华心血管病杂志》编辑委员会组织制订并发表在杂志上的各种有关心血管疾病防治指南对临床诊疗工作具有指导和规范作用，深受广大临床工作者的喜爱，已成为广大心血管临床工作者必备的参考资料。为紧跟本学科循证医学发展的新证据，编委会组织专家及时对指南进行更新。这些指南与共识也成为引用率和点击下载率最高的文章。在企业的支持下，编辑部制作指南单行本赠送给临床医师，如《中国高血压指南2010》就发行了7万余册；或定期将指南汇总成册，并召开全国心血管病诊治指南与临床实践研讨会，以达到推广学习、领会掌握、直至贯彻执行指南的目的，真正完成实践－理论－再实践的螺旋式上升过程。要求编辑与相关领域专家加强联系，同时加快论文的处理流程，缩短发表时滞，争取优秀稿源。

科研设计与统计学问题一直是稿件质量的难点，临床医师和编辑对此把握不好。以前采取送审的方法，费时费力却收效甚微，稿件刊出后仍存在相当多的错误[7,8]。为此，自2009年以来，每次定稿会都邀请统计学专家参加，对定稿会通过的稿件再做统计学审稿,有针对性地提出修改意见,效果非常显著[9]。

3 数字化出版建设

3.1 稿件远程处理系统的建设与应用

作为中华医学会系列期刊的一员,已于2009年5月正式使用中华医学会杂志社自主研发的远程稿件处理系统,现已完全实现网上投稿、审稿、退修、排版、校稿等,完成了作者、编辑、审稿专家的一体化在线协作,建立了300多名审稿专家和3000多名作者的数据库,实现了办公自动化和管理信息化,大大提高了编辑和审稿专家的工作效率,缩短了刊出时滞,增强了时效性,吸引了更多优质稿源,也减少了办刊支出。

3.2 网络化建设

在科协精品期刊项目的支持下,于2012年1月开通官方网站(http://cjcv. org. cn)。网站开设了本刊快报、指南与共识、专题评论、继续教育园地、数字化期刊等模块,提供检索功能,并可免费下载过刊全文。截至2013年1月,网站的注册用户达到2470名。杂志的iPad版也于2013年1月19日正式上线,读者可免费阅览全文。杂志还开设了新浪微博,及时传递信息,加强编者与读者、读者与读者以及不同杂志之间的互动。截至2013年1月,微博的粉丝达到933名。通过多种方式,为读者提供便捷服务。

4 思考和发展设想

4.1 进一步提升在线数据库的网络传播效率

与万方网络数据库合作的数字版内容在出刊后第3个月上线。条件成熟的情况下尝试同步出版或优先出版。

4.2 以质量求生存,靠质量谋发展

质量是期刊的生命,是杂志得以发展壮大的根本所在。不可否认,现阶段对SCI的过度追求,使中文期刊稿源质量急剧下降。在这种情况下,是转向发展英文期刊,还是做最好的中文期刊,是必须面对的问题。立足本土的国际化战略是杂志的办刊方针[10],更好地为广大医生服务是杂志不变的宗旨。依托中华医学会心血管病学分会强大的专家队伍和多年的办刊经验,杂志仍具备了一定的优势。但酒香不怕巷子深的时代早已过去,要增强编委的凝聚力,编辑要深入本学科重点医院和科研院所,主动加强与编委的联系,多渠道了解学科研究热点,组约优秀稿件,加快信息传播。当然,条件许可时,也可以尝试创办英文版。

4.3 完善数字出版平台建设

编辑部目前的数字出版还处在较为初级的水平,居安思危、未雨绸缪是稳步发展的必要条件。发展数字化出版平台需逐步建立全新的期刊数字生产体系、门户网站及期刊数据库检索网站——展现平台,即:面向专业用户(包括个人、医疗机构、药企、科研院所等)和国际用户的医学信息资源服务平台,面向普通大众用户的健康教育服务平台,基于用户个性化需求的网络发行平台[3]。通过这些平台进行网络信息服务和互联网广告等业务的开展。如何顺应数字化技术发展潮流向数字化方向转型是一个复杂而系统的工

程,需要脚踏实地、循序渐进,需要持续付出长期而艰辛的研发努力。近期工作争取申请网络出版资质,逐步开展网络广告和按需印刷服务。

4.4 体制改革

正在逐步推动的期刊体制改革也给杂志的发展带来新的压力和挑战。事业性单位向企业性转变,计划经济向市场经济转型,杂志需要适应改革,顺应潮流,转变观念,在政策许可的范围内尝试新的经营模式。

虽然面临众多挑战,但在党和政府的领导下,在广大读者、作者和编者的爱护下,只要坚持办刊方针和精品期刊战略,以读者和作者为重,期刊一定能茁壮成长,根深叶茂,明天会更好!

参考文献

[1]中国科学技术信息研究所. 2012 年版中国科技期刊引证报告(核心板)[R]. 北京:科学技术文献出版社,2012.

[2]金碧辉. 中国科学与中国期刊[C]//中华医学会第五次杂志工作会议资料汇编. 2009:38. 。

[3]刘冰. 中华医学会系列杂志的数字化发展规划与实施路径[J]. 编辑学报,2013(3)。

[4] Medline 收录的中国期刊[DB/OL]. [2013 - 01 - 26]. http://wenku. baidu. com/ view/ b1592622ccbff121dc368303. html.

[5]包务业,宁田海,郭林妮. 中华心血管病杂志重新被 MEDLINE 收录的思考[J]. 中华心血管病杂志,2005,33(6):490.

[6]干岭,宁田海. 创建学习型团队 打造精品期刊[J]. 中华心血管病杂志,2011,39(9):879 – 880.

[7]胡大一. 重视论文的统计学分析 提高科学研究与医学科技期刊质量[J]. 中华心血管病杂志,2009,37(7):577.

[8]张李军,余金明. 中华心血管病杂志刊出科研论文的研究设计及统计学方法分析[J]. 中华心血管病杂志,2009,37(7):648 – 653.

[9]孔群钰,余金明,贾贡献,等. 中华心血管病杂志刊出论文的研究设计与统计学方法再次评阅[J]. 中华心血管病杂志,2012,40(11):963 – 966.

[10]游苏宁,王海燕. 立足本土的国际化战略[J]. 中华内科杂志,2005,44(4):241.

Thriving in Fertile Soil: Typical Examples of *Chinese Journal of Cardiology*

GAN Ling, LU Quan, LIU Bing

Editorial Department of *Chinese Journal of Cardiology*, Beijing 100710

Abstract: Typical examples of the 40 years experiences of *Chinese Journal of Cardiology* in basic situation, construction of academic quality and digital publishing and so on are showed. Thinking and assumption on the development of the journal in the present situation are presented. Innovation and development of the journal can be continually enhanced, and influence and transmissibility can also be improved if the policy and strategy of high quality journal are insisted, although the journal is faced with many challenges.

Keywords: Management of academic quality; Influence of journal; Strategy of high quality journal

审稿编辑:莫　京

37.《中华眼科杂志》

坚持正确学术导向　推动眼科事业发展

赵　巍[①]　黄翊彬

《中华眼科杂志》编辑部，北京　100710

摘要：通过回顾《中华眼科杂志》的发展历程，介绍并列举被收录情况、获奖及基金资助情况等，展示了期刊的历史地位和学术地位。通过着重阐述《中华眼科杂志》在学术质量建设、出版质量建设、出版人才培育及数字出版建设等方面的基本方法和主要举措，展示了《中华眼科杂志》的发展思路和方向，及在坚持学术导向和推动眼科事业发展方面所做的努力和发挥的积极作用。

关键词：《中华眼科杂志》；学术导向

《中华眼科杂志》创刊于1950年10月1日，至今已60余年，是我国眼科界创刊时间最早、记录了新中国眼科发展历程、陪伴新中国一代代优秀眼科人成长的学术期刊。由中国科学技术协会主管、中华医学会主办。编委会由全国百余位知名眼科专家组成，总编辑赵堪兴，编辑部主任黄翊彬。《中华眼科杂志》始终贯彻党和国家对卫生工作的方针政策，贯彻理论与实践、普及与提高相结合的办刊方针，多年来报道内容对外代表国家水平，对内引导学术发展，具有较强的学术导向性和品牌效应，为促进我国眼科学事业的发展发挥了重要作用。

在新中国成立之初，眼科前辈就开始筹划创办中国的第一本眼科杂志，他们付出了巨大的心血，克服了重重困难，依靠社会捐款，终于在1950年10月1日将这一梦想变成了现实。创刊半个多世纪以来，《中华眼科杂志》与国家同命运，经历了“三年自然灾害”和“文革”两次停刊。自1978年复刊至今，《中华眼科杂志》在众多眼科人的无私支持和厚爱下，获得迅速发展，一直是国内最具权威性、最具影响力的眼科专业杂志。

多年来本刊均按国际标准编排，并印有英文版权页、目次、摘要等，与美国、英国、日本等30多个国家和地区定期交换杂志。所载论文目前已被美国医学索引（Index Medicus）、生物学文摘（Biological Abstracts）、化学文摘（CA）、俄罗斯文摘杂志（AJ of VINITI）、荷兰医学文摘（EMBASE）等国内外11种重要数据库收录。目前国家科委中国科技信息研究所、中国科学院文献情报中心、北京图书馆、北京大学图书馆、中国医学科学院信息研究所、中国医学科学院图书馆、解放军医学图书馆及全国各医药院校、医疗科研单位等均将《中华眼科杂志》列为核心期刊，具有较强的学术地位和发展潜力。《中华眼科杂志》曾先后获得国家科委全国优秀科技期刊奖三等奖、中国科协全国优秀学术期刊奖二等奖、北京市优秀学术期刊全优奖、百种中国杰出学术期刊称号。2006—2012年连续荣

① 中华医学会期刊管理部，《中华眼科杂志》编辑部，E-mail：zhaowei@cma.org.cn。

获中国科协精品科技期刊工程B类资助和示范项目称号，为精品科技期刊工程培育计划期刊，并入围中国科技部300种精品期刊行列[1]。

1 学术质量建设

《中华眼科杂志》编委会由全国百余位知名眼科专家组成，涵盖了全国眼科各专业的领军力量。通过对专家深入细致地了解，以推荐、自荐等方式发掘出专业基础扎实、撰稿经验丰富的中青年专家，培养其成为审稿专家；随时补充专家库中的审稿专家信息，对每位专家的研究方向尽量细化，以确保在审稿过程中对稿件的准确把握；召开审稿交流会及审稿专家培训会，指导并及时纠正审稿过程中出现的问题，加强专家间的经验交流与借鉴，努力打造一支地区分布广、专业方向全、业务技能强的审稿专家队伍。同时也注重提高编委会的凝聚力、核心力及主观能动性，齐心协力，共同办好期刊。

按照中华医学会的章程每4年进行一次编委会换届，注入新鲜血液、壮大编委队伍。本届编委共185人，其中国内编委178人，国外编委7人，比例为25.4∶1。面对来自国内外的激烈竞争，《中华眼科杂志》每年年初召开一次总编副总编联席会，从核心层面积极想方设法应对挑战。每年召开一次全国编委工作会议，总结工作，明确制定计划，为以后开展工作奠定基础。

编委会负责对稿件进行初审与复审，每月召开一次编委定稿会，以最终确定稿件的录用与否。自2005年第12届编委会成立以来，本刊充分重视发挥国外编委的作用，每期文稿的英文摘要均请外籍或有多年国外留学背景的编委集中审阅、把关，保证了本刊英文摘要的质量，促进了国内外的学术交流。

编委会和编辑部共同努力，坚持多方式跟踪国内各项研究，了解学科发展动向，因地制宜制定争取高质量稿源的措施。实施编委负责制，切实办好重点号的组稿和报道工作，多年全年重点号率为100%；坚持开办并完善相应的重点栏目，如专家述评、焦点论坛、论著、综述等，坚持根据报道的重点内容，每期刊发导读和焦点述评类文章，加强发挥期刊的学术导向性和临床实用性。提倡“百花齐放、百家争鸣”的办刊方针，注重吸引新观点、新认识，组织刊发学术争鸣类文章，进一步提高本刊的学术影响力和核心竞争力。在众多眼科期刊中，本刊具有较强的学术创新性和鲜明的学术导向性，是专业学会的学术交流平台。本刊拥有本专业最优秀的办刊队伍，严格遵守并执行科学的审稿制度，综合评价指标和影响力位居学科首位，学术质量和编辑质量均得到本领域读者、作者的广泛认可和好评，成为我国眼科界的权威期刊[2]。

2 出版质量建设

《中华眼科杂志》为月刊，96面，于2003年改为进口铜版纸印刷，图随文排，达到图文并茂的效果。为顺应当今期刊网络化、数字化的发展趋势，更好地为广大作者、读者提供高质量的服务，中华医学会杂志社开发了稿件远程管理系统。该系统根据中华医学会系列杂志稿件处理流程、编辑加工规范、审稿制度、管理规范等业务需求设计，采用先进的数据库及网络技术，具有强大的数据处理和分析能力。2009年5月，《中华眼科杂志》正式启用稿件远程管理系统，稿件处理效率较之前得到大幅提高，明显缩短刊出周期。

《中华眼科杂志》严格执行责任编辑、供稿编辑负责制以及总编、主任、社长签发制以保证编辑出版质量。根据科技期刊编辑教程及中华医学会杂志社编辑规范进行编辑，按照一校、二校、核红、清样、蓝样的出版流程严把质量关。每期出刊后 10 日内责任编辑需要进行期刊自检并参加中国科协每年的期刊年检。历次中华医学会系列期刊编辑出版质量审读评比中，在百余种杂志中本刊总分均名列前茅。

3 出版人才培育

《中华眼科杂志》重视编辑部办刊人员的素质培养，从参加学术交流和加强学习等多方面入手。每年多人次参加国内外期刊学术交流活动、中国科协和新闻出版总署举办的各类期刊论坛和编辑研讨会、全国性眼科年会及相关专业的学组会议、中华医学会期刊编审系统编辑培训班及编辑规范沙龙，并积极参加英语口语、网络期刊学习和培训活动。在中华医学会一年一度的编辑技能竞赛中多人次获得优秀成绩。多人在不同期刊发表编辑专业文章。

4 数字出版建设

自 1996 年起，中华医学会系列期刊开始对期刊的数字化、网络化建设加以研发，并建立局域网，实现了编辑部日常工作计算机网络化管理。目前，中华医学会系列期刊已建有自主网站（http//www. medline. org. cn）且初具规模。该网站的稿件远程处理系统、读者网上投稿系统、专家网上审稿系统、编辑网上加工处理系统已在正常运行中。此外，中华医学会系列期刊与万方数据网络公司合作，实现期刊全文上网，达到期刊数字化、网络化，加速了信息交流。

《中华眼科杂志》拥有自己的网站，即中华眼科杂志网（http//：www. cjo - eye. com），网站力求内容丰富，功能全面，满足投稿、查稿、文献检索、参会、对话互动、个人及机构宣传、手术及实验技能展示、信息交流等多种需求。2010 年开办中华眼科手机报，每月出版日前发送至 5000 ~ 7000 名眼科从业人员，内容为新一期杂志的中文目录、眼科重要信息，便于读者在第一时间了解期刊内容的同时，对杂志起到了其他方式不可替代的广告宣传作用。本刊还随刊赠送光盘，通过立体的图像和视频弥补纸版期刊在报道内容上的不足[3]。

5 资源集约建设

《中华眼科杂志》为中华医学会主办期刊，为中华医学会百余种系列杂志中的一员，稿件审阅和编辑流程、质量控制、资金和人事管理等均在统一建制中。目前中华医学会正在响应和配合国家和新闻出版总署的统一部署，积极稳步进行转企改制，并在改制中深入探索更有利于期刊发展的新的集约形式、出版机制及运营模式[4]。

6 宣传推广

《中华眼科杂志》利用网站构建了读者、作者、编者三维空间，使多方沟通更加充分和便捷，不仅达到扩大期刊影响力、宣传期刊的作用，也为今后的数字化出版奠定了基础。

手机是当下最普遍的通讯设备,《中华眼科杂志》看到并充分利用了其便捷、及时、高效的特点。在手机报的制作上力求画面质量高、信息容量大、阅读方便。手机报的优势在于,既方便读者在第一时间了解杂志内容,又彰显了办刊人活跃的思维和创造能力,对杂志起到了其他方式不可替代的广告宣传作用。

中华眼科中青年(前沿)论坛已逐步成为《中华眼科杂志》的全国性品牌会议。会上既有知名专家的精彩述评,也有精英骨干的各抒己见。到会代表纷纷表示,会议犹如一场学术盛宴,不仅使大家吸取了学科精华,了解了前沿知识,洞悉了热点所在,丰富了思考内涵,提高了综合诊疗实力,同时也为大家搭建了学术交流的平台,提供了与知名专家面对面探讨和展示自我的机会,促进了同行间的相互学习与沟通。

《中华眼科杂志》与全国眼科学术机构、眼科产品公司每年共同举办多种形式的学术交流活动,如多中心研究、专业共识和意见制定、地区性组稿会议、手术精粹评选活动、征文活动、征集病例活动等,在活跃学术气氛、拓展期刊学术交流作用的同时,宣传并扩大了期刊在专业学界的影响力,加大了期刊的宣传力度。

《中华眼科杂志》一贯重视与读者、作者的交流与沟通。定期举办读者作者编者交流会,面对面聆听作者投稿、撰写论文中遇到的问题或是他们对期刊发展的建议和意见。在问与答中拉近了彼此的距离,也真正了解了受众的需求,看到了平时有所忽视的问题,更重要地是加深了读者、作者心目中对《中华眼科杂志》这本期刊的信赖感。

7 思考和发展设想

在 SCI 的政策导向下,大量优秀原创性论文外流至国外期刊,使国内优秀期刊处于稿源的劣势地位,自身发展以及国际化进程受到严重阻碍。《中华眼科杂志》除积极拓展组稿方式外,考虑从重点栏目和栏目创新两个方面入手增强期刊竞争力。例如专家述评栏目,将继续约请国内相关专业领域顶尖级专家撰文,站在一定高度对该领域热点、难点及存在的争议性问题给出指导性意见;同时邀请高水平专家对领域内某一研究热点的现状及最新进展进行综述,以此提升期刊的学术价值,提高读者对期刊的关注度,增加文章的被引率。

在国内同类期刊较多、大量优秀稿源外流的双重压力下,为了响应中国科协的号召,进一步促进科技期刊的改革和创新,巩固期刊的学术地位,增强期刊的核心竞争力,推进实施精品科技期刊战略,今后我们将加强学术质量建设,努力成为本专业领域的领衔科技期刊,更好地促进我国眼科事业的发展。

参 考 文 献

[1]赵家良,赵堪兴.继往开来 再展宏图.中华眼科杂志,2010(10):877-879.

[2]聂兰英,王钢,金丹,等.论科技期刊审稿专家队伍的建设[J].编辑学报,2008(13):241-242.

[3]程维红,任胜利,路文如,等.我国科技期刊由传统出版向数字出版转型的对策建议[J].中国科技期刊研究,2011(4):467-474.

[4]郭焕芳,邓颖,岳瑞,等.关于学会主办科技学术期刊体制改革的一点思考[J].中国科技期刊研究,2012(3):360-362.

Insist on Correct Academic Guidance, Push Forward Chinese Ophthalmology Industry

ZHAO Wei, HUANG Yibin
Editorial office of *Chinese Journal of Ophthalmology*, Beijing 100710

Abstract: This article reviews the development of the *Chinese Journal of Ophthalmology* (CJO), introduces and lists the situation of database included and the awards and funds obtained. It shows the historical role and academic status of CJO. And it focuses on the basic approach, major initiatives and prospect of the construction of academic quality, printing quality, talent cultivation, opening up the thinking of development and direction. Finally this article shows the efforts and a positive role of the CJO that adhering to the academic orientation and promoting the development of the cause of the department of Ophthalmology.

Keywords: *Chinese Journal of Ophthalmology*; Academic orientation

审稿编辑:莫　京

38.《中华儿科杂志》

加强编辑策划 提高期刊学术影响力

付晓霞[①]
《中华儿科杂志》编辑部,北京 100710

摘要:中国科学技术信息研究所2012年的中国科技期刊引证报告显示,《中华儿科杂志》的影响因子为1.450,位于国内医学期刊第4位,重点号文章和"标准·方案·指南"被引最多。编辑部在日常工作中对重点号非常重视,基本上每期都针对儿科专业的热点问题进行有计划地报道,形成重点号。同时,编辑与各个专业专家密切联系,制定、刊出指南,指导临床工作,体现了期刊学术导向作用。

关键词:影响因子;指南;被引频次

1 期刊基本情况

《中华儿科杂志》创刊于1950年,是中华人民共和国建国后创办的第一本医学期刊,其主管单位是中国科协,主办单位是中华医学会。陈翠贞、邓金鎏、诸福棠、周华康、江载芳、吴希如、杨锡强、桂永浩等儿科界著名专家先后任历届总编辑。中国工程院院士胡亚美教授曾任专家指导委员会主任委员。《中华儿科杂志》编审队伍由261名国内及国际顶级儿科专家组成,其中学术指导委员会19名,荣誉编委3名,国际编委10名,编委100名,特约编委48名,通讯编委91名。

《中华儿科杂志》办刊宗旨为:理论与实践相结合,重在实践;基础与临床相结合,重在临床;普及与提高相结合,重在提高。为促进我国儿科医学领域的学术交流服务;为我国儿科医学事业的发展与提高服务;为培养我国的儿科医学人才服务;为我国儿童的健康服务。办刊方针为:专家办刊,编委会办刊;贴近临床,贴近读者;引导学科发展,鼓励观点争鸣。

长期以来,《中华儿科杂志》一直坚持专家办刊,编委会办刊的方针;坚持编辑部一审,专家二审,专业组三审的三级审稿制;坚持同行评议,双盲审稿的严格审稿程序;坚持在出版后20个工作日内,进行编辑部自检的制度。

2002年,《中华儿科杂志》被列入国家期刊方阵的双效期刊,2003年被Medline收录,2004年被俄罗斯《文摘杂志》收录,连续11年被评为"百种杰出期刊",2006年起连续7年获中国科协精品科技期刊工程项目B类资助。

中国科学技术信息研究所2012年的期刊引证报告显示,《中华儿科杂志》的影响因子为1.450,位于国内医学期刊第4位。

① 中华医学会,《中华儿科杂志》编辑,E-mail:fuxiaoxia@cma.org.cn。

2　提高期刊学术质量的具体措施

2.1　组织重点号

编辑部在日常工作中，对重点号一向非常重视，基本上每期都针对儿科专业的热点问题进行有计划地报道，形成重点号。例如2012年第4期的手足口病重点号，包括了述评2篇、综述1篇、讲座1篇、论著5篇，之所以能形成这么丰富的内容，依靠的是编委、学组和编辑部的密切合作、共同努力。最近几年，手足口病发病较多，且每年都有死亡病例，成为当前5岁以下儿童罹患率最高的疾病之一，也是最重要的致死病因之一，严重危害我国儿童健康，临床儿科医生的责任和压力很大。该病已经被卫生部列入丙类传染病，受到高度重视。关于手足口病的论文在很多期刊上也时有发表。在这种情况下，《中华儿科杂志》是否还有必要以手足口病为题组织重点号？感染学组组长、顾问、感染专业编委等专家和编辑讨论后一致认为，不仅有必要，而且一定要赶在2012年的第4期刊发。一方面，往年手足口病发病的数据显示，春夏交替时是手足口病发病高峰，在2012年高峰的前夕刊出手足口病重点号，对于儿科临床医生有重大的指导意义。另一方面，经过几年的积累，我们对手足口病的诊断、治疗，尤其是重症、危重症手足口病都有了一定的经验，机制研究也取得了一些进展。再者卫生部也在不断更新手足口病的诊疗指南，《中华儿科杂志》有责任将这些信息传递给儿科医生。最终，通过专家和编辑的共同努力，手足口病重点号如期刊出，内容涉及手足口病近几年的发病趋势，重症、危重症手足口病的诊断、治疗、早期识别等。为儿科医生解决临床实际问题，发挥了学术导向作用。

2.2　制定“标准 · 方案 · 指南”

《中华儿科杂志》一贯注重与中华医学会儿科学分会各个专业学组合作制定“标准 · 方案 · 指南”，受到临床儿科医生的广泛认可，一方面，在临床工作中起到了指导性作用，另一方面，在临床科研、论文撰写过程中充当了诊断、治疗等方面的依据，也因此被反复引用。2001—2010年，《中华儿科杂志》共刊出“标准 · 方案 · 指南”73篇，涉及儿科神经、心血管、感染、消化、呼吸、内分泌、新生儿、急救、肾脏、血液、免疫、儿保等专业。这些刊出的指南中，有些是应儿科临床的需要，根据临床工作中遇到的新热点制定，以填补空白；有些是因为疾病的诊治有新进展或学术观点发生了很大变化，以往刊出的指南已经不能满足临床的现实需要，故进行修订。

例如儿童巨细胞病毒感染的指南，人巨细胞病毒感染在我国极其广泛，一般人群人巨细胞病毒抗体阳性率为86% ~96%，孕妇95%左右，婴幼儿期为60% ~80%以上，原发感染多发生于婴幼儿时期。人巨细胞病毒具有潜伏－活化的生物学特性，一旦感染，将持续终身。虽然人巨细胞病毒是弱致病因子，对免疫功能正常个体并不具有明显致病性，绝大多数表现为无症状性感染，但是，人巨细胞病毒是引起病理性和生理性免疫低下人群，包括发育性免疫缺陷的胎儿和新生儿发生疾病的常见病原，亦是导致艾滋病和器官、骨髓移植患者严重疾病和增加病死率的重要病因之一。针对这一情况，1995年中华医学会儿科学分会感染消化学组拟定《小儿巨细胞病毒感染诊断标准》（试行稿），1999年修订为《巨细胞病毒感染诊断方案》[1]，并正式刊出，为指导临床医生正确认识人巨细胞病毒感染、深入临床研究和开展防治工作做出积极贡献。20余年来，我国儿科对儿童人巨细胞病毒疾病进行了大量研究,取得丰富经验,但目前临床存在明显的过度诊断、过度治疗等问题。于是,2011 年中华医学会儿科学分会感染学组、全国儿科临床病毒感染协作组和《中华儿科杂志》编辑委员会共同组织,对指南再次进行修订,并最终以《儿童巨细胞病毒性疾病诊断和防治的建议》[2] 刊登于《中华儿科杂志》2012 年第 4 期。

3 坚持学术为上,以期刊质量带动经济效益

如何解决期刊质量和经济效益之间的矛盾,一直以来都是期刊界探索的话题。近些年,《中华儿科杂志》编辑部始终坚持不为暂时的经济利益所诱惑,一定要为期刊的长远发展而考虑。坚持学术为上,以期刊质量带动经济效益,多年的实践取得了良好效果。

以"儿童慢性咳嗽诊断与治疗指南"的系列组稿为例,儿童常见疾病慢性咳嗽长期以来诊断标准模糊,用药混乱,抗生素滥用现象严重。抓住这个临床亟待解决的难题,2007 年编辑部与专业学组共同组织召开了全国儿科慢性咳嗽专题研讨会,经反复讨论,集思广益,在 2008 年第 2 期的呼吸病重点号上刊登了"儿童慢性咳嗽诊断与治疗指南",又率先在期刊上设立"指南解读"栏目,并组织相关文章帮助临床医生学习掌握"指南",规范疾病诊断治疗。栏目获得临床医生和药物生产厂家的高度关注,并得到药物生产厂家的冠名支持及连续几年的广告投入。刊登指南和指南解读的杂志销量大增,定制的抽印本数量远远超过了杂志的发行量。编辑部与厂家合作开展了 10 场指南宣传巡讲活动,同时与专家共同努力,获得了中华医学会临床医学慢性呼吸道疾病科研专项资金课题的立项(此为儿科疾病的唯一立项)。以"指南"作为参照,在全国启动了 29 家医院参与的儿童慢性咳嗽病因构成比多中心研究。2012 年第 2 期,编辑部再次组织"呼吸专业重点号",刊登了凝聚着全国儿科医生心血的前瞻性多中心研究的论文《儿童慢性咳嗽病因构成比多中心研究》。接下来,编辑部又进行了"中国儿科慢性咳嗽治疗"方面的多中心研究论文的组稿。系列研究获得了中国人自己的循证资料,以此为据,又推动了"指南"的下一步修订,并启动了儿科慢性咳嗽病因学的系列研究,将疾病的诊治水平推向了新的高度,编辑部也预约了新一年的稿件。几年来,在儿科慢性咳嗽系列研究相关的多项学术活动中,编辑部和专家都坚持了学术的独立性,得到多家药物生产厂商的理解和无条件支持。

历时数年,硕果累累。实践中编辑部同仁体会到,只有精心的选题策划、高质量的组稿和学术活动,才能推动学科发展,才能为期刊创造持久的经济效益,期刊才能不断发展。

付晓霞等[3] 对《中华儿科杂志》刊出论文的被引分析证实,编辑部以上工作对杂志的影响力贡献明显:2001—2010 年《中华儿科杂志》共刊出论文 3209 篇,其中 2073 篇被引用,占全部论文的 64.60%,总被引频次为 18546 次,篇均被引 5.78 次。各栏目中,"标准·方案·指南"栏目刊出的文章篇均被引频次最高,为 62.92 次;重点号论文,包括述评(7.12 次/篇)、专论(6.50 次/篇)、论著的被引用情况均较好,篇均被引频次(7.90 次)高于普通论著(6.03 次)。有明确学术观点的评论性论文,例如"观点·争鸣·讨论"栏目刊出的文章被引情况也较好,篇均被引频次为 7.09 次。

参 考 文 献

[1]中华医学会儿科学分会感染消化学组. 巨细胞病毒感染诊断方案[J]. 中华儿科杂志,2000,15(2):441.

[2]中华医学会儿科学分会感染学组,全国儿科临床病毒感染协作组,《中华儿科杂志》编辑委员会. 儿童巨细胞病毒性疾病诊断和防治的建议[J]. 中华儿科杂志,2012,50(4):290 - 292.

[3]付晓霞,张秀梅,李靖,等. 2001 至 2010 年《中华儿科杂志》刊出论文被引情况分析[J]. 中华儿科杂志,2012,50(3):206 - 210.

Improve Academic Impact by Featured Articles

FU Xiaoxia

Editorial office of *Chinese Journal of Pediatrcis*, Beijing 100710

Abstract: The impact factor of *Chinese Journal of Pediatrics* was 1. 450 in 2012, ranked forth in all medical journals in China. Featured articles and guidelines were best cited among all of the articles published, which were emphases in editors' daily work.

Keywords: Impact factor; Guideline; Citation

审稿编辑:莫　京

39.《中华耳鼻咽喉头颈外科杂志》

勇于探索　敢于创新

房玉新　魏均民[①]
《中华耳鼻咽喉头颈外科杂志》编辑部,北京　100710

摘要:《中华耳鼻咽喉头颈外科杂志》经过 60 年的积淀,逐步形成了严谨求实的作风。在此基础上,在中国科协精品科技期刊项目的支持下,不断发挥勇于探索、敢于创新的精神,组织多中心临床研究、打造品牌学术会议、发展会员制、规范培养编审队伍、充分利用现代科学技术手段,逐步摸索出了一套适合自身发展的模式。

关键词:期刊;发展;创新

《中华耳鼻咽喉头颈外科杂志》(简称《中华耳鼻喉杂志》)是由中国科学技术协会主管,中华医学会主办的耳鼻咽喉头颈外科学领域的专业学术期刊,承载着记录学科发展轨迹、引领学科技术创新、传承学术思想观念的重要历史使命。创刊于 1953 年 8 月的《中华耳鼻喉杂志》是中国第一本耳鼻咽喉领域的专业学术期刊[1],以报道本领域最先进的基础和临床科研成果为宗旨,吸引了一大批中、高级临床和科研工作者为主要读者对象。从 2007 年起,《中华耳鼻喉杂志》已经连续 6 次获得中国科协精品科技期刊工程项目支持。在该项目的支持下,根据自身学科特点,《中华耳鼻喉杂志》勇于探索,敢于创新,逐步摸索出一套适合自身的发展模式。

1　60 载底蕴积淀,恰逢甘霖

1952 年 12 月,在中华医学会耳鼻咽喉科学分会成立大会上,一致通过了创立《中华耳鼻喉杂志》的决议,次年 8 月创刊号正式与读者见面。虽然那时没有定期的审稿会、定稿会,但编委们经常在总编刘瑞华、张庆松的办公室里"碰头",一丝不苟地讨论稿件事宜[1]。严谨求实的学术风气经过历史的积淀一代代传承下来,然而,历史的厚重不能替代变革的迫切需要,在科学技术迅猛发展的今天,期刊的发展需要注入新的活力,需要政府、协会和学会的大力扶持。在急需发展的当口,自 2006 年起,为推动我国科技期刊学术繁荣和健康发展,中国科学技术协会启动了精品科技期刊工程项目,旨在扶植各专业领域的"旗帜"性领衔期刊。这一项目成为了国内对科技期刊支持力度最大的支撑项目。《中华耳鼻喉杂志》于项目实施的第二年获得支持。我们深知这份担子的分量,要撑得起旗帜,就要"人无我有,人有我专",要办出期刊的特色,办出本专业的特色。

① 中华医学会,《中华耳鼻咽喉头颈外科杂志》编辑部,编辑部主任,编审,E-mail:weijm@cma.org.cn。

2 科协支持,成绩斐然

《中华耳鼻喉杂志》在中国科协精品科技期刊工程项目的大力支持下,依仗其深厚的学术背景,秉承为读者服务、为作者服务的理念,向着推动专业学术进步的目标一步一个脚印、扎扎实实地稳步推进。《2012 年中国科技期刊引证报告(核心版)》统计结果显示,《中华耳鼻喉杂志》在 1998 种中国科技论文统计源期刊中,综合评价总分 82.2 分,排名第 33 位;在 126 种中华医学会系列杂志中排名第 2 位;在眼科学、耳鼻咽喉科学 20 种统计源期刊中排名第 1 位;影响因子由 0.740 跃升至 1.021;至 2012 年连续第 9 次获得中国科协"百种杰出学术期刊"称号[2]。目前,《中华耳鼻喉杂志》已被国内外 20 余家生物医学期刊数据库和文摘收录,如美国医学索引(Index Medicus)和数据库 Medline、英国生物学文摘数据库(BA)、美国艾滋病数据库(AIDSLINE)、美国毒物学文摘(TOXLINE)、中国科学引文索引数据库、中国核心期刊(遴选)数据库、中国期刊网、中国学术期刊(光盘版)全文数据库、中国学术期刊综合评价数据库等。面对成绩,《中华耳鼻喉杂志》没有高枕无忧,而是敢于接受挑战,勇于探索与创新。

3 勇于探索,敢于创新

3.1 组织多中心临床研究

面对优秀稿源外流、国内期刊优秀稿源匮乏的现状,《中华耳鼻喉杂志》没有怨天尤人,而是努力开拓思路,积极想办法发掘优秀稿源,甚至探索自行组织多中心临床研究的道路。2008 年,《中华耳鼻喉杂志》自行组织的第一个临床多中心研究全国突发性聋多中心临床研究项目正式启动。项目历时 5 年,共有全国 34 家三级甲等医院参与,获得经过严格筛选的有效病例数 1024 例,预计可产出多中心、前瞻性、高水平、有影响力的学术论文 40 余篇。目前这一研究已经进入论文撰写阶段,2013 年将以重点号的形式分期刊出。借鉴第一个多中心临床研究的经验,《中华耳鼻喉杂志》从 2010 年开始正式启动全国阻塞性睡眠呼吸暂停低通气综合征的多中心研究,从诊断标准的制定、睡眠监测人员的培训,到治疗方法和疗效评定的规范统一,目前,每一个步骤与细节都正在紧张有序地进行。这种自行组织多中心研究的方法在现阶段稿源缺乏的情况下不失为一种拓展优秀稿源渠道的有效方式。

3.2 打造品牌专题组稿会

除了组织多中心临床研究,《中华耳鼻喉杂志》还根据自身学科特点,主动出击,努力打造品牌学术会议,从另一个角度开辟优秀稿源的渠道。例如,近年来,随着内镜技术的逐步发展、免疫学研究的深入进行,鼻科学发展迅速,鼻部感染和变态反应成为了鼻科学的研究热点。在这种趋势下,《中华耳鼻喉杂志》从 2009 年开始组织全国鼻部感染与变态反应专题学术会议,由于内容新、切合当下研究发展的热点,很快便形成了品牌效应,吸引了大批国内相关领域的专家学者参与,提高了期刊的知名度,同时也发掘了鼻科学领域的优秀稿件。从 2013 年起,该会议正式更名为:全国鼻科年会暨鼻部感染与变态反应专题学术会议,品牌与规模效应凸显。同时,为了兼顾学科发展的均衡,2012 年该会议还将鼻肿瘤纳入会议内容,使得鼻科学与头颈外科学专家学者能够共同探讨某些交叉的学术问题[3]。

3.3 发展期刊会员制

发掘优秀稿源是重中之重，然而如何才能将耳鼻咽喉头颈外科领域的专家学者维系起来，使《中华耳鼻喉杂志》成为其查阅与投稿的首选？基于这一目标，《中华耳鼻喉杂志》首先从培育稳定的读者群出发。科技期刊具有读者受众稳定、读者群与作者群统一的特点。《中华耳鼻喉杂志》将会员制运用到科技期刊领域，利用多年积累的品牌优势，自 2009 年起正式实施会员制[4]，目前会员制的发展已逐渐成熟，会员数据库已达 1162 人。科技期刊发展会员制不但有助于锁定一定数量的读者群，培养其阅读习惯，获得稳定的发行量，而且有助于培养一支稳定的作者队伍。优秀的作者队伍以及忠诚的读者队伍是建立期刊社会效益的基础，对于科技期刊的生存与发展以及学术的推广极为重要。

3.4 规范培养编审队伍

拥有了稳定的读者和作者群后，对编审专家的要求也自然提高了，因为只有高水平的编审队伍才有可能成就高水平的期刊。为了发掘培养优秀的编审人员，《中华耳鼻喉杂志》除了选送优秀编委和审稿人参加中华医学的编审专家培养外，还每年定期召开一次核心组专家会议以及每两年召开一次编委工作会议，会议除了讨论期刊发展方向，还会邀请老编委以讲座的方式对新编委以及审稿人进行传、帮、带[5]。

3.5 充分利用现代科学技术手段

继承发扬了优良的传统，充分发掘了优秀稿源，拥有了高素质的编审队伍，还需要先进的技术手段。现代社会是信息化、数字化的社会，纸版学术期刊的生存空间被挤压，要在夹缝中生存、发展，就要充分利用现代化的技术手段，同时充分发挥纸版期刊的优势。早在 1993 年，当很多编辑还习惯于剪刀浆糊的工作方式不愿尝试电脑改稿时，《中华耳鼻喉杂志》就已经购置了电脑设备，并派出专门人员学习电脑操作；1999 年开始，当大多数读者还在订购厚厚的合订本时，《中华耳鼻喉杂志》已经在年底的第 12 期中附赠了不仅包含期刊内容而且包含优秀手术录像的全年光盘[6]；2011 年开始，当网络已经普及到乡、镇、村的时候，《中华耳鼻喉杂志》果断地终止了赠送光盘的模式，改为全年期刊网上免费下载。适时而动，在改变中求发展，在发展中求变革，在变革中求提升，《中华耳鼻喉杂志》的这种勇于探索与创新的特点随着科学技术的进步逐渐凸显了出来。

4 迎接挑战，刊出特色

2012 年 11 月 30 日，《光明日报》报道，自然出版集团的顶尖科学刊物率先在中国大陆地区建立编辑部，这一消息说明中国科研影响力正在不断提升。然而欣喜之余，相信作为出版单位，特别是科技期刊出版单位也倍感压力重大，因此需要不断调整，办出期刊特色，面对并迎接挑战。首先，优秀稿源不足是国内科技期刊面临的主要问题，《中华耳鼻喉杂志》也不例外，在无力改变 SCI 导向的压力下，摸索开展多中心临床研究、追踪重大科研课题、关注科研热点、关注本领域顶尖科研人员的科研动向，都不失为争取优秀稿源的有效方法。其次，学术质量是期刊的生命力，编辑质量是期刊的重要支撑，因此《中华耳鼻喉杂志》一如既往地在专家的支持下严把学术质量关，提升编辑素质和编辑业务能力，这些都是开拓、创新的重要基础。第三，放开思路，利用现代科技手段探索创新。网络技术的普及、电子刊物的冲击，使得纸版刊物的生存空间愈发狭小，如何化不利因素为有利，让纸版刊物既能充分发挥自身优势又能分享数字化进程带来的红利，值得我们深思。目前，除了常规的网站建设，如何将会议平台、会员制动态管理、编读审互动等多种功能整合是迫切需要解决的问题；将来，如何利用即时通讯技术对目标读者进行推送服务，如何利用信息技术（如二维码技术）等将纸版刊物与网上资源整合也是需要认真研究的问题。

总之，迎接挑战需要的是认认真真地借鉴，踏踏实实地思考，找准刊物特色，然后付诸行动。

参考文献

[1]姜泗长.中国耳鼻咽喉科学史[M].北京：北京医科大学中国协和医科大学联合出版社，1992：27－35.

[2]中国科学技术信息研究所.中国科技期刊引证报告（核心版）[M].北京：科学技术文献出版社，2012：245.

[3]程雷，陆美萍，周涵，等.2012年全国鼻部感染与变态反应疾病暨鼻肿瘤专题学术会议纪要[J].中华耳鼻咽喉头颈外科杂志，2013.

[4]房玉新，韩丹，魏均民，等.科技期刊会员制发展模式初探——以《中华耳鼻咽喉头颈外科杂志》为例[J].编辑学报，2012，24（1）：64－66.

[5]李静，魏均民，游苏宁.兼顾质量与效益 推动科技期刊发展——以《中华耳鼻咽喉头颈外科杂志》为例[J].中国科技期刊研究，2012，23（1）：119－122.

[6]李静，魏均民，何膺远，等.传统期刊提供光盘版增值服务的实践[J].编辑学报，2010，22（2）：149－150.

Have the Courage to Explore and Innovate ——The Growth Path of *Otothinolaryngology Head and Neck Surgery*

FANG Yuxin, WEI Junmin

Editorial Office of *Otothinolaryngology Head and Neck Surgery*, Beijing 100710

Abstract: *Otothinolaryngology Head and Neck Surgery* has a history of 60 years, and gradually formed a rigorous and realistic style. By the support of sci－tech periodicals of China Association for Science and Technology, she has the courage to explore and innovate. For example, she has tried to organize multiple center clinical study and brand conference, and she has tried to develop membership and cultivate experts to be good editors. Using the modern means of science and technology, *Otothinolaryngology Head and Neck Surgery* has been trying to find a developmental pattern suitable for their own.

Keywords: Periodical; Develop; Innovate

审稿编辑：莫　京

40.《中国中药杂志》

全方位发展期刊综合实力的《中国中药杂志》

李 禾[①] 周 驰 吕冬梅 马超一
《中国中药杂志》编辑部,北京 100700

摘要:该文旨在介绍《中国中药杂志》的基本情况、期刊定位、发展目标及关键环节等。该杂志在中国科协精品期刊项目十余年的长期资助下,始终坚持以打造中医药行业精品期刊为主要发展方向,全方位提高期刊综合实力。现阶段重点落实提升期刊学术质量、发展网络化与信息化的多功能数字化平台以及建立现代化期刊管理制度等主要环节。

关键词:《中国中药杂志》;精品期刊;全方位发展;数字化

1 期刊基本情况

1.1 历史沿革

《中国中药杂志》(下简称《中药杂志》)原名《中药通报》,创刊于1955年7月,1959年4月至1980年12月停刊,1981年1月复刊,1989年1月起改用现名,自2005年起,由月刊改为半月刊。

《中药杂志》由中国科协主管,中国药学会独家主办,中国中医科学院中药研究所为挂靠单位。发展至今,已成为全面反映我国中药与天然药物学科领域最新进展与研究动态的中医药最高科研学术水平的代表性学术刊物。

1.2 获奖及受资助情况

在国际国内医药学领域具有广泛影响:曾荣获第三届国家期刊奖百种重点期刊;连续荣获历届国家中医药管理局全国优秀中医药期刊评比一等奖;持续荣获百种中国杰出学术期刊、中国精品科技期刊、RCCSE中国权威学术期刊等称号。2012年,荣获中国最具国际影响力学术期刊称号。

1998—2009年,获得中国科协基础性、高科技学术期刊项目经费资助;2010—2012年,获得中国科协精品期刊工程资助项目(B类);2012年,获得中国科协精品科技期刊培育计划——期刊学术质量提升项目支持。

1.3 主要评价指标现状

据中国科学技术信息研究所最新发布的《中国科技期刊引证报告》(核心版)期刊检索统计结果:《中药杂志》总被引频次为6399,影响因子0.749,基金论文比0.82,综合评价总分第39位。各项指标在我国药学以及中医药学等学科领域科技期刊中均名列前茅。

---

① 《中国中药杂志》编辑部主任,常务副主编,副编审,E-mail:liheflower@126.com。

另据中国知网(CNKI)中国科技期刊影响因子年报公布:《中药杂志》2012 年复合总被引次数达到 15707,影响因子 1.295,基金论文比 0.85,总下载量 45.92 万次。

1.4　国内外数据库收录

在国际上,被美国医学索引收录,在被 Medline 收录的中国期刊中排名第 3 位,居我国药学和中医药学期刊首位;同时还被美国化学文摘(网络版),爱思唯尔公司斯高帕斯数据库等 10 余家权威性专业文摘或数据库收录。

在国内,为中国科学引文数据库、中国学术期刊综合评价数据库来源期刊;中国中文核心期刊,中国科技核心期刊,中国自然科学核心期刊。

2　期刊定位、发展目标及关键环节

《中药杂志》在中国科协精品期刊项目 10 余年的长期资助下,始终坚持以打造中医药行业性精品期刊为主要定位,努力提高期刊综合实力,现阶段重点落实提升期刊学术质量、发展网络化与信息化的多功能数字化平台、建立现代化期刊管理制度等主要环节。

2.1　重新定位,关注热点领域,提升学术质量

近年来,《中药杂志》作为行业内的代表性精品期刊,对外面临国内优秀文章持续外流的不利局面,对内则因同行业期刊趋同性过强而陷入评价指标的残酷竞争。为了扭转内忧外患的局面,《中药杂志》采取了积极应对的策略,借助中医药领域的学科优势与特色,充分利用《中药杂志》在本行业的影响力远远超过国外或国内英文版 SCI 期刊的特点,将期刊的战略定位和发展规划从以往片面追求学术"高精尖"及被评价指标左右,逐步转向立足行业特点及优势,满足行业需求,从顺应产业化发展的角度出发进行了较大幅度的调整,从而达到了另辟蹊径、变被动为主动的目的。

首先,编辑部将关注焦点与行业需求紧密联系在一起。参照国际大刊的编辑管理模式,了解掌握国家各类重大基金项目中标情况,并通过监测各类学术搜索引擎下载、被引等数据,追踪本领域的学术热点和高被引论文及相关研究者。通过参加各类学术会议和外出组稿,主动与有关专家沟通、约稿。利用半月刊优势,以专刊或专栏形式对热点领域进行重点专题报道。同时以封面、彩插、彩图等形式重点包装,增加视觉体验及宣传力度。在此基础上,对相关科学家、重点实验室和科技成果进行多方位的强化宣传,获得学术界的一致好评。

2011 年,在编委会专家们的积极配合下,重点组织出版了关于"分子生药学与中药资源生态学"、"中药上市后再评价关键技术"、"网络药理学"、"中药产品质量过程控制"等热点学术研究领域的 2 个专刊、5 个专栏;2012 年,刊出了"有毒中药研究"、"中药注射剂临床安全性监测与合理用药"、"生物技术"等 2 个专刊、6 个专栏;2013 年,计划以专栏或专题报道形式出版"中药对传染病的防治"、"真实世界临床疗效评价方法研究"、"艾滋病免疫重建中药干预的研究"等方向的文章。

与此同时,密切关注、追踪发表之后的文章数据,包括下载量、引用频次等,如果反馈的数据上升迅速,形成业内的关注热点,则会持续推进、追踪、组稿报道。《中药杂志》在 2010 年以前以自然来稿为主,组稿率在 6% 左右;推出行业热点专题后,仅一年多的时

间，组稿率迅速提升到24%。这些热点专题文章不负众望，从每年刊发的800多篇论文中脱颖而出，在下载和引用频次排名前100中均占据了1/4的比例，对期刊各项评价指标的上升产生了显著影响。其中一些文章的影响力更大，如学术研究新领域"网络药理学"、"中药产品质量过程控制"和备受中医药产业密切关注的"注射剂安全性评价"等。编辑部已经持续3年向有关专家组稿，并继续以专刊或专栏形式滚动报道。当编辑部及时通报这些热点反馈后，又带动了一些专家迅速跟进开展该领域的研究，并与编辑部预订专题版位以便快速报道。而在相关的国内、国际专业会议上，作为会议资料的杂志每每供不应求，起到了一个行业性科技大刊应有的导向性作用，成功实现了专家科研成果推广与期刊品牌效应提高的双赢。

中医药领域一致认可《中药杂志》是业内影响力最大、最受关注的期刊，是传播新理念、新思路以及推广科研成果及转化的重要学术交流平台。

2.2 发展多功能网络化、数字化平台

数字化、网络化是期刊在网络技术变革大环境下生存和发展的大趋势，走在前沿，就拥有未来。《中药杂志》利用中国科协"精品期刊工程资助项目"（B类）经费及编辑部匹配资金，历经数年累计投入超过百万元，完成了包括硬件设施、软件开发和人才团队等方面的建设，不仅形成了国内最高水平、最强功能的期刊网站，同时还拥有了一支高素质、适应网络化和信息化发展的技术性人才团队，获得了期刊网站建设的丰富经验，在国内科技期刊中具备了很强的实力。

2.2.1 功能强大的期刊独立网站

《中药杂志》编辑部对数字化、网络化发展极为重视，在建设独立网站、采编系统、在线付费系统以及出版发行电子期刊和iPad客户端等方面，均是国内最早开发、最早应用的科技期刊之一，并且不断开发多种形式的针对专业领域读者、作者的网络化、信息化增值服务，引领了国内科技期刊网站新功能、新模式的建设。

2012年年底，又正式上线启用了新版期刊网站，在前期基础上进行了优化改版。新网站注重学术推广，增加的主要板块及其功能包括：制作期刊专题的网络版，对重点学术专题进行图文并茂的网络化传播；定期选择预出版的优秀文章全文推荐；宣传介绍中医药领域著名科学家及其成果；推荐学术报告或活动视频；定期发布医药行业日报及周报；提供与企业对接的发布平台，供企业发布相关市场信息。

2.2.2 系列化的电子出版产品

2010年，《中药杂志》与迅雷、阅读网等合作，出版发行基于纸版内容的电子期刊；2012年年底，与龙源期刊网合作，开发并出版发行了基于杂志本身的互联网移动终端软件即iPad客户端阅读应用程序（http://bbs.zgyyqk.net/showtopic-2375.aspx），以本刊优质文章为资源，推出《中药杂志》的苹果应用app，为读者提供了iPad终端阅读的选择，并通过碎片化处理和图文优化，以适应iPad阅读习惯。新增的评论和分享功能更加强了杂志与作者、读者间的互动。下一步，还计划开发不同平台的期刊app，如Android及亚马逊平台，并加入更多的元素，如学术动态信息发布、热点科研及产业化专题、关键词检索及文献分析等功能，充分发挥电子阅读终端的优势与便捷，在加强期刊影响力的同时，通过增值服务带来新的利润增长点。目前还很难预见未来的数字化发展方向，因为只要出

现一个新的划时代介质,就会有完全不一样的局面。而 iPad 正是当下最具前沿性的媒介,被寄予了刊物数字化的新希望。《中药杂志》在国内科技期刊中率先驶入学术期刊数字化的道路,迎接新媒介带来的机遇与挑战。

2.2.3 整合行业期刊资源的“中国医药期刊网”

由于《中药杂志》网络化发展的技术与特色被国内诸多期刊逐步了解,经常有期刊前来咨询、取经。近年来,《中药杂志》在无私输出先进技术、经验和发展理念的同时,也结交了大量志同道合的朋友,并从中领悟到通过建立网络平台,实现行业性期刊资源整合与期刊之间的互惠、合作的潜力。因此,《中药杂志》在 2011 年开发筹建了中国医药期刊网(http://www.zgyyqk.net/),期刊网的主要板块和功能均已搭建完毕,包含期刊投稿、电子杂志、论文在线获取、企业信息发布等功能。目前已有 4 本医药行业内颇具影响力的期刊加盟,有效用户数突破 4 万,注册企业用户约 100 家,企业发布各类相关信息近万条。下一步的发展目标是:①进一步壮大期刊网集群规模;②对加盟期刊提供期刊数据分析服务;③对加盟期刊提供实现数字化移动终端的服务(即 iPad 客户端);④2013 年正式开始线上线下网络推广,扩大期刊网知名度;⑤2013 年实际注册用户数力争突破 10 万;⑥在知名度和用户数增加的情况下,利用期刊网资源,开展相应的广告服务及其他相关的延伸性服务(如办会、培训等)。

《中药杂志》下一个阶段的网络化发展规划的主要定位是:①搭建产学研信息交流平台,其中包含成果转化、技术支持、知识产权保护;②尝试更加广泛的信息化服务,如行业信息发布的彩信业务。

2.3 建立现代化期刊管理制度,奠定快速发展的先决条件

工欲善其事,必先利其器。只有充分创造有利条件,打好基础,才可以达到事半功倍的效果。《中药杂志》分别对编辑部和编委会实行了量化考核的现代化科学管理制度,使期刊运行进入快速发展轨道。

2.3.1 编委会的量化考核与专家梯队的培育

《中药杂志》聘请了中医药领域很多顶尖专家为编委,主编和副主编基本由院士组成,专家阵容强大。传统观念认为,只有编委会指导编辑部,何谈编辑部量化考核管理编委会?但是《中药杂志》编辑部认为,流水才能不腐,只有一个充满活力、热情与实效的专家编委会,才是杂志生存立命与竞争之本。因此,编委并不能仅凭学术地位或者领导身份入选,而是要对其对期刊的贡献进行衡量。在编委会换届改选的筹备工作中,编辑部首先根据网上数据进行统计,比较编委和审稿专家在本杂志以及兄弟期刊上的发文数量、下载频次、被引频次,以及是否积极组织或参加本期刊举办的学术会议等其他贡献,对约占总数 20% 的编委予以末位淘汰,并从特邀审稿人或作者中选拔热心支持本刊工作的专家中增选、补充。通过连续数届的量化考核换届改选,已经形成了一支完全值得信赖的核心专家编委团队,在国内中医药学术领域,他们坚定不移地支持《中药杂志》,为提升期刊的学术质量做出了巨大贡献。《中药杂志》省部级重大基金项目的论文比例持续上升,目前已经达到 82%,在我国药学期刊和中医药学期刊中名列第一。

要想在未来的竞争中取胜,就必须培养一支年轻化的专家梯队。锦上添花,不如雪

中送炭，如果在年轻一代学者奋力攀登时，《中药杂志》能够伸出援手，为他们搭建一个展示、交流和沟通的平台，并逐步物色发展其中的佼佼者进入编委会专家阵容，定会使《中药杂志》永远保持创新、开拓的动力。为此，编辑部正在全国范围内物色、选拔40岁以下的中医药领域优秀人才组成"小编委会"，由年轻编辑们牵头，定期召开不同主题的青年中医药学工作者沙龙，让《中药杂志》年轻一代编辑与年轻专家学者们共同成长，成为相互信赖的朋友。

2.3.2 编辑部的量化考核与绩效管理

《中药杂志》一共有9名硕/博士学历的年轻编辑，除一名博士有正式编制外，均为编辑部聘用人员。培养一支稳定、高素质、高技术的人才团队，除了良好的收入和待遇之外，还需要科学化的管理机制，即绩效考核、量化管理。编辑部将完成工作的基本情况、组稿篇数、组织专题情况、文章的下载和引用情况，以及参加学术会议和外出组稿次数、创收、参与网络化和信息化建设等内容全部量化，作为编辑年终绩效考核标准，而且不断跟踪、督促、检查，并在量化打分的基础上发放绩效工资、年终奖金和各种补贴。其中，着重体现两方面的因素：①编辑的业绩与期刊质量紧密结合，直接促进期刊质量良性提高；②鼓励编辑积极承担本职工作以外的尤其是凸显个人能力、创新力、团队协作和贡献度高的工作，如网络化和信息化建设方面的探索性工作。

《中药杂志》通过建立现代化、科学化的编辑部管理制度，将年轻的编辑团队打造成为一支特别能战斗的复合型人才队伍，其中，5名编辑负责纸质版半月刊，2名编辑专职网络化技术开发，2名编辑专职从事信息化建设，实现了全方位发展，在国内科技期刊领域独树一帜。

3 结语

《中药杂志》在中国科协精品期刊项目的长期资助下，在期刊品牌、学术质量、行业影响力、国际化、出版经营以及网络化与信息化建设等方面得到了全方位提高，成为中医药行业领域当之无愧的精品期刊。

China Journal of Chinese Materia Medica: Enhance the Comprehensive Strength

LI He, ZHOU Chi, LV Dongmei, MA Chaoyi
Editorial Office of *China Journal of Chinese Materia Medica*, Beijing 100700

Abstract: This paper introduces the main status, developing target positioning and key point of *China Journal of Chinese Materia Medica*. With the more than ten years' support of China Association for Science and Technology project for excellent journals, *China Journal of Chinese Materia Medica* adheres to the main developing position to build an excellent journal in the Chinese medicine industry, enhances the comprehensive strength in every domain. At the present stage, *China Journal of Chinese Materia Medica* lays the emphasis on the following points: promoting academic quality, developing multifunctional digital platform with networking and informationization, establishing modernization management system.

Keywords: *China Journal of Chinese Materia Medica*; Excellent journal; Full scale development; Digitalization

审稿编辑:莫　京

41.《药学学报》

注重质量　塑造品牌

郑爱莲[①]
《药学学报》编辑部，北京　100050

摘要：《药学学报》作为中国著名药学综合性学术期刊，在记录和见证60年间中国药学发展的基础上，继续以提高质量为增强期刊竞争力的核心，坚持办刊理念、提升学术品位、保证编辑质量、完善出版发行，进一步加快了与国际接轨的步伐，特别是在提高期刊学术质量，加强数字化、网络化建设、扩大国际化影响等方面取得了可喜的成绩。

关键词：期刊质量；品牌塑造；编辑质量；国际化；数字化

《药学学报》是由中国科协主管，中国药学会和中国医学科学院药物研究所共同主办的药学综合性学术期刊，创刊于1953年，其前身为《中华药学杂志》（创刊于1936年），是我国第一本药学类综合性学术期刊。

《药学学报》首任主编为我国第一代著名药学家曾广方，随后担任主编的有汤腾汉、涂国士、宋振玉、周同惠教授，现任主编是中国医学科学院药物研究所王晓良研究员。半个多世纪的变迁，《药学学报》从初创到成长、壮大，特别是改革开放以来的发展，记录和见证了我国药学科学发展的脉络。

近年来，《药学学报》继续以提高质量作为增强期刊核心竞争力的主线，在办刊理念、学术品位、编辑质量、出版发行与宣传方面，进一步加快了与国际接轨的步伐。特别是在提高期刊学术质量，加强数字化、网络化建设，扩大国际化影响等方面取得了可喜的成绩。

1　办刊宗旨保证内容竞争力

创刊伊始，编委会就提出要“以探讨新理论，介绍新技术、新方法、新进展，开展学术交流”为办刊宗旨。60年来，《药学学报》一直致力于促进学术交流、推动学科发展、培养专业人才。这个办刊宗旨始终不渝地在刊物的编辑过程中得以坚持和强化，成为《药学学报》编辑思想的内核。《药学学报》刊发的文章具有创新性和前瞻性，并具有中国药学特色。论文的学术价值较高，有的达到或领先于国际水平。据不完全统计，近年发表的论文获世界、国家、省、部级奖项的比例达10%以上；基金项目（自然科学基金、国家863、973、国家级攻关项目以及省、部级和国外基金等）的论文达80%。这些基金论文的发表，展示了我国药学研究的最新成果，促进了国内外学术交流，对我国药学事业的发展起到了积极作用。

---

① 中国医学科学院药物研究所，《药学学报》编辑部主任，编审，E-mail：zhengailian@imm.ac.cn。

2　学术质量是期刊的生命

本着学术质量是期刊生命的原则,《药学学报》除了通过同行评议对每篇录用稿件严格把关外,还通过多种渠道、多种方式积极吸引和组织优秀稿源,积极追踪国内外药学领域的科研热点和前沿,组织高水平专刊和专栏,努力使刊物全面反映药学学科国内外最新科研进展,进一步提高期刊的导向性和权威性。从 2009 年开始,《药学学报》每年都策划组织 1 期专刊:2009 年,“多靶点药物研究”;2010 年,“抗艾滋病药物研究”;2011 年,“转化医学 – 药物研究与创新”;2012 年,“化学生物学与药物研究”。《药学学报》同时不定期地出版主题专栏,如“抗甲型 H1N1 流感药物研究”、“中药基因组学与生物信息学”、“抗体药物研究”以及“天然药物合成生物学”等。除发表原创性研究论文外,《药学学报》还邀请药学领域的著名专家撰写综述与述评,介绍国内外药学研究领域的热点和难点以及应用的新方法与新技术。

除了学术传播,《药学学报》还努力为科研人员、研究生搭建良好的学术交流平台。每年在召开编委会会议期间,为会议举办地的大学、科研院所举办高水平的药学发展论坛,请编委作大会报告,开展学术研讨,为促进学术交流起到了很好的作用,也成为《药学学报》的特色学术活动之一。

3　有效的质量保障体系

《药学学报》始终追求高质量、高水准、高品质,形成了严肃、严谨的办刊风格,赢得了海内外广大读者的赞誉和爱戴。创刊至今,编辑部坚持严格的稿件选审制度、编辑加工制度和出版印装制度。每一篇刊发的文章均经过严格的三审,对于内容新颖的稿件加快送审,有争议的稿件复审,实行层层把关,多重保障,确保录用稿件的质量。编辑部制定了严格的编校质量要求,实行责任编辑负责制,实行编辑部内部排版,增加校次,力争每一期出版的刊物都能达到优质品标准。

4　坚决摒弃学术不端行为

学术腐败已引起人们的高度重视,防止和遏制学术腐败已成为共识。但一稿多投及抄袭现象屡屡出现,稍有不慎就会影响期刊的声誉。编辑部在工作中制定了相关的论文查新制度,并与同类期刊的编辑部互相交换投稿文章目录,一旦发现一稿多投,共同撤稿,并将论文第一作者计入黑名单。对审查出来的存在抄袭现象、重复发表的稿件进行严肃处理,3 年内不再接受该论文第一作者的投稿。

5　借力网络扩大刊物影响力

为了顺应期刊数字化、网络化发展趋势,更好地为读者、作者提供优质服务,编辑部从 2006 年开始采用玛格泰克的稿件管理系统,2007 年建立期刊网站 www. yxxb. com. cn,实现在线投审稿,2008 年将过刊内容全部数字化,2009 年在因特网实现 OA。2011 年实现定稿后文章预发表。通过实行在线办公和网络化传播,论文的发表周期缩短至 5.5 个月,最快达到 3 个月,增加了文章的时效性和显示度,扩大了期刊的影响。

6 提升期刊国际影响力

编辑部一直重视扩大期刊的国际化影响,期刊自创刊起,每篇刊发的文章都要求有英文摘要。从1984年开始,逐步将文中的图表、参考文献全部改成英文,并刊发部分全英文文章。2011年与Elsevier出版公司合作出版《药学学报》国际版——*Acta Pharmaceutica Sinica B*,该刊为英文双月刊,是《药学学报》的扩展与延伸。它的出版,进一步扩大了《药学学报》的国际影响,为广大药学工作者提供了更广阔的学术交流平台,将对我国药学事业的发展发挥更大的作用。

7 学术品牌的形成

7.1 进入国内外权威数据库

《药学学报》是中国自然科学核心期刊、中文核心期刊,被多个国际著名检索系统收录,包括:美国医学索引(Index Medicus,IM,Medline)、美国化学文摘(Chemical Abstracts,CA)、SciFinder Scholar、美国生物学文摘(Biological Abstracts,BA)、国际药学文摘(International Pharmaceutical Abstracts,IPA)、美国《乌利希国际期刊指南》(Ulrich's International Periodicals Directory)、《制药及药品毒理生化数据库》(TOXCENTER)、英国国际农业与生物科学研究中心(CABI)、日本科学技术文献速报(Current Bibliography on Science and Technology,CBST)、俄罗斯文摘杂志(Abstract Journal,AJ)、剑桥科学文摘(Cambridge Scientific Abstracts,CSA)、CAB健康文摘(CAB HEALTH)、Elsvier Scopus数据库、波兰《哥白尼索引》(IC)、WHO西太平洋地区医学索引(The Western Pacific Region Index Medicus,WPRIM)等;被收录的国内数据库包括:中国药学文摘(CPA)、中国医学文摘(Abstracts of Chinese Medicine)、中国生物医学(光盘版)数据库(CBMDISE)、中国科学引文数据库、中国科技期刊篇名数据库(PSTP)、中国学术期刊(光盘版)数据库、中国学术期刊综合评价数据库、中国精品期刊数据库等。

7.2 获国家政府部门的奖励和支持

《药学学报》荣获首届国家期刊奖;2001年入选"中国期刊方阵"双高期刊。2002年被评为第2届国家期刊奖百种重点科技期刊和第3届中国优秀科技期刊奖;2003—2012年连续10届荣获百种中国杰出学术期刊称号;2008年和2011年两度被评为中国精品科技期刊;2011年荣获第2届中国出版政府奖期刊奖提名奖;2012年,被评为中国最具国际影响力期刊。2006—2012年,《药学学报》连续7年获得中国科协精品科技期刊工程项目资助。

8 困难与发展设想

《药学学报》作为我国药学领域科研人员学术交流的重要园地,为传播我国药学科研成果,加速学术交流作出了重要贡献。但近几年,由于我国考核评价体系的导向,使得大量的国内优秀稿件流向国外,期刊的优质稿源匮乏,严重地影响了期刊的发展。因此,编辑部将进一步加强稿源建设,加大约稿力度,使《药学学报》能够伴随着我国药学事业的快速发展,进一步发展壮大,迈上新的台阶。

Acta Pharmaceutica Sinica: Quality Improvement and Brand Building

ZHENG Ailian

Editorial Office of *Acta Pharmaceutica Sinica*, Beijing 100050

Abstract: As one of the most successful comprehensive pharmaceutical journals, *Acta Pharmaceutica Sinica* has recorded and witnessed 60 years' development of Chinese pharmaceutical science. The journal continues making endeavors to improve its quality to achieve international competitive strength, maintain the good tradition, increase academic level, guarantee the editing quality, optimize publishing and marketing, apply modern information technique, and accelerate the step of internalization. Exciting achievements were obtained, especially in academic quality improvement, digitalization strengthening, network building, internationalization expansion, *etc*.

Keywords: Journal quality; Brand building; Editing quality; Internationalization; Digitalization

审稿编辑:单晓钊

42.《中国中西医结合杂志》

当好中西医结合学科的发言人

李焕荣[①]
《中国中西医结合杂志》社,北京 100091

摘要:《中国中西医结合杂志》由中国科协主管,中国中西医结合学会和中国中医科学院主办,是国内第一本全国性中西医结合综合性学术期刊,国内外公开发行,主编为陈可冀院士。杂志多次获得中国科协精品期刊资助,同时也多次获得中国百种杰出期刊、双效期刊等荣誉,在中西医结合领域的影响力始终居于前列。

关键词:医学;中医;中西医结合;陈可冀

《中国中西医结合杂志》于1981年7月创刊,刊名为《中西医结合杂志》,16开本,64页;1981—1982年为季刊;1983年改为双月刊;1984年改为月刊;1992年改名为《中国中西医结合杂志》;1999年改为大16开;2000年改为80页。2004年在原基础上扩充版面至96页,2010年增至112页,2011年增至144页。刊物按国际标准编排,印有英文版权页、目次、摘要等。年发行量数十万册。除国内31个省市自治区外,国外订户分布于美国、日本、新加坡、韩国、英国、德国及澳大利亚等20多个国家和地区。

《中国中西医结合杂志》被确定为中国科技论文统计源期刊(中国科技核心期刊)、中国学术期刊综合评价数据库统计源期刊,被编入《中文核心期刊要目总览》2011年版,还被中国科学引文数据库、中国生物医学文献数据库等国内多个权威数据库收录,总被引频次与影响因子均居同类期刊前列。1983年被美国MEDLINE收录,2004年被美国化学文摘、俄罗斯文摘杂志及日本科学技术文献速报(JST)收录。连续四次荣获国家中医药管理局颁发的全国中医药优秀期刊奖一等奖;2001年被新闻出版署评为"双效期刊",列入中国期刊方阵;2001—2012年连续12年被评为中国百种杰出学术期刊;连续三次获得国家自然科学基金重点学术期刊与专项基金资助(2003—2008年);2006年、2012年获中国科协精品科技期刊工程项目资助期刊等多项荣誉。

创刊30多年以来,《中国中西医结合杂志》共选出八届编委会,第八届编委会于2012年选举产生,共134名编委,陈可冀院士为主编,还包括两院院士如沈自尹、肖培根、吴咸中、陈凯先、王永炎等13人,其他编委也均为各领域专业权威专家及带头人,充分显示了刊物的影响力。

论文的学术质量是科技期刊的生命线,是决定科技期刊质量和影响力的关键。因此,编辑部特别注重约稿及选题策划。根据全年报道计划每期策划报道重点选题,根据报道重点进行约稿和组稿,向本学科领域中的权威学者约稿,就目前学科的热点、难点问

① 《中国中西医结合杂志》杂志社编辑部主任,编审,E-mail:cjim809@126.com。

题发表真知灼见，这些稿件作为评论性文章刊出，具有引导作用，栏目设为专题笔谈、专家论坛、述评等。期刊同时加强对优秀临床论著和实验研究的组稿和约稿，配合每期评论性文章，形成每期的刊登重点和方向。靠内容来提高期刊的学术水平，发挥期刊的学术导向作用。

目前，《中国中西医结合杂志》审稿专家包括中西医结合各领域专家共1000余名，审稿专家均通过标准审稿单填写审稿意见，并给予综合评分，保证了每篇文章都能得到完整的评价。审稿意见返回后会将其提供给作者查看，帮助作者提高科研及论文写作水平。除对所有论文进行同行评议外，编辑部对论文的科研设计方法和统计学方法的审稿工作也十分重视。科研设计方法及统计学方法正确与否，关系到文章结论的科学性和可靠性。因此，期刊对论著文章送统计学专家另审，对关键问题如论文设计是否严谨合理、统计学方法是否恰当、研究对象是否合适、结果是否可靠及结论的科学性和实用性进行评审，对科研设计和统计学方法存在问题的文章不予发表。

除审稿方面严格要求外，杂志特别注重编校质量。目前，杂志建立健全了一系列编校规章制度，比如将校对工作分为以下5个步骤：①责任编辑通读校样；②向作者附寄校样；③实行印前内部交叉审读制度；④主编和编辑部主任终校；⑤主动后评价。严格的编校制度确保了杂志的出版质量。在陈可冀院士带领下，在编辑部所有同仁的努力下，期刊每年均能够按时、高质量出版，得到广大读者的好评，在每年的期刊审读中也得到了专家的认可。

杂志自2003年起开始使用稿件采编系统，大大方便广大作者投稿、专家审稿及编辑校对。编辑部不断对该系统进行改进，以适应不断出现的新要求，并于2013年1月开始采用新版采编系统。新系统可进行网页化办公，不需进行任何软件的安装，升级后的采编系统除进行投稿审稿外还可进行审理费、版面费的支付。该采编系统简洁、易用，提高了审稿效率，方便了广大作者。目前，采编系统每天接收稿件10～15篇，方便快捷的投稿流程得到作者的好评。

一支相对稳定的、具有合理的知识结构和良好的实践能力和创新能力的编辑人才队伍，是学术期刊成败的关键。因此，编辑部始终注重编辑队伍建设，引进并培养高素质人才。目前，编辑部共有9名编辑负责期刊审稿、编校，从年龄分布看，老、中、青相结合，20～29岁1人，30～39岁3人，40～49岁2人，50岁以上3人；从学历来看，所有编辑均拥有本科以上学历，其中拥有硕士以上学历者6名；从职称来看，副编审以上职称者5名；从专业分布看，8人为医学或中医、中西医结合专业；1人为医学英语专业，擅长进行英文题目及摘要翻译工作，更利于国际推广。此外，编辑部对于编辑的培训教育同样很重视，主要包括岗前培训制度和继续教育制度两方面的内容。岗前培训，一是为新编辑弥补因编辑职业教育缺乏所造成的编辑技能的欠缺；二是传播杂志社特有的办刊理念、传统，使新编辑适应杂志社的企业文化环境。在编辑的继续教育方面，编辑部要求所有编辑年均接受继续教育72学时以上，主要内容是新知识、新技术的学习，以适应新形势下工作的需要，更重要的是扩展知识，培养复合型编辑人才，提高编辑的创新能力。编辑部对教育的重视换来了丰硕的成果，编辑部李焕荣主任荣获中国科技期刊编辑银牛奖，王卫霞副主任、张文编辑荣获中国科技期刊青年编辑骏马奖。

杂志社现有独立网站 http://www.cjim.cn,提供一般信息、新闻、查询、下载、编辑办公、投审稿系统链接等基本功能。编辑部于2012年对网站内容进行了丰富和充实,提高网站技术含量,强化网站服务功能,吸引更多的潜在作者群和读者群。改进后的网站主要包括以下几个方面的功能:①提供有关期刊的各种核心信息:办刊宗旨和刊登内容等期刊基本信息,编委会成员名单,投稿要求,与作者的版权转让协议,期刊订阅办法,编辑部联系方式;外延信息包括:被数据库收录情况,审稿人名单,获奖情况,广告征集,编辑部成员介绍,期刊信息动态,友情链接,规章制度等。②提供期刊包括过刊的目录、摘要、全文及现刊的目录、摘要、中文全文等。③新闻类信息包括国外发表重要研究中文摘要、学术会议、科学基金、科研动态、行业动态等信息,使读者不仅能从刊物发表的文章收益,还能得到相关的信息,使刊物成为学科的重要门户,聚集本学科的人气。④互动功能包括在线投稿、在线审稿、在线查稿等功能;外延功能可包括在线订阅、在线远程编辑、读者反馈、学术讨论等功能。⑤服务功能核心功能包括期刊内容的检索功能和速报(Alert)、RSS 服务功能;外延功能可包括读者信箱、阅读软件下载等。⑥网站建设为结合医学人员建立个人网站,提供展示和学术交流空间。⑦下载功能系统可以提供一些常用工具的下载,例如 Acrobat Reader、RSS 阅读器、图形编辑器、排版软件、工具性站点(例如相关学科的百科全书、国家相关标准、政策法规等)、语言文字服务(在线翻译、中英文辞典等)。

为了期刊的宣传推广,《中国中西医结合杂志》建立了论坛和专家博客,以提高编辑部在行业内的影响力。论坛邀请专业人士担任版主,比如心血管论坛版主邀请中西医结合心内科博士生担任,重点关注心血管疾病的最新研究进展、防治策略以及中西医结合研究新进展。专家博客则以邀请知名专家撰写博文为主,目前该项工作正在逐步开展。此外,编辑部还制定了多个宣传推广方案,拟通过发送 TOC 邮件,进驻相关网站(如丁香园)等宣传推广。

中西医结合医学,是我国经历了半个多世纪的自主创新研究,在世界上首创的一门新兴交叉学科,是我国为数不多的在世界上独创的新学科之一。中西医结合医学已赢得国内及国际公认,促使越来越多的国家开始重视传统医药与现代医药结合研究,涌现出如日本的结合医学、印度结合医学、加拿大结合医学、韩国结合医学、美国结合医学研究等不同特点的结合医学,表明全球性结合医学研究正在兴起。这些不同特点的结合医学均源于中国的中西医结合医学研究,体现了我国中西医结合医学在世界范围的示范和带动作用。如何始终保持在结合医学领域的领先地位,除了专业学者进行研究外,还需要一个宣传的平台。《中国中西医结合杂志》始终以此为目标,力争发表中西医结合医学领域最新进展,助力中西医结合医学在世界范围内的推广宣传。

2013年中国科协给予《中国中西医结合杂志》中国科协精品科技期刊工程项目资助,是对刊物的肯定,同时也是一种激励。以此为契机,编辑部会持续加强期刊优秀选题组稿、审稿专家队伍建设、优秀文章奖励、国际交流合作、网站建设推广等多方面工作,努力提高期刊学术引证指标,不断扩大影响力。

Brief Introduction of *Chinese Journal of Integrated Traditional and Western Medicine*

LI Huanrong
Editorial Office of *Chinese Journal of Integrated Traditional and Western Medicine*, Beijing 100091

Abstract: *Chinese Journal of Integrated Traditional and Western Medicine* is in charged of China Association of Science and Technology. She is co-sponsored by China Association of Integrative Medicine and China Academy of Chinese Medical Sciences. She is the first academic journal of integrative medicine in China. The journals have been issued at home and abroad. Academician CHEN Ke-ji works as the chief editor. For years she has been supported by China Association of Science and Technology for high-quality scientific and technical journals. Meanwhile, she has been honored as one of One Hundred Excellent Academic Journals and Bi-effective Journals. She has got leading influential power in the field of integrative medicine.

Keywords: Medicine; Traditional chinese medicine; Integrated traditional and western medicine; Chen Keji

审稿编辑:单晓钊

43.《中华肿瘤杂志》

期刊的成长与未来

代小秋 王书亚[①]
《中华肿瘤杂志》编辑部,北京 100021

摘要:《中华肿瘤杂志》一直坚持基础与临床相结合的方针,重点报道中国肿瘤防治研究工作的成就、进展及新动向,包括国家制定的规划任务、全国性或地域性专题协作任务、国家重点实验室或主要临床中心的前沿性工作;较全面地反映了中国各省、市、自治区级的肿瘤防治研究动态和肿瘤高发区现场工作的进展。《中华肿瘤杂志》是中国最具权威性的肿瘤专业期刊,报道的内容能够反映中国肿瘤基础与临床防治研究的现状与水平。

关键词:《中华肿瘤杂志》;肿瘤;临床医学;预防医学;基础医学

《中华肿瘤杂志》接受国内及国际稿件,经同行专家评审,择优刊登。主要栏目有基础研究、临床研究、临床应用、预防研究、专题综论、癌症论坛、病例报告等。按照国际标准编排,附有英文目录,论著文章均有英文摘要。

1 《中华肿瘤杂志》基本情况

《中华肿瘤杂志》由中国科学技术协会主管、中华医学会主办。《中华肿瘤杂志》1979年创刊,月刊,每期80页。中华医学会有百年的办刊历史和经验,建立了系统的期刊编辑出版规范和制度。承办单位是中国医学科学院肿瘤医院(国家癌症中心),在学术的支持与保障上是国家级的水平,在联络专家、获取信息、引领导向、对外交流方面都具有优势。中国医学科学院肿瘤医院与美国国家癌症研究所、美国Mayo Clinic(梅奥医学中心)都签有战略合作协议,拥有国家新药(抗肿瘤药)临床试验研究中心、中国癌症基金会、全国肿瘤防治办公室、国家癌症中心学术年会、中国肿瘤医师大会、中国肿瘤内科大会等平台。

自创刊以来,《中华肿瘤杂志》一直坚持基础与临床相结合的方针,重点报道中国肿瘤防治研究工作的成就、进展及新动向,包括国家制定的规划任务、全国性或地域性专题协作任务、国家重点实验室或主要临床中心的前沿性工作。此外,还较全面地反映了中国各省、市、自治区级的肿瘤防治研究动态和肿瘤高发区现场工作的进展。《中华肿瘤杂志》是中国具权威性的肿瘤专业期刊,报道的内容能够反映中国肿瘤基础、临床及预防研究的现状与水平。

1987年《中华肿瘤杂志》获中华医学会优秀期刊奖三等奖;1992年获第一届中国科协优秀期刊奖三等奖;1992年在中华系列杂志期刊评比中,获编辑规范奖;1997年

① 《中华肿瘤杂志》编辑部,E-mail:shuya_wang@yahoo.com.cn。

获第二届中国科协优秀期刊二等奖;1999 年获第一届国家期刊奖提名奖;2000 年获中华医学会优秀期刊二等奖;2003 年获第三届中国科协优秀期刊奖三等奖;2005 年获中华医学会优秀期刊一等奖;2001—2010 年连续 9 次获"百种中国杰出学术期刊"称号;2006—2012 年连续 7 年获得中国科协精品科技期刊工程项目资助。被中国自然科学核心期刊研究课题组评为中国自然科学核心期刊,被中国国家新闻出版总署定为中国期刊方阵双奖期刊。

在肿瘤学类期刊的综合评价指标排名中,《中华肿瘤杂志》一直名列前茅,2006—2011 年的综合评价指标及其排名[1-6]详见表 1。

表 1　2006 -2011 年肿瘤学类期刊主要指标及其排名

年份	核心总被引频次		核心影响因子		综合评价		学科期刊数
	数值	排名	数值	排名	数值	排名	
2006	2522	1	1.217	1	—	—	19
2007	2409	1	0.998	1	—	—	22
2008	2537	1	0.956	2	76.9	1	26
2009	2603	1	0.613	5	68.0	2	27
2010	2498	1	0.578	8	67.9	2	27
2011	2319	1	0.724	2	71.8	2	26

《中华肿瘤杂志》被众多国际和国内文献检索系统所重视,到目前为止,已被国内外 14 个数据库、25 个文摘期刊收录,包括 Index Medicus、荷兰 Excerpta Medica、美国化学文摘(CA)、美国生物学文摘(BA)、美国 Medline(MED)、俄罗斯文摘杂志、中国生物学文摘、中国学术期刊文摘、中国生物医学文献数据库、中国生物医学数据库、中国学术期刊综合评价数据库、中国期刊网、中国学术期刊(光盘版)等,是中国科技论文统计源期刊(中国科技核心期刊)、中国科学引文数据库来源期刊。

2 《中华肿瘤杂志》的学术质量建设

根据《中华医学会系列杂志编辑委员会通则》的规定,每四年进行编委会换届,每两年举行一次全体会议。编辑委员会由全国各主要肿瘤防治研究机构的权威学者、学科带头人组成,其中有 7 位院士,很多都是全国性专业学术组织的主任委员和副主任委员。编辑部充分尊重编委,不定期通过《编委通讯》报告编辑部的工作,征求他们的意见。在编辑部的建设上,在组稿、审稿、定稿方面,编委们充分发挥作用和影响,给予了大力支持,承担了杂志大量的组稿、审稿、定稿工作。《中华肿瘤杂志》拥有 240 余人的全国审稿专家队伍,为杂志刊出论文的学术水平提供了坚实的保障。

从约稿入手,提高对优秀稿件的争取力度。加快审稿和刊出效率,拉动优质稿件的投稿比例。在稿件审理过程中,严格执行中华医学会杂志社的相关规定,严把质量关,保证刊出论文的学术水平。杂志每年由编委投票,对年度刊出的论文进行优秀论文评比,并颁发证书。

3 期刊的出版质量建设

稿件经过编辑加工后,先后出三次校样,校样分别经过校对、作者通读、编辑互看、英文编辑审核、责任编辑通读和核红等流程。期刊的整体设计包括封面、封二、封三、封底等均要符合《期刊出版形式规范》的要求。每期杂志印刷出版后,由同一位编辑进行自检,以确保编辑出版质量。在2011年度中华医学会系列杂志综合质量评审中,获得了版权目次审读优秀奖、论文设计与统计审读优秀奖、插图审读优秀奖、表格审读优秀奖、参考文献审读优秀奖、文字表达审读优秀奖、法定计量单位审读优秀奖等7个奖项。

4 期刊出版人才培育

随着老编辑的退休和新编辑的加入,《中华肿瘤杂志》编辑的年龄结构逐渐趋于合理,职称和学历结构也在提高,目前《中华肿瘤杂志》编辑人员的年龄、学历、职称结构良好,既有编审,也有博士,平均年龄43岁,是一支既有实践经验、又有精力和工作热情的队伍。《中华肿瘤杂志》要求编辑积极参加相关的业务培训和各种学术讲座,不断提高职业素养和专业水平。

5 期刊数字出版建设

目前,《中华肿瘤杂志》采用中华医学会的在线稿件处理系统进行稿件的投稿、审稿、修稿和定稿,实现了稿件处理的网络化。刊出论文在万方数据全文上网。《中华肿瘤杂志》正在筹备自己的网站,建立与读者和作者互动的平台。

6 期刊资源集约建设

根据国家新闻出版总署《关于报刊编辑部体制改革的实施办法》的精神,报刊编辑部将进行转企改制。中华医学会主办有120余种期刊,有条件成立期刊出版集团,建立集群化经营模式,实现办刊资源的集约化。《中华肿瘤杂志》作为中华医学会主办的杂志之一,将积极贯彻执行国家的相关政策,在中华医学会的领导下,逐步推进转企改制工作,使期刊成为市场竞争主体。

7 期刊宣传推广

近几年,中国科协和中华医学会对于主管和主办的期刊通过印制宣传册和网络宣传加大了宣传力度,《中华肿瘤杂志》也积极配合和参与。《中华肿瘤杂志》还积极参加有关的期刊展,并通过举办和参加相关的学术会议积极进行杂志宣传。每期安排免费赠送期刊400余册。

8　思考和发展设想

在逐渐建立期刊的市场化体制的前提下，在保证杂志学术水平和编辑出版质量的基础上，努力将杂志打造成一个信息交流和经营发展的平台。具体来讲，就是以加强组稿为抓手，以肺癌、食管癌、胃癌、肝癌、结直肠癌、乳腺癌、宫颈癌、甲状腺癌及骨与软组织肿瘤等严重威胁人民身体健康的癌种为重点，发挥每位编辑的积极性，继续保持《中华肿瘤杂志》在学术水平和编辑出版质量方面的领先地位。通过多种渠道积极主动与各个重要的大型数据库保持联系，加快《中华肿瘤杂志》网站的建设，实现期刊阅读、信息交流的全面网络化、自动化。举办学术会议，努力打造一两个品牌会议，提高杂志在肿瘤学界的影响。加强编辑队伍建设，在不断提高编辑出版能力的同时，逐渐学习期刊经营方面的知识，培养开展期刊研究的能力。鼓励编辑参加学术活动，密切与专家的联系。认真学习国内外优秀期刊的办刊经验，加强杂志的宣传工作，进一步提高杂志的影响。

参 考 文 献

[1]中国科学技术信息研究所. 2007 年版中国科技期刊引证报告（核心版）[M]. 北京：科学技术文献出版社，2007：161.

[2]中国科学技术信息研究所. 2008 年版中国科技期刊引证报告（核心版）[M]. 北京：科学技术文献出版社 2008：165.

[3]中国科学技术信息研究所. 2009 年版中国科技期刊引证报告（核心版）[M]. 北京：科学技术文献出版社 2009：182.

[4]中国科学技术信息研究所. 2010 年版中国科技期刊引证报告（核心版）[M]. 北京：科学技术文献出版社 2010：191.

[5]中国科学技术信息研究所. 2011 年版中国科技期刊引证报告（核心版）[M]. 北京：科学技术文献出版社 2011：191.

[6]中国科学技术信息研究所. 2012 年版中国科技期刊引证报告（核心版）[M]. 北京：科学技术文献出版社 2012：191.

The Growth and Future of *Chinese Journal of Oncology*

DAI Xiaoqiu, WANG Shuya

Editorial Office of *Chinese Journal of Oncology*, Beijing 100021

Abstract: *Chinese Journal of Oncology* (CJO) has been complying with the principles of integrating basic research with clinical practice. Its major task has been reporting accomplishments and new trends in research on cancer prevention and treatment in China. It covers:(1) missions from the government stipulated programs,(2) nation – wide and regional collaborations on special topics;(3) cutting – edge research from national key laboratories and comprehensive cancer centers. It also reports the current status of cancer prevention and treatment in different provinces, autonomous regions and the progress in cancer control in high – risk areas. CJO is the most authoritative journal of oncology in China, and it makes every effort to embody the national level of science and technology in the field of oncology.

Keywords: *Chinese journal of oncology*; Neoplasms; Clinical medicine; Preventive medicine; Prec linical medicine

审稿编辑:单晓钊

44.《中国药理学通报》

《中国药理学通报》的精品之路

周迎霞　黄河胜[①]
《中国药理学通报》编辑部,合肥　230032

摘要:《中国药理学通报》之所以能从名不见经传的校内刊物,成长为中国杰出学术期刊方阵中的一员,缘于始终秉承"跟踪学科前沿、揭示药理进展、融合校－院－企、服务产－学－研"的办刊宗旨,始终坚守"靠质量立刊、凭特色发展"的办刊理念,坚持"差异化可持续"发展模式和"校刊一体"的运行机制,走上一条从无到有、从小到大、从弱到强的精品发展之路。

关键词:《中国药理学通报》;精品

《中国药理学通报》(以下简称 CPB)创刊于 1985 年 9 月,中国科学技术协会主管,中国药理学会主办,由安徽医科大学出版中心编辑出版发行。先后被 14 种国际检索性期刊和国内相关权威核心期刊(库)收录。被科技部、中科院文献情报中心、北京大学图书馆、国际期刊研究会等多家中外组织机构确定为核心期刊,先后获得多项殊荣。

1　缘起与发展

CPB 孕育于具有悠久办刊历史的安徽医科大学。近年来,其不断走向成熟,2008—2011 年连续 4 年影响因子名列 CJCR 药学类期刊第一名,连续被科技部中国科技信息研究所评为百种中国杰出学术期刊及中国精品科技期刊[1]。连续两届荣获国家期刊奖百种重点期刊奖,2006—2012 年连续获中国科协精品期刊工程项目资金资助,2009、2011 年连续获第 1、第 2 届"RCCSE 中国权威期刊"称号并名列药学学科第一。2012 年国际他引频次 298 次,国际他引影响因子 0.05,复合影响因子 1.541 的过硬指标,被中国科学文献计量评价中心与清华大学图书馆研制的《中国学术期刊影响因子年报 & 国际引证报告》评价为"中国国际影响力优秀学术期刊"[2]。

1.1　精品战略定位

CPB 致力于架起"中药与西药、基础与临床、生产与应用" 之间的桥梁,以"找寻新药治病的原理"并推动和提高我国药理学研究水平为己任。始终秉承"跟踪学科前沿、揭示药理进展、融合校－院－企、服务产－学－研"的办刊宗旨,始终坚守"靠质量立刊、凭特色发展"的办刊理念,坚持"差异化可持续"发展模式和"校刊一体"的运行机制,全力以赴进行标准化、规范化出版,坚持发表我国最优秀中文药理学论文,努力走出一条内涵特

---

① 安徽医科大学出版中心主任,《中国药理学通报》常务副主编兼编辑部主任,研究员,编审。E-mail:Huanghs8@163.com。

色发展的精品之路。

1.2 差异化可持续发展模式

CPB 独特的发展模式体现为：一是服务对象上面向国内，立足药理学阵地，面向学科全域。主要刊登中文稿件，一般不刊登英文稿件，为顺应近年来中药现代化进程的加快，还特意开辟了“中药复方药物药理学”栏目，深受广大中药药理工作者欢迎；二是质量控制上依靠“精英编委”，CPB 编委会由中国药理学会在全国聘请了 74 位国内一流的教授、博导组成，其中 15 位为两院院士，另外还聘请了 8 位外籍专家，这支精英编委为 CPB 的可持续发展提供了坚强保证；三是稿件录用上坚守“臻于至善”原则，在收稿门槛非常高的情况下，目前的投稿与录用稿件的比例仍达 3∶1，受期刊篇幅限制，不得不忍痛退了一大批重要基金资助、高等院校及科研院所的硕博论文，甚至是院士的稿件；四是利益追求上突出“学术效益”为本，坚持读者、作者、文献工作者利益最大化原则，不与任何数据库签订独家上网协议，还自建网站免费全文开放存取，尽管因此编辑部每年收入减少数万元，但能更好更多地提供刊物的信息资源。

1.3 “校刊一体”运行机制

CPB 依托安徽医科大学的优势办刊，形成“校刊一体”运行机制。一是组织建设嵌入大学体制，学校设立二级机构出版中心，作为刊物的编辑部门，在大学的门户网站下开辟有 CPB 的主页链接；二是人才资源集中，现任党委书记李俊教授及“皖江学者”、特聘教授魏伟任刊物主编，大学集中了大批优秀的药理学专业人才、外语人才、统计人才、信息人才，为稿件处理、精品期刊建设提供了可靠的人才和智力支撑；三是日常管理纳入学校管理系统，人事、财务、行政等均由学校统一管理，并向中国药理学会备案、负责，既集中统一又独立自主；四是条件建设依托大学保障，安徽医科大学不仅提供人员工资经费保障，还对办公场所、设备设施等给予了相应标准化保障，并对 CPB 开放网络中心、校印刷厂等公共资源。

2 发展目标与主要措施

CPB 始终把“循精品学术期刊根本、揽药理学科研究精要”作为不懈追求，当前，在中国科学技术协会的大力培育和支持下，更应顺势而为、乘势而上，全面提升学术水平、出版质量和国内外知名度、美誉度，打造具有国际影响力的品牌期刊。

2.1 发展目标分解

(1)高水平稿源由“被动等”向“主动投”转变，学科的热点、难点及学科进展等前沿问题研究稿源明显增加，药理研究机制论文 100% 刊用；

(2)期刊学术引证指标显著提高，年平均影响因子和总被引频次提高保持 5% 的增速，基金论文比保持在 95% 的高位水平；

(3)审稿专家队伍不断优化，形成以泰斗大师为引领、以领军人物为支撑、以专家学者为骨干，老中青相结合“三位一体”的编审专家队伍；

(4)审稿力度和稿件的审理质量稳步提升，继续实施优秀论文奖励政策，奖励 5% 以上的高水平、高影响力论文的作者；

(5)期刊编委队伍建设不断加强，大力增加国际编委的邀请力度，力争达 20 人的总体规模；

（6）存取和检索新媒体渠道更加广阔，力争被 10 个以上国外相关著名数据库收录，国内相关数据库全部收录，在国内所有大型知名门户网站上都能查阅，不与任何商家独家签立协议，继续采用 OA 开放，在独立域名的自有网站上免费提供所有论文全文；

（7）期刊国际合作出版有所拓展，增加报道国际优秀论文的比重，力争在国外建立 CPB 发行代理站。

2.2 主要保障措施

2.2.1 着力优化和拓宽优质稿源渠道

专注中文阵地，不迎合其他语种版本，专心立足国内，服务中国药理学事业，打造中文药学学科期刊知名品牌。一方面通过有针对性的组稿和约稿，向药理学各专业资深和权威学者约稿，加大吸收该学科的热点、难点及学科进展等前沿问题研究稿件，另一方面通过大幅降低优质稿件的版面费，形成 CPB 对优质稿源的“极化”投向。

2.2.2 着力提升刊物的引用率和查看率

2011 年与中国学术期刊电子杂志社签订了期刊优先数字出版合作协议，基本实现数字期刊先于印刷版刊物出版，所载文章 100% 开放存取，继续拓宽除中国知网、万方数据库、维普等以外的全文网络版本检索渠道。

2.2.3 努力提升期刊关键质量指标

继续拓宽高水平作者群、注重拓宽优质稿源渠道、适时更新编审专家队伍，力争影响因子保持高位振荡，基金论文比力争逐年攀升，总被引频次展望有增无减，综合评价总分和排名移居第一方阵。

2.2.4 着力提高稿件处理效能

着眼于以“快”取胜，着重解决制约稿件处理速度的因素和环节，创新管理方式方法，紧密结合编辑出版工作特点，加强网络化、信息化等硬件条件建设，坚持目标管理与过程管理相结合，健全编辑部日常管理内部制度，继续优化稿件处理流程，全面加强效能建设。

2.2.5 注重加强编辑队伍建设

稳步推进编辑队伍专业化、规范化进程，不断提高编辑队伍整体综合素质，鼓励编辑脱产进修与在岗业务学习，力争执业资格达标率 100%。不断改善队伍结构，发扬老中青传帮带的优良传统，坚持对外吸收借鉴与对内研讨交流相结合，学习同行先进的办刊经验。

2.2.6 大力推进信息化建设

继续完善期刊应用软件系统开发，集稿件采编、远程处理、网刊发布与管理、征订发行管理、广告管理等功能于一体，努力实现稿件处理数字化传输，网络化审修，信息化编、审、校，不断加快稿件周转速度。

3 存在的主要问题及未来规划

3.1 CPB 的薄弱环节和制约因素

3.1.1 与国内外顶级同行期刊存在差距

一是同质化问题严重，品牌特色缺乏，跨媒体多元品牌建设力度不够；二是面对市场化经营难题，经营模式单一，没有建立专门的发行队伍，产业化不成规模，体制性障碍仍然存在，经营管理自主性、灵活性较差；三是结构治理没有完全走出计划经济的框架，难以建立公司制结构，不能形成良性的人才吸纳和流动机制[3]。

3.1.2 受非独立法人资格制约

一是往来结算票据困难。目前，由于编辑部为非独立法人单位，财务均由承办单位安徽医科大学财务处代管，但由于财政部在2010年出台了新的《财政事业单位资金往来结算票据使用管理暂行办法》，规定对期刊出版物不再发给单独的发票。因此，只能办理税务发票，而具备独立法人资格是领取税务发票的前提条件；二是容易造成责任主体错位，按《出版管理条例》相关规定，不具有法人资格的期刊编辑部，其民事责任由其主办单位承担。

3.1.3 受经营模式制约

一是受非主要赢利价值取向制约。CPB坚持学术效益为本，不盲目追求经济效益，客观上造成各方利益难以达成平衡。作为经营主体的CPB不与任何数据库签独家上网协议，还自建网站免费全文开放存取，客观上造成其经济利益严重受损，致使自身发展经费不足；二是受服务面制约。鉴于CPB立足服务国内药理学科，主要刊登中文稿件，客观上受到SCI论文对杂志稿源的冲击，不刊登英文稿件，因此对国外稿件吸引力不大。即便如此，由于刊物有完整的英文摘要、英文图表说明，主要数据和结论让只懂英文者也能看懂。

3.2 未来规划设想与展望

3.2.1 加强品牌经营管理，突出个性化特征

(1)构建多渠道服务体系，按照期刊经营中关于衍生品经营的“三次售卖”理论[4]，在原有纸质读物的基础上，向网络平台拓展，为读者提供更多可选择的服务载体；

(2)加强非文本服务功能，适时建立博客、微博，建立读者互动平台，建立专业队伍服务读者需要，通过完善服务体系为读者提供增值服务；

(3)探索引入现代企业管理制度，积极摸索编辑与经营独立并行的公司制结构。打造具有国际影响力的CPB品牌[5]。

3.2.2 走产业化经营发展之路

整合资源建立强势品牌，实现产业化布局，打破现有期刊地域分散、实力单薄、分属不同主办单位与主管部门的现状，打造中国科协期刊方阵或推进期刊集团建设；加强产业链设置，从传统的信息提供者向综合服务商转型，即在保持媒体原有功能和特色的基础上，积极与服务商合作，由单一的办刊向产业化服务延伸，主要衍生方式可以有：特刊、增刊、光盘、网站、会展、论坛等各种活动，进行品牌授权等[6]；促进媒介制度和管理的创新，制度上积极推进所有权和经营权分离，管理结构由垂直管理向网络式结构转变，满足市场化高效运营的要求。

3.2.3 实行全球化发展战略

面对期刊市场化、全球化的发展趋势，挑战与机遇并存，只有放眼世界、着眼未来，才能步入可持续良性发展轨道。加强国际间交流与合作，认清既有竞争又有合作的关系，积极借助国外媒体以互惠互补。

参考文献

[1]中国知网.中国科学技术信息研究所中国科技论文统计结果发布会[EB/OL].[2013-01-24]. http://hii.cnki.net/cajz/.

[2]中国知网.《中国学术期刊影响因子年报 & 国际引证报告(2012 版)》发布会[EB/OL].[2013-01-24]. http://hii.cnki.net/cajz/.

[3]孙广萌.试论《财富》的品牌成功模式及其启示[D].哈尔滨:黑龙江大学,2010.

[4]贺琛,汤腊美.从《财经》看财经期刊的品牌经营与管理[J].湖南商学院学报,2008(6):80-82.

[5]严恒元.美国《财富》杂志探秘[J].中国税务,2001(12):14-17.

[6]陈定家.危机与出路:关于期刊市场命运的思考[J].常德师范学院学报(社会科学版),2002(5):109-112.

CPB's Development Road to Excellent Academic Journals

ZHOU Yingxia, HUANG Hesheng

Publishing Center, Anhui Medical University, Hefei 230032

Abstract: Adhering to its aim of publication that tracking academic frontiers, revealing pharmacological progresses, integrating medical universities, hospitals and pharmaceutical enterprises, and serving drug industries, medical universities and research institutes, *Chinese Pharmacological Bulletin* (CPB) has boomed as a bright star among a galaxy of Chinese academic journals from unknown campus publication. CPB sticks to its operational concept of impact enhancement based on quality and development based on feature. Moreover, it perseveres in its mode of differentiating and sustainable development and the operational mechanism of university and periodical as an organic whole. CPB has practiced a connotative development road from scratch, from small to large and from weak to strong as an excellent academic journal.

Keywords: Chinese pharmacological Bulletin; Pharmacologicae; Competitive Products

审稿编辑:单晓钊

45.《中国心理卫生杂志》

学术交流是科技期刊的根本价值

张卫华[①]
《中国心理卫生杂志》社,北京 100191

摘要:《中国心理卫生杂志》创刊27年来,坚持以打造为读者作者认可的学术交流平台为根本目标,强调整体学术质量在期刊建设和发展中的基本作用,较早建立并不断完善稿件的“三审”定稿制,近期实行了审稿专家库“开放式动态”管理、优秀论文评选、编辑人员形式多样的常态化培训、论文写作培训班定期举办等。在未来发展方向中,经营活动要逐渐实现规范的企业化运作,作为中文期刊要以推动中文成为国际科技交流基本语言之一为理想。

关键词:科技期刊;学术交流;科技编辑

作为心理卫生(精神卫生)相关学科领域的学术期刊,《中国心理卫生杂志》创刊以来,重视学术质量建设,始终以打造心理卫生相关学术领域的国内外专业人员认可的学术交流平台为追求的根本目标,取得了一定的成绩,为今后的生存和进一步发展奠定了较扎实的基础。

1 概况及发展历程

《中国心理卫生杂志》于1987年2月创刊,中国科技协会主管、中国心理卫生协会主办,挂靠单位是北京大学第六医院(精神卫生研究所)。

《中国心理卫生杂志》是中国心理卫生协会创办的第一本学术期刊,第一届编委会即汇集了国内心理卫生相关的不同学科的知名专家,并邀请到一批国际学者担任顾问,使得杂志从创刊就成为反映国内心理卫生相关专业水平的主要窗口,并具有国际视野。

《中国心理卫生杂志》创刊时为双月刊,每期48页,1997年增加至每期64页,2000年每期72页,2001年每期80页,2002年改为月刊,2010年起每期增至96页(含广告目次页,正文80页)。

北京大学第六医院(精神卫生研究所)对杂志的日常运行投入了巨大的人力、物力支持,开始时,承担了全部的人力、物力及费用;而对杂志的办刊及经营活动,较早就以独立核算的“杂志社”形式加以管理,给予了充分的自主权,使得杂志社的办刊经营活动很快进入良性循环健康发展的轨道。2007年,《中国心理卫生杂志》编辑部积极响应国家的政策安排,在挂靠单位北京大学第六医院和主办单位中国心理卫生协会的支持下,正式

① 北京大学第六医院(精神卫生研究所)副主任医师,《中国心理卫生杂志》社编辑部副(常务)主任,E-mail:zwh@ bjmu. edu. cn。

在工商局注册成立了《中国心理卫生杂志》社，成为独立企业法人。此后，《中国心理卫生杂志》社按照国有企业的运营要求，不断学习和掌握经营活动的规律，开拓进取，积累和丰富企业化运行经验，已取得一些可喜成绩。

2 办刊宗旨和学术特色

《中国心理卫生杂志》是心理卫生（精神卫生）相关领域的学术期刊，主要服务对象是从事临床、科研、教育和心理咨询工作的专业人员，以促进心理卫生各相关学科的交流和发展、促进心理卫生领域学术理论的创新、促进心理健康应用性新方法的研究和推广、促进全民心理健康水平的提高为办刊宗旨，主要刊登反映我国心理卫生相关领域最新研究成果的各种形式的论文，报道世界前沿信息，传播心理卫生新知识等。

心理卫生（精神卫生）是一个多学科交叉的学术领域，刊物的一个重要特色是涉及的学科范围广，包括临床医学、公共卫生学、心理学、社会学、教育学等学科，在选稿时特别欢迎临床医学与心理学、社会学、教育学方法相结合的应用性研究论文。设置的栏目有精神卫生政策、心身医学、心理治疗与心理咨询、应激与心理健康、临床精神病学、社会精神病学、社区精神卫生、心理健康促进、儿童少年心理卫生、心理卫生评估、神经心理生物学研究以及编读往来，并刊登书评和书讯、学术活动预告、会议纪要等消息。论文形式包括论著、短篇论著、综述、述评、论坛、临床案例报道等。

近年来，尽管我国科学技术总体上发展非常迅速，但是科技界特别是国家重点院校、科研机构普遍存在发表论文重英文轻中文的情况[1-3]，《中国心理卫生杂志》作为中文期刊面临优秀稿源短缺的巨大挑战。这种大环境下，杂志社更深刻地认识到一本学术期刊能否生存发展的核心问题在于刊发论文的学术质量，真正有价值的科学发现和科学思想，与论文首次用何种语言发表无关，因此将论文选拔和编辑质量作为工作的基本立足点，不断强化编辑业务水平的提高。坚信一个国家强大的基本指标是该国基本语言的广泛传播和应用，在推动中文成为国家科技交流基本语言的努力中，学术期刊特别是优秀中文学术期刊责无旁贷。

3 学术质量建设

作为某一学科的学术期刊，通过搭建该学科的学术交流平台以促进相关学科总体学术水平的发展和提高，是一本学术期刊存在的基本价值，也是其终极目标。学术期刊能否起到促进学术交流、提高学术水平的作用，其所刊发论文的学术质量是基本评价指标。科学研究论文的学术质量，不仅体现在其报告的研究成果的可靠性、创新性、应用性等科学层面，也体现在语言水平上。科研论文本质上作为议论文的一种体裁，在语言表达方面也应该带给读者一定美感。基于这样的理念，《中国心理卫生杂志》将科学性作为对刊用论文的基本要求，但也重视语言水平的要求。为保证刊用论文的学术质量，采取了一系列措施。

3.1 执行“三审”定稿制[4]

初审由编辑完成，重点是稿件的形式审查，特别是强调方法学部分内容的审阅，要求对“如何”完成研究工作的过程作具体、逻辑清晰的描述，使用的专业词汇等学术用词基本意义理解和应用准确。

复审是将稿件提交给编委会委员或审稿专家等进行同行评议,重点是对稿件的专业内容和学术水平作出评价,并提出处理建议。请同行专家复审的稿件,采用“盲法”处理,即将稿件作者的相关信息删去。一篇稿件至少送请两位同行评议,在审稿人提出的处理建议相同时,则按照建议作出退稿或退修等处理。多数情况下,即使同行建议“刊用”的稿件也会存在一定的写作方面或学术层面的问题,编辑将综合这些评阅意见审查发现的问题,返回给作者修改。遇有同行评议意见相左的情况,如一位建议“刊用”,一位意见是“退稿”,则在具体分析稿件内容和评阅意见的基础上,作出再送第三位专家或提交编委会讨论审议,然后再作出处理的决定。

终审主要由常务编委会完成。编辑部对修改后的或者初审、复审未见方法学和结果方面的原则性问题(俗称“硬伤”)而写作质量较好的稿件,提交常务编委会作终审,提交的材料包括初稿、同行复审评语、编辑退修意见及作者对修改意见的答复或说明、修改稿,由常委编委会对稿件的处理作出最后决定。对终审同意刊用的稿件,即进入发排程序,一般在2~3个月内刊出。

由于编委会委员和审稿专家在全国不同地区的机构工作,电子化办公又具快捷、经济、环保的特点,因此复审、终审主要以电子文件送审的方式完成。

3.2 审稿专家库实行“开放式”动态管理制度[4]

要真正将一本学术期刊建设成相关学科专业人员认可的学术交流平台,使该期刊进入良性发展的轨道,读者、作者、编者之间的互动是不可或缺的。稿件发表前的同行专家评议,则是这种互动必不可少的一环。同行审稿人和编辑作为稿件的第一批读者,又是专业的读者,对保证发表论文的学术质量会起到不可替代的作用。

《中国心理卫生杂志》从创刊时就建立了编委会审阅稿件的制度,随着社会发展和科学技术特别是通信技术的进步,编委会审稿制度逐步得到切实贯彻和不断完善。由于多方面的原因,编委会的改选换届还不能做到“进出有序、及时有效率”,这种情况下,在2009年编委会制订了审稿专家管理办法,作为对编委会制度的重要补充,以保证《中国心理卫生杂志》同行审稿人队伍能始终保持活力和富有效率。对审稿专家的聘任,实行完全的开放式动态管理,制订了可操作性强的“入、出”标准,实现了审稿专家库的即时更新。同时,以审稿人周期内审阅稿件的质量和数量为基础,设立了“优秀审稿专家”评选制度,每两年周期内评选出一定人数的优秀审稿专家给予荣誉和物质奖励。这些措施,明显提高了《中国心理卫生杂志》同行评议的质量和效率。

3.3 逐步完善优秀论文评选制度

为鼓励心理卫生相关学科原创性学术成果的发表,推动《中国心理卫生杂志》学术水平不断提高,在2007年设立了优秀论文奖,评选周期是两年。在《中国心理卫生杂志》过去两年发表的论著类论文中评选出若干篇优秀论文进行荣誉和物质奖励,至今已完成三次评选,已受到作者们的关注,开始产生积极的影响。

《中国心理卫生杂志》社获得中国科技协精品科技期刊工程项目之子项目精品科技期刊培育计划的资助基金,除用于上述学术质量建设的既有制度外,还将在调查研究基础上积极探索其他的奖励制度。

3.4　重视编辑队伍建设

总结《中国心理卫生杂志》办刊27年积累的经验，结合对国内外知名学术期刊的一些了解，《中国心理卫生杂志》越来越认识到专业的科技期刊编辑队伍对一本科技期刊的重要性。一个优秀的科技期刊编辑，不仅应该是期刊涉及的相关学科的学术通才，要熟悉和掌握这些学科的基本概念、基本研究方法、每年的学术热点等，还应该具备较好的语言水平，特别是要高度重视学术名词的规范使用[5]。近年来，《中国心理卫生杂志》更加重视编辑队伍的建设，对编辑的培养既注重心理卫生相关学科专业知识的掌握和提高，也高度重视编辑学、语言学、出版传播学等知识的学习。在日常工作繁忙无法脱产系统学习相关知识的情况下，编辑部高度重视编辑继续教育学习的多种方式[6]，如，一方面强化日常工作中的“随时即时”学习，一方面采用“以考促学”、定期参加学术会议培训等方式，如，要求每位编辑参加全国编辑出版专业水平(中级)考试来比较系统地掌握编辑出版的基本知识，要求每位编辑每年至少参加一次相关专业的学术会议和一次期刊编辑出版的专业会议或培训等，促进编辑综合能力的不断提高。

3.5　举办科研论文写作培训班

为帮助有需要的作者提高科研论文写作能力，《中国心理卫生杂志》较早开办了写作培训班，在2009年后更是形成了每年举办一期的惯例。每期培训班的人数都能达到计划招生的60～80人。

4　编辑出版质量建设

《中国心理卫生杂志》高度重视国家新闻出版、工商管理等主管部门对期刊编辑、出版、发行及广告经营等活动的监督管理，重视主管部门中国科学技术协会的定期审读等，将相关的数据上报等工作看做是促进期刊编辑出版质量不断提高的重要督促方式，积极配合各种监管，也从中不断完善自身的相关制度建设。

为提高编辑出版效率，《中国心理卫生杂志》较早购买了稿件在线编辑处理系统，经过试用调试后，于2009年1月1日起正式启用。由于在线编辑系统的使用，稿件从收稿到刊出的周期从以前平均12个月缩短到6个月左右，其中半数以上的稿件处理时间在6个月以内；同时也促进了审稿流程的规范管理，提高了稿件管理效率。

5　期刊数字化出版建设

与国内大多数学术期刊情况类似，期刊出版的数字化建设是《中国心理卫生杂志》社的“短板”。网络时代的到来和绿色环保发展理念的逐渐深入人心，使得《中国心理卫生杂志》经营模式面临巨大挑战。一方面，数字化出版平台的建设和运营成本远非一本学术期刊所能承担，而不得不将网络传播等数字化版权廉价地售予一些电子出版公司，数字化出版促进了《中国心理卫生杂志》的传播，但另一方面，杂志社赖以生存的经济基础又是纸质本的出版发行，数字化出版带来纸质本发行数量的连年持续下降，使得杂志社的生存面临前所未有的挑战和压力。

在这样的生存发展形势下，《中国心理卫生杂志》社以直面挑战的积极态度应对数字化出版时代的到来，与国内三家知名的电子出版社建立了全文电子出版合作关系，同时在自有网站上发布自创刊以来发表的全部论文的摘要,2012 年初,又实现了在网站上提前发表论文摘要。

6 对未来的思考和设想

学术期刊的办刊质量是其能否生存发展的根本。不论传播技术和传播方式如何发展、如何变化,决定学术期刊影响力的根本因素仍然是能否向自己的目标读者提供有价值的学术信息。《中国心理卫生杂志》将积极应对学术期刊特别是中文学术期刊发展中遇到的各种挑战[7],牢牢抓住论文学术质量这一核心,以立足中国、面向世界为定位,以将《中国心理卫生杂志》打造成心理卫生相关学科的国内外专业人士认可的学术交流平台为根本工作目标,以推动中文成为国际科技领域学术交流基本语言之一为最高理想,敢于创新、敢于实践,不断提升《中国心理卫生杂志》学术影响力。同时按照主管单位中国科学技术协会的安排,进一步完成转企改制工作,在自立前提下获得长期生存和发展的能力,为推动科学技术的发展和国际影响力尽到一份学术期刊的绵薄之力。

参 考 文 献

[1]中国科学技术信息研究所. 2010 年度中国科技论文统计与分析:年度研究报告[M]. 北京:科学技术文献出版社,2012:42.

[2]王善平. “SCI 核心期刊”政策推进还是阻碍了中国科学的发展[J]. 新华文摘,2011(16):121 - 125.

[3]付晓霞,游苏宁,李贵存. 从 2000—2009 年我国在 SCI 收录期刊发表的论文数据看 SCI 对我国科技期刊的影响[J]. 编辑学报,2011,23(3):209 - 214.

[4]中国心理卫生杂志主页 www. cmhj. cn.

[5]孙寿山. 科技名词规范应纳入依法行政轨道[J]. 新华文摘,2012(11):137.

[6]石朝云,游苏宁. 科技期刊编辑再教育的多种途径[J]. 编辑学报,2011,23(1):80 - 82.

[7]张卫华. 繁荣中文科技期刊应成为我国文化大发展的重要内容[J]. 编辑学报,2012,24(1):1 - 5.

Academic Communication Is the Essential Value of a Sci - tech Journal

ZHANG Weihua

Chinese Mental Health Journal Publisher, Peking University Sixth Hospital, Beijing 100191

Abstract: Promoting an open academic communication in mental health researches has been as the essential role since the *Chinese Mental Health Journal* was established in February 1987. In future, the journal will persist in this principle.

Keywords: Sci-tech journal; Academic exchange; Editors

审稿编辑:单晓钊

46.《光学学报》

利用创刊庆典　促进期刊发展

童　菲[①]　马　沂　杨　蕾　宋梅梅　殷建芳　胡　冰　李文喆
《光学学报》编辑部,上海　201800

摘要:通过对《光学学报》创刊30周年庆典活动的介绍,总结了系列活动的效果、提出了今后的发展方向。从实践中可以看到,科技期刊应以创刊庆典活动为契机,加强日常的宣传工作,更好地推进期刊的发展。

关键词:科技期刊;宣传;周年庆典

1　引言

科技期刊是科研工作的重要组成部分,是学术成果展示、学术思想交流的重要平台。《光学学报》不断加强期刊建设,在组织稿件、编校出版过程中不断提高期刊水平,得到了广大光学科研工作者的认可。编辑部认识到,期刊出版不仅仅是组织出版高质量的论文,更重要的是让广大的科研工作者利用期刊这个平台,通过阅读高水平的论文达到学术交流的目的,所以加强期刊宣传工作也是期刊工作的重要部分。2011年是《光学学报》创刊30周年,参考其他期刊在创刊庆典方面的工作[1-2],编辑部利用创刊30周年的机会,出版了专集,组织了一系列的创刊庆典活动,取得了良好的宣传效果,促进了期刊的发展。

2　《光学学报》基本情况

《光学学报》1981年创刊,是由中国科协主管、中国光学学会主办的中文科技期刊。1979年中国光学学会成立,在学会诞生之初,国内还没有一本全面覆盖光学领域的学术交流期刊,于是在王大珩先生的亲自关心下,中国光学学会开始筹办《光学学报》。1980年在中国科学院上海光机所成立编辑部,1981年正式出版,王大珩先生亲任第一届主编。如今30多年过去了,《光学学报》的发展见证并记录了中国光学科技从小到大、从弱到强的发展历程。

《光学学报》作为读者心目中最具权威的中国光学期刊,30年来坚持服务光学科研的办刊宗旨,发表了大量优秀论文,为我国光学科研工作的发展搭建了一个广泛的交流

---

①　《光学学报》编辑部,编辑,E-mail: tongfei@ siom. ac. cn。

平台，也取得了不俗的成绩。多年来持续得到来自中国科协、国家自然科学基金、中国科学院的精品科技期刊资助，连续 9 年荣获“百种中国杰出学术期刊”称号，在 2012 年更是入选“中国最具国际影响力学术期刊”和“华东地区优秀期刊”。

3 《光学学报》创刊庆典活动策划过程介绍

2011 年是《光学学报》创刊 30 周年。在中国光学学会的全力支持下，编辑部抓住这个机会，从 2010 年开始策划创刊 30 周年系列庆典活动。通过编委会和老编辑座谈会，确认了《创刊 30 周年专集》的出版计划，并组织了一系列的宣传交流活动。

3.1 专集出版

2011 年 9 月，《光学学报》正式出版《创刊 30 周年专集》。专集针对庆祝创刊 30 周年特别包含了 5 个部分：主编贺词、院士题词、邀请论文、点滴回忆、全文光盘。

作为本次专集的亮点，《光学学报》收到了包括光学学会荣誉主席母国光院士和现任主席周炳琨院士在内的 23 位院士的题词。

在专集的邀请论文部分，编辑部约请到 8 篇院士为第一作者的论文，29 篇教授为第一作者的论文。内容既有光学学科研究的综述，也有学科前沿最新进展报道，全面覆盖了光学科研的各个领域，这些高水平的论文使本期专集极具收藏和参考价值。

作为创刊纪念专集，编辑部还特别约请了曾经在《光学学报》工作过的老主编、老编辑撰写了 7 篇回忆文章。尤其是首任编辑部主任陈星旦院士所写的《回忆〈光学学报〉的创刊过程》[3]，再现了 30 年前《光学学报》从筹备到创刊的历史，使期刊真正具有了历史承载感。

随刊还附赠了《光学学报》全文收录光盘，收录了《光学学报》1981 年创刊以来的所有论文，全面记录了《光学学报》30 年的出版轨迹。

3.2 纪念活动

在专集出版的同时，编辑部也积极策划组织了一系列的创刊庆典活动。在 2011 年深圳举办的中国光学学会 2011 年学术大会开幕式上，中国光学学会秘书长倪国强教授代表主编宣读《光学学报》创刊 30 周年主编贺词。随后召开了《光学学报》2011 年编委会扩大会议，特别邀请了一些老编委、老编辑代表参加。新老编委济济一堂，激情回顾《光学学报》30 年的发展历程，也为期刊今后的发展规划蓝图。会后还特别邀请为期刊发展作出卓越贡献的主编、编委、审稿专家代表和编辑一起参加了答谢晚宴。

在为读者、作者服务方面，编辑部利用光学大会的机会，特别邀请清华大学钟敏霖教授在大会期间开设了免费的“科技论文写作”培训，受到了参加师生代表的欢迎，也借此宣传了《光学学报》30 年来取得的成绩。

4 创刊庆典活动的效果

从创刊庆典活动策划到专集出版、宣传活动的展开，1 年多时间，编辑部不仅仅是出版了一期高水平专集，更拉近了期刊与编委、专家、读者、作者的距离，也为编辑的成长起到了助推作用。

4.1 了解历史，传承发展

作为一个有着优秀传统的编辑部，通过这次活动，新一代的年轻编辑们了解到《光学学报》有着多么辉煌的历史。在座谈会上、在约稿过程中、在现场交流中,编辑们一次又一次被老编委、老编辑们的办刊故事所感动,为他们对《光学学报》的深厚感情所感染。他们的那句"期刊不仅仅承载的是论文,也承载着历史"让年轻的编辑们深深感受到肩上的重任。

4.2 院士题词,体现关怀

在邀请院士为刊物题词时,本来心情十分忐忑。但是出乎意料,被邀请的院士们都欣然题词,表达他们对《光学学报》的深厚感情。他们对《光学学报》的情谊使编辑们大为感动。在如今英文刊强势,中文刊走弱的情况下,优秀稿件外流严重,专家们对《光学学报》的支持充分体现了他们对《光学学报》发展的关心,这也给了编辑部巨大的鼓舞。

4.3 依托学会,宣传交流

中国光学学会是中国光学科研工作者的集合体,《光学学报》在主办单位中国光学学会的领导下,充分发挥着宣传交流平台的作用。

在逾千人参加的光学界盛会上,学会秘书长亲自宣读的主编贺词充分体现了学会对期刊工作的重视。《光学学报》创刊30周年专集也作为会议资料给参会代表带来了一份高质量的科研成果大餐。

4.4 拓展人脉,布局未来

通过一系列的约稿、宣传活动。编辑部与编委、专家、读者、作者的关系更近了。尤其是通过走进实验室和科技论文写作培训等活动,让我们认识了更多年轻的光学科研工作者,他们将是未来中国光学科研的主力军,也将是我们期刊的读者、作者、专家、编委。通过相关活动与科研工作者保持良好的关系,将是期刊发展最大的财富。

5 思考与发展设想

《光学学报》创刊30周年庆典活动,也是编辑部第一次尝试整合专集出版、庆典宣传的系列活动。通过前期的座谈策划,中期的与学会协调,后期的组织实施,很好地实现了编辑部最初设想。编辑部对今后的工作主要有以下几点思考。

5.1 宣传工作的重要性

通过组织创刊庆典活动,编辑部充分认识到宣传工作的重要性。在信息爆炸的时代,如何将期刊资讯准确、快速地送到相关人群手上,利用各种途径加强期刊宣传是必不可少的手段。今后在日常工作中也要持续不断地开展多种宣传工作。

《光学学报》现在是中国激光杂志社出版的期刊之一。作为期刊出版体制改革试点单位,中国激光杂志社是拥有七刊一网的专业光学科技期刊出版单位,拥有更丰富的出版资源。推陈出新,为光学科研工作提供更多服务将是中国激光杂志社努力的方向。

5.2 更多的专家参与

在期刊发展过程中,有无数的读者、作者、审稿人为期刊作出了巨大的贡献。如何通过其他途径感谢他们的贡献,与他们联络感情,是今后期刊工作要考虑的问题。

5.3 期刊不仅仅是出版

走出去豁然开朗。编辑部不能为了出版而出版。通过走进实验室和科技论文写作培训,编辑部开阔了思路,拓展了服务内容。发挥我们在资讯和科技论文规范方面的长处，编辑也可以很好地和科研工作者互相交流，取长补短。既拉近了彼此的距离，积攒了人脉，也为期刊今后的发展奠定了坚实的基础。

参 考 文 献

[1]潘伟，游苏宁. 科技期刊举办庆典活动所引发的思考[J]. 编辑学报，2004，16(2)：125 - 126.
[2]游苏宁. 中华内科杂志创刊50周年团圆家宴在京举行[J]. 中国科技期刊研究，2003，14(2)：232.
[3]陈星旦. 回忆《光学学报》的创刊过程[J]. 光学学报，2011，31(9)：544.

Journal Promotion Practice of *Acta Optica Sinica* via Anniversary Celebration

TONG Fei, MA Yi, YANG Lei, SONG Meimei, YIN Jianfang, HU Bing, LI Wenzhe
Editorial Office of *Acta Optica Sinica*, Shanghai 201800

Abstract: By introducing the celebration of 30th anniversary of "*Acta Optica Sinica*", authors summary the influence of a series of activities, which help provide a clear direction to the development of the journal in the future. From the activities, the author points out that appropriate celebration will benefit the development of science and technology periodicals. Raising the visibility is a key element to promote the development of journals.

Keywords: Science and technology periodicals; Promotion; Anniversary celebration

审稿编辑：单晓钊

47.《数学进展》

贯彻办刊宗旨　坚持特色之路

杨凤霞[①]　钮凯福
《数学进展》编辑部,北京　100871

摘要:介绍了《数学进展》的历史沿革和基本情况;分析了《数学进展》近年来在学术质量、出版质量、数字化和网络化等方面的建设情况,其中详细介绍了编辑部所采取的一些具体措施;最后对期刊今后的发展提出了思考与发展构想。

关键词:办刊宗旨;学术质量;出版质量;特色

1　《数学进展》基本情况

《数学进展》是由中国科协主管、中国数学会主办、北京大学数学科学学院承办的一级学术期刊。《数学进展》创刊于 1936 年,是中国数学会(1935 年)成立之后创办的两本重要数学杂志(《数学学报》和《数学进展》)之一。建国后,《数学进展》于 1955 年复刊,由华罗庚先生任主编。之后历任主编为:段学复、张芷芬、丁石孙、钱敏、应隆安、丁伟岳和陈大岳。著名数学家陈建功、许宝騄、关肇直、苏步青、周培源、江泽涵、柯召、堵丁柱、陈木法等曾任副主编。他们均为办好这一期刊作出了重要贡献。《数学进展》在 1955 年复刊后是季刊,每期正文 64 页;之后于 1958 年和 1966 年曾两度停刊,1981 年“文革”后复刊。由于稿源充足,每期正文先扩为 80 页,再变为 96 页。1993 年由季刊变为双月刊,正文 96 页,2003 年起,正文扩为 128 页。截至 2012 年 12 月,《数学进展》共出版 41 卷 200 期。

《数学进展》主要刊登纯粹数学和应用数学方面的综述文章和创造性学术论文。其宗旨是“介绍数学各分支的发展动态,反映数学研究的最新成果,促进国内外的学术交流,推动我国数学研究的发展”。《数学进展》的主要栏目包括介绍数学中的热点研究方向或重大问题研究现状的综述文章以及具有突出思想方法的原创论文。它是中国数学会主办的历史悠久的科技期刊,也是中国数学会主办的唯一刊登综述文章的杂志。国际著名数学大师、美国科学院院士陈省身在《数学进展》先后发表文章 5 篇,美国科学院院士 A. Borel, V. G. Kac,法国科学院院士 J. L. Lions, G. Choquet, J. – P. Kahane,诺贝尔经济学奖获得者 G. Debreu 等都有重要的综述性文章或评论性文章在该刊发表。国内许多著名数学家也曾踊跃为该刊投稿。有相当一批综述文章曾被作为研究生的最新教材使用,为培养我国数学研究的新人作出了贡献。该刊发表的中国科学院数学与系统科学研究院高小山研究员的文章《数学机械化进展综述》荣获了 2003 年首届中国科协期刊优秀学术论文奖,北京师范大学王凤雨教授的文章 *Functional Inequalities and Applications*(《泛函不等式及其应用》)荣获了 2004 年第二届中国科协期刊优秀学术论文奖。

---

① 北京大学数学科学学院《数学进展》编辑部主任,E-mail: yangfx@math.pku.edu.cn。

《数学进展》是我国首批核心期刊,在国内外有相当大的影响。各项评价指标(影响因子、被引频次、基金引用率等)在数学类学术刊物中名列前茅。该刊被美国著名期刊*Mathematical Reviews*(《数学评论》,美国数学会主办的著名检索评论期刊)收录与进行评论,也曾被英国数学文摘和德国数学文摘收录。同时,还被国内著名的中国知网、万方等国家学术数据库收录。2007、2008年与2010年《数学进展》经专家评审,三次入选中国科协精品科技期刊工程C类。2012年,编辑部积极申报中国科协所设立的精品科技期刊工程项目,成功申请到期刊出版质量提升项目。同年,《数学进展》在中国知网于国家会议中心召开的2012中国最具国际影响力学术期刊发布会上被评为中国国际影响力优秀学术期刊。

2 期刊建设

2.1 学术质量建设

编委队伍是期刊学术质量的保证。《数学进展》新一届编委会于2010年12月经中国数学会正式批准成立。这届编委都是目前活跃在各研究单位和学校的中青年骨干,充满了活力和干劲。他们积极主动地利用自身的影响力和参加国内外学术会议的机会为刊物约请高质量的综述文章,使得综述文章在数量和质量上都有显著提高。编委还对来稿质量严格把关,推荐高水平专家对稿件进行审查,对部分稿件甚至亲自审稿并给出详尽的修改意见,进一步提升了见刊稿件的质量。

作者队伍和审稿专家队伍分别是期刊学术质量的源泉和闸门。为了贯彻办刊宗旨,吸引优秀稿源,《数学进展》坚持对综述性稿件免收版面费,同时对同行评议过程中评价较高的研究性稿件也免收或减半收取版面费。对部分外审意见优异的高质量稿件,编辑部和相关编委研究讨论后,会优先发表。《数学进展》一贯重视审稿专家队伍的建设,历经多年发展已经积累了丰富的外审专家资料库,目前仍在不断补充与更新当中。考虑到目前稿费和审稿费多年沿用旧标准、已不符合目前社会经济发展水平的现状,《数学进展》自2012年10月起,将作者的稿费和审稿专家的审稿费标准分别提高了一倍,对作者和审稿人的辛勤劳动给予充分的肯定。

编辑部作为稿件的第一道和最后一道关卡,是期刊学术质量的守护者。随着老编辑的退休,《数学进展》编辑部在2010年和2011年分别补充了1名新编辑。他们均为数学专业博士,知识结构新,英语和计算机水平高。

编辑部首先在收稿时采取较高标准,筛掉一部分学术水平较低的文章;然后在稿件录用和见刊之前分别再进行一次网络查重,将涉嫌学术不端(如一稿多投等)行为的稿件坚决退稿,最大限度地保证了刊物的学术水准。

2.2 出版质量建设

对于期刊而言,出版周期已成为期刊评价体系的重要指标之一,缩短出版周期有利于期刊被国内外检索机构收录。对于个体来说,作者往往比较注重稿件的处理速度和出版周期,特别对于在某研究领域有创新发现的作者,希望将自己的最新研究成果以最快的速度公布于众。2012年,《数学进展》的稿件审稿周期和出版周期较往年相比有显著缩短,这主要归因于:①编辑部有专门人员对稿件进行初审,把关更加严格;②编委对所负责稿件的处理更加迅速及时,所推荐的审稿专家更加国际化;③按照编委会的建议,编辑部将稿件发给审稿专家时均注明推荐编委;④网上稿件处理系统明确了稿件处理流程和处理时限,为作者和审稿专家带来了便利,很大程度上提高了投审稿效率;⑤编辑部定期清查外审未及时返回的文章,积极进行催审或联系更换审稿专家;⑥将一些优秀的稿件提前安排发表。

《数学进展》采用国际数学界通行的 TEX 软件进行排版,期刊排版和编校质量高。校对过程中,编辑部往往多次与作者联系,推敲文字和英语文法,规范稿件各项格式,得到作者群体的高度肯定。从 2012 年 41 卷 5 期起,期刊改用 80 克胶版纸进行印刷出版,进一步提高了纸质刊物的成刊质量。

2.3　数字化、网络化建设

随着计算机和网络技术的发展,科技期刊已进入印刷版、光盘版和网络版等多种载体共存的新时代。科技期刊实现数字化、网络化是期刊实现可持续发展的必由之路。《数学进展》非常重视数字化、网络化建设。编辑部于 2011 年 11 月正式使用期刊采编系统,并重新构建了期刊网站。目前,期刊采编系统的各项功能都被正常使用,并逐步完善起来。2012 年收稿的稿件全部纳入网上系统,实现了从收稿到出版的网上全程管理,进一步规范了审稿流程和编辑部工作流程。同时,编辑部更加重视网站建设,在网站上及时更新各类动态信息,回答作者和审稿人在留言中的提问;将当期文章的目录、摘要和全文在网站上实现公开获取,发布时间与纸版刊物发行时间保持同期,促进了学术的快速交流与传播。系统运行过程中,编辑部定期对系统信息进行更新和维护,逐步发现并解决了一些系统漏洞和缺陷,提升了系统使用体验。期刊采编系统的全面应用,给作者、编辑、审稿专家、编委、主编提供了一体化的工作平台,提高了沟通效率。

3　思考和发展设想

《数学进展》是我国唯一以综述性文章为主的数学刊物。与其他数学期刊相比,特色鲜明且独特。西方类似的著名数学期刊有 *Bull. Amer. Math. Soc.* 与 *Russian Mathematical Surveys*。虽然《数学进展》的创刊时间也比较早,曾刊载过许多优秀的稿件,但在国际上的影响力远远不及 *Bull. Amer. Math. Soc.* 与 *Russian Mathematical Surveys*。与这两个期刊相比,目前《数学进展》的综述文章稿源不充足,尤其是优秀的稿源比较少;所刊载的文章涉及的问题很多不是研究热点;出版周期较长。特别是近年来,老一辈数学家退居二线,年轻一辈在学术、生活和职称评定上承担了沉重压力,很多人没有时间和精力写综述文章,因而更加增加了综述文章组稿的难度。考虑到今后的发展问题,《数学进展》应该做好以下几点:

(1)继续明确以发表综述文章为主的定位。综述类文章可以让同行快速了解该领域内的重要进展,尽快跟踪前沿。自创刊以来,《数学进展》的特色就是以发表综述性文章为主,只有坚持以发表综述性文章为主的定位,才能充分挖掘和发挥期刊自身的优势与特点,才能在竞争中扬长避短,走出一条适合自身的发展之路。

(2)充分发挥编委的作用。据编辑部统计,《数学进展》高引证、高下载的文章多数为编委约稿,因此必须采取更有效的方法充分发挥编委的作用。例如,规定每个编委每年至少约稿 1 篇综述类文章;实行编委负责制,由编委负责其研究领域的稿件取舍情况;对于一些英文稿件,要求编委尽量推荐国外审稿专家审理,这样有利于客观、准确地评判论文的科学性和创新性、减少关系稿、加快审稿周期等,同时有助于国外审稿专家了解《数学进展》,从而起到宣传刊物的作用。

(3)加快期刊的数字化、网络化进程。积极完善期刊采编系统并将稿件采编系统进行升级,维护好中、英文对照的期刊网站,利用网站大力宣传期刊,扩大期刊的显示度;深入挖掘网站的作用,为作者和读者提供更多的个性化服务。

在中国科协精品科技期刊工程项目的支持下,《数学进展》计划用 1 ~2 年时间,扩大刊载容量,进一步优化稿件处理流程,争取将原创论文的平均出版周期由 2 年缩短为 1 年,将综述文章的平均出版周期由 9 个月缩短为 6 个月。坚持组织高质量的稿件,通过采取激励机制以吸引更多的优秀稿源,用 2 ~3 年时间使该刊在现有基础上高影响力论文所占比率达到 20% 以上。

《数学进展》将认真履行办刊宗旨,不断提高学术质量和出版质量,致力于提升我国数学科学的研究水平,推进优势数学学科的发展,促进原始创新和扶植高水平基础理论的研究,引导我国同行开展最新的热点研究。

参考文献

[1]高小山. 数学机械化进展综述[J]. 数学进展,2001,30(5):385 -404.

[2]王凤雨. Functional Inequalities and Applications[J]. 数学进展,2003,32(5):513 -528.

[3]张印朋,李霞,苗丽娟,等. 科技期刊数字化、网络化建设[J]. 华北煤炭医学院学报,2008,10(2):287 -288.

[4]张莹,李耀彪,杨妹清,等. 缩短期刊出版周期,加快服务科研进程——以《中国光学》为例[J]. 中国科技期刊研究,2012,23(5):851 -853.

[5]潘学燕,杨继民,郭柏寿. 缩短稿件处理周期及其与提高刊稿质量的关系探析[J]. 中国科技期刊研究,2007,12(2):81 -83.

Carry out the Aim of the Journal and Insist on the Feature

YANG Fengxia, NIU Kaifu

Editorial Office of *Advances in Mathematics*(China) Beijing 100871

Abstract: The history and general status of *Advances in Mathematics* (China) are introduced. The construction of academic quality, publishing quality, digitization and networking of the journal in recent years is analyzed, while some specific steps are introduced in detail. The future development of the journal is deliberated and conceived.

Keywords: Aim of the journal; Academic quality; Publishing quality; Feature

审稿编辑:单晓钊

48.《色谱》

《色谱》发展现状及与国际同类期刊的比较

侯春彦①

《色谱》编辑部，大连 116023

摘要：《色谱》作为我国唯一的色谱学科专业期刊，始终以帮助读者更及时地捕捉学科热点和发展前沿为己任，具有一定学术影响力。该文对其发展现状进行了系统的总结，并与色谱学科的其他9种国际期刊进行了比较。从多个角度分析《色谱》的特色及有待改进之处，为《色谱》的可持续发展提供了参考。

关键词：《色谱》；发展现状；比较

1 期刊现状

1.1 基本情况

《色谱》，月刊，创刊于1984年。荣誉主编卢佩章院士，主编张玉奎院士。中国化学会主办，中国科学技术协会主管，中国科学院大连化学物理研究所和国家色谱研究分析中心承办，科学出版社出版。

《色谱》主要报道色谱学科的基础性研究成果、色谱及其交叉学科的重要应用成果及其进展，包括新方法、新技术、新仪器在各个领域的应用以及色谱仪器与部件的研制和开发。适于科研院所等从事色谱基础和应用技术研究的科研人员、色谱及其相关学科的硕士及博士研究生、分析测试领域的基层科研人员、色谱仪器开发及经营单位的有关人员阅读。

《色谱》是中文核心期刊、中国科技核心期刊、中国科技精品期刊、中国科协精品科技期刊示范项目中的化学类精品科技期刊。现已被美国医学索引（*Medline*）、美国化学文摘（CA）、俄罗斯文摘杂志（AJ）、日本科学技术文献数据库（JICST）、波兰哥白尼索引（IC）和英国分析文摘（AA）等20余种国内外重要检索刊物和数据库收录。

1.2 定位

作为分析化学的一个分支，色谱学科已出现并发展了一百多年。时至今日，其影响力和应用范围已超出了分析化学本身的范畴。色谱技术成为推动生物医学和人类健康、环境监测与保护、国家安全等领域研究发展的关键技术。在我国，通过几代色谱工作者的共同努力，色谱学科蓬勃发展。在理论和技术、方法和应用、材料和设备等方面，中国色谱学科的国际影响力日趋明显。1990年至2010年，中国科学家所发表的色谱领域论文总数以28062篇的数量居世界第3位（第1名美国，71008篇；第2名日本，35035篇）[1]。

---

① 《色谱》编辑部主任，E-mail：chunyanhou@dicp.ac.cn。

《色谱》的发展与中国色谱学科的飞速发展相伴。作为国内唯一的色谱专业期刊,受到我国科研工作者的青睐。在坚守"用高质量的论文打造更高质量的科技期刊"理念的基础上,围绕"以国际化的办刊意识,继续打造中国精品期刊"这一工作中心不断探索。以帮助读者更及时地捕捉学科热点和发展前沿为己任,更直观地树立期刊的品牌形象,提升期刊的学术影响力。

《色谱》2010 年至 2012 年连续入选中国科协精品科技期刊项目,获得科协的资助。2011 年起连续两年获得百种中国杰出学术期刊殊荣,并被评为 2012 中国最具国际影响力学术期刊。这些成绩的取得,既是对《色谱》学术质量和国际影响力的肯定,也将激励着《色谱》今后向着更高水平不断发展。

1.3 主要影响力指标

据中国科技期刊引证报告统计,2011 年《色谱》以影响因子 1.428 名列中国化学类 35 种核心期刊中的第 1 位,这是《色谱》连续 3 年位列第 1。总被引频次 1986 次,名列第 7 位。CNKI 中国知网暨中国学术期刊(光盘版)电子杂志社和中国科学文献计量评价研究中心公布的《色谱》2011 年度的三项影响因子指标——复合影响因子(U - JIF)、期刊综合影响因子(MS - JIF)、技术研究类期刊影响因子(JIF - AR)依次为 2.156、1.591、1.591,分别名列所在学科(分别为 50 种期刊、50 种期刊、18 种期刊)第 2、第 1、第 1 位。

2 与 9 种国际同领域期刊的比较

2.1 数据来源

与学科发展相同步,色谱专业科技期刊也繁荣发展。截至 2011 年,SCI - E 收录的分析化学类期刊有 73 种,其中大部分覆盖色谱领域。仅刊名含有"chromatogr * "的期刊,就有 9 种之多,占分析化学学科全部期刊的 12% 。选取这 9 种期刊与中国唯一的色谱专业期刊《色谱》进行了多角度的比较。这些期刊的刊名、创刊时间、国别、出版社、语种和网站见表 1。

表 1 10 种国内外色谱专业科技期刊及其基本情况

刊名	刊名缩写	创刊年份	国别	出版社	语种	期刊主页
Acta Chromatographica	*Acta* C	1992	匈牙利	Akadémiai Kiadó	英语	http://akkrt.hu/14/journals/products/chemistry/acta_chromatographica_eng
Advances in Chromatography	*Adv* C	1965	美国	CRC Press	英语	无
Biomedical Chromatography	*Biomed* C	1986	英国	John Wiley & Sons	英语	http://onlinelibrary.wiley.com/journal/10.1002/(ISSN)1099 - 0801
Chromatographia	*Chromatographia*	1968	德国	Springer	英语	http://www.springer.com/chemistry/analytical + chemistry/journal/10337

续表

刊名	刊名缩写	创刊年份	国别	出版社	语种	期刊主页
Journal of Chromatographic Science	JCS	1963	美国	Oxford University Press	英语	http://chromsci. oxfordjournals. org/
Journal of Chromatography A	JCA	1958	荷兰	Elsevier	英语	http://www. journals. elsevier. com/journal - of - chromatography - a/
Journal of Chromatography B	JCB	1977	荷兰	Elsevier	英语	http://www. journals. elsevier. com/journal - of - chromatography - b/
Journal of Liquid Chromatography & Related Technologies	JLC R T	1978	美国	Taylor & Francis	英语	http://www. tandfonline. com/toc/ljlc20/current
JPC-Journal of Planar Chromatography-Modern TLC	JPC	1988	匈牙利	akadémiai kiadó	英语	http://akkrt. hu/38/journals/products/chemistry/jpc _ journal_of_planar_chromatography_modern_tlc
Chinese Journal of Chromatography（色谱）	CJC	1984	中国	科学出版社	中文+英文	http://www. chrom - china. com

2.2 报道范围的比较

通过分析和比较各个期刊公开的报道范围和办刊宗旨，对其学术定位进行了研究。结果发现，这些色谱专业期刊均在报道色谱领域的理论和应用研究进展，但也具有各自的特色（表 2）。

表 2　10 种色谱专业科技期刊的报道范围及特点

刊名缩写	报道范围	特点
Acta C	色谱相关的各个方面的研究进展和综述	全面覆盖色谱各领域
Adv C	色谱领域的当前进展	全部为编辑部约稿
Biomed C	色谱在生物和医药领域的技术和应用	针对生物和生命科学领域
Chromatographia	分析科学的各个领域	报道范围不局限于色谱领域，主要考查稿件的创新性和科学性
JCS	色谱理论和实践的各个方面	全面覆盖色谱各领域

续表

刊名缩写	报道范围	特点
JCA	色谱及相关技术的理论和应用、仪器研发、样品制备等	注重科学性和系统性
JCB	生物和生命医学研究相关的分离科学的理论和应用	针对生物和生命科学领域
JLC R T	分析、制备、生产规模的液相色谱和相关技术	针对液相分离方法
JPC	分析和制备型平板色谱,包括各种固定相和分离模式	针对平板色谱
CJC	色谱及其交叉学科	主要报道中国国内的研究进展

通过比较各刊报道范围可以发现,虽然刊名中均含有“色谱”,但有些期刊已覆盖整个分析科学的各个领域。比如 *Chromatographia* 不仅刊登色谱和电泳相关领域的内容,而且欢迎应用于考古、生物技术、临床、环境、食品、医药、石化、制药、聚合物研究等多个领域的分析化学进展,包括各种分离科学技术及其与质谱、激光、核磁共振、拉曼、化学发光等的联用技术,以及与分离相关的采样和样品处理方法。还有 JCB,也不仅局限色谱,而是报道所有与生物和生命科学相关的分离科学理论和应用成果。但大多数期刊,如 *Acta C*、*Adv C*、JCS、JCA 和 CJC,其报道范围集中于色谱及其交叉学科。其中 *Adv C* 每年出版一期,全部为编辑部约稿。其他 4 种期刊比较类似,尤以 JCA 的影响因子、载文量和总被引频次最高,业内公认其刊发的论文代表了该领域的最重要进展。相比之下,*Acta* C、JCS 和 CJC 对发表论文的创新性和科学性要求略低。除此之外,还有专门报道某种色谱技术或色谱技术在某一领域的应用等的期刊,比如 *Biomed* C、JLC R T、JPC,这些期刊的报道范围更窄,专业性更强。可见,目前国际上针对色谱领域的期刊种类比较齐全,报道范围全面,角度多样,发展趋于成熟。

2.3 栏目设置的比较

从栏目设置的角度,*Adv* C 只有综述,其余的 9 种期刊所设栏目相对较多(表 3)。比较可知,*Biomed* C 的栏目设置最为丰富;而 JLC R T 的栏目最少,只有一个“研究论文”栏目;其他的各刊栏目设置比较相近,栏目数量为 4 到 6 个。大部分期刊都设有“编者按”、“研究论文”、“简报”、“快报”、“综述”、“通讯”或“来信”等栏目。*Biomed* C 的特色栏目是“新闻”和“书讯”。这两个栏目给读者提供了除科研成果之外的丰富信息。JCS 设有特色栏目“加急论文”,将有重要意义而提前发表的论文集中于这个栏目中,使其在整期论文中更为突出,便于读者阅读。CJC 设有特色栏目“聚焦”。该栏目的设置,充分发挥了《色谱》编委会汇集色谱学科的高层专家、编委均为学术带头人的学科优势,由编委亲自撰写所在领域国际优秀期刊最新发表(两个月内)的研究成果的微型述评,及时为国内读者介绍国际上色谱学科在各领域发展中的前沿与进展,集中反映色谱学科的热点问题。除此之外,根据当前国内外研究热点,结合我国色谱及相关学科的发展前沿,CJC 不定期刊出特定主题的“特别策划”栏目,集中报道某一特定主题的最新研究成果和应用成果。该栏目论文由刊物的客座主编邀请某应用领域的国内外知名学者或优秀团队代表撰写。这些特色栏目的设置,使 CJC 得以为读者提供多层次多角度的科研信息,凸显其为中国色谱工作者服务的特色。

表 3　10 种色谱专业科技期刊的栏目设置

刊名缩写	常设栏目	
	英文名	中文名
Acta C	editorial, review, original research paper, short conmunication	编者按、综述、研究论文、简报
Adv C	review	综述
Biomed C	original research paper, short communication, review, correspondence, rapid communication, news items, book reviews	研究论文、简报、综述、通讯、快报、新闻、书讯
Chromatographia	original article, short communication, review, letter	研究论文、简报、综述、来信
JCS	research paper, technical note, expedited paper, letter to the editor	研究论文、技术报告、加急论文、来信
JCA	research paper, review article, short communication, discussion, letter to the editor	研究论文、综述、简报、讨论、来信
JCB	research paper, review article, short communication, discussion, letter to the editor	研究论文、综述、简报、讨论、来信
JLC R T	original article	研究论文
JPC	editorial, original research paper, short communication, review	编者按、研究论文、简报、综述
CJC	highlight, communication, article, review, technical note, special dedication	聚焦、研究快报、研究论文、专论与综述、技术与应用、特别策划

2.4　载文量的比较

目前,色谱专业期刊在刊期和载文量方面也有差别。只发表综述的 *Adv* C 每年出版一期,每期论文数量为 9 ~ 10 篇,出版时间通常在每一年的年初或上一年的年末。其他的 9 种期刊,刊期更短,载文量更大。2011 年出版的论文数量如表 4 所示。

表4　2011年10种色谱专业科技期刊的载文量

刊名缩写	期数	篇数
Acta C	4	51
Adv C	1	10
Biomed C	12	164
Chromatographia	24	289
JCS	10	133
JCA	52	1139
JCB	32	556
JLC R T	11	195
JPC	6	102
CJC	12	244

从表4可知，这9种期刊每年出版1～52期，论文数量为10～1139篇不等。其中Elsevier的JCA和JCB出版的论文最多，占到全部10种期刊全年出版论文的59%，足见其在色谱领域的影响力之大。其他大部分期刊每年发表论文数量在100～300篇之间，中文刊CJC每年刊发论文244篇，处于中等水平。

2.5　主要影响力指标的比较

根据2012年发布的2011 JCR科学版，统计了SCI收录的9种色谱专业期刊的影响因子和被引频次，如表5所示。比较后发现，JCA的影响因子和被引频次最高，JCB其次。结合这两种期刊较大的发文量，可见其在色谱领域的影响力之大。除这两种期刊之外，其他期刊的影响因子在0.7～2.0之间。其中影响因子小于1的有3种，大于1小于2的有4种。被引频次方面，JCA和JCB的被引频次达到数万次。这两种期刊的被引频次之和达到了全部9种刊被引频次的86%。无论从影响因子还是被引频次角度比较，JCA和JCB的指标都远超过其他同类期刊。以中文为主的期刊CJC暂未被SCI收录，因此没有JCR数据供比较。但由中国科技信息研究所发布的《2012年版中国科技期刊引证报告(核心版)》中，《色谱》2011年度影响因子为1.428，被引频次为1986，在中国化学类35种核心期刊中分别排名第1和第7。可见，《色谱》在国内具有较大的影响力，虽然是三级学科期刊，但影响因子和被引频次都可与化学类一级学科竞争。因此，《色谱》连续两年被评为百种中国杰出学术期刊，并获得2012中国最具国际影响力学术期刊的称号。

表5　9种国外色谱专业科技期刊的JCR影响因子和被引频次

刊名缩写	影响因子	被引频次
Acta C	0.76	302
Adv C	1.842	244
Biomed C	1.966	2728
Chromatographia	1.195	5186

续表

刊名缩写	影响因子	被引频次
JCS	0.884	1657
JCA	4.531	60179
JCB	2.888	21252
JLC R T	0.706	2634
JPC	1.767	807

3 期刊发展的思考和设想

目前 SCI－E 共收录 9 种色谱专业期刊,这些期刊的报道范围覆盖了色谱及其相关的分离科学、生物制药、仪器研发和样品制备等领域,种类齐全,栏目丰富。其中 Elsevier 的 JCA 和 JCB 是本领域影响力最大的期刊,载文量、影响因子和被引频次都远超其他期刊。而以中文为主的 CJC,虽未被 SCI－E 收录,但在国内有较大的影响力。其办刊宗旨是为国内的色谱科技工作者服务,栏目设置具有自己的特色,载文量适中。在同一领域多种期刊竞争的情况下,由于 CJC 与其他英文色谱期刊的服务对象有较大的差异,因此在国内具有竞争优势,影响因子和被引频次在中国化学类期刊中排名靠前。

参 考 文 献

[1]张祥民,张丽华,张玉奎. 近年中国色谱研究进展[J]. 色谱,2012,30(3):222－231.

Development of *Chinese Journal of Chromatography* and the Comparison with Similar International Journals

HOU Chunyan

Editorial Office of *Chinese Journal of Chromatography*, Dalian 116023

Abstract: *Chinese Journal of Chromatography* is the only professional journal in China dedicated to report the research on the basic and applied theories in chromatographic area. It attaches more importance on the cutting-edge subjects, up-to-date developments and achievements in chromatographic research and its related areas. The development of this journal is analyzed. In addition, it is compared with other nine similar international journals for providing references for the sustainable development.

Keywords: *Chinese Journal of Chromatography*; Development; Comparison

审稿编辑:单晓钊

49.《无机化学学报》

提高学术质量　扩大国际影响

沈旭杰①
《无机化学学报》编辑部,南京　210093

摘要:《无机化学学报》是我国化学领域重要的基础性学术期刊之一,得到中国科协精品期刊工程项目资助。期刊接收和刊发中、英文稿,吸引了一部分国外稿件,在国际上具有一定影响力。编委会由国内权威专家组成,把握期刊发展方向、保证论文学术质量。在网站建设、期刊影响因子等方面,都居于国内领先地位。为进一步提高学术质量,拟采取下列措施:吸引国内外优秀稿源,提高审稿效率及编辑质量,提高网络化程度,扩大传播与影响。

关键词:无机化学;期刊;学术质量;国际影响

1　期刊基本情况

《无机化学学报》(简称《无机学报》)由中国科协主管、中国化学会主办,是我国化学领域重要的基础性学术期刊之一,编辑部设在南京大学。期刊主要报道无机化学领域的原创性研究成果,促进国内外学术交流,推动科学研究的发展。内容涉及固体无机化学、配位化学、无机材料化学、生物无机化学、有机金属化学、理论无机化学、超分子化学和应用无机化学、催化等领域。《无机学报》创刊于1985年,首任主编为戴安邦院士。期刊在1999于被美国《科学引文索引》(SCI)网络版收录,近年来在国内外的期刊统计数据中,都具有较高的影响因子。

2009－2011年,《无机学报》连续三年得到中国科协精品科技期刊工程项目B类示范项目的资助。在这三年里,《无机化学学报》采取了一系列确实可行的具体措施,以提高办刊质量,改善办刊条件,保证学术研究成果的尽快发表。该项资助对刊物的发展起到了很重要的作用,近年来期刊的影响因子逐年提升。2012年得到了中国科协新一轮精品期刊工程出版质量提升项目资助。

2　期刊学术质量建设

2.1　编委队伍建设及作用

学术质量是期刊的根本,从创刊开始,《无机学报》就围绕提高学术质量开展各项工作。编委会在办刊中起着核心作用,决定着期刊发展的方向。一般每两年召开一次编委会会议,主要讨论本刊发展中的重大决策问题以及一些具体的计划和措施。编委会每四

---

①《无机化学学报》编辑部主任,副教授,E-mail:wjhxxb@nju.edu.cn。

年换届一次,在日常工作中,所有编委参与组稿和审稿工作,并对编辑部的管理提出建议。现一届编委会成立于 2011 年:编委会委员共 50 人(含顾问 18 人),其中院士 24 人,香港委员 2 人,游效曾院士任主编。

2.2 编辑部建设及活动

编辑部在编委会领导下,承担着期刊编辑与出版的日常工作,是编委会决策的执行者,是期刊工作的关键部门。编辑部人员素质的高低,直接影响着期刊的办刊质量。《无机学报》编辑部依托于南京大学,具有优越的条件:目前有责任编辑 4 人,其中博士学位 2 人,硕士 2 人,都具有高级职称,另外还聘有专职排版及发行、财务等工作人员。编辑部工作人员每年参加化学方面的学术会议以及编辑方面的会议及培训,另外还注重加强与国外学术期刊的交流。近年来美国 *Inorganic Chemistry* 主编 Rich Eisenberg 教授、副主编及编辑部工作人员,英国皇家化学会 *Dalton Transactions* 主编 Jamie Humphrey 都曾来《无机学报》编辑部,与《无机学报》主编、副主编及编辑部人员进行了关于期刊工作的交流与讨论。

2.3 吸引优秀稿源、提高期刊学术水平

稿源是期刊的源泉和根本,有了丰富及优秀的稿源,期刊才能进一步提高学术质量,才能吸引更多的稿源,形成良性循环。为吸引优秀稿源,《无机学报》近年来的主要措施有:优秀文章奖励政策,根据已发表文章的被引用情况,评出优秀文章并给予奖励;取消对投稿作者的审理费的收取,对一部分优秀稿件,减免版面费。

从创刊以来,《无机学报》经历了从季刊到双月刊再到月刊的发展,近几年,在稿源充足、学术质量保证的基础上,适当增加了刊文数量,这样既可以保证学术质量的提高,也可以使更多的研究成果得以发表,促进学术研究的发展。

科学引文索引、美国化学文摘、中国科技论文与引文数据库、中国科学引文数据库、清华知网、万方数据库、中国期刊网、中文科技期刊数据库、中国核心期刊(遴选)数据库、中国学术期刊文摘(中、英文版)、中国化学化工文摘、中国无机分析文摘等国内外主要数据库对《无机学报》均有收录。近几年来,期刊的收稿及载文数量稳中有升,影响因子也在平稳中呈增长趋势,具体数据如表 1 和表 2。

表 1 2008—2012 年《无机化学学报》收稿数量及刊文数量

年度	2008	2009	2010	2011	2012
收稿篇数	902	936	900	1060	950
刊文篇数	389	403	401	419	419

表 2 2008—2011 年《无机化学学报》近年国内外影响因子

年度	2008	2009	2010	2011
CJCR	0.739	0.751	0.764	0.771
JCR	0.532	0.606	0.670	0.628

刊载速度对期刊也有着相当重要的作用。加快刊载速度,便能快速反应本领域的最新研究成果及进展,可以使论文及时进入学术交流环节及被检录,从而扩大作者对本刊的投稿量。近三年来,无机学报的论文发表周期平均为5~6个月。

3 出版质量建设

3.1 网站建设及发行传播

《无机学报》于2005创建了独立的网站及稿件处理系统,网站上刊出自创刊以来的全部文章,供读者免费阅读及下载,每期发表的文章在每月月初上网。投稿、审稿、编辑、修改等过程,全部通过网上的处理系统进行,另外网站还有文章搜索等功能。网站上除中文投稿系统外,还有英文投稿系统,以方便国外作者投稿,为扩大刊物的国际影响起到了很大的作用。2012年10月,网络投稿系统进行全面升级,增加了新的功能,使读者投稿更加方便、快捷。审稿过程中,增加了对稿件内容相似度的自动检查,使审稿人及责任编辑能更有效地防止学术不端行为的发生。网上刊出的文章,增加了"支持材料(supporting material)"功能,新录用稿件可以提前上网、登记DOI号,这样接受的文章网络版可比印刷版提前1~2个月刊出。期刊出版网络化程度的提高,使我们与作者、审稿专家、读者的联系更加紧密,同时也可以扩大传播范围,提高期刊的影响力和被引用率。

3.2 审稿、编辑环节的控制

《无机学报》有严格的审稿及编校制度,审稿包括:编辑部初审、专家外审、编委终审。编辑部建立起审稿专家库,共有国内外专家近1000人,每篇稿件至少送两位专家审稿。终审通过的文章,再编辑加工,编辑过程包括:综合修改意见、编辑加工。编辑加工之后的文章经过排版及严格的校对程序,再印刷出版。

3.3 设计、印刷方面的措施

一直以来,《无机学报》对印装质量都严格要求:选择技术高的印刷厂、采用优质铜版纸,保证了刊物装帧设计精美,印装质量优秀。自2013年起采用新的封面,每期刊发封面文章。英文图文目录采用全彩色,并适当增加文章彩页的印刷数量。

4 面临的问题及思考

近年来,中国在化学领域、特别是无机化学领域的科学研究取得了很大的进步,每年发表的大量高水平科研论文在国际上具有很大的影响。但是不得不面对的一个现实问题是:国内还有大量的高水平科研论文投到了国外期刊。《无机学报》作为中国重要的基础学术期刊,具有很好的学科优势,在今后的发展中应该不断吸引更多的国内外优秀研究论文,增进国内外的学术交流、促进化学研究的发展。

5 发展设想

5.1 加强编委会的领导,增加海外编委

首先加强编委会在办刊中的核心作用,增加海外编委,扩大国际影响。《无机学报》

拟在下一届编委中增加海外编委,以吸引更多的国外作者向刊物投稿,扩大刊物在国际上的影响,使学术水平不断提高。

5.2 加强编辑队伍建设,提高编辑质量

加强编辑部队伍建设。编辑部的成员要多参加学术会议,加强与学术界的交流,这不仅能使编辑自身的学术水平不断提高,还能加强与作者、读者及审稿人的联系,对提高本刊的学术水平具有很好的作用。另外,现有编辑还要不断加强编辑业务方面的培训,充实和更新知识,以适应不断发展的新形势。加强与国外期刊的联系,学习先进经验,如果条件合适,也可以与国外出版单位合作,不断扩大国际影响。

5.3 扩大稿源,加快刊载速度,提高影响因子

采取具体的优惠政策,扩大稿源,适当增加刊载容量,加快刊载速度,相应提高影响因子。在出版方面,具体措施包括缩短出版周期、降低优秀论文发表费、优稿优酬、增加期刊覆盖力等,根本目的也是为了提高期刊的综合水平,相应提高学术质量。并注重对国外稿源的吸引,发挥海外编委的作用,向国外作者约稿。

5.4 增强期刊覆盖力、影响力

在已有的网站基础上,吸取国际最先进处理系统的经验,改进网站,使工作效率进一步提高。另外对网站的界面、栏目、功能等方面也作相应的改进。由于网络及电子出版的发展,近年来的纸质期刊发行有所下降,在今后几年内《无机学报》拟计划增加赠刊的数量,以保持纸质出版物的影响。网站提供读者免费阅读与下载的同时,计划与数据库合作,实施优先数字出版,使网络覆盖面和显示度进一步提升。

5.5 提高设计、排版、印刷质量

在经费允许的条件下,将参照国外期刊,采用全彩印刷,并请专门的美术编辑人员对封面及内容进行设计,使期刊装帧及形象更加完美。加快排版速度,使拼版、印刷时间相应提前。

Improving Academic Quality and Expand International Influence

SHEN Xujie

Editorial Office of *Chinese Journal of Inorganic Chemistry*, Nanjing 210093

Abstract: The *Chinese Journal of Inorganic Chemistry* is one of the important academic journals in the field of chemistry in China with international influence. The journal accepts and publishes manuscripts in Chinese or English, thus attracting submissions from many countries. The journal was financially supported by the Fine Journals Support Program from China Association for Science and Technology. The Editorial Board is composed of the foremost specialists in China, thus guaranteeing the right development direction of the journal and the high academic standard of papers. The journal is ranked in advanced position for website construction and impact factor, etc.

In order to further improve the academic quality, the editorial staff is trying its best to do the following: Attracting high quality submissions including those from foreign sources; improving the review and edition quality and improving the website so as to have better dissemination and increased impact.

Keywords: Inorganic chemistry; Journal; Academic quality; International influence

审稿编辑:单晓钊

50.《病毒学报》

精品期刊 品质为先

王玉梅①
《病毒学报》编辑部,北京 100052

摘要:《病毒学报》是病毒学专业学术刊物,创刊于 1985 年(季刊),主管单位是中国科学技术协会,主办单位是中国微生物学会,承办单位是中国疾病预防控制中心病毒病预防控制所,由《病毒学报》编辑部出版。国内外公开发行。主要刊登具有创新性研究的论著、简报及具有评述观点的国内外热点研究的综述稿件等,刊登内容为人与动物病毒、植物病毒、昆虫病毒、噬菌体和朊病毒基础和应用基础研究的新成就、新进展。《病毒学报》为中国精品科技期刊、中国科技核心期刊、中国科学引文数据库来源刊。

关键词:病毒学报;核心期刊;数字优先出版

1 《病毒学报》现状与发展

《病毒学报》是病毒学专业学术刊物,创刊于 1985 年。2005 年由季刊改为双月刊,每期 80 页,2011 年起增加至每期 96 页,逢单月出版,国际标准刊号:ISSN 1000 - 8721,国内统一刊号:CN 11 - 1865/R,国内邮发代号:82 - 227(全国各地邮局订阅),国外发行代号为 BM6448(通过中国国际图书贸易总公司订阅)。主管单位是中国科学技术协会,主办单位是中国微生物学会,承办单位是中国疾病预防控制中心病毒病预防控制所,由《病毒学报》编辑部出版。国内外公开发行。主要刊登具有创新性研究的论著、简报及具有评述观点的国内外热点研究的综述和述评等论文,刊登内容为人与动物病毒、植物病毒、昆虫病毒、噬菌体和朊病毒基础和应用基础研究的新成就、新进展。所刊登的基础和应用基础性研究论文、国家及省以上各种基金资助的研究论文达到 80% 以上。订阅者主要是国内的科研单位、大学及生物技术公司等机构从事病毒学、免疫学、生物医药研究的工作人员以及国内外数个知名数据库和图书报刊馆藏机构。

2003 年以来本刊多次获得中国科协高技术学术期刊资助,5 次获得中国科协优秀论文刊登期刊证书,获得中国科协精品期刊项目资助 C 类(2006—2008 年),2008 年获得中国精品科技期刊证书。2012 年再次获得中国科协精品科技期刊培育计划出版质量提升项目资助[科协学函(2012)134],以进一步提高刊物印刷版和网络版出版质量。2003 年以来,随着我国疾病预防控制中心任务的加重,编辑部重点组织相关稿件、培育作者,加强编辑前的初审和审定指导工作,刊登报道与疾病预防控制有关的实验室检测监测的文章,截至 2012 年 12 月 10 日,全国各省市的疾病预防控制中心都在刊物上发表过论文,已

---

① 《病毒学报》编辑部执行主编,编审, E-mail:wangyumei@ bdxb. net. cn。

经刊登发表文章368篇,被引证和下载的有364篇,为全国的病毒病预防控制工作提供了学术交流的平台,促进了学术交流,特别是重点推出的SARS、人与动物高致病性禽流感等重点专题及专刊报道,促进了学术出版的论文成果转化,提高了期刊文献的引用和网络下载频次,对预防控制疾病,深入研究、检测和开发病原检测诊断试剂,开展监测预测提供了学术依据。

2 期刊学术质量建设

由于编辑委员会学术出版质量把关很严,所以期刊出版编校质量较高。2011年10月重新改选组成第五届编辑委员会,总共70人。总编辑侯云德研究员是中国工程院院士。还设有不同学科领域的副总编辑9名,分别负责病毒不同学科分支领域的文章遴选和把关。医学病毒学副总编辑有5名:金奇研究员、梁米芳研究员、舒跃龙研究员、黎孟枫研究员、夏宁邵研究员。动物植物病毒学副总编辑4名:陈焕春院士、方荣祥院士、刘秀梵院士、崔治中研究员。执行主编是王玉梅编审,编辑委员会成员60名,共同负责期刊论文学术评价和期刊出版质量规范控制。论文稿件经过初审、同行专家双盲审评议、复审评议、不同专业领域副总编审定、总编辑审定。执行主编全程负责遴选稿件、处理评审意见、审核作者修改答辩意见、加工修改论文、审读出版校对和印刷质量审核把关。采用网络出版平台辅助审理稿件,加强对学术不端行为的审查和检测比对,及时处理学术不端行为,包括涉及著作权、版权、专利权等有关问题的处理。不断改进和优化编审出版工作流程,加强对各个环节的把关,保证出版质量达到精品科技期刊要求。

《病毒学报》是首批中国精品科技期刊。按照精品期刊标准,刊物的彩色图表制作印刷质量较高。编辑部不断加强组稿工作,提高国家重大基金支持论文的数量,提升刊物优秀稿件的竞争力。在编辑委员会成员以及编辑部把关的基础上,还外聘编辑出版专业及病毒生物技术领域的中英文编审人员,做好出版前的稿件专业学术把关和出版质量把关,使刊物符合精品期刊的要求。编辑部严格按照上级管理部门批复的办刊宗旨、业务范围出版。遵守报刊出版规定,封面标识规范、版本信息完整规范。依照《出版管理条例》、《期刊出版管理规定》等规定,执行《中华人民共和国著作权法》等,执行国家标准和行业规范。涉及重要问题,加强把关控制,避免出现不真实、不公正以及损害公共利益的内容。在编辑出版过程中,从政治标准、学术标准、编辑标准、出版标准等方面,严格评审,实行五审三定;实行出版责任编辑制度和学科编辑负责制。刊载的内容主要为原创性、创新性文章。期刊实行出版三校对、三审读、三审核制度,按编审和出版质量要求以及有关编辑出版的国家标准和行业标准规范执行,每年的期刊审验完全合格。

3 期刊发展与国内外影响力

目前《病毒学报》以印刷版、数据库版(光盘)和数字出版三种形式出版,为中国精品科技期刊、中国科技核心期刊、中国科学引文数据库来源刊、中国科协优秀论文刊登期刊。《病毒学报》并被国外数据库CA(美国化学文摘)、CBST(日本科技速报)、MEDLINE(美国)*PubMed* 美国(2007年入编),WPRIM(世界卫生组织西太平洋地区医学索引,2009

年入编)等收录。2012 年国内又被 SinoMed(中国生物医学文献服务系统)收录。

《病毒学报》一直为中国科技核心期刊,北京大学《核心期刊要目总览》入编基础医学核心期刊,入选中国科学引文数据库核心库。根据中国学术期刊影响因子年报 2010 年(第 8 卷)期刊影响因子(基础医学),《病毒学报》排名首位,复合影响因子 JIF 为 1.348;2011 年(第 9 卷)JIF 为 1.116,依旧位于基础医学排名的首位,在生物学排名前列,保持了基础医学排名第一,国内病毒学排名第一,生物学排名前位。是国内病毒学领域的权威期刊,排名首位。

4 期刊出版人才培育

《病毒学报》编辑部承担了刊物的编辑出版任务。2003 年 10 月王玉梅编审被聘为《病毒学报》编辑部主任兼责任编辑、医学编辑(医学病毒学),另外还聘请了 1 个专职编辑(动植物病毒学)、1 个编务。2011 年编辑部主任王玉梅编审被中国微生物学会聘为执行主编,2009 年获得注册责任编辑职业资格证书。具有新闻出版署培训合格的主编岗位职业资格。新入职编辑部的员工后都排了编辑岗位培训,编辑出版过程中执行主编耐心指导年轻人熟悉编辑出版业务,2012 年内安排 3 次专业岗位培训,其中 2 次脱产培训,新编辑取得岗位资格和数字化网络出版培训证书,能够按出版标准规范出版,熟练应用学术不端软件检测防范不端学术行为,不断了解学科发展动态,沟通作者与专家,做好论文遴选修改的编辑执行工作。

5 期刊数字出版建设

为适应数字化转型发展的需要,满足读者在网络检索阅读电子版的需求,2008 年 12 月 30 日起《病毒学报》全文加入中国知网系列数据库,此前曾全文入编三家期刊网络群——北京万方数据网、重庆维普资讯网、中国期刊网(中国知网)。2009 年以来,在调研的基础上,开展了《病毒学报》独家全文版权合作在线出版(此前为与数据库版权合作)。

2011 年起已试行数字优先出版版权合作,以整刊以及单篇形式审定通过后优先数字出版。2012 年 1 月实行网络投稿、编审发布一体化办公。

6 期刊宣传推广

自 2012 年起,为了宣传推广期刊,《病毒学报》还申请加入 SinoMed,获得入编证书。2012 年 1 月 1 日正式推出《病毒学报》网络编审平台应用(与同方光盘股份有限公司合作的'腾云'期刊协同采编系统(推广版)及 CNKI 系列软件),2012 年还注册了《病毒学报》通用网址(有线和无线),提高影响力,方便读者检索、阅读、投稿等。2012 年实行的《病毒学报》数字优先出版比印刷版和网络数据库版提前 1 个月出版,这一措施也提高了期刊的推广力度。

7 期刊资源集约建设与今后发展设想

(1)"十二五"期间争取将《病毒学报》改为月刊。争取缩短出版周期,增加英文语种出版,探索中外版权合作出版。

(2)促进数字出版,实现单篇文献的数字出版传播。提前首发论文出版时间,实行从整本刊的发行到单篇作者文献发行的创新性转变。实现多载体、多版本、多种形式的出版,为作者和读者提供更好的服务。

(3)开展发行广告等经营业务。合同聘用专业广告经营人员或实行广告代理合作。增加协办支持单位,制定合理的分配机制,促进经营业务的开展,给予政策、人员、财务、场所(增加一间办公用房)等支持。

(4)期刊运营体制改革。改革的出发点和目的应该是更好地促进学术期刊的发展。此次改革之后,主管和主办单位仍然保留。编辑部实行主要负责人单位派出经营方式,人员仍属于原来的事业,级别和待遇一如从前,主要转变期刊的经营方式。此次改革由主管主办单位负责。按此次改革精神,精品期刊以及国内领先的学术期刊的编辑部暂时保留,但期刊的经营可以采取代理、合作的形式,实行市场化运作。

Reports on *Chinese Journal of Virology*

WANG Yumei

Editorial Office for *Chinese Journal of Virology*, Beijing 100052

Abstract: *Chinese Journal of Virology* is an academic professional periodical established in 1985, published bimonthly since 2005. The responsible institution is China Association for Science and Technology. The sponsored institution is Chinese Society for Microbiology and published by National Institute for Viral Disease Control and Prevention, China CDC. *Chinese Journal of Virology* aims to publish papers, which describe original research in virology as well as applied research papers in virology. It is one of the core STM journals in China. The journal publishes peer-reviewed original research articles, "Research Notes", "Review of Literatures", "Commentary Views that cover viruses", including human, animals, plants, insects, virions, prions and the newly discovered viruses.

Keywords: *Chinese Journal of Virology*; Core journal; Online publishing

审稿编辑:单晓钊

51.《植物生理学报》

重视和加强稿源建设　努力提升期刊学术质量

周兆康①
《植物生理学报》编辑部,上海　200031

摘要: 中文学术期刊如何获得优秀稿源是困扰期刊编辑部的最大问题之一。文章介绍了《植物生理学报》重视和加强稿源建设,通过发挥编委会和编辑部成员的作用,鼓励编委积极投稿,加大约稿力度,优化审稿过程,加强对读者和作者的服务,从而既加快了审稿周期和出版周期,促进了科学研究成果的快速传播,也吸引了更多的优秀稿件,提升了精品期刊的学术质量。

关键词: 审稿过程;出版周期;约稿

《植物生理学报》(CN 31 - 2055/Q,原刊名《植物生理学通讯》)是由中国科协主管、中国植物生理与植物分子生物学学会和中国科学院上海生命科学研究院植物生理生态研究所共同主办、中国科学院上海生命科学信息中心承办的科技学术类期刊。1951 年创刊,2009 年由双月刊变更为月刊,2011 年刊名由《植物生理学通讯》变更为《植物生理学报》。何祖华任主编,有 63 名编委和 4 名编辑部成员。2006—2011 年连续 6 年被评为中国科协精品期刊,在 2012 年的中国科协精品期刊评审中继续获得 2012—2014 年度期刊出版质量提升项目基金每年 10 万元的资助,同时也被华东地区新闻出版局评选为优秀科技期刊。在中科院的期刊审读中被评为优秀,长期位列北京大学出版社出版的《中文核心期刊要目总览》植物学类期刊前 4 名。为更快地传播科学研究成果、加强对读者和作者的服务,《植物生理学报》近几年在加强稿源建设、优化审稿过程、加快出版周期方面采取了一些措施[1],收到了很好的效果,2012 年的出版周期约为 3.7 个月,在国内同类期刊中是比较快的,吸引了更多的优秀来稿。另外,《植物生理学报》在发挥编委作用、专题约稿、重视专家办刊方面也采取了一些措施,进一步提升了期刊的学术质量。

1　优化审稿过程

1.1　采用 ScholarOne 的 Manuscripts Central 中文稿件处理系统

《植物生理学报》以前使用的稿件管理系统,由于购买比较早,又是局域网版的,只能在办公室的电脑中进行操作,编辑离开办公室或者出差就无法使用了。该系统也不太稳定,大大影响了稿件处理的速度。为提高编辑部工作效率,《植物生理学报》于 2010 年 5 月购买并开始采用 ScholarOne Manuscripts 中文版的投审稿处理系统,所有稿件的投审稿

① 中国科学院上海生命科学信息中心,《植物生理学报》编辑部主任、专职副主编,编审,E-mail:zkzhou@ sibs. ac. cn。

均是在线操作和处理。为了方便责任编委能尽快掌握和使用该系统,编辑部人员在学习过程中模拟责任编委的角色进行操作,摸索各种审稿路径的操作过程和遇到的问题,然后用 PDF 文件形式制作了一份《责任编委操作 MC 系统指南》,放在系统上,每次邀请一位专家担任责编,邀请信邮件的附件中就有一个《责任编委操作 MC 系统指南》文件。同时还制作了一份《审稿人指南》,连同责任编委的邀请信发送给审稿人,方便审稿人在系统中操作。由于该系统的技术含量较高、基本不发生系统故障,任何一台电脑只要能上网就能进入该系统的链接,看到系统主页,只要有用户名和密码并获得相应的权限就能进入系统进行操作,因此无论是编辑部人员出差,或者是审稿专家出国,都不受影响,大大加快了审稿速度。

1.2 加强编辑部初审

编辑部主要从以下几个方面进行初审把关:①编辑部对所有来稿都要先行初审,对质量较低且能够判断的稿件,直接退稿,以减轻责任编委的审稿压力。②编辑部认为该稿件质量较差,又无一定把握的,可以将稿件发送给某位相关专业的编委征求意见后再决定是直接退稿还是启动审稿程序,该编委无需写出详细审稿意见。③对拟送审的稿件在编辑出版规范方面提出修改建议,有些文章在写作和在图表规范上如有重大问题需请作者先行修改后再送审,以方便审者阅读并把精力放在文章的科学性评审上。编辑部直接退稿的稿件不收取审稿费,作者对编辑部的建议也比较乐于接受。这样做既加快了期刊的审稿周期,也便于作者尽快重做或补充实验,或者将稿件投向录用标准较低或专业更合适的刊物。

1.3 采取责任编委审稿制度

从 2009 年成立新一届编委会以来就开始采取新的责任编委审稿制度。每篇文章由编辑部根据稿件的专业内容选择一位编委担任该稿件的责任编委,由责任编委指定 1 ~2 位审稿专家并直接在系统中操作送审,然后综合外审专家返回的意见,对该稿件做出终审决定并在系统中提交,再由编辑部负责对稿件进行处理。如果稿件内容较偏,现有的编委都不合适,编辑部会选择非编委的专家担任责任编委。

由责任编委来负责每一篇稿件的审定是国际上通行的做法。责任编委的角色又称为“Handling Editor”或“Associate Editor”,采用责任编委负责制的最大好处有以下几个方面:①责任编委是该文专业内容的小同行,能选择更合适的外审专家,因而能更准确地把握对文章录用与否的取舍,对文章提出的修改或退稿意见也更有针对性。②责任编委对该文章的录用与否具有决定权,因此激发了责任编委的荣誉感和责任心。③由责任编委出面邀请外审专家审阅稿件,同意审稿的比例以及审稿周期会比较短。根据统计,目前《植物生理学报》从投稿到首次给出处理意见的平均天数为 24 天,从投稿到给出最终处理意见的平均天数为 32 天。④由于责任编委人数较多,改变了过去只有少数几位主编和副主编对所有稿件进行终审的情况,既减轻了主编们的工作压力,也缩短了审稿时间。当然,由于责任编委人数较多,难免会出现在审稿过程中发生有的责任编委要求较严、有的责任编委要求偏松等录用标准不一的情况,编辑部会根据稿源情况,适时提醒责任编委,统一录用标准。

2　发挥编委和专家的办刊作用

2.1　经常召开编委会

要缩短审稿周期和出版周期,提高《植物生理学报》发表文章的水平,光靠编辑部成员的努力还不够,整个审稿编辑过程的各个环节都要抓紧。最关键的一个审稿环节就在编委手中,如何发挥编委的积极性至关重要。《植物生理学报》每年召开1~2次编委会,通过在会上与编委和专家多沟通,充分发挥编委和专家的投稿、审稿积极性。到会的编委都意识到将《植物生理学报》办成国内本领域读者和作者认可的A类或一级期刊是很不容易的,要靠编委会和编辑部的通力合作,尤其是必须要有编委的支持。如在专业会议中编委可以为期刊进行宣传;编委有义务向期刊投稿、审稿、推荐稿件等。一些编委还表示除自己向《植物生理学报》投稿外,还将动员单位里其他同事也向《植物生理学报》投稿,为提高《植物生理学报》的学术质量做出了很大的贡献。

2.2　不断加强与专家的联系

由于《植物生理学报》编辑部与其主办单位中国植物生理与植物分子生物学学会秘书处挂靠在同一个单位,平时经常沟通和交流,能及时了解各专业会议信息,因此编辑部会经常参加由学会及各专业委员会主办的学术会议。除在会议上进行期刊的介绍和宣传外,还注意与专家交流,联络感情,邀请稿件。有时通过编委的牵线搭桥,编辑部到大学相关学院去向研究生介绍期刊和进行论文撰写的讲座,对扩大期刊影响,吸引好的稿件有很大的帮助。

2.3　优质稿源建设中采取的措施

虽然编辑部通过优化审稿过程、缩短出版周期等快速发表文章来吸引优秀稿源,但在办刊过程中还是发现制约期刊学术质量的最主要的问题仍是来稿质量不高。优质稿源欠缺的主要原因是政策导向和评价体系的问题,作者考虑到本人提职称、报课题,学术水平稍高的稿件都投向被SCI收录的期刊,导致投向《植物生理学报》的大部分稿件水平相对偏低,不能被责任编委们看中,如2012年的退稿率在66.7%。为此,《植物生理学报》在如何获得优质稿源方面采取了一些措施:①设立特约综述栏目。通过主编邀请、编委推荐、编辑部联络的方式,请编委或非编委专家撰写特约综述文章。该栏目设立之初的2011年平均每期发表一篇特约综述。②策划专刊论文。由主编和编委牵头,结合相关专业会议,组织约稿。于2012年策划的“植物转基因”专刊将于2013年6月出版。③编委投稿。在2011年的编委会上就有编委主动提出编委有义务每2年投稿一篇原创论文,以示对期刊的支持。从2012年发表文章的统计情况看,有15位编委发文26篇(含综述和研究类文章),有多位编委一年中在《植物生理学报》上发表了3篇文章。④优秀论文减免文章版面费、稿酬加倍。从2012年获得中国科协基金资助开始,《植物生理学报》就对上述约稿文章和自由来稿中评审结果为优秀的文章实行减免文章版面费和加倍支付稿酬的措施,有助于吸引更多的优质稿源。

3　小结

高质量稿源是科技期刊生存发展的保障,但是很多编辑部多注重于加强组稿方面[2],对如何吸引更多高质量的自由来稿这方面下得功夫不多。长期以来我国科技期刊出版周期过长,确实影响到科技信息的传播,成为了科技期刊发展的"瓶颈"[3],也不利于吸引优秀来稿。目前,由于我国各单位和部门对科研人员的评价以及科研基金的资助都要求有发表在SCI影响因子高的期刊上的论文,而中文版期刊因其语种的限制,基本上不可能被SCI收录,因此在获得优秀稿源方面困难更大了。《植物生理学报》一方面通过加强专家约稿和组织专刊等措施来提高发表文章的质量,另一方面通过改革审稿流程以加快出版周期来吸引好的稿源,从而大大提高了《植物生理学报》发表文章的学术质量。《植物生理学报》的目标是希望能成为本领域中文作者投稿的首选期刊。

参考文献

[1]周兆康.《植物生理学报》的审稿过程改革[J].中国科技期刊研究,2013,24(1):176-177.

[2]王大锐,缪昕,王孝陵.高质量稿源是科技期刊生存发展的保障——《石油勘探与开发》的组稿实践[J].中国科技期刊研究,2005,16(5):688-689.

[3]冯远景,陈希宁,郑小华.科技期刊发展的"瓶颈"——出版周期过长[J].中国科技期刊研究,2001,12(2):81-83.

Attract More Submissions and Improve Journal Quality

ZHOU Zhaokang

Plant Physiology Journal Editorial Board, CAS, Shanghai 200031

Abstract: Attracting high quality manuscripts is still the major challenge for the Chinese academic journals. In this report, the effective approaches adopted by *Plant Physiology Journal* to attract submissions were introduced. Through encouraging submissions from the editorial board members, increasing invited manuscripts, optimizing the peer review procedure, and providing better service for authors and readers, *Plant Physiology Journal* is able to accelerate the review process and the publication cycle and promote the rapid dissemination of scientific research achievements, and in turn helps to attract and publish good articles and improve the academic quality of the journal.

Keywords: Review process; Publication cycle; Invite manuscript

审稿编辑:田 宏

52.《农业工程学报》

中国科协精品科技期刊项目的实施和成效

魏秀菊[①]　王　柳　丛宏斌　曾勰婷　刘丽英　朱　明　张俊芳　秦学敏
《农业工程学报》编辑部，北京　100125

摘要：《农业工程学报》于 2009—2011 年被遴选为“中国科协精品科技期刊工程项目”期刊。围绕中国科协精品科技期刊工程项目的立项要求，《农业工程学报》编辑部开展了一系列工作：结合网络化办刊环境改进出版流程、缩短发表周期、加强学术不端论文的防范、坚持学术论文成果的大众媒体宣传。项目实施后期刊质量大幅度提高，影响不断扩大，期刊发展进入良性循环。该文对项目实施以来的工作、经验及成绩进行归纳分析，提出学术期刊的一种努力方向。

关键词：精品期刊；期刊质量；期刊发展；科技期刊；学术期刊

1　基本背景

《农业工程学报》于 1985 年创刊，由中国科学技术协会主管，中国农业工程学会主办。《农业工程学报》是刊载农业工程类科研成果，促进国内外学术交流的综合性学术刊物。主要栏目包括农业装备工程与机械化、农业水土工程、农业信息与电气技术、农业生物环境与能源工程、土地整理工程、农产品加工工程。编委会成员 120 人，其中两院院士 5 人，外籍编委 17 人。

《农业工程学报》为全国中文核心期刊，在最新版的《中文核心期刊要目总览》中位居农业工程类期刊榜首；2001 年入选中国期刊方阵双效期刊；被中国科协主办的中国学术期刊文摘选为首批收录期刊；先后被美国工程索引（EI）、英国国际农业与生物研究中心数据库（CABI）等 24 家国际权威及重要数据库收录。2009 年入选为中国科协精品科技期刊工程项目期刊。

2　《农业工程学报》实施精品期刊项目的内容及成效

2.1　提高期刊学术质量，扩大期刊学术影响力

“刊文质量是科技期刊的生命线，要出精品，创名牌，首先要有高质量的论文”[1]。入选中国科协精品科技期刊工程项目三年来，学报按照项目的要求，一直以提高学术期刊质量为核心，努力吸引和及时刊发高水平的原创性论文。完成了“上两个台阶，实现一个跨越”的阶段性目标。“两个台阶”即由核心期刊上升为精品期刊，以至于上升为百种杰出中国学术期刊；2009—2011 年《农业工程学报》连续三年入选为中国科协精品科技期刊

① 《农业工程学报》编辑部主任、常务副主编，编审，E-mail：weixj06@163.com。

工程项目;2009 年和 2011 年两次被遴选为百种中国杰出学术期刊;2009、2011 年连续两次被中国科技成果评价中心遴选为权威期刊。“一个跨越”即 2009 年《农业工程学报》被EI(核心)数据库收录,来稿也因此大幅增加,作者分布向非农院校与科研机构扩散,稿件采用率由 2009 年的 25% 下降到了 22%。

高水平论文的刊登,大大提高了学报的学术影响力。据中国科学技术信息研究所《中国科技期刊引证报告(核心版)》分析,在 1998 种核心期刊中,《农业工程学报》的影响因子总排名由 2006 年的 152 名跃升为 2010 年的 54 名,总被引频次也由 56 名跃升为第 10 名,两项指标均在农业工程领域 14 种期刊中排名第一。总被引频次由 2008 年的 4390 次提升到 2010 年的 6958 次,影响因子由 1.024 提高到 1.347[2](见表 1)。2006—2010 年,《农业工程学报》的影响因子远高于农业工程领域其他期刊,且呈明显上升趋势。

表 1 2006—2010 年《农业工程学报》影响因子、总被引频次及其排名

年份	影响因子	影响因子总排名	总被引频次	总被引频次总排名
2006	0.907	152	2469	56
2007	1.045	125	3531	32
2008	1.024	113	4390	24
2009	1.126	92	5588	18
2010	1.347	54	6958	10

注:源自中国科学技术信息研究所《中国科技期刊引证报告(核心版)》CJCR

2.2 防范学术不端论文发表,维护科技期刊学术道德

“加强科技道德规范,促进科研诚信,维护学术活动的严肃性,营造良好的学术氛围,是中国科技期刊义不容辞的责任[3]”。诚信是学术报道之本[4],确保精品期刊学术质量的另一方面即防范学术不端论文的发表。早在 2006 年年底的编委会上就讨论通过关于“《农业工程学报》《关于防范学术不端行为论文措施及处理办法》[5],把“查重”定为《农业工程学报》审稿重点内容,对学术不端论文的发表起到了很好的遏制作用[6]。在学报执行防范学术不端论文发表措施的两年后,2008 年年底中国知网推出了学术不端文献检测系统,在期刊出版界掀起了防范学术不端的浪潮。《农业工程学报》因开展此项工作较早,研究较深入,效果十分显著。笔者曾接受北京电视台和中央电视台的采访,并应邀在国家自然基金委双清论坛、中国科技期刊学会第 17 次年会、中国科技期刊质量发展大会等会议上介绍经验。此外,还参与了科技部《科技期刊科学道德规范》的修订,为规范科技期刊出版行为做出了贡献。

2.3 论文成果新闻发布,扩大期刊社会影响

除了上述的影响因子及总被引频次外,期刊的影响力还包括在社会公众中的知名度[7]。因此,为扩大《农业工程学报》在我国科技界、期刊界及社会公众中的影响力,吸引高水平论文,自 2008 年 1 月起开始参加中国科协期刊与新闻媒体见面会并坚持每月参加该活动。截至 2011 年年底已经发布论文成果 128 篇,成为发布新闻稿最多的期刊。

在中国科协网站上关于新闻媒体见面会的报道提到的 8 篇发布成果中,就有 5 篇源自《农业工程学报》[8]。源自《农业工程学报》论文的新闻稿被新华网、人民网、搜狐网等

百余家新闻媒体刊登转载，起到了极好的宣传效果，产生了积极的影响。《农业工程学报》也因为此项卓有成效的工作而被邀请在中国科协科技期刊与新闻媒体见面研讨会[9]、第二届中国期刊质量与发展大会、中国科学院自然科学期刊编辑研究会第 21 届学术年会等会议上介绍经验。

2.4 延伸期刊服务，推动学术交流

一流的期刊应该有一流的服务，精品科技期刊不仅在内容质量上保证一流，也应该延伸期刊的服务功能，为学术交流服务。本着这个理念，2011 年《农业工程学报》编辑部与本学会的 2 个专业委员会一起组织学术年会，分别召开了全国农业清洁能源学术研讨会和全国第一届农产品产地初加工学术研讨会。在会议上广泛宣传并积极开展组约稿件工作，大会收到投稿论文 150 余篇。结合会议交流出版论文集及专题增刊 2 期，在推动学术交流、扩大期刊影响力上发挥了积极的作用。

2.5 推进数字化建设，搭建开放编辑平台

互联网的迅速发展以及新媒体的不断涌现，使科技期刊受到巨大冲击，我们意识到，只有充分发挥互联网的优势，才能使科技期刊在互联网时代有更广阔的发展空间[10]。《农业工程学报》于 2005 年底就建立了自主网站，是期刊数字化工作开展较早的期刊之一，目前点击率已达 490 多万次。《农业工程学报》在网络化、数字化平台上已经实现了网上在线投稿、送审、编辑、作者 - 编者 - 审者联系过程的自动化、稿件查询、期刊信息、互动管理等在线服务，极大地方便了作者、编辑、审者的操作及互动。出版期刊数据及时在本网站全文发布，实现了自 1985 年创刊以来的所有期刊数据的快速查询和获取，扩大了期刊的影响。对通过“三审”、作者修回的稿件以及等待刊发的论文，上传本刊网络预印版，供读者提前阅读。

另一方面，《农业工程学报》建立了开放编辑平台，改进了稿件处理流程，让同行专家承担编辑和审稿工作，专家编辑双角色完成“三审”，减少了环节。将论文分为 A（快速通过）、B（再同行审定）、C（快速退稿）三类稿件，加快了稿件的处理速度，进一步缩短了出版周期。我们邀请部分一线科研专家直接参与编辑、审稿工作，真正实行专家办刊，在提高审稿质量的同时，提高了审稿速度，取得了良好的效果。目前平均发表周期由 2009 年度的 12.8 个月降为 2011 年度的 8.8 个月，稿件采用率也由 2009 年度的 25%，降到了 2011 年度的 22%，期刊在稳步提升学术质量的同时，吸引了更多高质量、高水平的稿源，期刊发展进入了良性循环（见表 2）。

表 2 2008—2011 年《农业工程学报》论文发表情况统计

出版年度	年来稿量/篇	年发稿量/篇	平均发表周期/月	采稿率/%
2009	2935	739	12.8	25
2010	3305	762	10.7	23
2011	3620	786	8.8	22

提高期刊的即时反应速度，既是作者、读者的要求，也是科技发展的客观需要。科学技术竞争的日益激烈和科技工作者追求发现优先权的要求，决定论文的即时发表成为科

技期刊增强对作者论文和读者阅读的吸引力的关键[11]。几年来,《农业工程学报》根据精品科技期刊项目的要求,努力调整刊期,从季刊变为半月刊,扩大刊载容量,提高稿件的处理效率,缩短发表周期,使快速反应机制得到了提升。快速反应机制的提升吸引了更多的稿件,2012 年来稿量突破 4000 篇,进入良性发展轨道。

2.6 加强人才队伍建设,保证期刊质量提高的持续潜力

一流的人才团队才能办出一流的期刊,打造精品科技期刊需要一支优秀的高素质的办刊队伍,优秀的编辑队伍对于我国精品科技期刊发展具有十分重要的意义[12]。人才的竞争是一切竞争的关键,《农业工程学报》自身也十分重视人才队伍的建设。2009 年以来《农业工程学报》招录两名博士、1 名博士后,聘用了数名硕士生,为编辑出版队伍注入了新鲜的血液和活力,组成了一支具有高素质、高水平的稳定编辑队伍。编辑部人员平均年龄 37.7 岁,其中高级职称 4 人,博士后 1 人,博士 5 人,硕士 5 人。他们具有扎实的专业背景,能对稿件的优劣有一定程度的判定能力。此外,编辑部组织编辑队伍参加各种研讨会等学术交流活动,进行编辑业务培训和继续教育,不断提升编辑的业务水平[13],为保证期刊质量的提高提供持续的潜力。

3 结论

在中国科协精品科技期刊项目的支持下,《农业工程学报》从提高期刊学术质量、防范学术不端论文发表、论文成果新闻发布、拓展期刊服务、举办学术会议、推进数字化建设,搭建开放编辑平台、缩短刊稿周期、加强人才队伍建设等多方面入手,使得期刊质量大幅提升,影响力进一步扩大,发展进入良性循环。2012 年,《农业工程学报》继续获得中国科协精品期刊项目资助。我们设定的主要目标为:继续缩短发表周期,加速提升期刊的快速反应机制,将论文发表周期缩短到 6 ~ 7 个月;按照影响和创新性评选并奖励优秀论文,进而吸引更多的优质原创性论文,提高期刊学术质量;完善网络预印版和网络功能,强化学报网络化建设,提高数字化水平。另外,编辑部实行“走出去、请进来”的人才策略,选派编辑到国外合作研究、学习交流,聘用国外资深学者加入编辑出版队伍,增聘国际编委,增加论文英文信息量及创办英文刊等措施,以增强学报的同行认可度和国际化程度。

我们将认真总结已取得的成功经验,继续以提高期刊学术质量为核心,积极推进科技期刊的学术质量建设、网络化建设和品牌建设,不断提高自身的发展能力和核心竞争力,为促进农学类学术交流作出更多贡献。

参 考 文 献

[1]辛明红,张淑敏,王燕萍,刘永新. 选题组稿与创办精品科技期刊[J]. 编辑学报,2005,17(2):97 - 98.

[2]中国科学技术信息研究所.《2011 年版中国科技期刊引证报告(核心板)》[M]. 北京:科学技术文献出版社,2011:145.

[3]游苏宁. 春风化雨,润物有声[J]. 编辑学报,2012,24(3):205.

[4]石朝云,游苏宁. 诚信是学术报道之本[J]. 编辑学报,2012,24(3):206 - 209.

[5]《农业工程学报》第六届编辑委员会,农业工程学报编辑部.《农业工程学报》关于防范学术不端行为的措施及处理办法[EB/OL]. [2012 - 11 - 20] http://www.tcsae.org/ch/reader/view_news.aspx? id =44.

[6]魏秀菊,王柳,赵光磊. 学术期刊办刊中防范学术不断行为的实践与启示[J]. 中国科技期刊研究,

2008,19(4):632 - 636.
[7]陈宏宇.大众传媒——科技期刊立体化出版的新模式[J].编辑学报,2011,23(增刊):1 - 3.
[8]王以芳.2011 年第 9 次科技期刊与媒体见面会召[EB/OL].[2012 - 11 - 20]http://www.cast.org.cn/ n35081/n35668/n35758/n39435/n13073108/13482504.html.
[9]魏秀菊,王柳.新闻媒体宣传是学术期刊品牌建设的内容 ——《农业工程学报》参与中国科协科技期刊与新闻媒体见面工作的体会[J].农业工程学报,2009,25(4):313 - 316.
[10]王柳.《农业工程学报》参加"中国科协科技期刊与新闻媒体见面"工作研讨会并在会上发言[EB/OL].[2012 - 11 - 21].http://www.tcsae.org/ch/reader/view_news.aspx? id = 151.
[11]穆楠,李海燕,李万良,等.打造精品农业科技期刊的探索和思考[J].农业图书情报学刊,2009(2):127.
[12]杨红.提高农业科技期刊质量的几点思考[J].农业情报开发与经济,2004,14(1):16 - 17.
[13]解宗方.提升农业科技期刊编辑能力的对策探讨[J].编辑学报,2011,23(增刊):135 - 136.

Implementation and Achievements of Project for High Quality Scientific Journals by China Association for Science and Technology (CAST): A Case Study of Transactions of the *Chinese Society of Agricultural Engineering*

WEI Xiuju, WANG Liu, CONG Hongbin, ZENG Xieting, LIU Liying, ZHU Ming, ZHANG Junfang, QIN Xuemin
Editorial Office of Transactions of the *Chinese Society of Agricultural Engineering*, Beijing 100125

Abstract: Transactions of the *Chinese Society of Agricultural Engineering* (TCSAE) was selected in Project High - quality Journals by China Association for Science & Technology (CAST) from 2009 - 2011. According to the requirements of the project, editorial department of TCSAE carried out a series of work such as improving the editing and publishing processing under network; shortening the publishing period; preventing from academic plagiarized papers; propagandizing the academic papers by mass media. Results of the project showed that quality of TCSAE was greatly improved, influence of TCSAE was expanded, and the virtuous circle of development of TCSAE was formed. This paper summarizes the works, experiences and achievements of TCSAE since implementation of the project, and proposed the development direction of academic journals.

Keywords: High quality journals; Journal quality; Journal development; Scientific journals; Academic journals

审稿编辑:田 宏

53.《园艺学报》

《园艺学报》近10年来的发展与提高

陈 洁[①]

《园艺学报》编辑部,北京 100031

摘要:最近10年来,《园艺学报》在中国科协精品科技期刊工程项目的支持下,出版量迅速增加,出版质量显著提高。作为园艺科学技术成果交流与传播的载体,记录和展示了园艺学最前沿的研究成果和发展动态,发表的论文越来越多,越来越快地被读者借鉴参考。

进入21世纪,中国园艺产业的蓬勃发展与科技快速进步为《园艺学报》的发展和提高提供了坚实基础和广阔空间,在中国科协精品科技期刊工程项目的支持下,近10年来,《园艺学报》的出版质量显著提高,对园艺学科的发展起到了积极的促进和引领作用。

关键词:《园艺学报》;科技期刊;基金论文;评价指标

1 论文质量不断提高

最近10年,《园艺学报》发表论文3500余篇(表1),其中研究论文约占总篇幅的70%,研究报告约占20%,文献综述、新方法、新品种等约占10%;果树、蔬菜、观赏植物和其他园艺植物方面的论文(2011年)分别占37%、32%、29%和2%。上述这些论文中,来源于国家和省级科研项目成果的论文(基金论文)约占90%,其中最多的是国家自然科学基金、国家高技术研究发展计划("863"项目)、国家科技支撑计划项目产生的论文(表2),包括多篇获得国家科技进步奖的相关论文、获全国百篇优秀博士学位论文奖的相关论文和获中国科协优秀论文奖的论文等(见表1)。

表1 《园艺学报》2002—2012年发表论文数与基金论文比的情况

年份	来稿数	发表论文数	发表数占来稿数(%)	基金论文	发表论文作者数	发表论文单位数
2002	614	196	31.9		710	
2003	724	247	34.1		852	
2004	759	267	35.2		970	99
2005	905	273	30.2	0.82	1191	94
2006	938	371	39.6	0.87	1189	99
2007	1015	350	34.5	0.89	1173	108

① 《园艺学报》,编辑,E-mail:yyxbcj@126.com。

续表

年份	来稿数	发表论文数	发表数占来稿数(%)	基金论文	发表论文作者数	发表论文单位数
2008	1073	362	33.7	0.93	1339	112
2009	1105	342	31.0	0.96	1598	105
2010	1106	355	33.0	0.99	1667	118
2011	1103	368	33.4	—	1753	—
2012	—	381	—	—	1121	—
合计		3512			9059	

近10年来,中国园艺科研硕果累累,尤其是种质资源、设施栽培、遗传育种、细胞工程以及分子育种技术等领域的研究水平迅速提升,不少研究成果达到国际先进水平,《园艺学报》大量报道了这方面的研究成果。园艺学科生物技术研究发展很快,10年前多数还处于技术探索研究阶段,近年来则更多地与实际应用相结合,《园艺学报》刊登了大量有关优异基因资源发掘利用和分子标记辅助育种研究的论文。2002年有关“基因”主题的文章约占15%,“分子标记”文章约占3%,而至2011年这两个主题的文章的比例分别达20%以上和约10%,并且研究内容逐步转向与资源挖掘利用和育种实际相结合。自2003年第3期开始,开设了不定期的问题与讨论栏目,研讨科研与生产中的热点问题,虽然文章数量不多,但对解决科研和生产中的问题有很好的参考价值,表2《园艺学报》2002年至2012年发表的基金论文数及其被引频次。

表2 《园艺学报》2002—2012发表的基金论文数排名及其被引频次

基金名称	基金论文数	被引频次
国家自然科学基金	811	8895
国家高技术研究发展计划(“863“计划)	363	4791
国家科技支撑计划	283	1301
国家科技攻关计划	97	1472
广东省自然科学基金	83	1172
高等学校博士学科点专项科研基金	64	848
中国科学院知识创新工程基金	61	722
河北省自然科学基金	60	802
北京市自然科学基金	59	869
国家重点基础研究发展计划(“973”计划)	58	798

注:2012-09-04利用中国知网中国引文数据库统计。

表 3 2005 – 2010 年引用《园艺学报》的期刊数以及《园艺学报》引用的其他期刊数

年份	引用《园艺学报》的期刊数	《园艺学报》引用的其他期刊数
2005	347	
2006	404	
2007	412	
2008	456	304
2009	432	325
2010	451	358

注：数据源自中国知网中国学术期刊影响因子年报。

随着《园艺学报》发表论文质量的提高，期刊的整体学术影响力不断提升，其质量评价指标显著增长，名列同类期刊前茅。

根据中国知网中国引文数据库统计，《园艺学报》2002 – 2011 年发表的论文被 771 种期刊引用。另据中国知网《中国学术期刊影响因子年报》统计，2005 – 2010 年每年引用《园艺学报》的期刊由 300 余种增加至 400 余种；《园艺学报》引用其他期刊 300 余种（表 3）。

《园艺学报》的期刊综合被引频次（即被基础研究型期刊和技术研究型期刊引用）2001 年为 1082 次，10 年后的 2010 年增加至 5317 次，复合引用（即含学位论文引用）达 11 630次；他引率 2005—2010 年为 0. 91 ~ 0. 93（图 1）；期刊综合影响因子由 2001 年的 0. 757 增加至 2010 年的 1. 214，复合影响因子达 1. 789；即年指标（当年发表的论文被引用次数与当年发表论文总数的比值，表征期刊的即时反应速度）2010 年上升至 0. 158（图 2），远高于学科平均水平（2010 年 22 种园艺类期刊平均期刊综合被引频次为 950 次，期刊综合影响因子为 0. 408，即年指标为 0. 044）。

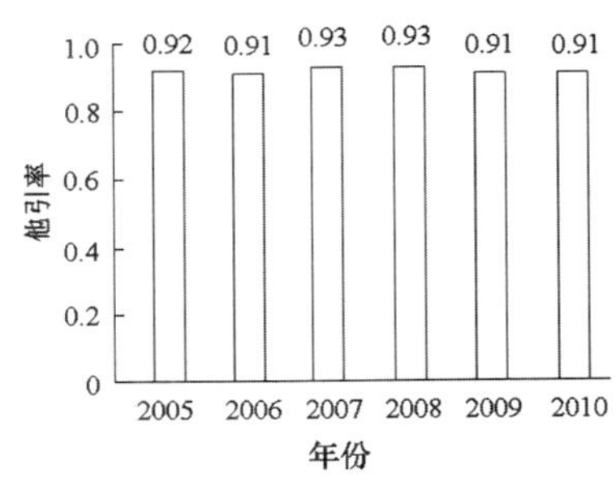

图 1 《园艺学报》被引频次和他引率

注：利用“中国知网个刊影响力统计分析数据库——《园艺学报》影响力统计分析数据库”统计。

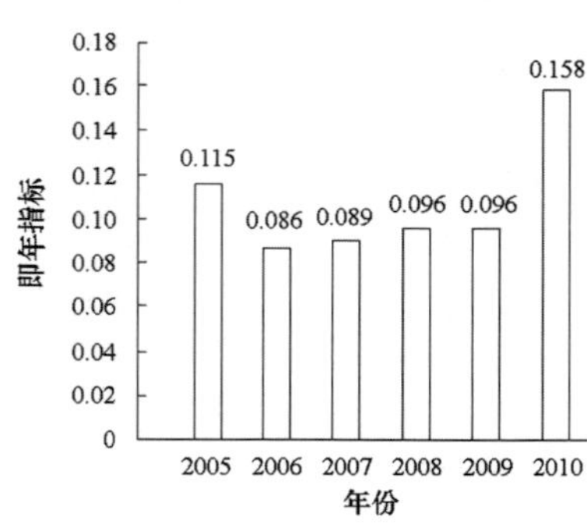

图 2 《园艺学报》影响因子和即年指标

注:利用"中国知网个刊影响力统计分析数据库——《园艺学报》影响力统计分析数据库"统计。

《园艺学报》被多种重要检索系统收录,包括化学文摘(CA,美国)、文摘杂志(AJ,俄罗斯)、科学技术文献速报(CBST,日本)、中国科学引文数据库(CSCD)、中国期刊全文数据库(CNKI)、中国学术期刊综合评价数据库(CATCED)、中国学术期刊文摘(英文版)等,多年来一直被北京大学图书馆选为"中文核心期刊",被中国科技信息研究所选为"中国科技核心期刊"。

2 作者群体和稿源不断扩大

优秀的作者群体和丰富的稿源是期刊发展的源泉。随着《园艺学报》学术影响力的提升,优秀的作者群体不断扩大,每年来稿量显著增加,10 年来每年的来稿量增加了近 1 倍,每年稿件采用率稳定在 30% ~35%。

2002 年在《园艺学报》发表论文的作者数为 710 人,2005 年之后每年均千余人,2011 年为 1753 人,2002—2012 年第 7 期,作者总数为 9059 人(表 1),约有 3% 的论文有国际作者参与。在《园艺学报》上发表论文最多的作者近 10 年来发表了 30 多篇。

《园艺学报》的作者单位数达 100 多个,多数为大学和科研单位,山东农业大学、南京农业大学、中国农业科学院蔬菜花卉研究所和中国农业大学在《园艺学报》上发表的论文最多,近 10 年间均累计超过了 200 篇。

3 出版质量和能力不断提升

严格审稿是保证学术期刊质量的根本措施。《园艺学报》建立了一套严格完善的审稿制度和出版管理制度,最主要的是三级审稿制——编辑初审,2 ~3 位专家外审(双盲审稿),主编终审。以 2011 年为例,《园艺学报》收到稿件 1103 篇,请专家外审 2418 篇次,其中当年发表的 368 篇论文平均每篇审稿 4.5 人次;需请作者修改 1 ~2 次,编辑部做文字加工 2 人次以上,校对平均 9 人次/篇。

《园艺学报》具有一支学术功底深厚、严谨公正、为期刊出版默默贡献的审编队伍。1995—2002 年李树德先生、2003—2011 年方智远先生、2012 年起杜永臣先生先后担任主编;近年来担任编委的专家近百人;据不完全统计,2003—2011 年先后有约 700 名专家参加审稿,每年参与评审的专家从 200 余人上升至 400 余人,累计审稿百篇以上的有 20 多位;编辑部的编辑人员由4人增加至8人。这支审编队伍为完成《园艺学报》编辑出版和提高质量起到了关键的保障和促进作用。

为了适应来稿量增加的变化,《园艺学报》通过缩短出版周期和不断扩大版面来增加刊载容量。2002年将标准16开本双月刊改为国际标准大16开本双月刊,2008年又将出版周期由双月刊改为月刊;2002—2011年全年出版总页数由678页增加至2 448页,载文量由196篇增加至368篇。同时加快了稿件在线处理和编审流程网络化建设,提高了稿件处理速度。

4 传播效率不断提高

最近10年,《园艺学报》网络传播发展很快。根据中国知网《园艺学报》发行与传播统计报告,2008年仅通过中国知网订阅的机构用户达1453个,分布在10个国家和地区,个人读者分布在22个国家和地区;2009年机构用户达1626个,分布在10个国家和地区,个人读者分布在22个国家和地区,2010年机构用户达1724个,分布于12个国家和地区,个人读者分布在18个国家和地区,机构用户中,中国大陆1688个,中国港、澳、台地区20个,国际16个。

表4 中国知网《园艺学报》Web下载量

年份	下载量(万次)
2005	5.57
2006	10.12
2007	10.43
2008	20.98
2009	14.46
2010	17.30

注:利用中国知网个刊影响力统计分析数据库——《园艺学报》影响力统计分析数据库统计。

据中国知网统计,2005—2010年《园艺学报》100%的文章被浏览和下载;39.36%的文章被海外读者浏览,24.73%被海外读者下载;下载论文的读者单位有1 251个;各地域的下载比例为:亚洲93.5%,亚洲以外6.5%;仅通过中国知网的下载量由5万多次增加至近20万次(表4)。

自2007年起,《园艺学报》(http://www.ahs.ac.cn)实现开放存取出版,读者可免费获取全文,仅2012年1月1日至9月18日期间,文章被浏览数就达596696次,全文下载量达267 528次,其中中国下载量占59.94%,美国占16.80%,其他地区占23.26%。数字化建设提高了《园艺学报》的传播效率,扩展了服务对象和服务范围。

Progress and Improvement of the *Acta Horticulturae Sinica* in the Recent Ten Years

Chen Jie

Editorial Office of the *Acta Horticulturae Sinica*, Beijing 100080

Abstract: Under the auspices of the project aiming at forging choice scientific and technical journals by China Association for Science and Technology, the publication of *Acta Horticulturae Sinica* has achieved a dramatic increase in both quantity and quality in the recent ten years. As a carrier of the exchange and dissemination of achievements in terms of horticultural science and technology, *Acta Horticulturae Sinica* records and demonstrates the forefront research results and the future development trends. With an increasing number of papers published in this journal, readers could make references to it in an increasing speed and accordingly *Acta Horticulturae Sinica* has played a promoting and leading role in the development of related disciplines.

Keywords: *Acta Horticulturae Sinica*; scientific and technical journals; foundation-papers; evaluating indicator

审稿编辑:田　宏

54.《畜牧兽医学报》

坚持正确办刊方向　确保学报持续发展

任　鹏[①]　程金华　白永平　郭云雁　李姝超
《畜牧兽医学报》编辑部，北京　100193

摘要：《畜牧兽医学报》(简称《学报》)系中国科协主管，中国畜牧兽医学会主办，中国农业科学院北京畜牧兽医研究所承办的学术性期刊。《学报》连续5次入选中文核心期刊要目总览，是国内外22家文摘刊物和数据库的文献源。2008年获“中国精品科技期刊”称号；连续5届获全国畜牧兽医优秀期刊评比一等奖；2011年获中国畜牧兽医学术类精品期刊称号。2006—2012年连续7年获中国科协精品科技期刊项目资助。文章总结了2006—2012年《学报》办刊模式、学术质量、出版质量的情况，分析了现有办刊模式及存在的问题，提出了《学报》的发展方向及应采取的措施。

关键词：《畜牧兽医学报》；办刊模式；学术质量；出版质量

1　《畜牧兽医学报》发展概况

《畜牧兽医学报》(简称《学报》)系中国科协主管，中国畜牧兽医学会主办的学术性期刊。创刊于1956年7月，是我国畜牧兽医领域创刊最早的学术性期刊。

多年来，中国农业科学院北京畜牧兽医研究所(简称畜牧所)对《学报》的发展给予了人员及办刊条件的大力支持。程绍迥、郑丕留、董伟、陈幼春、文杰等学界专家历任本刊的主编。《学报》始终坚持办刊宗旨，力求报道我国畜牧兽医行业最具创新性、突破性及代表学科发展前沿的重大科研成果，为展示我国的畜牧兽医科研水平、开展国内外学术交流及培养人才作贡献。

《学报》历经1984—1992年季刊，1993—2004年双月刊，2005年后月刊的变化以及小开本到大开本的变化，载文量及信息量增加6倍。现每年刊出论文290篇左右，共计370万字左右。论文发表周期由2年缩短至8个月。期刊正文用纸由新闻纸、胶版纸到铜版纸；实现了彩色印刷，《学报》在形式和内容上均有长足发展。

《学报》连续5次入选《中文核心期刊要目总览》，并位列2008、2011年版畜牧、动物医学、狩猎、蚕、蜂类20种核心期刊的首位[1-2]；连续入选中国科技核心期刊、中国科学引文数据库(核心库)(CSCD)；被国内外多家数据库和检索机构收录。

2008年获“中国精品科技期刊”称号。连续5届(1998－2008年)获全国畜牧兽医优秀期刊评比一等奖；2011年获“第八届中国畜牧兽医学术类精品期刊”称号。2006－2012年连续7年获中国科协精品科技期刊项目资助[3-9]。

---

① 中国农业科学院北京畜牧兽医研究所《畜牧兽医学报》编辑部主任，E-mail：xmsyxb@263.net。

2 办刊模式及效果

2.1 全成本核算的经营状况

2004 年初,时值畜牧所科研体制改革,由《畜牧兽医学报》、《中国畜牧兽医》两编辑部组建期刊部,实施全成本核算、自负盈亏、上交任务指标的管理模式。为完成上交任务,编辑部多渠道筹集办刊经费,并在增收节支上做文章。

为了增加办刊经费,2005 年《学报》由双月刊变更为月刊;版面费由 200 元/版提高到 300 元;页码由双月刊 96 页/期增加到月刊 160 页/期。

为了压缩开支,编辑部精减人员,5 人承担编辑出版、广告、发行等工作,编辑超负荷量工作。由于人手少、工作量大,编辑无法走出编辑部参与必要的专业学术会议,掌握第一手科研动态,与专家建立联系,组稿、约稿。

9 年来,虽然《学报》实现了全成本核算、自负盈亏,完成了上交任务,但深层暗藏的问题日渐凸显。2010—2012 年《学报》影响因子连续 3 年呈下降趋势(表 1、表 2)。学术性期刊如果把盈利赚钱放在首位,关注短期利益、局部利益,在组、选、审、编等环节上追求成本最小化,势必引起期刊学术质量的下滑[10]。

2.2 学术质量

2.2.1 《学报》主要影响力指标

《学报》在 CJCR 中的指标数据(2006—2012 年)如表 1 所示,《学报》在 CNKI 中的指标数据(2008—2012 年)如表 2 所示。

表 1 《畜牧兽医学报》在 CJCR 中的指标数据(2006—2012 年)

年度	发文量(篇)	年页码(页)	总被引频次	影响因子	他引总引比	基金论文比
2012	286	2002	1302	0.466	0.90	0.90
2011	277	1804	1353	0.565	0.91	0.92
2010	292	1666	1254	0.603	0.88	0.91
2009	322	1830	1273	0.746	0.84	0.94
2008	319	1793	915	0.601	0.84	0.94
2007	267	1420	776	0.642	0.74	0.92
2006	289	1378	677	0.719	0.70	0.92

数据来源:中国科技信息研究所《中国科技期刊引证报告》(2006—2012 年版)[11-17]

表 2 《畜牧兽医学报》在 CNKI 中的指标数据(2008—2012 年)

年度	总被引频次	影响因子	他引总引比	Web 下载量(万)	Web 即年下载率
2012	1767	0.632	0.93	7.61	37
2011	1723	0.684	0.93	6.95	31
2010	1732	0.769	0.92	6.76	33
2009	1685	0.909	0.88	8.82	35
2008	1569	0.907	0.91	—	35.9

数据来源:《中国学术期刊综合引证报告》2008—2009[18-19]、《中国学术期刊影响因子年报(自然科学与工程技术 2010—2012)》[20-22]。

2.2.2 《学报》被国内外重要检索系统收录情况

《畜牧兽医学报》作为行业内创刊最早的学术性期刊,其学术影响力不断提升,多年来被国内外重要数据库和检索机构收录(表3)。2010年,新增JST、Ulrich's PD收录,被武汉大学中国科学评价研究中心评为RCCSE中国权威学术期刊。

表3 收录《畜牧兽医学报》的国内外主要数据库及检索机构

国内机构	国外机构
全国中文核心期刊	CA(美国化学文摘)
中国科技论文统计源期刊(中国科技核心期刊)	CABI(英国国际农业与生物科学研究中心数据库)
中国科学引文数据库CSCD统计源期刊	Agricola
中国学术期刊综合评价数据库(CAJCED)	Agris(联合国粮农组织数据库)
中国科技论文与引文数据库(CSTPCD)	ZR(英国动物学记录)
万方数据——数字化	JST(日本科学技术振兴机构中国文献数据库)
中国期刊网	Ulrich's PD(Ulrich's Periodicals Directory)
中国期刊全文数据库(CJFD)	
中文科技期刊	
中国生物学	
中国农业科技文献	
中国学术期刊文摘	
中国生物学文摘	
中国畜牧兽医文摘	
RCCSE中国权威学术期刊(武汉大学中国科学评价研究中心)	

2.3 出版质量

2.3.1 纸质版、网络版并举,多渠道扩大发行

《学报》在做好传统纸质版发行的同时努力借助社会力量扩大发行渠道,取得良好的社会效益。2012年本刊纸质版每期发行量1000余份,国外发行10余份。《学报》加入中国期刊网中国学术期刊(光盘版),实现全文上网发行。据中国知网的发行与传播统计报告,《学报》2011年的机构用户数3017个,分布6个国家和地区;个人读者分布在12个国家和地区。网络发行量呈现增长的态势。

2.3.2 实施信息化工程项目建设,提高工作效率

2007年6月,《学报》选定北京玛格泰克科技发展有限公司实施数字化工程项目建设。建立《学报》的稿件采编系统、稿件远程处理系统、网刊发布与管理系统,建立了自主网站www.xmsyxb.com。这一项目的实施,实现了编辑、作者、审者无纸化办公,大大提高工作效率。利用自主网站,实现了《学报》全文上网,读者可免费查询下载过刊及现刊。

自1956年创刊以来44卷214期4900余篇论文均实现免费开放获取。截至2013年1月底，网站访问量已达105万次，最高单篇下载1663次，摘要下载2165次。

2.3.3 变更刊期、页码，缩短出版时滞

《学报》通过2005年变更月刊，增加页码，大大地缩短了文章刊出周期(表4)。

表4 《畜牧兽医学报》页码、载文量、刊出周期的变化(2006—2012年)

年度	刊期	期页码	实际年页码	载文量/篇	刊出周期/月
2012	月刊	144	2002	286	8
2011	月刊	144	1800	276	9
2010	月刊	144	1666	265	10.5
2009	月刊	144	1830	296	11
2008	月刊	104	1818	298	11
2007	月刊	104	1420	243	12
2006	月刊	104	1380	253	14

2.3.4 执行科技期刊编排格式，编校质量上乘

《学报》编辑人员认真执行科技期刊标准化、规范化，努力提高期刊的编校质量。规范了封面、目次页，完善版权标识，增加版权页的英文对照，封面设计美观、庄重；封面、版权页项目齐全。规范了板式、各级标题，规范了图、表、字体、字号，中文图表设计合理、科学，图表均加注英文对照。停用废弃的、不规范的计量单位，全面推行我国法定计量单位；规范参考文献的著录方式。

2.3.5 变更文种，出版英文版增刊，扩大国际交流

由于文种的限制，《学报》海外订数较少，不利于国内畜牧兽医科研成果的对外交流。2009年经编委会讨论通过，决定《学报》出版1期英文版论文集。2010年编辑部向新闻出版总署提交了变更文种出版英文版增刊的报告，并获批准。自2010年起连续3年共出版3期英文版增刊。所有稿件均经美籍编委Dr. W. Bruce Currie审校，保证文章的英文写作水平。增刊在中国畜牧兽医学会组织的学术年会及国际会议上免费发放，扩大了《学报》在国际上的交流和影响。

2.4 社会效益显著

据“中国知网”统计数据显示，《学报》2006—2012年基金论文比为0.92、0.97、0.97、0.98、0.96、0.96、0.97。表5显示了《学报》各类基金发文排名、基金发文的被引排名及篇均被引频次。可看出国家科技基础条件平台建设计划、国家科技攻关计划、跨世纪优秀人才培养计划、中国博士后科学基金等资助项目产出论文的被引频次较高。

据不完全统计，2006—2012年，《学报》发表论文的相关课题获国家技术发明二等奖3项；国家科技进步二等奖20项，发表论文共计145篇。《学报》已成为国内畜牧兽医专家学者交流科研成果的学术园地，为我国畜牧兽医事业的发展及青年科研人才培养做了有益的工作。

表5 《畜牧兽医学报》各类基金发文数及被引频次(2006—2012 年)

基金项目	基金发文(篇)	被引频次	篇均被引频次
国家自然科学基金	628	2562	4.08
国家高技术研究发展计划("863"计划)	267	1278	4.79
国家科技支撑计划	259	855	3.30
国家重点基础研究发展计划("973"计划)	158	771	4.88
长江学者奖励计划	64	266	4.16
国家科技攻关计划	55	479	8.71
高等学校博士学科点专项科研基金	49	152	3.10
中国博士后科学基金	30	157	5.23
跨世纪优秀人才培养计划	25	150	6.00
国家科技基础条件平台建设计划	20	259	12.95

数据来源:《中国知网》2006—2012 年统计数据。

3 办刊模式的反思及发展设想

3.1 定位及条件保障

《畜牧兽医学报》自创刊之日起就明确了办刊宗旨,力求报道我国畜牧兽医行业最具创新性、突破性及代表学科发展前沿的重大科研成果,为展示我国的畜牧兽医科研水平,开展国内外学术交流及培养人才服务。当前及今后需解决办刊经费、编辑人才队伍、编委及审稿专家队伍这 3 大主要问题,这也是《学报》持续发展的三大保障。

(1)经费问题。全成本核算、自负盈亏、上交任务指标的办刊模式已经严重阻碍了期刊的可持续发展。主办单位要为《学报》发展创造宽松的环境,使办刊人不必再为"上交任务"发愁,将更多的经费用于期刊的发展上,将更多的精力用于吸引优秀稿源、提升期刊的学术质量上。

(2)编辑队伍建设问题。编辑部现有编辑 4 人,编务 1 人。负责来稿初审、送审、退修、编辑加工、校对、发行等工作。每年出版 12 期正刊及 1 期英文版增刊,工作量大。编辑长期埋头于稿件中,无暇走出编辑部参与必要的专业学术会议,掌握科研动态,与专家建立联系,组稿约稿。

(3)建立专家"栏目主审制"。《学报》多年来实行"三审制",基本保证了刊发文章的学术质量。鉴于近年来自由来稿增多,《学报》刊登内容广泛,涉及学科领域多的特点,为提高终审的时效性,建议多增加终审专家,根据学科范围,设立多个栏目主审专家。

3.2 提升学术质量的措施

(1)从自由来稿中挑选优秀稿件。优先安排优秀文章刊出;优秀稿件免除版面费;增加稿酬。

(2)积极向相关专家约稿,组织优秀稿源。编辑参加相关学术会议,关注学科前沿项目研究进展;关注国家重点实验室;关注国家重大基础研究项目、“863”计划、“973”计划、国家自然基金等课题的研究进展。密切联系各学科的杰出人才、在读博士,积极约稿,形成稳定的高学术水平的作者群。

(3)刊发有较大影响力的文章,开设专家论坛和综述栏目。

(4)进一步缩短发表周期。发表周期力争由现在8个月缩短到6个月。审稿周期缩短至3个月。

(5)更新细化专家审稿库,提高审稿时效性及针对性。

3.3 发展目标

《学报》现为中国畜牧兽医精品科技期刊,力争3年成为中国精品科技期刊,5年内进入中国百种杰出学术性期刊行列。目前国内畜牧兽医学术性期刊众多,办刊同质化严重,仅兽医方面的学术期刊就有《畜牧兽医学报》、《中国兽医科学》、《中国动物传染病学报》、《中国预防兽医学报》、《中国兽医学报》5种。《畜牧兽医学报》应走一条不同的道路,积极创办英文刊,促进国内外学术交流。希望在主办单位的大力支持下,适时创办英文版期刊,填补国内无兽医类英文期刊的空白。

参考文献

[1]朱强,戴龙基,蔡蓉华. 中文核心期刊要目总览:2008年版[M]. 北京:北京大学出版社,2008.

[2]朱强,蔡蓉华,何峻. 中文核心期刊要目总览:2011年版[M]. 北京:北京大学出版社,2011.

[3]中国科协学会学术部. 关于2006年中国科协精品科技期刊工程资助项目的通知[EB/OL]. http://www. cast. org. cn/n35081/n35488/10031027. html,2006-08-09.

[4]中国科协学会学术部. 关于下达2007年度中国科协精品科技期刊工程项目的通知[EB/OL]. http://www. cast. org. cn/35081/n35488/10030415. html,2007-08-31.

[5]中国科协学会学术部. 关于下达2008年度中国科协精品科技期刊工程项目的通知[EB/OL]. http://www. cast. org. cn/35081/n35488/10230115. html,2008-06-10.

[6]中国科协学会学术部. 关于下达2009年度中国科协精品科技期刊示范项目和英文版期刊国际推广项目的通知[EB/OL]. http://www. cast. org. cn/35081/35488/11236791. html,2009-05-08.

[7]中国科协学会学术部. 关于下达2010年度中国科协精品科技期刊示范项目和英文版期刊国际推广项目的通知[EB/OL]. http://www. cast. org. cn/35081/35488/11859540. html,2010-04-01.

[8]中国科协学会学术部. 关于下达2011年度中国科协精品科技期刊示范项目和英文版期刊国际推广项目的通知[EB/OL]. http://www. cast. org. cn/35081/35488/12532792. html,2010-12-30.

[9]中国科协学会学术部. 关于下达2012年度中国科协精品科技期刊工程项目的通知[EB/OL]. http://www. cast. org. cn/n35081/n35488/14059528. html,2012-08-10.

[10]翁贞林,陈浩元. 学术期刊办刊体制商业化改革的若干思考[J]. 编辑学报,2012,24(5):453-457.

[11]中国科学技术信息研究所. 2006年版中国科技期刊引证报告(核心版)[M]. 北京:科学技术文献出版社,2006.

[12]中国科学技术信息研究所. 2007年版中国科技期刊引证报告(核心版)[M]. 北京:科学技术文献出版社,2007.

[13]中国科学技术信息研究所. 2008年版中国科技期刊引证报告(核心版)[M]. 北京:科学技术文献出版社,2008.

[14]中国科学技术信息研究所. 2009年版中国科技期刊引证报告(核心版)[M]. 北京:科学技术文献出版社,2009.

[15]中国科学技术信息研究所. 2010年版中国科技期刊引证报告(核心版)[M]. 北京:科学技术文献出

版社,2010.
[16]中国科学技术信息研究所.2011年版中国科技期刊引证报告(核心版)[M].北京:科学技术文献出版社,2011.
[17]中国科学技术信息研究所.2012年版中国科技期刊引证报告(核心版)[M].北京:科学技术文献出版社,2012.
[18]清华大学图书馆.中国学术期刊综合引证报告(2008版)[M].北京:科学出版社,2008.
[19]《中国学术期刊(光盘版)》,中国科学文献计量评价研究中心.中国科技期刊影响因子年报(2009版)[M].北京:电子杂志社,2009.
[20]《中国学术期刊(光盘版)》.中国学术期刊影响因子年报(自然科学与工程技术)2010年(第8卷)[M].北京:电子杂志社,2010.
[21]《中国学术期刊(光盘版)》.中国学术期刊影响因子年报(自然科学与工程技术)2011年(第9卷)[M].北京:电子杂志社,2011.
[22]《中国学术期刊(光盘版)》.中国学术期刊影响因子年报(自然科学与工程技术)2012年(第10卷)[M].北京:电子杂志社,2012.
[23]中国科学技术协会.中国科协科技期刊发展报告(2012)[M].北京:中国科学技术出版社,2012.

An Introduction of *Acta Veterinaria et Zootechnica Sinica* and Measures of Improving Quality of the Journal

Ren Peng, Cheng Jinhua, Bai Yongping, Guo Yunyan, Li Shuchao
Editorial Board of *Acta Veterinaria et Zootechnica Sinica*, Beijing 100193

Abstract: *Acta Veterinaria et Zootechnica Sinica* (*Chinese Journal of Animal and Veterinary Sciences*, *CJAVS*) is a publication of Chinese Association of Animal Science and Veterinary Medicine, and is supervised by China Association for Science and Technology. The journal is published monthly by Institute of Animal Science of Chinese Academy of Agricultural Sciences. The Journal was elected as one of Chinese core journals and indexed in several well – known domestic and international databases and abstracting services. It had been supported by CAST promotion project for Elite Journals since 2006 to 2012. The publishing style, academic quality and editing quality of CJAVS are summarized, and the measures of improving quality of the journal are pointed out.

Keywords: *Acta Veterinaria et Zootechnica Sinica*; Publishing style; Academic quality; Editing quality

审稿编辑:田　宏

55.《电工技术学报》

快速发展中的《电工技术学报》

李小平 陈大立[①]
《电工技术学报》编辑部,北京 100037

摘要:《电工技术学报》自 2006 年起成为美国工程索引(EI)的核心期刊,此后以国际化刊物作为样板,下大力气苦练内功,在期刊建设、学术质量、出版质量、体制创新、数字化建设等方面又取得了可喜的成绩,整体竞争力得到了提升,在学科和专业领域内的影响力进一步巩固,向国际化目标跨进了一大步。

关键词:学术质量;数字化;竞争力

1 《电工技术学报》基本情况

《电工技术学报》(*Transactions of China Electrotechnical Society*,TCES)(以下简称《电工学报》)是由中国科学技术协会主管,中国电工技术学会主办,《电工技术学报》编辑部出版的电气工程领域综合性学术期刊。自创刊以来,《电工学报》始终注重内容的前瞻性、创新性、基础性、边缘性,以报道中国电气工程领域在基础理论、工程技术应用领域具有国际、国内领先水平的科研成果为己任。《电工学报》上发表的论文成为电工技术类博士学位点评定、国家重点实验室评估、国家自然科学基金申请、教授及博士生导师申请的重要依据之一,在电气工程学术界、工程界、教育界享有很高声誉,是电气工程学科最高水平的学术期刊之一。

《电工学报》创办于 1986 年,1986—1996 年是季刊;1997—2003 年为双月刊,每期页码约 80 页;2004 年至今为月刊,现在每期页码近 300 页。

《电工学报》在近 30 年的办刊过程中获得了很多殊荣:2001 年被评选为中国期刊方阵"双奖期刊";2003 年获得了 3 万元的国家自然基金项目资助;2008 年被评为中国百种杰出学术期刊和中国精品科技期刊;2009、2010、2011 年三年被评为精品科技期刊示范项目(C 类),并获得了资助。中国科协 2012 年继续实施精品科技期刊工程,推出了精品科技期刊培育计划,《电工学报》申报了 2012 年"期刊出版质量提升项目" 并获批准。

《电工学报》2006 年起成为美国工程索引(EI)的期刊源,同时也是全国中文核心期刊和中国科技核心期刊、中国期刊全文数据库收录期刊、中国核心期刊(遴选)数据库收录期刊及俄罗斯文摘杂志(AJ)的收录期刊。

2009—2011 年《电工学报》在中国科学技术信息研究所每年出版的《中国科技期刊引证报告(核心版)》中的具体数据见表 1,从表 1 可以看出近三年《电工学报》的各项指

---

① 《电工技术学报》编辑部主任 ,E-mail:cdl63cn@ yahoo. com. cn。

标基本稳定,且持续走好。

表1 《电工技术学报》CJCR主要指标(2009—2011年)

指标	2009年	2010年	2011年
影响因子	0.621	0.726	0.720
总被引频次	1611	1882	2260
即年指标	0.025	0.036	0.035
基金论文比	0.61	0.66	0.69

2 为实现国际化奠定基础

2.1 吸纳更多外籍专家加入编委会

《电工学报》第7届编辑委员会2012年8月刚刚成立,现有委员68人,其中两院院士9人,外籍编委5人,编委会主任兼主编为中国科学院电工研究所严陆光院士。《电工学报》在新一届编委会中补充大量年富力强的一线学科带头人,还把目光转移到国外,为了实现国际化发展目标,正在吸纳更多外籍专家加盟编辑委员会。

2.2 增加英文稿件刊载量

《电工学报》自创刊起一直是立足国内,放眼国际。从2004年起,就已经开始征集和刊登英文稿件,随着国内高校学生英文水平和科研水平的不断提高,目前基本每期都会刊登英文稿件。同时《电工学报》投入更大精力向外籍编委、外籍专家约稿,每年有5、6篇,而且数量还不断增加,以此来报道国际上的最新研究动态和成果,不断推动国内电工领域的发展,开阔国内研究者的视野,从而不断推进自身向国际化道路发展。

3 期刊的质量建设

3.1 保障制度完善而有效

创刊伊始,《电工学报》就视质量为生命。无论是审稿、编校,还是日常的流程和制度建设都力求尽善尽美,在质量方面获得了不少荣誉,如曾获机械工业信息研究院2008年度院期刊内容质量一等奖、2009年度出版物质量奖等。

围绕质量建设,《电工学报》一方面严格执行机械工业出版社的质量管理制度,另一方面结合学报实际陆续出台了一系列实施细则,对优化业务流程、规范出版、保障质量产生积极的作用。如《电工技术学报》编辑岗位职责、投稿须知、审稿流程、编辑加工及出版流程等。

3.2 严格执行制度,确保编审质量

《电工学报》在审读阶段严格执行同行评议和三审制。编辑部初审通过率仅为40%;两位同行专家复审,综合复审专家意见,按就低原则处理,即只要有一个专家不通过就退稿。从2013年开始,编辑部与中国知网合作,对来稿进行学术不端文献检测,如果重复率达到30%,就直接退稿。

《电工学报》在编辑加工过程中严格执行“三校一读”制度。不定期组织编辑参加机

械工业出版社组织的编辑技巧业务培训，并在编辑部内部进行交流，互相帮助，共同提高。近几年《电工学报》差错率控制在万分之一以下。

3.3　增加投入，提高出版质量

《电工学报》努力提高版式设计水平，提高整体排版质量。《电工学报》现为国际化通用大16开开本，大气、清爽、美观，既严肃庄重又赏心悦目。从2007年起《电工学报》的用纸从以前的胶版纸改为现在的轻涂纸，装帧质量有了很大的提高，更加符合国际化发展需求。

3.4　进行读者调查，提高服务质量

2012年11月启动的2012年《电工技术学报》读者调研活动，共发出调查问卷200份，收到87份回复，调查对象主要是一些著名高校中从事电气工程研究的专家、教师和博士生。其中调查问卷中针对《电工学报》论文对读者的专业领域学术水平提升是否有帮助、编辑质量如何、所刊登论文整体质量（学术价值）等问题进行了调查，具体数据如图1－图3所示。

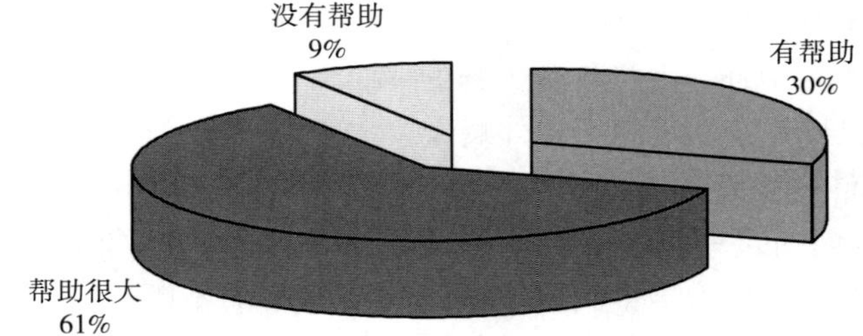

图1　《电工技术学报》的论文对专业领域学术水平的提升作用

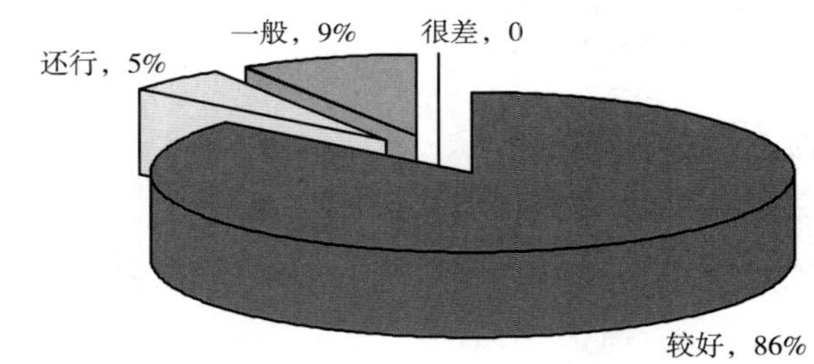

图2　《电工技术学报》的编辑质量

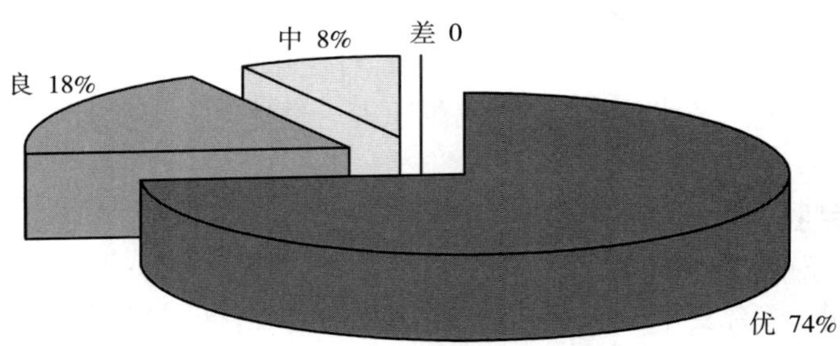

图3　《电工技术学报》的论文创新性

调查的结论是:被调查者认为,《电工学报》审稿标准高,编校质量好。创新性、实用性和科学性很好,先进性稍逊,总体上《电工学报》对读者专业水平的提升帮助很大。被调查者一致认为审稿环节是《电工学报》与国外期刊之间存在的主要差距,审稿周期过长。

4 宣传推广活动不断加强

4.1 借助刊群优势加大宣传

《电工学报》编辑部目前由机械工业信息研究院的电气时代杂志社代管,该杂志社现有三本定位不同的电工专业领域的刊物,即《电气时代》、《电气应用》和《电气制造》。读者定位既有不同又有交叉,故《电工学报》借助刊群优势,对刊物的品牌进行多方面的宣传。

4.2 组织高校巡讲,拉近与高校师生的距离

从2006年开始,《电工学报》与ABB公司共同举办的"《电工技术学报》携手名家名企走进高校活动"已进行多年。巡讲内容主要包括科技论文的写作方法、前沿技术问题的专家学术报告以及企业的技术或产品在实际中的应用。内容贴近师生需求,深受欢迎。截至2012年已经走访了包括清华大学、浙江大学、华中科技大学、西安交通大学等在内的近30所国内知名高校,有效地拉近了和作者与读者的距离。

4.3 成功举办五届"电工技术前沿问题学术论坛"

从2004年至今《电工学报》连续召开了五届"电工技术前沿问题学术论坛",该论坛采用与高校合办的模式,分别在北京交通大学、清华大学、哈尔滨工业大学、华中科技大学、湖南大学举行。论坛累计有十几位院士出席、2000多高校师生和科研院所的技术人员参加,规模和影响力越来越大,如今该论坛已经成为电工领域一个高水准的、有品牌的学术会议。例如2012年10月在湖南大学举办的第五届论坛上共收到700多篇稿件,并有国内外300多位专家、学者参加会议,既起到了搭建高水准学术交流平台的作用,也很好地宣传了《电工学报》。

5 数字平台建设

《电工学报》很早就加盟了中国知网、万方数据、维普等期刊网,而几乎所有高校都可以直接链接到上述网页,所以读者可以很方便地阅读《电工学报》已经发表的文章。

中国电工技术学会作为主办单位,非常重视《电工学报》的数字平台建设工作,2012年,在实施中国科协精品期刊工程的过程中,已投入资金购买玛格泰克公司的期刊采编系统,建成了《电工学报》在线投审稿系统,2013年初上线试运行。

6 办刊队伍状况

《电工学报》编辑部现有主编1人,常务副主编1人,副主编1人,编辑部主任1人,编辑3人,编辑助理1人,返聘退休老编辑1人。编辑部在职员工平均年龄48岁,硕士以上学位2人,高级职称3人。编辑团队整体出版经验丰富、专业能力强、有一定专业外语水平,责任心、事业心比较强。

第七届编委会有编委68人，其中两院院士9人，外籍编委5人，其他编委均为各学科的带头人，他们都积极参与期刊的发展规划制定，建言献策，主动参与评审稿件，亲自撰稿或推荐稿件。

7　经营状况

《电工学报》创办的宗旨是宣传报道我国电气工程领域中具有前瞻性、创新性、基础性、边缘性的国内外先进的学术成果，不以盈利为目的。所以，主要收入来源为版面费和订刊费。进入EI后版面费收费标准始终保持稳定没有上调，仍然为300元/面，一直沿袭至今。从近几年经营规模上来说，一直维持在持平状态。

8　管理与运行机制

《电工学报》自创刊起，编辑部一直委托机械工业研究院（机械部情报所）管理。在近30年的发展历程中，《电工学报》借鉴了机械工业信息研究院期刊管理和运行机制的做法，主要从以下几个方面来管理与运行：①参与机械工业研究院的集团化、刊群化发展战略，以《电工学报》的专业领域为核心，组成了《电气时代》杂志社的刊群；②以人为本，提倡员工的职业化；③实现流程专业化，以制度的现代化保证管理的精细化；④改变传统办刊思路，变被动为主动，追求社会效益的同时，体现期刊的商业价值；⑤积极推进业务创新、提供增值服务。

9　发展设想

《电工学报》虽然近几年连续入选了精品科技期刊建设工程项目，但是在基础条件、基础能力、国际化、网络化等方面与优秀期刊相比还存在很大差距。

（1）缩短稿件处理周期

根据2010年中国科协下属科技期刊统计结果，论文从投稿至录用的处理周期平均为74.6天，而《电工学报》约为120天；论文从投稿至发表的周期平均为6.8个月，而《电工学报》为12个月，均存在不小的差距。

解决稿件刊登周期长的问题，可以进一步扩容或改半月刊。进一步扩容难度较大，可以尝试改半月刊，分领域做专题，这样既可以提高单册的质量，运作起来也更自如。

（2）充分发挥编委的作用

由于《电工学报》编委会工作会议召开的次数比较少，编委的作用没有得到很好的发挥。第七届编委会今年正式成立，其中有许多年富力强、热心期刊工作的专家。下一步《电工学报》应注重发挥编委的作用，不定期召开编委会工作会议，听取他们的意见，介绍国际期刊发展新思路、新方法，参与《电工学报》发展方向和发展战略调整工作。请他们积极参与办刊的具体工作，如审稿、撰稿、推荐选题、推荐专家、推荐会议等。

（3）参加国际学术会议

多参加国际会议，包括在国内外召开的高水准的会议，更好地了解所从事领域的前沿技术和技术动态，结识更多高水平专家，以便《电子学报》能更及时地调整报道方向和发展方向。

(4)组织优质稿源

从科技论文的统计结果来看,被引用次数多的稿件90%以上都是综述性的稿件,为了进一步提高稿件质量,提高《电子学报》的影响因子和总被引频次,每位编辑每期都要配合专题化约稿,特别是约综述性稿件。同时对于学科带头人的投稿,实行优稿优酬和“绿色通道”,加快刊登速度。

(5)继续扩大评审专家队伍

通过参会见面、网上搜索和专家推荐等多种方式,继续做好评审专家邀请工作,通过努力争取达到1000人。

(6)加强编辑人员培训

为了实现国际化长远发展目标,《电工学报》在现有条件下应吸引年轻人加入编辑队伍,尽可能提高编辑待遇。

(7)争取早日被SCI收录

近几年随着高校评价体系和指标的变化,SCI已经成为许多高校博士生的首要投稿目标,所以有大批优秀的稿件流向国外的SCI源期刊,如IEEE的子刊等,导致各个领域的优秀稿源不足,《电工学报》也面临同样的境地。如果现有的评价体系不改变,可能办一本直接被SCI收录的英文刊是一个最好的办法。

The Rapid Development of the *Transactions of China Electrotechnical Society*

LI Xiaoping, CHEN Dali

Editorial Board of *Transactions of China Electrotechnical Society*, Beijing 100037

Abstract: The *Transactions of China Electrotechnical Society* has made considerable progress in many aspects such as the construction of periodical, academic quality, quality of publication, system innovation, digital construction and so on since it became one of core journals of the United States of America "Engineering Index" (EI) in 2005. The great efforts have been made to improve journal quality by taking leading international journals as models. The competitiveness and influences of the *Transactions of China Electrotechnical Society* have been consolidated in the field of electrical engineering. The goal of internationalization is getting closer step by step.

Keywords: Academic quality; Digitalization; Competitiveness

审稿编辑:田　宏

56.《模式识别与人工智能》

加强与学术界合作　共建精品科技期刊

关　柯[①]
《模式识别与人工智能》编辑部,合肥　230031

摘要:科技期刊以报道、反映科技成果、发展动态为基本责任。科技期刊的学术质量主要依赖于论文的学术质量。本文介绍《模式识别与人工智能》期刊的基本情况,着重论述近些年来如何加强与本学科学术界合作,在扩大期刊影响力、提升期刊学术质量和和推动本学科发展方面所做的工作。最后对未来期刊发展愿景及存在的问题和对策进行了论述。

关键词:期刊;学术界;合作;学术水平;影响力

1　期刊发展情况概述

《模式识别与人工智能》是由中国科学技术协会主管,中国自动化学会、国家智能计算机研究开发中心和中国科学院合肥智能机械研究所共同主办,科学出版社出版的学术期刊。期刊主要发表和报道模式识别、人工智能、智能系统等方面的研究成果与进展,旨在推动信息科学技术发展。

《模式识别与人工智能》于1989年创刊,主编为戴汝为院士。创刊以来,得到较大发展,已成为我国模式识别、人工智能学术界有较大影响的刊物。自1992年以来,一直被《中文核心期刊要目总览》收为自动化技术、计算机技术领域核心刊物。1994年起,为《中国学术期刊文摘》引用期刊。1995年,成为美国工程信息公司EI Page One数据库收录期刊。1996年被《中国科学引文数据库》列为来源期刊及统计源。1998年,被教育部定为学位与研究生教育中文重要期刊之一。1999—2000年,获国家自然科学基金委择优支持基础性和高科技学术期刊专项经费资助。2008年,被EI Compendex数据库收录。2010—2012年连续三年获得中国科协精品科技期刊项目资助。

为适应和推动我国人工智能、模式识别学科发展,1999年由每期80页扩版至128页,2000年起由16开本改为大16开本,2004年由季刊改为双月刊,2009年至2012年每期都作了较大扩版,2013年由双月刊改为月刊。

编辑部在日常稿件处理过程中坚持把同行评议作为期刊录用的必需措施和依据,尤其是在精品科技期刊项目支持下,《模式识别与人工智能》2010年、2011年和2012年的学术水平不断提高。根据中国科学技术信息研究所编纂的2010年、2011年和2012年中国科技期刊引证报告(扩刊版)提供的数据,《模式识别与人工智能》近三年的影响因子

---

① 《模式识别与人工智能》编辑部主任,副研究员,E-mail:bjb@iim.ac.cn。

分别是 0.317、0.471 和 0.785，如图 1 所示。影响因子在自动化、计算机技术类期刊的学科排名分别是 39、31 和 9，提高了 30 位。另外，《2012 年中国科技期刊引证报告（核心版）》的数据显示影响因子为 0.633，在计算机科学技术类期刊的排名上升至第 4 位。

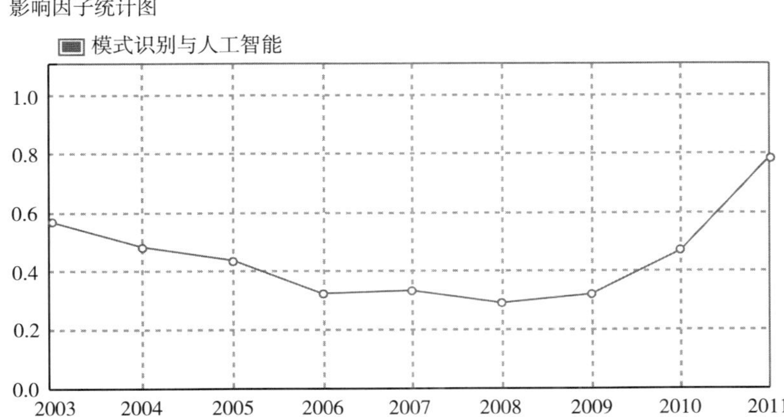

影响因子统计表

统计年份	2003	2004	2005	2006	2007	2008	2009	2010	2011
模式识别与人工智能	0.569	0.481	0.435	0.32	0.331	0.286	0.317	0.471	0.785

图 1　历年影响因子（源自中国科技期刊引证报告（扩刊版））

《模式识别与人工智能》在出版过程中始终严把质量关，采取专人负责与承印单位协调，出版质量获得科学出版社等单位的一致认可。中国科学院出版图书情报委员会的 2012 年期刊审读文件对本刊的评价是符合编辑规范，总体编辑质量较高，最终评审结果为优。

2　加强与学术界合作，共建精品科技期刊

期刊是学术成果传播的主要载体，学术论文是期刊宣传的基本内容，因此期刊界与学术界是共同体，只有紧密融合，才能不断提升期刊的学术水平，更好更快地报道传播学术成果，共同推动学科发展。为了创建精品科技期刊，编辑部从以下几方面与学术界开展合作。

2.1　通过合作扩大期刊影响力

学术交流是促进学术成果涌现的重要手段，而学术会议是一种以促进科学发展、课题研究等学术性话题为主题的会议，它提供了一个方便专家学者之间直接有效交流的公共平台。为了把握了各学科的发展动态和热点，使与会专家学者进一步认识和了解《模式识别与人工智能》，提高其在学术界的影响力，期刊坚持同自动化学会、计算机学会和人工智能学会等国内有关学术团体合作，从 2004 年以来，每年都与 4 ~ 5 个学会下属专业委员会举办的全国学术会议合作。

合作的形式主要是以期刊正文的形式发表会议推荐的优秀稿件。在合作中编辑部坚持两个原则：①只与国内全国性学术机构学术会议合作，以保证合作的严肃性。②推

荐稿件仍需专家审阅，以保证论文的学术质量。此外，在部分会议上编辑部成员还作为期刊界代表作大会发言，使与会专家学者进一步了解《模式识别与人工智能》，提高期刊在学术界的影响力。

2.2 通过合作提升期刊学术质量

期刊与学术会议的成功合作，在组稿、约稿、来稿和审稿等方面都带来很大的促进作用。通过多次参加学习学术会议的大会报告以及分组报告，并在会后与与会人员交流，编辑部了解到国内有哪些研究机构和学术团队从事本学科研究并取得的相应成绩，同时还认识并逐步熟悉了相关知名专家和学者等，及时掌握他们的研究方向及目前进展等信息，有针对性、有目的地开展约稿和组稿工作。此外，知名专家和学者的近期研究成果是学术质量的保证，因此相较于单纯发表自然来稿的文章，期刊有针对性地发表约稿和组稿稿件，也实现了期刊学术水平的显著提升。

作为学术性期刊，编辑部严格执行同行评议制度，并把外审意见作为稿件录用与否的基本依据。高水平的审稿专家是期刊学术水平的保证，更能给出可信度高、中肯、贴切和有建设性的审稿意见，有助于作者通过不断修改以提高论文学术质量。因此在经常参加本学科学术会议并与知名专家学者建立紧密联系之后，编辑部不仅通过约稿和组稿等形式吸收优秀稿件，提高期刊学术水平，而且还及时邀请他们担任期刊审稿人，严把论文质量关。该项措施一方面提高了作者对审稿意见的满意率，减少了审稿争议，另一方面也帮助编辑部从大量来稿中筛选出高质量论文，并帮助作者改进论文质量，实现了整个期刊学术水平的提高。

2.3 通过共同谋划，推动本学科发展

学术成果产出是期刊出版的基础，期刊工作也有助于学术研究的深入和向前发展。期刊与学术界建立紧密联系，除了邀请审稿和约稿以外，与学术团队和专家的互动还包括共同探讨发现学科热点和发展前沿以及在未来若干年内有重要发展潜力的研究方向。

在此基础上，《模式识别与人工智能》还就上述研究重点和方向主动向学术界约稿和组稿，并在大量自然来稿中有意识地筛选出此类稿件，实行集中快速发表，以促进研究的深入和向前发展。

3 未来发展设想

2010 年以来，《模式识别与人工智能》依托精品科技期刊项目的执行，包括开展与学术界合作、扩大版面和升级网站等，发展较快并取得一定成绩。但与此同时，编辑部清醒地认识到期刊的发展仍存在一些不足。①由于科研评价体系的原因，中文期刊较外文期刊的竞争力逐渐减弱，国内优秀稿件外流的问题日益严重。②不论在学术水平和出版质量上，还是在编辑部整体办刊水平以及全体编辑的素质和能力方面，《模式识别与人工智能》同国内外同类优秀期刊相比还有一定差距。基于上述原因，为了不断进步，缩小差距，把自己打造成真正的精品科技期刊，编辑部有以下几点未来工作规划：

（1）编辑部要树立大局观，培养开拓精神和创新精神。唯有创新思维，创新工作，方能取得较大进展；再加上精心布局，精心准备，认真实施，就能取得成功。编辑部唯有保持进取精神，不断分析形势，采取积极应对措施，才能进一步发展。

(2)继续加强与学术界的合作。期刊界和学术界是共同体,期刊与学术界合作是必由之路,这也是《模式识别与人工智能》期刊近年来的传统。拓广和深化与学术界的合作,了解、把握学科发展,与国内专业学术机构、专家学者合作和交流,仍是期刊未来的主要工作之一。

(3)编辑部拟采取走出去和请进来的方式,主动和科研团队、知名专家学者等联系,加强约稿和组稿工作,争取优秀论文,做到最新学术成果的及时快速发表。

最后,加强团队建设,打造学习型团队。随着期刊的不断发展,对期刊编辑的要求也越来越高,因此要有针对性、有目的地开展多层次科技期刊编辑培训,一方面增强自身的业务素质、工作能力和服务意识,另一方面培养沟通能力、协调能力和合作精神,提高团队凝聚力,在满足科技编辑职业要求的基础上,促使其向职业编辑的转变。

《模式识别与人工智能》创刊23年来,已有相当基础。为适应和推动学科发展,适应新的竞争形势,需要在提升期刊学术水平,扩大期刊规模,进一步实现期刊国际化和加强期刊宣传运作方面加大投入。《模式识别与人工智能》期刊将在中国科协和主办单位的领导下,在学术界的支持下,采取各种措施,进一步提高期刊学术影响力,做大做强期刊,使其成为国内本学科的领衔刊物。

Reinforcing the Collaboration of Academia and Periodical and Jointly Building the Excellent Sci - tech Journal

GUAN Ke

Editorial Office of *Pattern Recognition and Artificial Intelligence*, Hefei 230031

Abstract: Sci - tech journal takes the essential responsibility of reporting the scientific and technical achievements and research developments. The academic quality of sci - tech journal mainly relies on that of the theses. Firstly the fundamental background of *Pattern Recognition and Artificial Intelligence* (PR&AI) is presented. Then it is discussed emphatically how to reinforce the collaboration of academia and periodical of same subject in the recent years. The efforts are depicted broadening academic influence, raising academic quality and promoting the subject development. Finally the development vision, existing difficulties and relevant measures of the journal are interpreted.

Keywords: Journal; Academia; Collaboration; Academic level; Influence

审稿编辑:田　宏

57.《真空科学与技术学报》

《真空科学与技术学报》的发展历程及未来展望

马洪洪[①]

《真空科学与技术学报》杂志社，北京　100022

摘要：《真空科学与技术学报》（简称《真空学报》）是中国真空学会领导下的国家级自然科学技术学术期刊，从 1981 年创刊至今已有 30 余年的历史。发展至今，《真空学报》取得了一定的成绩，并在国内真空领域具有广泛而重要的影响。《真空学报》经过长期努力，完成了变更月刊、网站建设和开通网络采编系统的阶段性突破。本文总结了当前《真空学报》工作中存在的问题，提出了改进措施并讨论了未来编辑工作的计划和初步设想。

关键词：学术质量建设；影响因子指标；出版质量建设；缩短出版周期；网络采编系统

《真空科学与技术学报》是由中国真空学会主办、中国科学技术协会主管的国家级自然科学技术刊物，现为月刊，国内外公开发行，中国标准刊号为 ISSN 1672 – 7126，CN 11 – 5177/TB。

1　基本情况

1.1　创刊历史

《真空学报》创刊于 1981 年，当时的创刊刊名为《真空科学与技术》，由中国科学院院长郭沫若先生为该刊题写了刊名。该刊开辟有“学术论文”、“技术交流”、“综述评论”、“工业应用”和“科技简讯”等栏目，是国内真空科技界交流经验、探讨学术问题的重要园地，它涵盖了真空科学、表面科学与工程、薄膜科学与技术、纳米科学、功能材料、等离子体技术、电子光学等内容，真空科学与技术早已不是单纯的真空获得与测量，而是涉及物理、化学、电子、宇航、能源和材料等多学科，《真空学报》已成为交叉学科的重要学术期刊。2004 年起变更刊名为《真空科学与技术学报》。

1.2　被数据库收录情况及主要影响力指标

到目前为止，《真空学报》被收录的情况如下：①被国际检索系统 EI、CA、SA、INSPEC 等收录；②国际刊名代码为 CKKSDV；③2000 年再次被《中文核心期刊要目总览》列为中文核心期刊；④从 1998 年起加入国内 Chinainfo 中文网络信息的《中国学术期刊文摘》；④被国内中国化学文摘、中国电子科技文摘和中国无线电文摘等数据库收录；⑥被北京大学图书馆、北京高校图书馆期刊工作研究会共同确定为中文核心期刊；⑦被中国科学

① 《真空科学与技术学报》杂志社，编辑，E-mail：mhh0702@126.com。

院文献情报中心、中国社会科学院文献信息中心、中国学术期刊(光盘版),电子杂志社和北京大学图书馆等共同确定为中国科学引文数据库和中国学术期刊综合评价数据库来源期刊;⑧被中国期刊网和中国学术期刊(光盘版)全文收录。表1是中国科学文献计量评价研究中心《中国学术期刊综合引证年度报告》给出的数据。

表1 《真空科学与技术学报》2002—2009年度综合引证数据

年份	影响因子	总被引频次	他引总引比	即年指标	5年影响因子
2002	0.2669	139	0.7122	0.0172	—
2003	0.3112	198	0.8232	0.037	—
2004	0.317	265	0.8792	0.025	—
2005	0.356	280	0.810	0.009	—
2006	0.409	482	0.93	0.074	0.442
2007	0.456	502	0.843	0.041	0.446
2008	0.943	588	0.616	0.056	0.639
2009	0.740	412	0.435	0.043	—

从发表的论文来分析,国家"863"计划、"973"项目及国家自然科学基金项目与其他各省部级资助的课题的研究论文占《真空学报》全部文章的一半以上,这说明《真空学报》紧密地跟随真空学科的前沿科研活动和发展。在中国真空科技学术界有多种期刊,《真空学报》是本学科唯一且比较早(1996年)被EI收录的期刊,也是本学科唯一高水平、被国内外专家广泛认可的期刊。2009年以来,《真空学报》影响因子达到0.74,学科(机械工程类)排名为第1名;总被引频次412,学科(机械工程类)排名第32;EI收录率达到100%、稿件录用率在45%左右,历次的《中文核心期刊要目总览》中,《真空学报》都被列为中文核心期刊,保障了较高的学术质量和水平,在行业内起到了指导技术发展和交流先进技术的作用。根据中国学术期刊影响因子年报,《真空学报》相关信息数值请参见表2。

表2 《真空科学与技术学报》影响因子指标统计

影响因子种类	即年指标	影响因子	他引影响因子	影响因子学科排序
复合JIF	0.013	1.141	0.594	2/50
期刊综合JIF	0.007	0.880	0.332	1/50
基础研究类JIF	0.007	0.855	0.307	1/11

1.3 获奖情况

1992年,《真空学报》被选入1992－1993年中国自然科学核心期刊,《真空学报》上发表的文章被引用频次在所统计的300种科技期刊中列第73位,是国内真空学科领域唯一入选的期刊。1996年3月1日美国工程信息公司中国信息部向《真空学报》颁发了证书:“《真空科学与技术学报》被美国工程信息公司(EI)定为 EI Compendex 数据库收录期刊”。1997 年,《真空学报》获得中国科协的优秀期刊年度资助,1999 年《真空学报》再次获得中国科协的专项资助。2012 年,《真空学报》获得中国科协学会学术部设立的精品科技期刊工程项目——期刊出版质量提升项目资助。2012 年,在第三届中国学术期刊评价中,《真空学报》被评为 RCCSE 中国核心学术期刊(A),并获颁了相应的证书。

2 学术质量建设

2.1 编辑委员会基本建设

编委会的日常工作由编辑部负责,编辑部设在《真空科学与技术学报》杂志社。《真空学报》的编辑人员均为本科学历以上的专业人士,编委会现有成员 40 名(其中两院院士 3 人),由来自国内知名院校、科研单位的专业的科带头人组成。编委会设主编 1 人,副主编 4 人,编委 35 人,主编由中国真空学会常务理事会聘任,编委会委员(含副主编)由主编提名,常务理事会通过聘请。编委会与中国真空学会理事会同步换届。《真空学报》一直定期举行编委会、社务会,有效地沟通并及时解决《真空学报》在经营过程中出现的各种问题。

2.2 稿源建设和学术质量提升措施

编辑委员会是《真空学报》编辑出版工作的领导和学术指导机构,编委们本着负责、提高、培养人才的精神,对投稿稿件严格把关,从学术性、科学性、实际应用性等方面做出恰当评价,以提升整个行业的学术水平。编委会负责审议《真空学报》的办刊宗旨、方针、方向和选题计划并提出整改建议,编委参与审稿和组稿工作,定期定点与一些院校的重大、重点项目进行沟通交流。不断改进审稿程序,有效地缩短审稿周期。编委会主张不断扩充稿源,提高学报影响力,审稿方面重视文章的创新性和原创性,对于有突出价值的文章考虑优先出版。编委会认为《真空学报》的栏目和稿件要开拓创新,可以设立新能源、航天航空等栏目,坚持以真空为主导,同时要多汲取不同专业范围的文章。编委会提倡增加高质量高水准的综述类文章,向行业权威、专家学者进行约稿,以体现学报的权威性、专业性。

3 出版质量建设

3.1 缩短出版周期

目前,随着科学技术的进步,新兴产业迅猛发展,新材料、新工艺日新月异,真空技术应用的领域和范围越来越广阔,广大的科技人员和读者对专业期刊有更多的需求。《真空学报》近年影响力不断提高,稿件增多、单篇稿件页数增加,发表周期过长的问题凸显出来,月刊发行势在必行。经北京市新闻出版局同意,《真空学报》自 2012 年 1 月变更为月刊发行(试行)。变更月刊前,全年 6 期,每期 24 篇,每期共 120 页左右,全年共发表 150 篇左右。从 2012 年变更月刊后,全年发表 210 篇左右。原发表周期(从投稿到出版)需 15 个月,变为月刊后发表周期大大缩短,约为 9 ~ 10 个月,缓解了稿件积压时间过长的问题,提高了学报科技信息的时效性、实用性,从而更好地为专业科技人员服务。

3.2 采编系统和数字出版

3.2.1 在线投审稿系统

《真空学报》自 2011 年 7 月开始试运行网络在线投审稿系统,缩短了审稿周期,提高了审稿效率。从作者投稿到审稿结束,作者可自行查询稿件状态并对修改稿件进行操作。据统计,采编系统自开通至今共收到稿件 516 篇,录用稿件 271 篇,录用率为 39.7%。针对每篇投稿文章均会进行学术不端审查,择优录用,凡录用刊登稿件均为高质量学术文章,没有出现学术不端等违规现象。采编系统提供的统计查询功能,可以快速、准确地统计出以月、年为单位的投稿总数,并可按照作者单位、学科、专业、年龄等条件归类查询,方便统计、查询和总结工作,提高数字化运营水平。

3.2.2 网站建设

《真空学报》也创建了网站。自网站开通以来,实现了在线期刊浏览,可对创刊至今全部稿件进行浏览和检索,通过公告栏及时发布中国真空学会、《真空学报》信息、动态,传播行业信息。作者还可通过《真空学报》网站留言版块与编辑部进行实时沟通交流,网站建设的日益完善,实现了刊网互补。网站与行业相关网站、理事、社长单位进行链接,加强了《真空学报》与这些单位的沟通,从而起到了一定的宣传作用,也有效地扩大了学报的覆盖面和影响力。

4 发展前景和规划

4.1 努力提高期刊的学术水平

第一届编委会和杂志社为学报的起步做出了奠基性的工作。以后的各届编委会和杂志社、学报主编和社长及中国真空学会主管学报的秘书长、副秘书长对学报进行了不断改革,主要有两方面:①调整和扩大刊出内容范围,跟踪国际上真空科学发展动向,坚持基础研究与应用并重,努力将学报办成一个交叉学科的学术刊物;②调整编委会的组成,聘请有关学科的杰出专家担任编委,发挥编委在写稿、组稿和审稿中的骨干作用。有计划地进行选题设计,主动约稿,坚持初审和终审、实行争议论文复审制度,聘请英文常务编委(后改为副主编)。在稿件质量、学术水平、选题结构以及英文摘要等各方面,都有明显的提高。EI 收录的期刊被公认为是高水平的期刊,被 EI 收录的文章是高水平的文章,表 3 为《真空学报》往年 EI 收录率。

表 3 《真空科学与技术学报》2002—2009 年 EI 收录率统计

年份	EI 收录篇数	EI 收录率(占当年发表文章数的百分比)
2002	57	49.1%
2003	41	38.0%
2004	109	93.2%
2005	108	93.9%
2006	133(含增刊)	82.1%
2007	114	93.4%
2008	122	98.4%(从第 2 期起 100%)
2009	141	100%

到2008年,EI收录中国科技期刊共153种,其中收录英文期刊30种、各大学学报36种。中国科协及全国学会的科技期刊被EI收录的有107种,《真空学报》能列在百种被EI收录的期刊中,表明了其学术水平。在EI收录率逐年提高的前提下,作为监督行业发展,把控学术质量的载体,《真空学报》也同时肩负了更大的责任和义务。

4.2 《真空学报》发展规划

4.2.1 关于稿源的思考

新形势下如何办好学报,需要认真考虑,采取适当措施。《真空学报》的功能是为科技人员提供交流的桥梁,为科技创新提供一个平台。现在存在的问题之一是大量高质量的论文投到了国际期刊上,在一定范围内导致中文期刊质量有下降趋势。《真空学报》也存在这一问题。位列国内前列的高校和科研单位的论文比例呈下降趋势。许多学校片面强调SCI论文数量并对其高额奖励,忽视中文期刊论文,这是导致这一现象的重要原因。

如何增加科研单位和企业的论文数量,是需要认真考虑的问题。当前,许多大型高技术企业都建立了自己的研究中心,逐渐地也有论文发表,如京东方关于液晶显示器工艺方面的论文。对于这类论文,可在一定条件下适当放宽录用标准,鼓励相关人员投稿。现在许多企业的研究中心条件很好,特别是设备水平远超过一般的高等学校,符合技术创新的要求,有发表高水平论文的条件,但他们往往没有写论文的经验,需要审稿人帮助修改,或者多提供一些审稿意见。如果一下子就拒稿,这样的稿件就会流失。

4.2.2 未来工作计划

《真空学报》将推出一系列举措,如优化栏目设置和版面设计、建立稿源跟踪机制、强化学术规范、完善学报常态工作机制、激活发行机制、大幅度提高基金项目和重点约稿的稿酬标准、开展优秀论文的评选活动、组织开展学术研讨活动等,届时将通过网站对外公告、宣传。通过和清华同方的不断沟通,将继续优化在线投审稿系统的使用,并侧重于数字优先出版系统的正式启用。通过召开编委会,制定学报优稿优酬评审标准,成立奖励评定小组。在发行方面,进一步通过发掘新客户和受众市场,通过新型院所、单位来提高发行数量,进一步扩大《真空学报》的行业影响力。

The Development History and the Future Prospects of *Chinese Journal of Vacuum Science and Technology*

MA Honghong

Editorial Office of *Chinese Journal of Vacuum Science and Technology*, Beijing 100022

Abstract: Started in 1981, *Chinese Journal of Vacuum Science and Technology* as the key publication of Chinese Society of Vacuum Science and Technology, has been gaining increased impact in the fields of natural sciences and technologies, home and abroad. In 2012, CVST won the support of The Project of High Quality Sci – Tech Periodicals – a program for quality improvement of China's periodicals, sponsored by the China Association for Science and Technology. The significant progress, recently made by the editing group, included a change from a bimonthly to a monthly, opening of the journal's website, and installation of a network editing system. The major issues, such as the existing problems and possible solutions, development programs, and improvement scenarios in its publication, were also tentatively discussed in a thought-provoking way.

Keywords: Academic quality improvement; Impact factor Publication quality improvement; Publication cycle reduction; Network editing system

审稿编辑:田 宏

58.《计算机辅助设计与图形学学报》

坚持专家办刊　提高期刊质量

王美珍①
《计算机辅助设计与图形学学报》编辑部,北京　100190

摘要:遵照“提高水平,拓宽领域,扩大影响”的原则,依靠专家办刊;以质量为核心,从稿源、审稿、编校等多方面采取多种手段来提高期刊质量;根据学科发展现状,调整并开辟新栏目,以期扩大刊物影响。

关键词:期刊质量;不端检测;审稿模式;审稿周期;发表周期

1　期刊基本情况

1978 年,我国计算机学术界在经历“文化大革命”摧残后开始恢复活动,是年 10 月,在广西阳朔召开了我国首次计算机辅助设计学术交流会。此后陆续召开了第 2、第 3 届会议,并于 1986 年在中国计算机学会下成立了 CAD 与图形学专业委员会。从此以后,在 CAD 与图形学专业委员会指导下,每年都组织相关学术会议。为扩大国际学术交流,于 1989 年首次在北京召开了国际 CAD&CG 会议。此时,我国的 CAD 与图形学的学术研究日渐兴盛,研究成果日益增多,与此同时,国际上 CAD 与图形学的研究也在突飞猛进。在此背景下,迫切需要一个学术刊物作为学术交流与信息沟通和园地。于是,在 CAD 与图形学专业委员会的倡议下,《计算机辅助设计与图形学学报》(以下简称《CAD 学报》)于 1989 年 7 月创刊。

《CAD 学报》作为我国 CAD 和计算机图形学领域第一个公开出版的学术刊物,创刊初期为季刊,1996 年起改为双月刊,从 2000 年起改为月刊;主办单位为中国计算机学会,主管单位为中国科协,依托中国科学院 CAD&CG 开放实验室;主编由中国科学院计算技术研究所刘慎权研究员担任,副主编由 CAD&CG 开放实验室学术委员会副主任、北京航空航天大学教授唐荣锡、清华大学教授唐泽圣、北京理工大学教授刘明业担任,编委会成员聚集了我国 CAD 与图形学界的知名专家、学者,具有权威性和代表性。《CAD 学报》以快速传播 CAD 与计算机图形学领域的知识与经验为目的,刊登有创新的学术论文,报导最新科研成果和学术动态,及时反映该领域发展水平与发展方向。其读者对象面向从事 CAD 和计算机图形及其他有关学科的科研、工程技术人员及高等院校师生。

《CAD 学报》创刊初期,正值国内外 CAD 与图形学技术蓬勃发展之时,学报得到了 CAD 与图形学界的大力支持,稿件源源不断,很快得到了读者及学术界的认同。从 20 世纪 90 年代中期,《CAD 学报》陆续被国内外多家著名检索机构收录,如多次被《中文核心期刊要目总览》定为我国计算技术、计算机类核心期刊;被中国科学技术信息研究所接受

①　《计算机辅助设计与图形学学报》编辑部主任,E-mail:jcad@ ict. ac. cn。

为中国科技论文统计与分析用刊;被 CNKI、中国科学引文数据库、中国学术期刊文摘、维普数据库等收录。同时还被美国的工程索引(EI)、SA、INSPEC 及俄罗斯文摘杂志、Scopus 数据库、乌利希期刊指南收录。

2 期刊质量建设

以新媒体创新为阐述核心的《2011 世界期刊创新报告》中文版一经公布即引起哗然大波。这个由国际期刊联盟和创新媒体咨询集团联合发布、中国期刊协会获独家授权引进的前沿性报告,虽集合了世界范围内顶级杂志出版商们最新的、成功的创新实践,具有很高的含金量,但文中所举上百个案例,竟无一中国期刊,这对于拥有近万家期刊的中国业界,的确造成了震动。

但是,现行的对期刊评价体系、政策导向及对科研人员的考核机制,使国内中文学术期刊发展受到了很大影响,导致作者更多地关注所投刊物是否被 SCI、EI 等国际著名检索机构收录,是否是核心期刊,是否列入学位论文及职称评定参考期刊名单。忽视所投刊物主题与自己论文内容的相关性,论文发表的目的趋于功利化,导致高水平论文流向国外。因此,如何不断提升《CAD 学报》的学术影响力和可持续发展能力,使之办成有特色的期刊,更好地为读者服务,作为学术交流的载体,引导学术争鸣、促进学术发展,成为我们迫切要解决的问题,也是国内许多中文学术刊物面临的课题。

《CAD 学报》自创刊以来,本着"提高水平,拓宽领域,扩大影响"的原则,不懈地进行探索。

2.1 提高学术质量

为严格把控期刊的学术质量,我们非常重视对编委会及审稿队伍的建设。主编及副主编均是国内相关领域的学术带头人,编委会成员不仅要考虑其学术影响力,而且要兼顾地域以及研究方向的分布,同时也要考虑其是否关注期刊的发展。

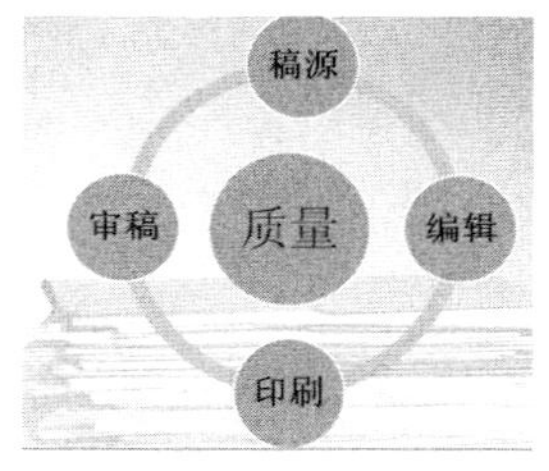

图 1 期刊的核心工作

如图 1 所示,期刊工作的核心是质量,要提高刊物的质量,就要从稿源、审稿、编校、出版多方面开展工作。

2.1.1 稿源质量控制

(1)加强对新投稿的质量控制。首先在主页对论文写作提出明确要求及规范,作者投稿后向所有作者发信确认,以避免挂名人之名投稿。然后编辑部对新稿进行初步筛选:检查投稿方向是否符合《CAD 学报》宗旨、投稿格式是否规范、摘要与引言是否符合写作规范等,剔除不合格稿件。再学术不端检测及新稿初筛,主编初审,避与免抄袭、重复发表现象。

(2)采用 CNKI 提供的科技期刊学术不端文献检测系统(AMLC)对所有来稿进行学术不端检测,不仅可以有效地避免抄袭、重复发表等学术不端问题,而且能尽量减少无效稿件送审,有利于提高审稿效率,保证审稿质量。如在一个检测实例中,作者在一篇有关产品设计的文章中,其讨论的是产品设计的评价,但在文章中却出现了用产品设计评估指标构成了"政府绩效的评估体系",其在若干关键之处,有意图地、实质性地、跨学科地借用了某文献(有关政府教育财政支出绩效评估与优化)的相关内容(思路、段落),个别地方甚至采用十分低级的技术手段挪用、拼接相关内容,构成抄袭嫌疑。《CAD 学报》通过不端检测手段,及时发现作者的不端学术行为,有效地剔除了此篇文章。这也说明,现在一些作者开始运用乾坤大挪移的手法刻意掩饰抄袭行为,这是一种非常隐蔽的手法,对相关指导教师和评审者构成非常严峻的挑战。

(3)通过主编初审,由主编(副主编)或责任编委推荐审稿人,剔除水平明显较低及不符合《CAD 学报》刊登内容的稿件,将规范、严谨的稿件送给专家,可使有限的审稿资源得到有效有应用。

2.1.2　审稿质量控制

(1)为了充分发挥编委作用,我们在工作中不断摸索、改进工作方式,不仅在工作中充分体现专家办刊的理念,而且要平衡各位主编及审稿人的工作量,使送审稿稿件能在时间和质量上得到保障。《CAD 学报》的审稿工作模式如图 3 所示。

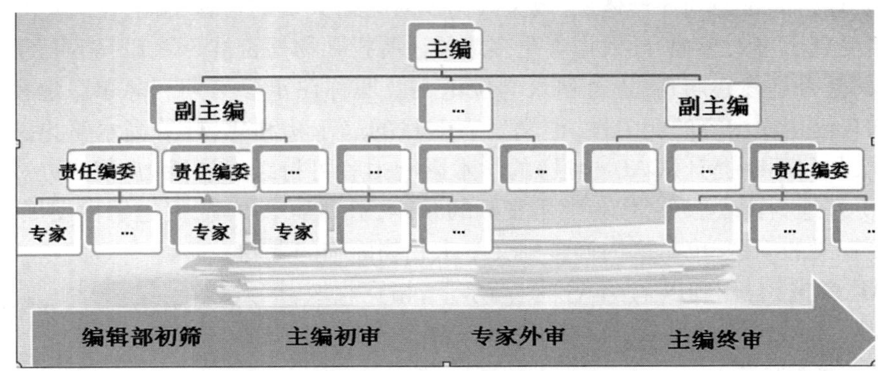

图 2　审稿工作模式

(2)审稿人队伍的建设也是保证审稿质量的关键环节。《CAD 学报》对审稿人的筛选主要通过编委及相关专家推荐、网络检索、从高被引论文作者以及参与相关领域学术活动活跃且具有一定影响力的作者中筛选,然后由编辑部向相关人员发送邀请函及调查表,并将其个人信息及研究方向、研究内容的关键词充实到专家库中。同时,根据学科发展及专家研究方向的变化,经常对专家库数据进行调整、更新。

(3)提高期刊质量,稿源是基础,但审稿人对稿件的质量把控是关键,因此,选择专业对口的审稿人至关重要。《CAD 学报》遵循分散、对口、交叉、回避的原则,把规范、严谨的稿件送给合适的专家,以利于审稿意见的准确性,有益于作者改进和提高论文质量。同时通过调研,改进了审稿单,以全面体现论文质量的主要要素,客观、公正、全面、科学地反映论文质量,增强审稿的可操作性。

2.2　提高出版质量

2.2.1　方便审稿人操作

为缩短审稿及发表周期,《CAD 学报》经过广泛调研,并根据学科发展变化,对审稿单进行了精心设计,不仅要考虑全面反映论文水平,还要考虑方便审稿人的操作。另外,将对口的、符合相关专家专业领域的论文送给审稿人,也是加快审稿进度的有效手段。同时,《CAD 学报》每周至少送审 2 次,并充分平衡各审稿人的审阅稿件数量,实时跟踪、定期安排催审和换审,以期加快审稿进度。通过采取上述措施,近年来《CAD 学报》的审稿周期及发表周期均得到了有效的控制。

2.2.2 使用表格工具

编校质量是出版过程中重要的一个环节，为了使发表的文章层次清楚、结构严谨、主题突出，《CAD 学报》在退修时，专门设计了修改说明表，不仅要求作者对审稿人意见逐条给出答复，标示修改章节，还详细指出其文中不规范及其存在的其他问题，以方便作者修改，保证论文质量。在编辑加工过程中，从内容、文字、技术 3 个方面，力求文字规范、表述清晰、无病句、错字，标点使用正确，以提高编校质量。

2.2.3 提高排版设计印刷质量

在出版印刷方面，采用铜版纸彩页印刷，同时有选择地将已发表文章中的插图作为封面图片进行展示，并广泛征求专家意见进行封面设计，以凸显《CAD 学报》学科特色。

2.2.4 加强数字化建设

为使编、审、作者交流更加方便、快捷，《CAD 学报》注重加强数字化建设。早在 1998 年，《CAD 学报》就自行研制开发了单机版稿件处理处理系统，作者可投过 EMAIL 投稿，并在线查询稿件状态。随着计算机及网络技术的发展，《CAD 学报》于 2005 年起开始使用了新的在线稿件处理系统，实现了在线投稿、审稿、发表等一系列功能，并在使用过程中不断改进、完善，在提高了工作效率的同时，有效地缩短了审稿及发表周期。

3 思考和设想

要成为真正有影响的期刊，必须要提高期刊的学术水平，而受现行的对期刊评价体系、政策导向及对科研人员的考核机制的影响，目前科技期刊面临巨大的挑战。特别是《CAD 学报》作为专业性较强的刊物，其水平更是依赖其学科水平，同时政策导向对其影响更大。

《CAD 学报》编辑部今后的工作目标是“发挥编委作用，关注热点，组织优质稿源，吸引读者，提高影响力及《CAD 学报》的可持续发展能力”，主要工作重点如下：

(1)关注热点问题，并进行相应的宣传。对被引频次高的文章进行分析，包括对相关刊物进行数据分析，发现热点。

(2)加强对编委的组约稿及优秀会议论文筛选。与专家保持良好的、有效的沟通对扩大刊物影响、组织优质稿源是非常重要的。积极参加相关学术活动，主动、并且有目的地与专家沟通、交流，宣传刊物，组织优秀论文。

(3)尝试设置与企业应用相关的栏目，吸引企业界读者，扩大影响。

Adhere to Expert-Run Journal, Advance in the Quality of Periodicals

WANG Meizhen

Editorial Office of *Journal of Computer-Aided Design & Computer Graphics*, Beijing 100190

Abstract: Relying on expert and authority in the light of the principle——raising standards, extending field applications, and magnifying influences to manage the publications; Adopting and undertaking a variety of means, such as resources of author contribution, copyediting and review, to improve and excel, and ensure the quality of periodicals at core; Additionally, in accordance to the development of subjects, adjusting and expanding new columns to distinguish and augment the impact of this publication.

Keywords: Quality of periodicals; Academic misconduct literature check; Mode of peer review; Cycle of peer review; Publishing period

审稿编辑:田　宏

59.《地震学报》

《地震学报》在前进

刘新美[①]
《地震学报》编辑部,北京 100081

摘要:概述了《地震学报》的基本情况。介绍了创刊背景;国内外数据库及有关文摘收录情况;2001-2011年的总被引频次和影响因子及基金论文比;《地震学报》2008-2012年在中国知网机构用户和个人读者用户数及其分布所在国家和地区数;历年获奖情况;刊登文章内容的特点;编辑部网站建设与期刊数字化建设。最后针对如何提高《地震学报》的学术质量和出版质量,提出了工作设想。

关键词:学术期刊;学术质量;出版质量;网站建设;期刊数字化;被引频次

1 基本情况

《地震学报》是由中国科学技术协会主管、中国地震学会和中国地震局地球物理研究所主办的地震科学综合性学术期刊。该刊于1979年创刊,1997年由季刊改为双月刊。

该刊第一任主编是已故著名地球物理学家、中国科学院学部委员(院士)顾功叙研究员;现任主编是中国科学院院士陈运泰研究员。

《地震学报》(以下简称本刊)编辑委员会有86人,其中院士11人,外籍编委10人。编辑人员由在职人员与聘用人员组成。稿件送审工作一般采用3~6审制;退稿意见则返回作者。

本刊主要以刊登地震科学方面具有创新性的研究成果和技术成就为主,也登载一些与地震有关的地球物理、地震地质、工程地震等科学领域的学术论文及研究简报;登载本学科不同学术观点的文章;登载与地震科学有关的评述文章;介绍地震科学及与其有关的重大学术问题的研究现状和进展;反映地震科学及其有关的科技工作动态。

1.1 创刊背景

我国的地理位置处于地震频发地带,20世纪60-70年代又处于地震活跃期。我国有世界上最为长久的历史地震记录资料,也是世界上最早发明地动仪的国家。在这样的地理优势和历史背景下,涌现出了大批地震科研工作者,他们在地震科学研究的各个领域做出了和正在做出自己的贡献。在这样的背景下,中国地震学会于1979年创办了《地震学报》。它一出现就受到国内外同行的广泛关注。30多年来本刊发表的文章也反映了

① 刘新美执笔:《地震学报》编辑部主任,E-mail:dzxb11@126.com;dzxb79@126.com。

我国地震事业前进的历程。

1.2 国内外影响

1.2.1 数据库及有关文摘收录情况

《地震学报》已被列入中国科技核心期刊、中国地球物理学类核心期刊。

《地震学报》已被国内外有关检索数据库及有关文摘收录。其中：

国内包括：万方数据资源系统；中国知网（CNKI）期刊全文数据库；维普资讯中文科技期刊数据库；中国科学引文数据库；中国科技引文数据库；中国学术期刊文摘；中国地质文摘；台湾华艺数位股份有限公司资料库。

国外包括：美国地质文摘（GeoRef）；Elsevier 公司的 Scopus、GeoBase 数据库。

1.2.2 总被引频次、影响因子及基金论文比

据中国科学技术信息研究所 2001—2011 年期刊检索报告和期刊引证报告显示，本刊的总被引频次不断提高（表 1）。统计结果显示，各类基金项目资助的文章逐步增加（表 1）。从表 1 中看出 2001—2005 年基金和论文比为 83% ~ 90%；2006—2008 年为 90% ~ 94%，2009—2011 年分别为 97%，98%，98%。各类基金资助项目达 56 项。

表 1 《地震学报》2001—2011 年总被引频次和影响因子及基金论文比

年份	总被引频次	影响因子	基金资助和论文比
2001	463	0.465	0.86
2002	528	0.72	0.83
2003	670	0.747	0.90
2004	849	1.148	0.83
2005	787	0.810	0.86
2006	783	0.727	0.94
2007	923	0.771	0.90
2008	979	0.673	0.93
2009	1065	0.953	0.97
2010	1077	0.709	0.98
2011	1194	0.865	0.98

1.2.3 网络版读者浏览下载量

《地震学报》除印刷版外，还统一纳入中国知网数据库、万方数据库、台湾华艺和中文科技期刊（重庆）等全文数据库，为国内外读者提供信息服务。

据中国知网发行与传播统计报告显示：《地震学报》近 5 年来网络版机构用户不断增加。

从表 2 看出，近 4 年读者下载次数稳定在 32000 以上。

表2 《地震学报》2008—2012年机构用户、个人读者用户所在国家和地区数及读者下载量

年份	机构用户总数	机构用户分布（所在国家和地区数）	个人读者用户分布（所在国家和地区数）	读者下载次数
2008	1862	8	16	12522
2009	2047	8	16	34586
2010	2259	5	9	33744
2011	2420	8	7	32800
2012	2571	8	10	32860

1.2.4 《地震学报》获奖情况

1992年获4项奖：首届全国科技期刊评比一等奖；国家地震局科技期刊评比一等奖；中国科协优秀学术期刊评比一等奖；北京科技期刊编辑学会科技期刊评比全优奖。1996年，获国家地震局科技期刊评比一等奖。1997年，获2项奖：第二届全国优秀科技期刊评比二等奖；中国科协优秀学术期刊评比二等奖。1999年，荣获中国期刊奖提名奖。2001年，入围中国期刊方阵，被评为“双奖期刊”。2002年，获中国科协第三届科技期刊评比二等奖。2003年，获第二届国家期刊奖百种重点期刊 。2005年，获第三届国家期刊奖百种重点期刊。2008年，获中国科学技术信息研究所中国精品科技期刊证书。2007—2012年均被列入中国科协精品科技期刊项目工程。2012年，获中国国际影响力优秀学术期刊。

2 期刊的学术质量

《地震学报》刊登的文章内容研究领域较广，对重点热点研究的课题及时追踪报道。已发表的文章内容特点如下。

2.1 重视地震学基础理论的研究

发表的文章中地震基本参数测定、地震波研究、震源物理研究等占了近1/4的篇幅。我国在宽频带地震观测技术的开发和相应理论研究方面也都取得了重大进步。从总体来讲，其学术水平是相当高的。

2.2 强化地震发生的深部地质环境和动力学的研究

地壳深部结构构造、地震构造、地震力源的研究等，特别是对世界地球物理学家关注的热点——青藏高原地壳、上地幔深部地球物理探测研究成果的报道，放在了特别重要的地位，这些成果的发表对研究大陆演化及地球动力学问题具有十分重要的意义。

2.3 关注地震前兆与预报方法的探索

地震预报在国际上是一门难度极大的边缘性科学，需要多条路探索。《地震学报》发表了我国现有前兆观测系统中几乎所有前兆观测方法（包括地震、地形变、地下水、地磁、地电、电磁辐射、气象、天文、重力、地应力、地声、地温、震前动物行为异常等）中所显示出的异常现象与地震关系探索的文章。这些极具中国特色的前兆震例，从长远看对短临预报有重要参考价值。与此同时，发表了对地震前兆场物理模式与前兆时空分布机制的研究，以及不断地引入各种新理论新方法对地震预测方法进行的研究，等等。所有这些足以显示出我国地震科技工作在这方面的雄厚实力，反映出《地震学报》对科研成果报道的

及时性和前沿性。

2.4　深化地震烈度、地震区划和工程地震的研究

随着我国日益增长的大型工程建设项目及城市建设的不断发展，重点报道了有关工程地震、地震危险性分析、地震烈度区划及震害方面研究等的最新成果。

2.5　搭建学术交流平台

《地震学报》不仅及时反映国内地震科研动态，同时也为我国地震学家与国外同行及时进行学术交流提供了一个平台。

《地震学报》对国外学者以及中外学者合作发表的科研成果给予了高度的重视。从创刊以来，国外已有 115 人次在本刊发表了文章。他们来自美国、日本、俄罗斯、德国、法国、波兰、伊朗、澳大利亚、瑞典、阿尔及利亚、哈萨克斯坦、巴基斯坦、瑞士、希腊等 14 个国家、32 个单位。

《地震学报》发表的文章反映出理论与应用实践并重的特点，也反映出本刊立足全国面向世界的特点。同时，在一定程度上记载和反映了中国地震事业发展与前进的历程，对我国乃至国际地震科学的研究做出了积极的贡献。

3　网站建设与期刊数字化建设

《地震学报》编辑部在中国科协精品科技期刊项目工程经费的支持下，2008 年建立了网站（www.dizhenxb.org.cn），2009 年上传了本刊近 10 年发表的文章。读者可以通过该网站阅读、查询和检索所需内容；作者可以通过该网站投稿，并随时了解所投稿件在编辑部的进展情况；审稿专家可以通过该网站审阅编辑部所委托审查的稿件，阅毕可直接将意见发回本刊编辑部。编辑部的日常工作实现了网络化管理，加快了稿件流程的速度，缩短了稿件送审周期。

2010 年 12 月份对采编系统平台进行升级，增加了编辑部日常工作细小环节的管理和统计功能，使用方便、直观，操作更加简便，提高了日常工作效率，也提高了作者和审者的满意度。

2011 年继续加强期刊数字化建设，把《地震学报》1979—1999 年发表的文章全部转换成电子版，并将《地震学报》从创刊（1979 年）以来发表的文章全部上传到本刊编辑部网站，读者可以免费下载、浏览本刊的电子版全文、检索所需内容。2012 年本刊网站的点击次数为 4.6 万次。

4　思考与发展设想

综观国际上著名学术期刊和 SCI 收录的我国学术期刊，影响因子高、出版周期短、年载文量大是它们的共同特点。这也就保证了它们在 SCI 中的稳定性，奠定了它们成为著期刊的基础。《地震学报》与国际学术期刊相比还有一定差距，主要是在刊登文章创新方面有欠缺。要使本刊再上高的台阶，并使其能长期发展，人是最重要的一点。编委会的作用是非常重要的，编委会成员对期刊发展的促进作用非常显著。很多期刊高质量的组稿、审稿都是通过有实效的编委会来实现。本刊今后将从以下几个方面努力。

（1）提高期刊的学术质量

充分发挥国内外编委的作用，了解、跟踪国内外前沿课题及时组优秀稿，加强与研究

人员及科学家的联系,跟踪大项目和重点项目的进展,组织具有创新性的文章。发表高质量的文章,向国际化方向发展。

(2)加强编辑队伍建设

充实具有较高学术水平的人员进入编辑队伍,把好期刊学术质量关,并培养年轻编辑做好编辑、出版和组稿工作。

(3)提升期刊的出版质量

1)建立先进的期刊采编系统、更新编辑部网站,为作者投稿、查询稿件、专家审阅稿件及编辑部处理稿件等工作提供便利条件。提高日常工作效率,提升期刊快速反应能力。

2)将经专家审阅、主编审定并决定采用的稿件,及时进行编辑、排版和校对工作。利用本刊网站和中国知网网站及时优先出版网络版,逐步使本刊出版周期在原有基础上缩短15%以上。

(4)实施期刊优稿优酬

降低优秀论文发表费。要吸引优秀论文投向本刊,并增加文中的彩色插图,提升本刊在国内外的影响力。

(5)加强期刊的宣传工作

逐步提高本刊的发行量和期刊网络版的覆盖面及显示度。

(6)加强服务意识

为科研人员做好信息、技术和成果推广及传播工作,使期刊更好地服务于防震减灾事业。

Advancing *Acta Seismologica Sinica*

LIU Xinmei

Editorial Office of *Acta Seismologica Sinica*, Beijing 100081

Abstract: The essay presents essential information about *Acta Seismologica Sinica*, including the background against which it was started, a list of the Chinese and foreign databases and digests which include *Acta Seismologica Sinica*, total citation frequency, impact factor and the ratio of funds to papers published in the journal. It also presents the number of institutional and individual subscribers to *Acta Seismologica Sinica* and the countries and regions which they belong to during 2008 – 2012 according to CNKI, the awards and honors *Acta Seismologica Sinica* has received, the characteristics of the papers, website development and digitization of the journal. In the end, some ideas and suggestions are put forward for improving the academic and publication quality of the journal.

Keywords: Academic journal; Academic quality; Publication quality; Website development; Digitization of journal; Citation frequency

审稿编辑:田　宏

60.《中华口腔医学杂志》

内容为王　不断创新

李　季①
《中华口腔医学杂志》编辑部，北京　100710

摘要：《中华口腔医学杂志》创刊于1953年，是由中国科协主管、中华医学会主办、中华口腔医学会协办的口腔医学专业学术期刊。创刊近60年来，杂志一直坚持"内容为王"的办刊策略，在不断开发新栏目及报道内容的基础上，始终秉持将内容"做精"、"做强"的原则，在学科发展中充分发挥引领作用，多年来在17种口腔医学类期刊中始终保持综合排名第一，连续5次获得中国科协精品科技期刊工程项目资助（B类），连续10次获得"百种中国杰出学术期刊"称号。

关键词：精品期刊；学术导向性；快速通道；数字化；国际化

《中华口腔医学杂志》是一本有着60年办刊经验、历史悠久的口腔医学专业期刊，自2006年荣获中国科协精品科技期刊工程项目（B类）资助以来，多来年一直在不断完善自己、不断超越自己。在当前优秀稿源严重外流、大家都视SCI收录期刊为投稿首选的大背景下，《中华口腔医学杂志》始终坚持自己的办刊方针，在坚持内容为王的基础上，不断开创杂志影响力的新增长点，在17种口腔医学类期刊中始终保持综合排名第一，连续5次获得中国科协精品科技期刊工程项目资助（B类），连续10次获得"百种中国杰出学术期刊"称号。《中华口腔医学杂志》被国内外期刊数据库收录情况见表1。

表1　《中华口腔医学杂志》被国内外期刊数据库收录情况

序号	国外期刊数据库	序号	国内期刊数据库
1	文摘杂志（AJ）－俄罗斯	1	中国学术期刊综合评价数据库（CAJCED）
2	化学文摘（CA）－美国	2	中文生物医学期刊文献数据库（CMCC）
3	医学索引（Index Medicus）－美国	3	中国生物医学文献数据库（CBMdisc）
4	Medline/PubMed	4	万方数据医药期刊数据库
5	ISTP（科技会议索引）	5	中国期刊全文数据库（CJFD）
6	癌症数据库（CancerLit）－美国	6	中文科技期刊数据库－维普
		7	ChinaInfo 网络信息资源系统
		8	中国学术期刊文摘（CSAC）

① 中华医学会杂志社《中华口腔医学杂志》编辑部主任，编审，E-mail：cjst@cma.org.cn。

续表

序号	国外期刊数据库	序号	国内期刊数据库
		9	中国科学引文索引数据库(CSCD)
		10	《中国学术期刊(光盘版)》(CAJ - CD)
		11	中国科技论文与引文数据库(CSTPCD)
		12	中国知识资源总库(CNKI)
		13	中国生物医学期刊引文数据库(CMCI)
		14	中国核心期刊(遴选)数据库

1 充分发挥学科导向作用

1.1 组织“重点号”

围绕我国口腔医学专业发展的热点及前沿问题组稿,形成重点内容即重点号,集中反映该领域的进展,充分反映当前的学术倡导,是发挥学术期刊导向作用的重要措施之一。编辑部主要利用各种专题研讨会组稿,对某一专题深入报道,反映口腔各专业领域发展的热点及前沿问题。重点号也是对专题研讨会学术内容的记录和延伸,尤其通过会议纪要发出学术倡导,扩大专题研讨会的学术影响力。自 2007 年至 2012 年底共组织重点号 49 期,平均每年 7 期。

1.2 组织述评、专论、专家笔谈等评述性文章

这是发挥学术期刊导向作用的又一重要措施,也是学术导向设计的核心。这些栏目经数据库统计显示为“最受欢迎的栏目”,读者关注度很高。具有高屋建瓴的学术见地的评述性文章对我国广大口腔医务工作者的科研选题、深入研究都起到了重要的引领作用。这些重要文章已被反复引用,一些述评已被国内专业杂志全文转载,对我国口腔医学的发展起到了不可低估的导向作用。

2 突出杂志的学术领先性,强化对临床的指导作用

2.1 不断完善“快速通道”发表制度

2000 年,《中华口腔医学杂志》在中华医学会系列杂志中最早建立“快速通道”制度、也是迄今发表快速通道论文最多的杂志。建立“快速通道”的初衷有三:①吸引具有原创性的优秀论文;②争取中国学者的重大创新和国内首创的科研成果的首发权;③提升杂志的学术价值和影响力。在“快速通道”文章发表的同时,将同行专家的推荐函作为“文后短评”发表,着重说明该文的创新点,作为文章导读呈现给读者。12 年来《中华口腔医学杂志》已有 30 篇论文以“快速通道”形式发表。

自 2003 年起,中国科协开始主办每年一届的中国科协期刊优秀论文评选活动,《中华口腔医学杂志》编辑部推荐并获奖的优秀论文均来自已经发表的“快速通道”论文。再一次验证了《中华口腔医学杂志》编辑部对“快速通道”论文的原始创新性及学术水平的把握,肯定了在论文规范、文字表达等方面编辑所付出的辛勤劳动。历年优秀论文的获

奖消息均在杂志刊出，以此扩大杂志的学术影响，进一步吸引优秀论文。

2.2　组织系列讲座

针对口腔专业的行业特点，通过讲座不仅更新专业知识，同时也扩大了医生的知识面。例如：面对医疗纠纷这一世界性难题，当今每个医疗机构和医务人员都感受到了巨大的压力，都在经历着自身观念和法律意识、医疗行为和法律制度的碰撞。《中华口腔医学杂志》编辑部约请具有丰富的医疗纠纷处理实践经验和深厚理论基础的法学硕士撰写系列文章——《执业医师维权与自律》。这一系列文章已成为中华口腔医学会多次举办的全国处理口腔医疗纠纷高级研修班的内容，收到了良好的社会效益，并在法学界引起了震动。自 2007 年至 2012 年底《中华口腔医学杂志》共刊出了 17 个系列讲座。

2.3　重视基金资助项目论文的刊出量

基金资助项目在前期讨论过程中均经过专家集体论证，并反映了我国口腔医学发展的潮流和方向。多年来《中华口腔医学杂志》刊出的基金资助项目论文均占全年发表论文的 40% 以上。

2.4　刊出国际著名专家特约稿，促进杂志国际化

利用我刊编委会学术精英云集、与国内外有广泛联系的优势，特约国际知名的口腔医学各专业领域的学术权威撰稿。组稿的过程本身就是宣传杂志的过程，外国专家常常欣然接受约稿，编辑部立即组织翻译。这类组稿均与重点号同期发表，使读者能更快、更直接地捕捉口腔医学领域的最新进展，看到与国际同行间的差距。这些大科学家的文章对我国口腔医学临床实践具有重要的指导意义，读者反馈非常好。这也是杂志国际化的一种尝试，同时对外扩大了杂志的学术影响力。自 2007 年至 2012 年底共刊出国际著名口腔医学专家特约稿 7 篇。

2.5　开设新栏目

近年来许多国内优秀论文首先投向国外，特别投向 SCI 收录的高水平国际期刊，虽然这有助于促进国际间的学术交流，让世界更好地了解中国，但导致的直接后果是中国科学家的许多优秀科研成果不能为本国的同行首先获悉，也使国内的科技期刊在学术水平和国际化方面陷入极大的困境。为了将这些高质量、有影响的论文介绍给国内的广大读者，《中华口腔医学杂志》在 2007 年下半年开设了“在国外发表的优秀中国论文介绍”栏目，目的是使国内更多的读者共享我国的科研成果，了解相关学科的进展。

2.6　数字化运营

由中华医学会招标并投资，由太极集团研发的中华医学会信息管理平台的“稿件远程管理系统”自 2009 年 6 月 18 日正式运行，目前《中华口腔医学杂志》已实现全部流程（投稿、送审、修改、查询、看校样）的网络化。稿件的运转周期和刊出周期缩短、送审的安全性提高、送审的费用减少。《中华口腔医学杂志》自 1953 年创刊至今的电子版已在中华口腔医学网上实现了过刊网络版的开放存取、免费下载，扩大了杂志的学术影响力和利用率。目前正在通过积极改版，使网络界面更加友好，各种检索功能更加完善，以更好地服务于广大读者和作者。

Continuously Innovating with Emphasis on the Novelty of Contents: A Brief Review of Examples and Achievements

LI Ji

Editorial Office of *Chinese Journal of Stomatology*, Beijing 100700

Abstract: Founded in 1953, *Chinese Journal of Stomatology* is a specialized journal of stomatology governed by Chinese Association for Science and Technology (CAST), sponsored by Chinese Medical Association and co-sponsored by Chinese Association of Stomatology. For nearly 60 years since its founding, the journal has adhered to the policy of "regarding the contents as king" for running the journal, followed the principles of making the contents of the journal "refined" and "intensified" on the basis of continuous development of new columns and types of reports, and therefore played a leading role in the development of the specialty of stomatology. For many years the journal has been ranked the first in general among the 17 journals of stomatologic medicine in China, and obtained "CAST Promotion Project for Elite Journals (Class B)" sponsorship for 5 consecutive years and the honor of "The 100 Outstanding Academic Journals of China" for 10 consecutive years.

Keywords: Elite periodical; Scientific leadership; Fast track; Digitalization; Internationalization

审稿编辑:田　宏

61.《中华内科杂志》

历经六十载蓬勃发展　面临众挑战续写新篇

侯鉴君[①]
《中华内科杂志》编辑部,北京　100710

摘要:创刊于1953年1月的《中华内科杂志》迎来了60岁的生日。60载的风风雨雨,让这本杂志见证了中国内科学的蓬勃发展。在此历史时刻,《中华内科杂志》编辑部的同仁回首过往,总结经验,将近些年期刊发展中秉承的优秀特质呈现给读者,将期刊建设中的闪光点分享给大家。希望科技期刊工作者在新时期里,一起迎接机遇,面对挑战,攻关克艰,共创中国科技期刊的美好未来。

关键词:《中华内科杂志》;科技期刊;生物医学期刊

《中华内科杂志》(以下简称《内科杂志》)为中国科协主管、中华医学会主办的内科领域学术期刊,创刊于1953年1月,其前身是1949年创办的我国第一本内科学专科杂志《内科学报》。现为月刊,88面/期,面向国内外公开发行,读者群覆盖全国内科医师。经历60载风风雨雨,《内科杂志》见证了我国内科学的发展。2013年正值刊物创刊60周年,在此回顾和总结过去的经验,无疑会对《内科杂志》应对今天以及未来面临的挑战大有裨益。

1　近10年期刊发展与成绩

《中华内科杂志》经过几代编审人员的精心培育,读者、作者的热情呵护,刊物由小到大,取得了长足发展,时至20世纪90年代她已形成了鲜明的风格与特色,成绩斐然,掀开了辉煌的一页。进入21世纪,《内科杂志》的期刊编辑们不但继承了原有的优势,还在新形势下谋求了新发展。

1.1　来稿及刊出情况

2003年以来,《内科杂志》每年的刊出率维持在21.4%~28.3%;2003—2009年来稿量维持在1758~1921篇,2010年1464篇,2011年1575篇,2012年1601篇。近些年由于对录用稿件放宽了篇幅与参考文献数量的限制,致使年刊出文章数由2008年以前的400余篇,逐渐降至300余篇,从而保持了良好的刊出率。

1.2　加强栏目建设

(1)出版重点号,报道学科热点。《内科杂志》是内科领域的综合期刊,适时组织各专业文章予以重点报道(即重点号)是《内科杂志》早些年就已形成的风格。近10年《内科杂志》每年组织的重点号均不低于10期(即重点号率不低于83.3%)。重点号往往是抓

---

① 《中华内科杂志》编辑部主任,编审,E-mail:jjunhou@cma.org.cn。

住当时本学科的热点进行学术导向,但在一些非常情况下,能及时进行调整。例如,针对2003年初全国多个省市突如其来的“SARS”,《内科杂志》于2003年7期、8期连续组织了两期重点,对SARS的流行病学、临床特点及成功救治经验等及时予以报道,并及时刊登《临床营养学有关专家对伴有营养不良的‘非典型肺炎’患者给予肠内或肠外营养支持的建议》。又如,2008年“5·12”汶川地震,面对震后伤员救治出现的一系列问题,从抗震救灾一线回来的总编辑王海燕教授立即召集编辑部积极组稿,以最快的速度(2008年9期)开辟“抗震救灾”专栏,对地震后挤压综合征的内科防治、伤口感染、地震后患者抑郁、焦虑及睡眠障碍等进行迅速报道,同期发表了王海燕教授的专论《加强跨学科合作、深入分析和总结地震伤害中的医疗经验》和陈香美教授的专论《提高对挤压综合征的认识 建立多学科联合的灾难救治队伍——汶川大地震救治启示》……这些不仅体现了《内科杂志》的学术价值,更体现了社会责任。

(2)“专论”栏目发挥学术导向作用。鲜明的学术导向是《内科杂志》几十年来的一大特色,而“专论”文章即是学术导向的集中体现。《内科杂志》自开辟“专论”栏目以来,期期不落,2003—2012年共刊出专论256篇,平均每期刊出2~3篇。这些文章多是对学术观点的阐述,有些是针对当期某篇文章的点评,有些则是对当时临床或科研中的现象的评论或指导性建议。如胡大一教授的《关注非精神心理专业科室患者的精神心理问题》、林三仁教授的《如何看待氯吡格雷与质子泵抑制剂的联合用药》、李光伟教授的《糖尿病达标治疗中的低血糖不容忽视》、曾正陪教授的《应重视从高血压人群中鉴别原发性醛固酮增多症》、王拥军教授的《重视血管认知障碍》,等等。

(3)为学术争鸣提供平台。《内科杂志》自1989年将“医家自述”栏目改为“内科论坛”,目的是以“论坛”的形式开展不同学派、不同学术观点的学术争鸣。2003—2012年10年间该栏目共发表102篇文章,涉及内容广泛。针对当今我国普通内科进行性萎缩这一临床医学学科建设存在的重要问题,《内科杂志》组织了“大内科是否有存在的必要”的讨论,通过热烈地讨论,在内科医生中达成了“大内科是专科医生成才的基础,决不可撤销”的共识。循证医学自20世纪90年代起在我国逐渐得到推广和应用。当循证医学的“风暴”席卷而来时,其间出现的某些不够正常的现象使国内外的学者对之颇有微词。为了澄清一些问题,2004年11月《内科杂志》约请李光伟教授以《有关循证医学的思考》为题对循证医学的一些观点进行了评论,并提出“循证医学不等同于随机对照研究、不排斥个例的经验”、“不应以随机分组取代适应证(完全以统计学代替临床)”等观点,引起了广大业内人士的思考。2009年针对临床实际工作中仍有些医生运用循证医学的理论和方法有绝对化的倾向,《内科杂志》又组织了“如何正确看待、应用和推进循证医学的成果,提高临床工作水平”的讨论,学者们以《实践循证医学不应绝对化》、《正确解读和应用随机对照试验提供的信息》等为题发表了各自的观点,从而为正确看待与应用循证医学起到了积极作用。《对侵入性治疗手段治疗心房颤动的思考》、《对铋剂在临床应用利弊的思考》等文章是对某学科当前临床的“热点”或临床医师较普遍应用的治疗方法提出不同的看法,提请临床医师反思。学术争鸣不仅限于评论性文章,对有争议的研究论文,杂志也酌情发表并配发编者按或文后点评。

(4)开辟多种医学“继续教育”栏目。自创刊以来,先后以“专家笔谈”、“青年医师进修园地”、“成才之路”等栏目开展医学继续教育工作。2000 年第 1 期起以新的面目“继续教育园地”与读者见面，该栏目以传播新知识为主，通常与医药公司联合举办。2003 年以来，在“继续教育园地”开展过 10 个系列讲座，共载文 52 篇，获得了良好的社会效益与经济效益。“专题笔谈”则是专家们帮助读者纵向深入地梳理知识，近 10 年《内科杂志》先后刊出“代谢性疾病肾损害”、“急性肾衰竭防治”、“焦虑抑郁”、“ 肠出血性大肠埃希菌感染”、“ 重症医学镇痛和镇静治疗”、“消化道出血”等 22 个涉及内科 10 个专业的专题笔谈，其中包含 84 篇讲座报告。这些专题均由编委会相关专业专家组策划、约请相关专家撰稿，对临床医师帮助很大，深受读者喜爱。

(5)新增“标准”栏目，促进临床行为之规范。《内科杂志》自 2000 年开辟“标准与讨论”栏目，前 3 年刊出共识或指南不足 10 篇，进入 2003 年后数量明显增加，截至 2012 年年底，10 年间共刊出 106 篇，平均每年刊出 11 篇左右。这些文章中包括《内科杂志》组织多学科专家讨论制订的、内容涉及多学科的指南或共识，诸如《血液病/恶性肿瘤患者侵袭性真菌感染的诊断标准与治疗原则》、《抗血小板药物消化道损伤的预防和治疗中国专家共识》、《心血管疾病一级预防中国专家共识》、《神经系统疾病伴发抑郁焦虑障碍的诊断治疗专家共识》，等等。为使指南(或共识、建议)能够起到应有的作用，《内科杂志》组织有关专家对某些指南或共识进行解读与推广，并对一些指南或共识适时地进行更新。此等举措不仅对规范临床行为起到积极的作用，也推动了不同学科专家间的交流与合作，扩大了《内科杂志》的影响。

(6)“临床病例讨论”指导临床实践。临床医学是实践性很强的学科，临床医师需要在工作中不断提高自己的诊疗技能，思维方式方法的培训不可或缺。为了帮助临床医师提高诊疗技能，开拓诊断思路，根据内科学科的特点，《内科杂志》在创刊伊始即设立了“临床病例(理)讨论”栏目，每期至少刊出 1 篇，至今已刊出 400 余例。2003 年年底与江苏科学技术出版社合作，从 1998 年之后发表的临床病例(理)讨论病例中精选出 161 例，系统地进行重新整理，并对每个病例讨论请专家进行点评。专家总结出该病例的诊断思路，指出诊治过程中的成功与失误之处，提出建设性的指导意见。根据以上整理和指导意见，《内科杂志》编辑出版了疑难病理会诊丛书之《内科疑难病例会诊》，备受读者喜爱。

(7)追踪时代发展，提供医学信息。为更好地服务于期刊的读者，进一步增加纸版杂志的信息量，从 2009 年第 1 期开始，《内科杂志》开辟了“网上资源导航”和“医海拾贝”等栏目，从而使读者掌握更多获取信息的途径，花最少的时间了解更多的医学信息。这些栏目的开辟不但深受读者欢迎，而且兄弟杂志也从中得到启发并纷纷效仿。

1.3　信息化建设

按中华医学会统一部署，《内科杂志》2009 年初启用了远程稿件管理系统，并于当年 11 月起停止接收电子邮件投稿和纸质稿件。通过稿件管理系统，《内科杂志》实现了网上的稿件接收、送审、退修、发排等处理稿件流程；同时实现了专家在线审稿；作者通过系统投稿、查询、校对等。编辑与审稿专家可同时利用系统进行论文相似性检索，大大方便了稿件处理，缩短了处理周期。

2011 年 7 月《中华内科杂志》网站改版开通，利用这一平台，可以及时发布学术信息、预告《内科杂志》的报道内容，开展学术讨论，加强读者、作者、编者的交流，更好地服务于广大的内科医师,扩大杂志的影响。目前读者可以通过网站查阅最新一期以及过刊杂志的目次及论著文章的摘要,并可查阅有关资讯;网站与远程稿件管理系统链接,方便作者在线投稿、专家在线审稿。同期开通了《中华内科杂志》官方微博,方便了读者、作者及编者的沟通。

1.4 学术活动

举办专题学术研讨会、学习班是期刊引导学术发展的形式之一,也是期刊扩大影响的有效途径。2008、2009 年《内科杂志》先后举办过全国内分泌代谢疾病研究进展学习班、全国消化疾病诊治进展学习班及内科临床新进展高级研讨班。

1.5 编辑队伍建设

2007 年之后《内科杂志》来了两位年轻编辑,为编辑部带来了活力,编辑部人员年龄分布形成梯队,知识结构更趋合理。《内科杂志》鼓励编辑参加国内外的各种学术活动,包括医学专业和编辑出版领域的会议。2009 年沈锡宾编辑应邀参加了第六届国际审稿和生物出版大会,其论文 *An assumption of a new journal running mode: a public peer review, open access journal based on web 2.0* 被大会收录为壁报。

1.6 获得的奖励

创刊 60 年来,《内科杂志》一直以具有较高的学术水平而享誉国内外,被多个国内外权威数据库收录:Medline/PubMed,化学文摘(CA)、俄罗斯文摘杂志(AJ)、中国学术期刊综合评价数据库及中国科学引文数据库等。多年来被引频次和影响因子在内科领域期刊中名列前茅。

继 2002 年获得第二届国家期刊奖提名奖、中国科协优秀期刊一等奖后,《内科杂志》2005 年荣获我国期刊界政府奖——第三届国家期刊奖;2003、2004、2006 年被评为中国百种杰出学术期刊;两度(2007—2008、2011—2012)获得国家自然科学基金重点学术期刊专项基金资助;获得 2008—2011 年度中国科协精品科技期刊示范项目(C 类)资助,2012—2014 年度再次获得中国科协精品科技期刊工程项目的期刊出版质量提升项目资助;2005、2008 年 2 次获得中华医学会优秀期刊一等奖,2010 年被评为中华医学会优秀期刊,在 2007—2012 年中华医学会系列杂志综合质量审读排名中始终名列前茅。

2 期刊发展面临的严峻挑战

经历 60 年风雨,走过无数坎坷,在广大读者、作者与编者的共同努力下,《中华内科杂志》始终在前行。近 10 年期刊发展中面临的挑战主要体现在以下 3 方面。

2.1 期刊间的竞争与内科学科的进行性萎缩

目前我国医学期刊 1300 余种,内科领域相关的杂志 100 余种,期刊间的竞争日趋激烈。

2.2 “国际化”压力

随着国家有关期刊主管部门对“期刊国际化”要求的日益迫切,以及给予被科学引文索引(SCI)收录期刊的特殊地位与种种优惠政策,加之各级科研机构对被 SCI 收录论文的高额奖励及其数量的硬性规定,使得最优秀的原创稿件一直在外流,国内的科技期刊均面临前所未有的窘境。作为中文期刊,如何在“国际化”的大潮中吸引优秀稿源,一直是《内科杂志》苦苦思索的问题。

2.3 数字信息网络对传统纸版期刊的冲击

随着数字化技术的日益普及和网络经济的迅猛发展，网络期刊由于采用了新的技术化手段，凭借及时、互动、精准、成本低、覆盖面广、信息量大等优势，发展的态势非常猛烈，形势咄咄逼人。数字信息媒体以其高速、便捷改变着人们获取信息和阅读的方式。在这种形势的冲击下，数字信息网络对传统期刊构成的威胁和挑战不断增大，《内科杂志》与其他期刊纸版的发行量逐年减少。如何应对这种冲击，找出适合自己发展的策略和道路，《内科杂志》也一直在不断探索和实践。

面对荣誉和挑战，《内科杂志》清醒地意识到：所有的荣誉只能代表昨日的辉煌，已经成为历史，而落在编辑同仁肩上的，是办刊人最高的追求———打造“双效”、“双爱”期刊[1]。作为中国医学期刊的一员，必须革除当前科技界的陋习，不急于求成，不为名利所惑，求真唯实，艰苦奋斗，为中国的科技期刊做出应有的贡献。

参 考 文 献

[1]游苏宁.“双效”、“双爱”期刊:办刊人的最高追求[J].编辑学报,2005,17(2):79-80.

Flourishing to a New Challenge and New Chapter: Retrospect and Prospect of *Chinese Journal of Internal Medicine* in Recent Ten Years

HOU Jianjun

Editorial Board of *Chinese Journal of Internal Medicine*, Beijing 100710

Abstract: From January 1953, *Chinese Journal of Internal Medicine* step into her 60th birthday. During the past six decades, she witnesses the flourish of internal medicine in China. At the historical moment, the editorial staff looked back on these days and summarized their experiences, presented the journal's best features, and shared their shinning points in the journal building. They wish in the coming new eras, the STM journal workers can take the opportunities together, confront the challenges together and overcome the difficulties together to create a better future of Chinese STM journals.

Keywords: *Chinese Journal of Internal Medicine*; STM periodicals; Biomedical periodicals; *Development*; *Challenge*

审稿编辑：梁永霞

62.《中华放射学杂志》

好风借力 扬帆起航

张琳琳[①] 高 宏
《中华放射学杂志》编辑部,北京 100710

摘要:《中华放射学杂志》已走过60年的历程,为我国放射学的发展作出了重要贡献。在办刊过程中,编辑部高度重视学术质量的提升,积极提高出版质量,加强编辑队伍建设,积极加强国际合作、扩大对外交流,注重数字化建设。在今后发展中,将一如既往地利用杂志自身的各种优势,采取各种措施,促进杂志更好、更快的发展。

关键词:医学期刊;办刊策略;学术导向;学术质量

2013年,《中华放射学杂志》(以下简称《杂志》)迎来了60岁的生日,编辑部紧锣密鼓地策划着一系列活动,与全国放射医学工作者一起庆祝这一盛事,共同回顾杂志艰辛而光荣的历史,缅怀先辈们为杂志发展所倾注的心血,追忆杂志为促进我国放射学发展作出的巨大贡献,畅想杂志美好的明天[1]。我们愿与期刊界同仁们一起总结杂志的点点滴滴,尤其是近几年办刊过程中的心得体会与思考,希望为以后的发展积累经验和提供借鉴。

1 期刊基本情况

杂志创办于1953年,是由中国科协主管、中华医学会主办的放射学专业学术期刊。也是中华医学会放射学分会和中华医学会影像技术学分会两个专科分会的会刊,是国内放射影像学领域创刊最早、影响力最大且最受读者喜爱的杂志,拥有稳定的高水平的作者群,在60年的办刊过程中积累了丰富的办刊经验。自1989年(国家首次公布)以来,杂志一直是我国临床医学和特种医学的核心期刊,是中国期刊方阵之双效期刊,是国内医学影像学期刊中被引频次唯一连续进入中国科技期刊排名100强之列的期刊。连续10年入选百种中国杰出学术期刊,还曾荣获国家科技期刊奖——百种重点期刊奖,多次荣获中国科协优秀学术期刊奖、中华医学会优秀期刊奖。2006年至今一直受中国科协精品期刊工程项目资助。被国际哥白尼索引、俄罗斯文摘杂志、荷兰医学文摘等国际数据库收录。

2 高度重视期刊学术质量提升

学术质量是科技期刊的灵魂,杂志在日常工作中高度重视期刊的学术质量,始终坚持以学术引导期刊的经营[2],从源头提高科技期刊的学术质量[3]。

① 《中华放射学杂志》编辑,E-mail:cjr. zhanglinlin@ vip. 163. com。

2.1 积极加强组稿工作

多方搜集信息，加强与专家交流。根据临床普遍关心的热点问题，组织专家撰写评论和专家论坛，并每年组织 10 期以上的重点号和指南性文件。组织专家开展多中心研究。编辑根据阅读和加工论文或参加会议了解到的信息，发掘相关领域前沿和实用的课题，并组织专家对课题的先进性和实用性进行鉴定，制定出科学、合理的研究方法和实施计划，确保选题的创新性和实用性，最终杂志收到了良好的社会效益和经济效益。例如放射医学是与影像设备发展密切相关的学科，当 64 层螺旋 CT 推出时，编辑部及时就其技术操作、临床应用价值及患者的选择等问题刊出相应的重点号。再比如随着 CT 层数的增加，剂量问题成了全社会关注的问题，编辑部及时就此问题，连续推出多期重点号，规范了 CT 检查的应用，最终使患者受益。

2.2 培养和发掘高水平的作者

（1）举办学习班，帮助投稿作者提高水平。高水平的作者是优秀稿源的基础。针对投稿作者写作水平参差不齐的状况，编辑部从 2006 年起在全国各地举办了多期论文写作学习班，并且在学习班内容的策划上狠下工夫，保证讲授内容生动丰富。学习班不仅教授论文写作规范的相关知识，还扩展到影像诊断科研设计、自然科学基金申请标书的设计及书写、统计学方法的应用等内容。邀请审稿水平较高的专家讲授审稿经验和体会，邀请在高水平杂志发表过较多文章的作者畅谈写作经验，不但提高了作者的写作水平，更提高了作者的科研水平。

（2）举办论坛，充分发挥青年学者的作用。为促进青年放射医师的成长，使他们能有一个互动交流的平台，编辑部从 2007 年起，每年举办放射青年医师论坛，同时进行优秀论文评选和演讲活动。此论坛活动吸引了许多青年医师积极踊跃地参加，并获得了他们的高度认可，成为放射医师的品牌会议，从而扩大了杂志的影响，为杂志培养了一批忠实的读者和作者。

2.3 培训审稿专家

审稿专家的把关能力对杂志的学术质量起着重要作用。但目前审稿专家都承担着繁重的临床、科研和教学任务，审稿时间和精力有限。针对此种情况，编辑部从 2007 年起举办多次审稿专家培训班，使审稿专家掌握更多的审稿技巧，并注意发掘中青年专家担任审稿专家，加快了审稿速度，提高了审稿质量。

2.4 审时度势，适时调整办刊策略[4]

由于政策导向的影响，近年国内优秀的论文外流情况严重，国内期刊发表的原创性论文匮乏。针对此种情况，杂志适时调整办刊策略。从之前一味要求文章具有创新性，向创新性和实用性并重的办刊策略转换，刊登了更多临床实用性强的论文。

3 积极提高出版质量

杂志发表的所有论文严格坚持中华医学会“三审五定”的原则。每篇论文都经过 3 名或以上同行专家审阅，并经过定稿会讨论同意；论文发表前还经过供稿编辑、责任编辑、编辑部主任、总编和社长五级定稿制度的把关，从而保证了刊出论文的学术和编辑质量。杂志所有稿件都是通过中华医学会统一的网上稿件处理系统处理，由中华医学会微机班统一排版,由统一招标的印刷厂印刷,从而充分保证了杂志的编辑出版质量。创刊以来,始终按期、保质出刊,出版时滞达到中华医学会杂志社的要求,出版质量优良,在杂志社历次评比中始终名列前茅。

4 加强编委会和编辑队伍建设

2010 年 3 月杂志成立了第 9 届编委会。编委会正式编委 103 人,其中院士 1 人,外籍编委 1 人,*Radiology* 杂志总编 Dr. Herb Kresel 担任名誉总编。编委会成员平均年龄 51 岁。外籍编委主要承担杂志英文摘要的审阅和与国外学者的交流工作。另有 55 名英文水平高的优秀青年医师组成通讯编委,为选拔优秀人才奠定了基础。目前杂志外籍审稿专家 10 名。编辑部正在努力扩大编委会和审稿队伍中外籍专家的比例,争取 2014 年新一届编委会中,外籍编委的比例占 8%,外籍审稿专家的比例占 5%。

编辑部现有工作人员 6 人,其中编辑 5 人,编务 1 人。编辑中 2 人有硕士学位、3 人有学士学位,其中 1 人传播学硕士研究生在读;2 人有正高职称、2 人有副高职称、1 人有中级职称,平均年龄 45 岁,是一个既有丰富编辑经验,又充满活力的团结、和谐、积极向上的学习型团体,具有较高水平的业务能力、对外交流能力和经营能力。编辑部人员还具有较高的英语水平,每年都有编辑出版方面的研究论文发表。

5 开展国际合作、扩大对外交流和加强数字化建设

(1)加强和本专业知名期刊的联系。编辑部多次选派编辑到影响因子分别居世界第 1 位和第 2 位的综合影像学期刊 *Radiology* 和 *European Radiology* 编辑部交流访问,建立了良好的联系。杂志与 *Radiology* 合作,向他们推荐多位中国审稿人。通过审稿,这些年轻的中国审稿人不但可以了解国外期刊的模式,还同时担负着为杂志吸引优秀国外稿件的任务。此外,还邀请国外知名杂志的总编对国内作者进行培训。

(2)2009 年杂志建立了自己的网站(网址:http//www. cjrjournal. org),发表的论文能及时上传网站,并且可全文免费网上阅读和下载。从 2011 年 10 月起,开始使用中华医学会统一的网上稿件处理系统(网址:http://www. cma. org. cn/),稿件处理速度大大加快。

6 期刊发展的思考及相应的措施

目前,医学期刊的发展面临着国内外竞争的压力[5],存在着体制和办刊模式等诸多问题。虽然杂志已经走过了 60 年辉煌的历程,但在当前的大环境下,更需要理清发展的思路,借助各方面的支持,扬帆远航。基本的战略思路是:坚持杂志的学术质量不动摇,积极开展多种形式的经营,提高自身的生存能力;同时,树立为读者和作者服务的意识,利用杂志自身的各种优势,促进杂志更好、更快地发展[6]。具体从如下几方面着手。

(1)进一步加强数字化建设,完善杂志网上投稿系统和网站的功能,使其成为稿件处理、信息发布、继续教育甚至网络版杂志出版等功能齐全的网站。尝试杂志的多媒体出版。

(2)扩大对外交流。继续选派编辑参加海外的学术交流或期刊展,以提高编辑的业务知识水平、杂志经营能力和对外交流能力;加大与国外专家和品牌杂志编辑部的交流,

以扩大杂志的国际影响力,争取被更多国际知名数据库收录;通过杂志的外籍编委、审稿专家组织一定数量的高水平国外论文。

(3)进一步加强对审稿专家的培训,使审稿标准达到国际品牌期刊的标准。

(4)定期举办医学研究的科研设计和论文写作学习班,帮助作者提高科学研究水平和论文写作水平,从源头上提高杂志来稿的学术质量。

(5)定期进行读者和作者调查,使杂志刊出的内容在具备科学性、先进性的同时,能更好地满足作者与读者开展科研和临床工作的需求,即刊出内容是真正的先进性、科学性和实用性的完美结合。

(6)进一步开展网上继续教育项目。在调查研究的基础上,更加科学系统地安排授课内容,为经济不发达地区的放射影像科医生提供帮助,使他们可以通过该网上讲堂不断地提高业务水平,同时提高杂志的社会效益。

参考文献

[1]高宏,郭启勇,张琳琳. 雄关漫道真如铁 而今迈步从头越[J]. 中华放射学杂志,2013,47(1):1.

[2]游苏宁. 学术期刊也能搞多种经营[J]. 编辑学报,2003,15(6):446-447.

[3]高宏,张晓冬,张琳琳,等. 从源头提高科技期刊的学术质量[J]. 中国科技期刊研究,2010,21(2):142-144.

[4]张晓冬,高宏. 实施创新性和实用性并重的办刊策略——以《中华放射学杂志》为例[J]. 编辑学报,2012,24(3):16-18.

[5]游苏宁,石朝云. 我国科技期刊的内忧与外患[J]. 编辑学报,2011,23(3):189-193.

[6]游苏宁. "双效"、"双爱"期刊:办刊人的最高追求[J]. 编辑学报,2005,17(2):79-80.

Make Full Use of the Favorable Conditions and Promote the Journal's Development

ZHANG Linlin, GAO Hong

Editorial Department of *Chinese Journal of Radiology*, Beijing 100710

Abstract: It has been sixty years since *Chinese Journal of Radiology* was founded. It made great contribution to the development of radiology in China. We emphasize on the improvement of academic and publishing quality, strengthen the construction of editing team, expand international cooperation and exchange, and focus on the digital construction. In the future, we will make full use of the favorable conditions and promote the journal's better development.

Keywords: Medical periodicals; Editing strategy ; Academic orientation; Academic quality

审稿编辑:梁永霞

63.《中国针灸》

《中国针灸》杂志的成长

齐淑兰①
《中国针灸》编辑部,北京 100700

摘要:简述《中国针灸》杂志的发展历程,总结创刊30余年来的成就。30年来,《中国针灸》在学术质量、出版质量上都得到了较大的提升。在精品科技期刊工程项目支持下,编委会得到长足发展,并建立了完善的审稿专家库。影响因子逐年提高,名列本行业前茅。获得多项荣誉和奖励,已成为引领本行业学术发展的核心期刊。

关键词:中国针灸;质量建设;网站建设;发展

针灸作为对人类健康具有保健和治疗作用的"绿色"疗法,曾为中华民族的繁荣昌盛做出过巨大贡献。随着改革开放大潮的到来,科技文化逐渐复兴,1981年在党和政府关怀下,《中国针灸》杂志便应运而生了。著名针灸学家鲁之俊在《中国针灸》杂志发刊词中曾指出:"本刊是全国性的综合性的针灸学术刊物,内容既要能反映我国的针灸学术水平,又要适合全国广大医务工作者学习和提高的需要。因此,本刊的内容应是提高为主,兼顾普及,丰富多彩,实事求是"[1]。创刊30多年来,一直遵循此办刊宗旨,在上级领导和主管部门的支持下,期刊得到长足发展。

《中国针灸》杂志的读者对象为各级医务工作者,尤其是针灸临床、教育、科研人员以及针灸爱好者。全面报道国内外针灸学科的最新研究成果,介绍临床有效的治疗方法。还提供各种技能培训、继续教育培训、学术会议及医疗器械产品等信息。对世界医疗卫生专业人员从事针灸临床、教学、科研工作,具有很好的指导作用。

1 期刊发展历程

1.1 基本情况

1.1.1 创刊及发行

《中国针灸》创刊于1981年8月(国内刊号CN 11-2024,国际刊号ISSN 0255-2930)。由中国科学技术协会主管,中国针灸学会、中国中医科学院针灸研究所主办,国内外公开发行。

1.1.2 获奖与资助

《中国针灸》2007—2008年度分别获得中国科协精品科技期刊工程项目C类资助,2011年被中国科协评为中国精品科技期刊,2012年获得中国科协精品科技期刊工程出版质量提升项目资助。在国家中医药管理局举办的全国中医药优秀期刊评比中,1995、

① 中国中医科学院针灸研究所期刊中心《中国针灸》编辑部主任,编审,E-mail:qishulan0606@sohu.com。

2000、2007、2012 年先后获一等奖和二等奖。

1.1.3 影响力指标

根据中国科学技术信息研究所的科技期刊引证报告(核心版),近 5 年的影响因子及排名如表 1 所示。

表 1 《中国针灸》2008—2012 年影响力指标与排名

年份	影响因子	影响因子排名	总被引频次	被引频次排名
2008	0.315	18	1232	6
2009	0.487	11	2023	5
2010	0.726	6	2558	6
2011	0.710	9	2983	6
2012	0.687	10	3150	7

1.1.4 数据库收录情况

国内:被中国科技核心期刊、中文核心期刊、中国科学引文数据库、中文生物医学期刊文献数据库、中国生物医学期刊引文数据库、中国中医药文献数据库等收录。

国外:被美国医学索引(MEDLINE)、化学文摘(CA)、日本科学技术文献数据库(JST)、波兰哥白尼索引(IC)等收录。

1.2 学术质量建设

1.2.1 成立编辑委员会

2000 年《中国针灸》杂志成立首届编委会,由 41 名来自全国各地的针灸专家学者组成。2007 年得到中国科协精品科技期刊工程项目资助后,开始筹备编委会的换届工作,并于 2008 年进行了编委会换届,成立了第二届编委会。新的编委会成员 64 名,增加了海外专家学者 7 人,进一步明确了编委的权利和义务,规定了任职期限。第二届编委会按时召开编委会会议,充分发挥了编委会委员的作用,在吸引来稿和协助编辑部召开各种针灸学术会议方面做出了很大的贡献。2012 年 4 月,第三届编委会换届会议如期召开,新的编委会委员增加至 69 人,并增加了台湾、香港等地区的编委会委员,海外专家学者也有所增加。第三届编委会在精品科技期刊建设中一如既往地发挥了很大的作用,如每年召开编委会会议,讨论期刊的发展方向;广大编委会委员积极建言献策,并协助编辑部评选优秀论文;根据编辑部的要求,为临时热点追踪栏目撰写文章或专论等。

1.2.2 完善审稿专家队伍

《中国针灸》杂志为中国针灸学会和中国中医科学院针灸研究所共同主办,学会和科学院聚集了全国最优秀的针灸专家和学者,为审稿队伍的建设提供了专家资源保障。在中国科协精品科技期刊工程项目支持下,近年来审稿专家队伍逐渐扩大和完善。自 2012 年开始,《中国针灸》在网站上面向全球广泛征集审稿专家,进一步拓宽和壮大了审稿专家队伍,为提高《中国针灸》杂志的学术质量打下了坚实的基础。

1.2.3 提高编辑队伍素质

创刊30年来，先后有5名针灸界著名专家担任《中国针灸》的主编，为提高期刊的学术质量、编校水平以及改善设计装帧发挥了重要的作用。多年来，随着编辑部成员的变化，编辑的各项素质在逐步提高，目前的编辑基本上都具有本科及以上学历。所有编辑在从事编辑工作一年后均参加编辑培训学习班，并轮流参加期刊审读或期刊论坛等相关学术交流活动。

1.2.4 提高审稿及编校质量

《中国针灸》杂志自创刊后一直严格遵守办刊宗旨，树立了严谨的工作作风。严肃认真地选用稿件，通过三审（编辑初审、相关专家外审、主编终审）决定稿件的录用。中国知网（CNKI）学术不端文献检测系统付诸应用后，编辑部运用该系统对所录用的稿件进行查重，凡重合率在30%以上者视为学术不端文章，一律不予录用。对于已录用的稿件编辑都要仔细认真加工核对，并采用三校、互校、主编把关制度，错字率一直控制在万分之一以下，杂志的学术质量、编辑加工水平都达到了同类杂志的较高水平，得到了期刊界的好评。2009—2010年被中国学术期刊评价委员会评为“RCCSE中国权威学术期刊”（5/105，A+）[2]；2012年度北京科技期刊学会审读总体评价为“较好”，即学术质量、编辑质量和印刷装帧质量较好，同时具有较强的实用性。

1.2.5 举办各种学术会议

为了提高期刊的学术影响力，《中国针灸》编辑部自1994年开始每两年举办一次全国针灸科研与临床研讨会，同时在两年之间举办一些特色的针灸学术会议。到目前为止，已举办8届全国针灸科研与临床研讨会，6次特色针灸疗法会议，多次召开“作者、读者、编者座谈会”，遍及全国17个省市或自治区，得到业界的广泛好评，大大提高了《中国针灸》杂志的学术影响力。

1.2.6 评选优秀论文

在中国科协精品科技期刊工程项目支持下，对2012年在《中国针灸》发表的论文进行全面梳理，组织专家评选优秀论文，并对优秀论文给予奖励并颁发优秀论文证书，提高了期刊的凝聚力。

1.3 出版质量建设

1.3.1 版面、出版周期和页码

创刊初期为16开本、双月刊、48页，1986年改为56页，1994年增至64页，1996年由双月刊改为月刊，2001年扩大为国际标准大16开，2002年页码增至72页，2005年增至80页。2007—2008年得到中国科协精品科技期刊工程项目资助，杂志又注入新的活力，无论质量还是容量都有了很大提高，2007年页码增至88页，2009年增至96页，2011年增至104页[3]。

1.3.2 印刷质量与封面变化

自1981年创刊至1995年采用单色铅排；1996年至2005年采用双色机排，并加彩色插页；2006年开始采用双色机排，全彩色印刷。所用纸张由原来的普通报刊用纸改为铜版纸。期刊封面也随着版本的变化而变得生动活泼（见图1、图2）[4]。

图 1　2000 年前的《中国针灸》版本

图 2　2001 年以后的《中国针灸》版本

1.4　网站建设

《中国针灸》杂志自 2000 年建立了自己的网站,在网站上刊有《投稿须知》、《编辑部公告》、《期刊介绍》、《期刊目录与摘要》、《编委会名单》等。自 2012 年开始《中国针灸》建立了微博,以加强与读者之间的联系。

在科协精品科技期刊工程项目支持下,《中国针灸》杂志自 2003 年建立局域采编系统,以加快审理速度。2009 年又对采编软件进行升级改造,真正实现了网上远程审理稿件,加快了审理速度,缩短了发表时滞;也方便了作者投稿,来稿率大幅增加。

2　思考

《中国针灸》杂志尽管取得了一些成绩,但面对目前的危机形势,还须更加努力,在如下两方面加大力度。

(1)加强编辑队伍建设,增强编辑实力,加强编辑与针灸领域相关专家的联系,争取更好、更优秀的稿源,以进一步提高学术质量。

(2)加强期刊的宣传推广,以提高期刊的学术影响力。

参 考 文 献

[1]邓良月,刘炜宏. 勤奋耕耘 励精图治 竭诚奉献——纪念《中国针灸》杂志创刊 20 周年[J]. 中国针灸,2001(8):461 - 463.

[2]邱均平,燕今伟,刘霞,等. 中国学术期刊评价研究报告[J]. 北京:科学出版社,2009:184.

[3]成平. 与时俱进 不断创新——《中国针灸》杂志 30 年发展拾零[J]. 中国针灸,2011,31(S1):18 - 20.

[4]刘炜宏. 保证质量 注重品位 促进发展——纪念《中国针灸》杂志创刊 30 周年[J]. 中国针灸,2011,31(S1):3 - 7.

The Development of *Chinese Acupuncture & Moxibustion*

QI Shulan

Editorial Office of *Chinese Acupuncture & Moxibustion*, Beijing 100700

Abstract: This article briefly introduces development history of *Chinese Acupuncture & Moxibustion* and summarizes its achievement over the past 30 years. Since founded in 1981,

Chinese Acupuncture & Moxibustion has a greater increase in academic quality and publication quality. Under the support of High Quality Scientific Journal Project, the editorial board has made significant advances and established perfect database of the experts, and the impact factor is increased year by year which is at the top in this field. Besides, it has received a number of honors and awards. In a word, it has become core journal which leading academic development of our field.

Keywords: *Chinese Acupuncture & Moxibustion*; Quality construction; Website construction; Development

审稿编辑:梁永霞

64.《中华实用儿科临床杂志》

开拓创新 强化服务意识 打造精品期刊

——《中华实用儿科临床杂志》27年办刊实践与探索

王家勤[①] 周二强 李建华

《中华实用儿科临床杂志》编辑部,新乡 453003

摘要:《中华实用儿科临床杂志》(原《实用儿科临床杂志》,简称《杂志》)自1986年1月创刊以来,始终贯彻科技发展和卫生工作方针,认真履行办刊宗旨,坚持与时俱进、开拓创新,不断改革办刊模式,不断强化服务意识,坚持走精品期刊办刊之路,获得了良好的社会效益和经济效益。通过介绍《杂志》的发展现状,分析《杂志》发展过程中的不足,总结出27年《杂志》的办刊经验,提出《杂志》今后发展的规划和策略。

关键词:精品期刊;《中华实用儿科临床杂志》;办刊实践;发展策略

《中华实用儿科临床杂志》(原《实用儿科临床杂志》),(简称《杂志》)是由中国科学技术协会主管、中华医学会主办的中华系列杂志。《杂志》自1986年1月创刊以来,至今已走过了27年艰辛而光辉的历程。27年来,《杂志》认真执行国家有关期刊出版等方面的法律法规、政策、条例及其他有关规定,遵守《期刊出版管理规定》中的相关规定,贯彻科技发展和卫生工作方针,履行办刊宗旨,坚持与时俱进、开拓创新、深化改革,强化服务意识,加强《杂志》的国际化交流,坚持走精品期刊办刊之路,影响因子等期刊评价指标不断提高、发行量不断增加,获得了良好的社会效益和经济效益。为了《杂志》以后更好、更快地发展,我们通过对《杂志》的现状和发展不足的分析,总结出27年来的办刊经验和提出未来发展规划,以便和同仁共同探讨,相互借鉴。

1 《杂志》基本情况

1.1 顺应时代需求应运而生,不断改革办刊模式

20世纪80年代,国内儿科学术刊物仅有《中华儿科杂志》和《中华小儿外科杂志》,连同中山医科大学的《新医学》,也只有几家杂志刊登儿科文稿,远远不能满足我国儿科医学发展的需要。为了满足我国儿科工作者及时了解国内外医疗、科研等方面的新理念、新成果、新技术、新进展的需求,促进儿科医学学术交流,在诸福棠、秦振庭教授等老一辈儿科学家的鼓励和指导下,在全国儿科有识之士的大力帮助下,联合国内许多医学院校及北京、上海、成都、重庆知名专家、教授及中青年学者,由郭学鹏教授创办了《实用儿科临床杂志》,由新乡医学院主管、主办,并在上海的《临床儿科杂志》、中国医科大学的《实用儿科杂志》之先,于1986年1月正式出版发行。

① 《中华实用儿科临床杂志》编辑部主任,主任医师,教授,E-mail:371450695@qq.com。

近年来,大量高质量的论文流向国外,国内医学期刊的学术质量呈下滑趋势,加上数字出版浪潮来袭,医学学术期刊面临严峻挑战。针对这种发展形势,期刊开拓创新,及时调整办刊模式。自2008年起,《实用儿科临床杂志》开始积极筹备申请加入中华医学会系列杂志的工作。经过精心准备和不懈努力,2012年3月《实用儿科临床杂志》变更事宜获新闻出版总署批准(新出审字[2012]180号),《实用儿科临床杂志》更名为《中华实用儿科临床杂志》,主管单位由新乡医学院变更为中国科学技术协会,主办单位由新乡医学院变更为中华医学会,成为中华医学会系列杂志的一员。自此,《中华实用儿科临床杂志》站在一个新的历史起点,以崭新的面貌呈献给作者、读者。

1.2 明确《杂志》定位,制定精品战略目标

自创刊以来,《杂志》就明确了以贯彻党和国家的卫生工作方针、政策,贯彻理论与实践、普及与提高相结合的方针,反映国内外儿科医疗、科研等方面的新理念、新成果、新技术、新进展,促进学术交流的办刊宗旨,并制定了面向临床、突出实用的办刊理念。在此办刊宗旨和办刊方针的指导下,明确了创办“双效、双爱期刊”的期刊定位,确立了走精品科技期刊之路的战略目标。

(1)注重栏目建设。在明确期刊定位的前提下,创刊初期,《杂志》即开辟了论著、实验研究、儿童保健、经验教训等10个栏目。随着科技的不断发展和读者、作者需求的不断变化,《杂志》在严格履行办刊宗旨的前提下,坚持科学导向,不断地调整和增辟栏目。如1998年与中华医学会儿科学分会神经学组共同开辟了“小儿神经基础与临床”栏目,刊登了大量的具有先进性和科学性的小儿神经系统疾病方面的论文,为我国小儿神经专业的发展做出了突出贡献。针对读者需要,2003年又增设了“专家论坛”和“继续教育栏”目。截至目前,共开辟了“专家论坛”、“论著”、“小儿神经基础”与“临床”、“实验研究”、“儿童保健”、“误诊分析”、“药物与临床”、“综述”、“小儿外科”、“病例(理)讨论”、“病例报告”、“临床应用研究”、“英文原著”、“诊断标准 · 治疗方案”、“继续教育”等近20个栏目。其中,“专家论坛”、“诊断标准 · 治疗方案”、“继续教育”等一些栏目在儿科学术界产生了很大影响。在这种定位下,《杂志》吸引了各级医院、各高等医学院校、科研院所儿科工作者,建立了日益扩大的作者、读者群。

(2)及时报道。针对儿科临床突发事件能够作出及时报道。在2003年SARS爆发、流行期间,专题报道了由中华医学会儿科学会呼吸学组组长杨永弘教授主持召开的“关于香港、北京、广州三地儿童SARS流行情况”的研讨会内容,并组织广州市儿童医院的4位专家撰写了儿童非典型肺炎专题讨论。董宗祈教授在期刊发表的《肺炎支原体感染的致病机制与治疗的关系》一文荣获2010年中国百篇最具影响国内学术论文。

1.3 强化服务意识,多途径扩大《杂志》影响力

学术期刊的主要作用是为读者、作者服务,学术期刊的发展必须要不断强化为读者、作者服务的意识。《杂志》作为一种面向全球儿科医学工作者的刊物,如何能更好地服务于读者、作者,首先要获得他们的认可。而要获得他们的认可,重要的是应当走国际化的办刊路线,按照国际顶级杂志的标准出版,同时应当争取进入国内外重要数据库[1]。为使《杂志》更加接近国际规范,1993年《杂志》在儿科学期刊中率先采用了结构式摘要(目的、方法、结果与结论),极大地方便了科研机构和作者的检索,提高了《杂志》的检索率。

《杂志》于1992年被评为北京大学图书馆《中文核心期刊要目总览》之临床医学/特种医学类的核心期刊，并一连6次保持了核心期刊地位；2001、2002、2004、2006、2008、2010、2012年连续7次被国家科技部列入中国科技论文统计源期刊（中国科技核心期刊）；2003年被国际权威检索机构之一——俄罗斯文摘杂志收录；2005年被美国化学文摘收录；2006年被波兰哥白尼文摘列为来源期刊；2008年首批加入WHO西太平洋地区医学索引；入选美国乌利希期刊指南；2009年被评为RCCSE中国核心学术期刊；2011年入选中国科学引文数据库（CSCD）。另外，还被中国生物医学文献数据库（CBMdisc）、Quick全文资料管理系统（FTME）、中文科技期刊数据库、中国学术期刊（光盘版）、万方数据库等重要数据库收录。并荣获1992年河南省科技期刊质量考核单项优秀奖、1998年第三届河南省优秀科技期刊三等奖，2002年在河南省科技厅科技期刊审读评比中荣获二等奖，2005年获河南省优秀期刊及河南省一级期刊称号。《杂志》被评为多种核心期刊，进入国内外众多数据库，并荣获多项奖项，极大地扩大了期刊的影响力。加强了与国际的交流、合作，也获得了广大读者、作者的认可。2012年8月《杂志》又获得中国科学技术协会精品科技期刊工程项目——期刊出版质量提升项目资助。这不仅实现了《杂志》创刊以来在国家及行业专项基金资助方面零的突破，也是对期刊建设、发展的肯定和鼓励，为《杂志》的进一步发展提供了强劲的推动力。

1.4 《杂志》评价指标持续提升

《杂志》在坚持贯彻理论与实践相结合、普及与提高的办刊方针，严把稿源质量关办刊的前提下，各种期刊评价指标逐年升高，在同类期刊中位居前列，2006—2011年度《杂志》主要被引指标及期刊来源指标变化见表1、表2。

表1 《实用儿科临床杂志》2006—2010年期刊被引用指标及期刊来源指标

指标	2006年	2007年	2008年	2009年	2010年
总被引频次	1924	2321	2314	3171	3309
影响因子	0.847	0.824	0.680	0.916	0.935
即年指标	0.158	0.077	0.065	0.151	0.075
他引率	0.52	0.69	0.79	0.73	0.78
引用刊数	234	267	20	394	405
扩散因子	12.16	11.50	0.86	12.43	12.42
权威因子	—	—	414.53	1228.00	1158.18
被引半衰期	2.6	2.76	2.84	2.9	3.4
平均引文数	11.80	11.90	13.26	14.21	13.96
平均作者数	3.74	3.62	3.97	3.96	4.26
地区分布数	28	30	29	29	27
机构分布数	293	388	282	245	279
基金论文比	0.35	0.21	0.30	0.33	0.32
引用半衰期	2.80	2.76	2.76	2.80	3.10

注：指标来源中国科技期刊引证报告（核心板）2007、2008、2009、2010、2011年版

表2　《实用儿科临床杂志》2006—2010年期刊主要指标在儿科学类期刊中排名

指标	2006年		2007年		2008年		2007年		2008年	
	数值	排名	数值	排名	数值	排名	数值	排名	数值	排名
总被引频次	1924	2	2321	2	2314	2	3171	2	3309	2
影响因子	0.847	2	0.824	2	0.680	5	0.916	3	0.935	3
综合评价总分	—		—		55.7	3	57.1	2	56.9	2

注：指标来源于《中国科技期刊引证报告》（核心版）2007、2008、2009、2010、2011年版

从表1、表2可以看出《杂志》2006—2011年度总被引频次、影响因子、他引率、权威因子及扩散因子等指标呈上升趋势，反映《杂志》在国内外儿科学术界的影响力越来越大，受读者、作者的关注度也越来越高。

2　重视和加强《杂志》学术质量和出版质量建设

2.1　加强编委和审稿专家队伍建设

《杂志》自创刊以来，就重视编委会的作用。创刊初期，即成立了以郭学鹏教授为主编，左启华、李树春、余鸾雏、王如文、何威逊、杨霁云、廖清奎教授等43位儿科专家组成的编委会。随着《杂志》的发展，不断调整编委会，使其结构更加合理，2012年新一届编委呈现以下特征：①队伍逐渐扩大，从创刊初期的43人，发展到2012年的150人；②学历层次越来越高，编委及通讯编委中博士研究生占58.67%，硕士研究生占32.66%；③越来越年轻化，60～71岁3人，55～59岁15人，50～54岁28人，45～49岁48人，35～44岁6人；④覆盖区域越来越广，涉及28个省、自治区、直辖市的儿科同道。同时，通过加强沟通、定期召开编委会会议，制定编委会奖励制度、主动向编委约稿制度以及规范编委审稿制度，充分调动了编委会成员的积极性，使每个编委都能认真履行职责，对促进期刊的发展发挥了巨大作用。

长期以来《杂志》不断加强审稿专家队伍的建设。一方面调动编委的审稿积极性，另一方面制定了审稿专家的入选标准，选取符合标准的儿科专家作为审稿专家。2012年通过推荐、遴选，编辑部聘任119位儿科教授为特邀编委，同时作为审稿专家，进行稿件审理工作。

2.2　实施多项策略，争取优秀稿源

重视吸引高质量稿件工作，通过实施多项措施，争取优秀稿源。

（1）积极参与各儿科专业学组的学术会议等活动，加强与儿科专业学组的联系，以主动、高效的服务为优势，争取高质量稿件。如1991年与中华医学会儿科学分会儿保学组合办首届全国儿童营养及营养性疾病学术会议，1994年与中华微量元素学会合办第2届全国儿童营养及营养性疾病学术会议，通过与学组合办会议吸引了大量儿童保健等方面的优秀稿件。1993年开始与中华医学会儿科学分会急救学组合作，共为第3～8届全国小儿急救学术会议出版了6期共1000余页会议专辑。

（2）通过举办学术会议扩大期刊知名度并组织稿件。2007年、2009年、2011年分别与重庆医科大学附属儿童医院、湖南省儿童医院、郑州儿童医院联合主办了3次中西部

儿科医学论坛。2012 年 12 月在召开《杂志》第一届编委会第一次全体会议的同时，主办了实用儿科临床医学论坛（广州站）。

（3）2001 年在儿科杂志中率先为国家自然基金及省部级以上基金开辟了绿色通道。承诺在 10 个工作日给出审理结果，及时刊发。

（4）实施优稿优酬、降低优秀论文发表费。特别是获得中国科学精品科技期刊——期刊出版质量提升项目资助后，《杂志》对于国家级重点项目资助的优秀论文、偏远贫困地区优秀论文、国内外首例报道及其他对社会有重大贡献的论文降低论文发表费或全部减免。对于国家级重点项目资助的优秀论文、偏远贫困地区优秀论文、国内外首例报道及其他对社会有重大贡献的论文，稿酬提高 50% 以上。组织优秀论文评选，对获奖优秀论文给予物质奖励和优先发表。通过总编推荐及时将优秀论文上传至万方数据库，予以优先发表。通过以上措施，《杂志》的年收稿量逐年增高，2012 年年收稿量达 2500 余篇，基金论文也逐年增多，刊出基金论文比逐年增高，近 4 年均在 30% 以上。

2.3 缩短出版周期，增加刊载容量

为作者服务的最好体现就是将他们的研究成果以最快的速度予以传播[2]。因此，《杂志》敢于开拓创新，实施多项措施，不断缩短出版周期：①缩短刊期。《杂志》创刊初期 1986 年为季刊，1988 年变更为双月刊，2003 年又变更为月刊，2006 年在全国儿科学类期刊中率先改为半月刊。②逐步实施稿件处理网络化，采用先进的采编系统，优化投稿、审稿、编校、出版程序。③缩短审稿周期。通过以上措施，出版周期不断缩短，截至目前，出版周期平均为 135.6 天。

在不断缩短《杂志》刊期的基础上，1998 年改为 A4 开本，页码也由创刊时的 64 页增加到 80 页，刊载容量得到了增加：创刊初期年载文量 180 余篇，以后逐年增加，2012 年年载文量为 655 篇。

2.4 优化版式设计，提高印刷质量

学术期刊出版质量包括学术质量、装帧质量及版式设计。精品期刊不仅要注重学术质量，而且也要重视印装质量及优美的版式设计，只有精美的期刊才能吸引读者。《杂志》一直重视版式设计，封面经过 6 次变更更加新颖、大方、美观，论文中的图片也由黑白图变更为彩图。内文印刷用纸从 48g 双胶纸变为 80g 双胶纸，现今的 80g 铜版纸。

3 《杂志》发展面临的挑战和未来发展规划

3.1 《杂志》发展面临的挑战

在过去的 27 年中，《杂志》与时俱进，持续发展，取得了丰硕成果和长足进步，但也清醒地认识到《杂志》与国际同类高水平期刊还有很大差距。如《杂志》的各项文献计量学指标、印刷质量与权威期刊尚有一定差距；国际化程度不够，外籍编委较少，有一定知名度跨国合作论文极少；及时把握儿科领域的前沿、热点的能力尚需提高。全球化已渗透到各个领域，受 SCI 带来的挑战和冲击，我国大量优秀稿源严重外流，《杂志》虽然稿源丰富，但稿件质量良莠不齐，目前刊出率虽只有 23.2%，但与国外名刊相比仍较高。如何吸引优质稿源，融入世界科技交流体系是亟须解决的问题。出版数字化和网络化给传统信息获取途径、读者的阅读方式和途径带来巨大变革，造成纸版期刊发

行量的持续滑坡。这些新的形势、新的任务、新的目标,对《杂志》来说,既是机遇,也是挑战。

3.2 未来发展规划

在精品期刊战略目标的指导下,《杂志》应该进一步积极探索办刊特点与规律,充分调动编委会和编辑部的积极性,与时俱进、开拓创新、深化改革、强化服务意识,全面提高经济效益和社会效益,创办精品期刊。具体规划如下:

(1)进一步提高学术质量和编辑质量。组织扩大优质稿源,密切关注"三高"作者:高层次、高水平、高产出;密切关注"三重"人群:重点机构、重大项目,重要工作。明确定位,继续保持专栏特色,打造重点号,增强核心竞争力。重视交叉学科,发掘新热点,加强横向联系,尽可能拓宽报道领域。促进多中心临床研究的快速发表,推动全国多中心临床研究。重视述评类论文的刊出和评论队伍的培养,以强化期刊的学术导向性。增加病例讨论和病例报告类论文的刊出,以提高对临床实践的指导性。强调期刊的可读性,增加论著类论文和临床应用研究的刊出,以扩大作者和读者群。对中西部和边远地区的稿件予以适当倾斜。认真执行国家颁发的编辑规范,努力把《杂志》质量提高到一个新的水平。

(2)进一步加强编委会队伍和审稿专家队伍建设。按照中华医学会杂志社要求,明确每位编委的义务和责任,并以此为每年考核标准,为下届编委换届提供重要依据。注意梯队建设,发掘热爱期刊工作、有奉献精神、有学术影响力、作风正派的中青年临床医生为特约审稿人,作为下届编委会的备选人选。

(3)进一步加强编辑部建设。不断梳理办刊思路,及时调整出版策略。转变经营理念,携作者同行,与读者同在,完成从满足作者需求到满足儿科医师需求的转身。加强网络化建设,在纸质版出刊同步刊登网络版。及时上传编委会相关信息,提供近半年来新发表论文的摘要信息,并将专家讲座、会议、辩论赛、学习班讲座内容放到期刊的网站上,供读者和作者免费阅读下载。加强与儿科学分会各个学组的联系,力求做到专家的学术引领和编辑的洞察力紧密结合。

(4)切实落实精品期刊项目——出版质量提升内容。进一步提高期刊设计质量,缩短期刊出版周期,降低优秀论文发表费,实行优稿优酬,增强《杂志》的覆盖力和影响力,努力打造精品期刊。

(5)实施《杂志》国际化策略。继续搞好杂志的对外宣传和交流,增加精品意识,克服自身不足,力争被更多国际著名检索系统或数据库收录,同时要不断扩大在国际上的知名度,吸引国际作者投稿。

(6)加强营销策划和宣传,创新营销手段,实施多元化经营,提高《杂志》效益。

参考文献

[1]王晴,骆筱秋,胡兴戎.努力创办国际一流学术期刊——国际口腔科学杂志(英文版)探索与实践[J].编辑学报,2011,23(3):233-235.

[2]颜廷梅,任延刚.缩短出版周期:科技期刊为作者服务的好举措[J].编辑学报,2011,23(6):501-502.

Innovation, Strengthen the Service Consciousness, Build a Top Quality Journals—Practice and Exploration of *Chinese Journal of Applied Clinical Pediatrics* for 27 years

WANG Jiaqin, ZHOU Erqiang, LI Jianhua
Editorial Office of *Chinese Journal of Applied Clinical Pediatrics*, Xinxiang 453003

Abstract: Since January 1986 *Chinese Journal of Applied Clinical Pediatrics* (the *original Journal of Applied Clinical Pediatrics*) published, it's always been able to carry out the principle of s&t and health work, conscientiously fulfill the publishing purpose, keep the pace with the times, exploiting and innovating, reform the management model of journals, continuously strengthen the service consciousness, adhere to the road of high – quality journals. The journal obtains good social and economic benefits. By introducing the present situation and analyzing the problems of the development of periodicals, we summarize the 27 years experience and explore the future development strategy of the journal.

Keywords: Top quality journals; *Chinese Journal of Applied Clinical Pediatrics*; Running practice; Development strategy

审稿编辑:梁永霞

65.《中华消化外科杂志》

《中华消化外科杂志》的品牌战略

陈 敏[①] 张玉琳 张 昊 龙志敏 陶 东 邹迎芬 赵 蕾
《中华消化外科杂志》编辑部,重庆 400038

摘要:从编委会建设、选题策划、出版质量建设、开展学术交流等几方面介绍了《中华消化外科杂志》的发展历程,探寻期刊品牌化战略的突破口。以《中华消化外科杂志》编辑委员会和编辑部主办的系列高端会议、年度精品会议和额外增补会议为例,探讨了期刊会议的差异化经营及其带来的效益。

关键词:编委会建设;学术会议;品牌战略

1 杂志简介

为了推动我国消化外科学的发展,及时传播国内外消化外科领域的新理论、新技术和新经验,在中国工程院院士黄志强教授的倡导下,在董家鸿教授的具体指导下,在全国消化外科学界同仁的大力支持下,在重庆市新闻出版局、重庆市科学技术协会、第三军医大学、西南医院各级领导的精心筹备与策划下,1999 年成立了《消化外科》编辑部和《消化外科》第一届编辑委员会。2002 年正式出版发行,2007 年正式加入中华医学会系列杂志,更名为《中华消化外科杂志》(以下简称《消化外科》)。

《消化外科》是由中国科学技术协会主管、中华医学会主办的国内唯一涵盖消化外科各领域的高水平专业期刊。秉承"传播国内外消化外科领域的新理论、新技术和新经验,成为联系国内外消化外科同道的纽带,推动我国消化外科学的发展"的办刊宗旨,施行"着重提高,兼顾普及"的办刊方针。《消化外科》现为中国科技论文统计源期刊、中国自然科学类核心期刊;已被《中文核心期刊要目总览》(2011 年版)、中国科学引文数据库(CSCD)、RCCSE 中国核心学术期刊、美国化学文摘(CA)、美国乌利希期刊指南(Ulrich IPD)、波兰哥白尼索引(IC)、英国国际农业与生物科学研究中心(CABI)、瑞士 HINARI、世界卫生组织西太平洋地区医学索引(WPRIM)等 18 家国内外检索系统收录。

《消化外科》2009 年影响因子达到 1.071,在外科学 56 种期刊中排名第二。近年来《消化外科》先后荣获教育部授予的中国高校科技期刊优秀团队,中国期刊协会授予的全国抗震救灾宣传报道先进期刊,第五届全军医学期刊优秀期刊奖,中华医学会杂志社第四届劳动技能大赛团体二等奖等殊荣;获 2012 年度中国科协精品科技期刊工程项目资助。

---

① 《中华消化外科杂志》编辑部主任,教授,E-mail:chenmin776@ yahoo. com. cn。

2 重视编辑委员会，彰显专家办刊理念

2.1 构建完善人才梯队，打造坚强编委后盾

为了组建一支高水平、高素质的编辑委员会队伍，《消化外科》采取务实的政策遴选编委。在广泛调查、征求上届编委会意见的基础上，经中华医学会批准，《消化外科》第二届编委会由216名国内外著名消化外科专家学者组成。其中包括10名院士、6名外籍编委。目前活跃在中国消化外科领域中年富力强的专家构成编委会的主体，强大的学术阵容为《消化外科》的学术质量提供了重要的保障。并且通过开办中青年专家论坛、组织手术大赛等活动组建编委会后备人才库。

2.2 强大的审稿队伍，确保文章学术质量

为了打造专业化的编辑委员会队伍，提高编委的审稿水平，确保杂志的学术质量，《消化外科》积极组织编委参加中华医学会杂志社主办的第一、第二届审稿专家培训班，强化了编委的工作职责，有力地保障了期刊的快速发展。为了确保杂志审稿质量，《消化外科》于2007年11月成立了以第三军医大学专家为主体的特邀审稿专业组。定期召开专业组审稿会，更好地提高杂志的学术水平。

2.3 巩固扩大人脉，组织优秀稿件

在总编辑、副总编辑所在城市成立《中华消化外科杂志》工作站。2011年以来，多次在北京、上海、重庆、乌鲁木齐等城市召开定稿会、座谈会或论坛，广泛听取编委对办刊的建议，充分发挥他们在办刊工作中的学术主导作用。《消化外科》2008年增设国际编委，不定期报道国际编委及其团队或合作机构研究方向的热点文章；2011年起，逐渐递增报道力度和篇幅。

3 引领学术前沿，精心策划栏目

质量是期刊的生命，科技期刊要想长期有效地生存和发展，以质量求繁荣是其唯一的出路，而选题策划是确保学术质量的前提[1]。

3.1 精心策划选题，强化学术导向

3.1.1 策划每期选题

结合本学科的发展前沿，精心策划每期选题。力争将最先进的方法和临床经验及时介绍给读者，真正发挥期刊的学术导向作用，内容涵盖消化外科全领域。继续注重社会公益时事，报道医学领域极具影响力的热点专题。在现有重点专题的基础上，自2013年起，经全面综合收集、整理资料后，编辑部初步提出重点选题意向并提交编辑委员会进行讨论、审核及多学科论证后得出重点选题。

3.1.2 强化“本期导读”

每期责任编辑针对文章的创新性、先进性、罕见性配发“本期导读”，力争使报道更加生动，以获读者青睐。

3.2 栏目贴近临床前沿，指导医务人员实践

加强专家论坛、外科天地、影像集锦等特色栏目的建设。2012年起，逐步提高3个栏目的文稿刊载比例，使3个栏目文稿约占当期论文的1/3。《消化外科》变更月刊后该栏

目文稿比例保持不变。其中,专家论坛以约稿为主,探讨某一领域的热点和难点;外科天地以某种疾病的手术治疗为切入点,配手术图片或图解,辅以文字说明,具体描写手术的实施过程及要点;影像集锦栏目文章内容以影像学图片为主,文字为辅,以某种消化外科疾病、某个解剖标志或某个检查层面为切入点,介绍 MRI、CT 或其他影像学检查手段,不仅可以提高临床医生的阅片能力,还能起到推广影像学在疾病诊断及指导治疗中的作用。

3.3 报道诊治指南,解读医疗变革

充分发挥《消化外科》总编辑和副总编辑的学术优势和影响力,加强与中华医学会外科学分会各相关学组、美国胃肠内镜外科医师协会等国外学术机构的合作,报道专家共识和指南,主动发挥学术导向作用。

4 严守编辑规范,提高学术质量

学术期刊是展示学术研究成果、进行学术交流的窗口,期刊编校质量的好坏会直接影响到学术研究成果的传播[2]。

4.1 重视期刊管理,提高编校质量

4.1.1 强调首次编辑质量

严格执行三审和三校、编辑交叉通读、责任编辑精读、编辑部主任审查、总编辑终审的工作流程,确保编、排、校质量得到较大提高和进步。

4.1.2 强化管理制度的落实

坚持出刊后同行专家审读制度,参加年度中华医学会质量考评和新闻出版局的质量考评,确保期刊出版质量。

4.1.3 培养学习型团队

坚持每周例会制度,确保每项工作的正确落实。加强医学知识学习,参加所属研究所每周二、周三、周四的病例讨论;进一步营造良好的学习氛围,坚持每期责编随笔制度,每月定期召开审读总结座谈会、编辑知识和相关专业专题讲座,提高青年编辑专业理论与实践相结合的能力。

4.2 确保文章唯一,杜绝学术不端

4.2.1 严格科学行为,杜绝学术行为不端

坚持采用科技期刊学术不端文献检测系统(AMLC),同时结合中华医学会远程稿件管理系统的稿件列表版块和 Pubmed 文献查核软件对每一篇稿件进行检测,对违规严重者进行通报批评。

4.2.2 确保文章的唯一性

严格执行中华医学会杂志社的要求,每篇刊出文稿均标识国际 DOI 号。

5 缩短期刊出版周期,改善期刊生产流程

科技期刊作为科研成果、产业信息的传播媒介,在保证期刊质量的前提下,以最快的速度将这些成果和信息加以传播已成为我国科技期刊发展的当务之急,更是加快服务科研进程的有效途径[3]。

5.1 更改刊期,缩短出版周期

经北京新闻出版局审批同意,自 2013 年 1 月起《消化外科》由双月刊变更为月刊,预

计论文刊登周期将不超过 130 天。

5.2 完善采编系统,优化工作流程

为了适应杂志网络化运行趋势,《消化外科》启用中华医学会远程稿件管理系统以提高工作效率,全面优化工作流程。《消化外科》稿件处理周期将由原来的 90 个工作日缩短为 68 个工作日。

5.3 设立快速通道,启动优先数字出版

(1)快速通道。针对内容涉及重大创新和国内首创,达到或超过国内或国际先进水平的基础和临床研究的论文设立"快速通道",由作者本人申请并提供国内外数据库查新报告,作者署名无争议、发明权无争议的证明及单位介绍信等材料后,文稿即可进入"快速通道"流程,如文稿经过编委会审查后同意发表,该论文将于获准进入"快速通道"后 2 - 3 个月内刊出。

(2)优先数字出版。当期论文刊出前 7 天,手机报刊登当期重点介绍;杂志送印至印刷成品出厂期间,《消化外科》官网"每期快报"栏目刊登当期文章全文,同时向读者、作者和编委发送 E-mail 版每期快报。

6 开展学术交流,提升杂志知名度

《消化外科》成立时间短,学术底蕴薄,在当前期刊界竞争日渐激烈的情况下,如何推动杂志的可持续发展,带动更多的价值创造是《消化外科》一直思考的问题。品牌作为期刊的一项重要的无形资产,反映了期刊发展的潜力,决定了期刊的长期竞争力。学术会议作为期刊的终端品牌价值之一,是提升杂志知名度的有效手段。经过多年的探索和经验积累,《消化外科》认识到差异化经营是今后的发展趋势。

6.1 积极组办多种类型的学术会议

6.1.1 系列高端会议

每两年分别主办的中国消化外科学术会议和中国国际肝胆外科论坛 现已成为国内外消化外科界集学术争鸣、前沿探索、相互合作、增进友谊和继续教育为一体的重要平台。每次的会议规模都在 500 人以上,会议代表都是来自国内外消化外科领域的专家和学者。主要会议议程包含专题演讲、视频展播、卫星会、辩论会等。会议嘉宾主要有国内相关学科的中国工程院院士和中国科学院院士、市政要员、主承办单位领导和国际学界友人。专题报告内容丰富,热点讨论立题新颖,多彩纷呈;主题发言与自由发言相结合。

这种形式既集聚了国内著名专家的观点,也活跃了学术交流的气氛;更充分秉承"融合百家学术经典,引领消化外科前沿"的精神,发挥了学科优势,对于整合多学科资源,推动学术交流,促进地区合作发挥了重要作用。

6.1.2 年度精品会议

双数年通常以主办系列精品会议为主要学术推广方针。这类会议通常为精英会议,会议规模一般为 80 ~ 100 人;邀请嘉宾都是学界精英;学术探讨内容主要是针对单一问题的专题讨论。《消化外科》2010 年举办了 4 场精品会议。其中 3 场以论坛形式召开,1 场是以学习班形式召开。论坛类型的会议一般由编辑部主办,制订会议形式、规模、参会和演讲嘉宾。论坛会议的目的是就关注的热点问题展开激烈的讨论,提出建设性的意见。学习班则是通过与国际、国内学界大腕合作,由学界知名专家确定会议召开形式,编

辑部具体承办各类会议事宜,包括会议场地、代表的邀请、餐饮食宿等。

6.1.3 额外增补会议

编辑部有时会临时性参与主办、承办各类会议。例如,通过中华医学会外科学分会内分泌外科学组的教授介绍和推荐,《消化外科》与美国胃肠内镜外科医师协会(SAGES)达成战略合作关系。为了促进这种关系,2011 年编辑部举办了中国外科周(SAGES)专场会议,通过会议潜在作者群建立了良好的友谊。后来,在《消化外科》发表相关的 SAGES 的指南和共识(中文译版),进一步在学术交流和医师培训等领域开展了深度的合作。

6.2 发挥品牌优势,促进学术交流

利用学术会议进行编委会建设。通过组办各种会议搭建了很好的平台,不仅增进了专家间的了解,也加深了编辑与专家的沟通,从而使编委更加了解杂志、喜欢杂志和宣传杂志,这样就会创造各种编委与期刊的合作机会。利用学术会议,《消化外科》在组建改选编委会、建设发展编委会、建立编委人才储备等方面积累了丰富的资源。

通过学术会议扩大宣传,提高期刊知名度。发表学术论文和参加学术会议是科研工作者进行学术交流的两大重要途径,而利用期刊的品牌优势举办学术会议,会后在期刊上发表优秀论文则是两者结合的最佳途径[4,5]。从 2007 年至今,《消化外科》每期均有重点选题。编辑部既利用会议了解学科发展动态,制订学术专题重点,又在会议间隙向专家组稿,在交谈中了解专家撰稿意向,微调专题学术内容,同时在参会中挖掘潜力作者,主动约稿以获得抢先发表权。此外,还利用会议平台,由专业学组牵头,召集同领域专家商议、起草指南与共识,以达到期刊首发的目的,抢占学术话语权。《消化外科》先后首发了《肝胆管结石病诊断治疗指南》、《腹腔镜胃癌手术操作指南(2007 版)》、《胆管损伤的预防和治疗指南(2008 版)》、《胆道感染的诊断和治疗指南(2011 版)》、《胆囊良性疾病治疗决策的专家共识(2011 版)》、《肝切除术前肝脏储备功能评估的专家共识(2011 版)》、《腹腔镜诊断和治疗妊娠期外科疾病指南》、《痔诊断和治疗指南(2010 修订版)》、《腹腔镜治疗肝胆管结石病的专家共识(2013 版)》等[6-15]。在参加、承办、主办的会议上印发数万份单行册,不仅以飨读者,同时宣传期刊。

医学期刊的发展是一个永恒的课题,需要办刊人在不断的科技实践中,积累经验,寻求捷径。《消化外科》将一如既往地为科技期刊的发展、医学科学的进步和人类的健康做出应有的贡献。

参 考 文 献

[1]赵瑞芹. 认真实施选题策划与组稿 努力提高期刊质量[J]. 医学信息学杂志,2009,30(6):79-81,85.

[2]龚建文. 在学术研究中编辑何为[J]. 江西社会科学,2007,(5):15.

[3]冯远景,陈希宁. 科技期刊发展的"瓶颈"——出版周期过长[J]. 中国科技期刊研究,2001,12(2):81-83.

[4]周立忠. 由科技期刊主办的学术会议选题方法探讨[J]. 编辑学报,2011,23(5):422-423.

[5]潘淑君,李无双,叶飞等. 办好学术会议促进期刊发展[J]. 编辑学报 2009,21(5):236-238.

[6]中华医学会外科学分会肝脏外科学组. 原发性肝癌外科治疗方法的选择[J]. 消化外科,2004,3(6):453-456.

[7]中华医学会外科学分会胆道外科学组. 肝胆管结石病诊断治疗指南[J]. 中华消化外科杂志,2007,6

(2):156 - 160.
[8]中华医学会外科学分会腹腔镜与内镜外科学组. 腹腔镜胃癌手术操作指南(2007 版)[J]. 中华消化外科杂志,2007,6(6):476 - 480.
[9]中华医学会外科学分会胆道外科学组. 胆管损伤的预防与治疗指南(2008 版)[J]. 中华消化外科杂志,2008,7(4):260 - 266.
[10]中华医学会外科学分会胆道外科学组. 急性胆道系统感染的诊断和治疗指南(2011 版)[J]. 中华消化外科杂志. 2011,10(1)9 - 13
[11]中华医学会外科学分会胆道外科学组. 胆囊良性疾病治疗决策的专家共识(2011 版)[J]. 中华消化外科杂志,2011,10(1):14 - 19.
[12]董家鸿,郑树森,陈孝平,等. 肝切除术前肝脏储备功能评估的专家共识(2011 版)[J]. 中华消化外科杂志,2011,10(1):20 - 25.
[13]美国胃肠内镜外科医师协会(SAGES). 腹腔镜诊断和治疗妊娠期外科疾病指南[J]. 中华消化外科杂志,2012,11(1):22 - 31.
[14]美国结直肠外科医师协会标准化工作委员会. 痔诊断和治疗指南(2010 修订版)[J]. 中华消化外科杂志,2012,11(3):243 - 247.
[15]中国医师协会外科医师分会微创外科医师专业委员会. 腹腔镜治疗肝胆管结石病的专家共识(2013 版)[J]. 中华消化外科杂志,2013,12(1):1 - 5.

Brand Strategy of *Chinese Journal of Digestive Surgery*

CHEN Min, ZHANG Yulin, ZHANG Hao, LONG Zhimin, TAO Dong, ZOU Yingfen, ZHAO Lei
Editorial Department of *Chinese Journal of Digestive Surgery*, Chongqing 400038

Abstract: The article retrospective on the history of *Chinese Journal of Digestive Surgery* in several aspects such as construction of editorial board, subject selection, publishing quality and academic exchange, etc and try to investigate the outbreak for constructing a branding journal. Besides, the benefits of conferences organized by the editorial board and editorial department were analyzed based on the experiences in organizing the high - end conferences, annual conferences and additional conferences.

Keywords: Construction of editorial board; Academic conferences; Brand strategy

审稿编辑:梁永霞

66.《自动化学报》

《自动化学报》办刊之路及其数字出版建设

任艳青[①]
《自动化学报》编辑部,北京 100190

摘要:《自动化学报》拥有高度负责、真正参与期刊建设的编委会,依靠严格的同行评议制度确保期刊的学术质量,制定了多项规章制度确保期刊的规范化运营。近年来,学术影响力逐年升高,获得了多项荣誉和奖项。《自动化学报》在数字出版方面做了很多探索:引进了国际化的在线评审稿系统、构建了包含多元化信息的网站、优先数字出版压缩发表周期以及采用博客、微博等新媒体来扩大期刊影响。《自动化学报》将进一步丰富期刊网站发布内容和形式,细分期刊受众,有目的地推送网刊,并构建面向新媒体的期刊智能运营平台,为广大读者、作者、编者提供多元化服务。

关键词:编委会;学术质量;学术影响力;数字化建设;新媒体

《自动化学报》(以下简称《学报》)是中国科学院主管、中国自动化学会和中国科学院自动化研究所共同主办的高级学术期刊。《自动化学报》于1963年创刊,现为大16开本,月刊,科学出版社与Elsevier合作出版,国内外公开发行,至今已有50年的办刊历史。主要刊载自动化科学与信息领域的高水平理论性和应用性的科研成果,读者对象为从事自动化科学技术的科研、教学、开发人员和研究生、大学生等。《自动化学报》被国外著名检索刊物,如美国工程索引(EI)、英国科学文摘(SA)、日本科学技术文献速报(JICST)、俄罗斯文摘杂志(AJ)等多种检索刊物和数据库收录。

《学报》继2008年、2009年入选中国科协精品科技期刊工程项目,2012年再次荣获中国科协精品科技期刊工程项目——数字建设项目的资助。以上项目的资助为《学报》的数字出版建设提供了强有力的经济保障,促进了期刊的学术质量建设和出版质量建设,为期刊的整体水平提高和建设创造了良好的基础条件。

1 办刊特色及近年工作进展

1.1 拥有高度负责、真正参与期刊建设的编委会

编辑委员会是期刊的灵魂和主要领导机构。《学报》的编辑委员会由71名熟知自动化学科发展方向、了解该领域重大研究进展、热心期刊发展、学术造诣与英文水平俱佳的

---

① 《自动化学报》编辑部主任,副编审,E-mail:yanqing.ren@ia.ac.cn。

知名专家和学者组成,其中包括主编1名、副主编7名、编委63名,同时聘请戴汝为院士担任名誉主编、16位德高望重的专家担任编委会顾问。

《学报》实行责任编委制,每篇稿件均由小学科、小方向的编委负责送外审,并综合外审的评审意见给出处理建议,是真正的"科学家办刊"。"小同行送审"为保证期刊的学术质量起着非常重要的作用。根据《自动化学报》编委会工作条例,编委同时承担组织专刊、撰写或推荐高质量论文等职责,若遇到涉嫌学术不端行为的稿件,责任编委负责给出学术判断,供学术规范委员会参考。编委会每两年换届一次,任期为两年,每年至少召开一次编委会工作会议,听取年度工作总结,了解期刊的评审周期、发表周期、引用指标等相关数据,并商讨下一年度的工作计划。为了增强编委对期刊的责任感和荣誉感,自2012年第1期起,在发表论文的首页底部增加"本文责任编委XXX"字样。

1.2 依靠严格的同行评议制度维护期刊的学术质量

《学报》依靠严格的、国际化的同行评议制度确保刊出论文的学术水平。凡是符合期刊收稿范围、通过学术不端行为检测的稿件均需要主编亲自过目,并通过副主编提交责任编委选择外审专家评审,自2011年起,原"2位同行专家评审"改为"3位",通过同行评议的稿件仍需责任编委、副主编、主编三重确认,最终由主编给出稿件处理决定。这一规范的、严格的、国际化的审稿流程保证了刊文的学术质量,最大限度地避免了学术不端行为。《学报》经历了近50年的发展,积累了雄厚的社会资源,专家数据库中现有专家3145名,其中,活跃评审专家1000余人。这支敬业、高效的评审专家队伍,为稿件的"三审制"打下了良好的工作基础,也为维护期刊的学术质量和学术地位提供了重要的学术保障。

1.3 制定各项规章制度,确保期刊的规范化运营

学术期刊是发表学术成果的载体,其流程及规范化管理是非常重要的。《学报》经历了近50年的发展积累了丰富的办刊经验,已经建立起各种规范的规章制度:编委会工作条例、国际化的稿件评审流程、同行评议制度、对学术不端行为的处理办法、编辑加工、校对和排版规范等。这些规章制度保证了从作者投稿、专家评审、录用到编辑、出版等各个环节均可以做到有据可循,保证了期刊的规范化出版。近几年,《学报》在制度建设方面取得了进一步的成绩,各项制度逐步完善。

1.4 规范化处理学术不端行为,维护期刊声誉

学术期刊在营造良好学术氛围方面有着不可推卸的责任。《学报》不仅签署了中国科协所属全国学会关于加强科技期刊科学道德规范营造良好学术氛围的联合声明,并在实际工作实践中严肃处理学术不端行为。通过网站、邮件等方式向作者传达《学报》对学术不端行为的态度,并建立举报制度,规范举报处理程序,公开举报处理结果。《学报》成立了学术规范委员会,制定《〈自动化学报〉对学术不端行为的处理办法》以规范处理涉嫌学术不端行为的稿件。在初审和录用等环节,利用AMLC和CrossCheck等多平台展开稿件查重工作,多管齐下使查重工作做到全面、细致、可靠。规范作者和作者单位署名,细化编辑加工程序。2007年开始,便有专职编辑核查每条参考文献信息,保证参考文献信息准确、全面。严格审稿环节,充分发挥编委会的学术力量,最大限度地避免学术不端行为,维护期刊声誉[1]。

1.5 学术影响力不断提升

中国科学技术信息研究所公布的《中国科技期刊引证报告(核心版)》中的统计结果

显示,近年来《学报》的学术影响力稳步提高,在中国科技期刊和中国自动控制类期刊中处于领先水平。总被引频次从 2005 年的 1302 次增加到 2011 年的 1936 次,增加了 48.7%,影响因子从 2005 年的 0.62 增加到 2011 年的 1.083,增加了 74.7%。2005—2011 年的总被引频次、影响因子见表 1。

表 1 2005—2011 年《自动化学报》的期刊引证指标

年份	总被引频次	学科排名	影响因子	学科排名
2011	1936	5	1.083	4
2010	1819	6	0.928	4
2009	1677	5	0.841	3
2008	1994	5	0.88	4
2007	1166	5	0.476	8
2006	1539	5	0.652	7
2005	1302	5	0.62	9

1.6 取得多项荣誉和奖项

在历届主编和编委会、编辑部的共同努力下,在中国科协的大力支持下,近年来,《学报》取得了诸多成就:2002 年获第三届中国科协优秀科技期刊一等奖,2003 年和 2005 年连续获得国家期刊奖,2005 - 2008 年,连续获得第三、第四、第五、第六届"中国科协期刊优秀学术论文奖",2007 - 2011 年入选中国百种杰出学术期刊,2009 年和 2011 年度连续获得中国精品科技期刊,2009 年荣获新中国 60 年有影响力的期刊,入选 2009 年度和 2012 年度中国科协精品科技期刊示范项目,2012 年被中国科学文献计量研究中心和清华大学图书馆评为中国最具学术国际影响力学术期刊。

2 数字化建设概况

随着数字技术及网络传播与交流的快速发展,科技期刊的采编、生产、传播、阅读等方式正在发生重大变化,传统出版正在向数字出版过渡。近年来《学报》积极顺应由传统出版模式向数字出版模式的转变,构建数字化平台,对提高送审效率、缩短评审周期和发表周期、扩大《学报》的学术影响力起到了重要作用。

2.1 引进国际化的在线投审稿系统

作为国内数字出版的首批尝试者,《学报》自 2004 年启用玛格泰克科技发展有限公司开发的稿件管理系统,实现了作者在线投稿、专家在线审稿,全面实现了编辑部的网络化办公。自 2010 年起,启用 ScholarOne Manuscript 在线审稿平台,实现了工作流引擎自动驱动编辑流程、利用报表跟踪稿件动态、集成 Endnote 软件实现文献支撑系统的充分利用,提高送审和评审效率,进一步缩短评审周期。

2.2 建成多元化信息的期刊网站

《学报》从编委会到编辑部,一直非常重视期刊网站的建设。注重从信息组织、用户界面、检索功能、用户服务等各个方面不断提升网站的内容质量和技术含量,提供数字化内容和服务，彰显期刊品牌，提高期刊的影响力。2004 年建成独立网站，向读者免费提供现刊及过刊全文，实现了开放存取（Open Access）和作者在线投稿、专家在线审稿。2007 年将期刊网站改版，增加了在线预出版（Online first）——“最新录用”模块，用于免费下载待发表稿件全文，使稿件一旦录用便可以供读者在期刊网站上免费下载浏览。同时，《学报》利用网站提供多种信息和多元化服务，例如：会议信息、学术动态、期刊动态等，使读者在浏览期刊全文、了解期刊定位和发展的同时，了解相关科研信息，实现刊网结合。

2.3　优先数字出版，解决出版时滞过长的难题

自 2007 年起，就在网站上开通了“最新录用”模块用于发布录用了但未完成编辑加工的稿件，其中的论文下载量和文摘的浏览量不亚于正式刊载的论文，引起了读者的广泛关注。2011 年与中国知网签订了优先数字出版合作协议，扩大了优先出版论文的显示度，使更多读者能够关注到最新录用的论文。

2.4　构建知识服务平台，提供多元化服务

2009 年《学报》编辑部同中国科学院自动化研究所的刘禹博士所在课题组联合开发了《自动化学报》知识服务系统。该系统通过知识路径、树形查找、知识拓扑、作者拓扑、新兴热点、作者检索、机构检索、关键词检索、文章信息等九大功能模块，引导读者和潜在作者在现有知识的基础上挖掘新型知识，为科研工作者提供发现问题、解决问题的新思路。该系统是一个同时为读者、研究者和编者提供服务的专业技术领域知识高效创新、传递与共享的学习型平台，充分发挥了科技期刊网站在科研信息化和知识服务化中的作用，是传统科技期刊信息服务的拓展和延伸，是《学报》开展知识服务的成功尝试[2]。

2.5　多渠道宣传期刊，扩大期刊学术影响

为了扩大期刊显示度，《学报》在终端多元化、发布渠道多元化等方面做了一些尝试：2007 年开通了编辑部的博客；2011 年开通新浪微博，并利用微博发布网刊和期刊动态；利用中国自动化学会及其专业委员会内部网站、主编个人博客等实时发布当期目录；通过群发邮件向广大评审专家推送自动化学报当期目录，包括论文作者、文题、摘要、关键词、全文链接等信息。以上策略使读者在第一时间看到《学报》最新发表的论文，接触到国内自动化学科的最新科研进展。同时，网刊与纸质期刊同步上线，且在学报网站和中国科学院科技期刊开放获取平台实现免费全文下载。

2.6　多种策略促进编辑加工的数字化

《学报》在贯彻执行责任编委制、保证期刊评审质量和效率的基础上，不断缩短出版周期，扩大刊载容量；为每篇稿件注册 DOI，实现文献的互通互联，并采用 LaTeX 排版技术实现编辑加工的数字化。

3　数字出版建设目标以及服务策略

目前，《学报》的数字出版建设主要是平台建设、印刷版的在线发布和印刷版本的粗略的、手工的再加工用于微博或者博客发布，这与真正意义上的数字出版还有很大差距。2012 年度《学报》获得中国科协精品科技期刊工程项目——数字建设项目的资助，也希望凭借该项目的资助，在数字出版工作上做进一步的尝试，以更好地服务于期刊建设，促进期刊学术质量建设和学术影响力的提高。

3.1 探索期刊发布内容、形式的多元化

(1)内容多元化。期刊的标准化与规范化要求期刊文章有固定的编排格式,刊载的信息的表现形式和内容比较单一,但科学研究不仅需要广泛阅读文献,还需要进行学术交流、听取学术报告等。《学报》将探索通过期刊网站实现期刊发布内容的多元化,除了学术论文外,刊载论文创作过程的音像资料,例如实验视频、音频、PPT 等,使读者了解科研过程、存在的问题、实验平台等。这些资料不仅丰富了网站内容,是学术论文的强有力的补充,而且有利于加强读者与作者之间的交流,促进了二者之间的互动,真正实现科技期刊促进学科进展的作用。

(2)发布形式多元化。《学报》将探索多种发布形式,在保证数据质量的前提下,提供高质量的 HTML(超文本标记语言)版全文、PDF(可移植文档格式)全文和适合于移动阅读的全文,从而提高期刊的显示度。通过技术手段、网络手段可以使纸介质媒体内容增值,使得网刊不只是纸质期刊的简单陈列,实现真正意义上的数字化出版。

3.2 分析历史数据,细分受众

为了扩大期刊的学术影响,《学报》通过微博、博客、邮件、网站、数据库等多种渠道推送期刊的网刊。随着各种举措的不断实施,我们意识到一个重要问题:微博和网刊的发布取得了什么效果,对于办刊有多大帮助?虽然微博具有几百个粉丝,相比较从事自动化学科研究和学习的广大科研人员和学生的数目来讲还是少数,如何吸引更多该领域的读者关注《学报》的微博,如何将邮件推送到真正需要的科研人员手中?因此,拟通过垂直搜索、模式识别、数据挖掘等技术手段,分析《学报》中各篇文章被引的历史数据,归类挖掘重要学术研究焦点以及领域科研活跃人群,明确、细分《学报》的读者,实现网刊有针对性的推送[3]。

3.3 开发"期刊新媒体智能运营平台",提供综合服务

随着数字出版的不断推进和发展,科技期刊正在慢慢从内容提供商向信息服务商转变,"《自动化学报》知识服务系统"是这种转变的初步探索。同时,作为中国自动化学会最早创办和最为权威的学术刊物,《学报》在我国自动化领域业内是非常有影响力的期刊。目前《学报》积累的大量学术资源,包括作者、读者和审稿人资源是我国自动化领域一笔宝贵的专家财富。为了更好地利用这笔资源推进《学报》的数字出版进程,《学报》拟开发和使用期刊新媒体智能运营平台为读者、作者提供多元化服务,使本研究领域的科技工作者了解该专业的发展动态和最新科研成果。

(1)实时采集自动化领域相关核心期刊二次文献数据资源,抽取领域方向的核心关键词、关联关键词、依存关键词等,形成知识架构体系,并在体系之上构建学科研究方向的领域本体知识库,使《学报》为学科领域的发展建立语义化的知识纽带。

(2)精准抽取自动化领域相关文献中科研人员、科研机构信息,实现领域专家、机构资料库的半自动构建;同时,建立专家、机构合作关联复杂网络,挖掘与分析关键人物、核心群体、新生群体等,打通《学报》与当前领域研究前沿人员的联系渠道,便于获取高质量的稿源、发现潜在编委。

(3)自动搜集社会化媒体中涌现的大量与自动化领域相关科研新闻、科技评论进行聚合与挖掘,及时发现领域研究突破进展、领域科研热点事件等,使关注《学报》的读者对

国内外领域科研进展和动态一目了然,与期刊的学术文献内容实现综合互补。

该平台将实现专家数据库的自动化更新、专家数据库的分析与挖掘、科研信息传感网络的构建、网刊有针对性的推送、为编委、审者提供个人研究简报等多元化服务,这些都将有助于期刊的送审、推广和定位优质稿源,对促进期刊学术质量建设和提高学术影响力将会起到非常重要的作用。

参 考 文 献

[1]任艳青,陈培颖,欧彦,等.《自动化学报》防范学术不端行为的策略[J].中国科技期刊研究,2012,23(3):373-376.

[2]任艳青,陈培颖,胡蓉,等.科技期刊的知识服务系统——以《自动化学报》知识服务平台为例[J].中国科技期刊研究,2011,22(5):688-692.

[3]陈培颖,任艳青,林莉,等.浅谈如何利用 Web of Science 分析科技期刊发展战略[J].中国科技期刊研究,2009,20(5):936-938.

Digital Publishing Support of the Development of *Acta Automatica Sinica*

REN Yanqing

Editorial Office of *Acta Automatica Sinica*, Beijing 100190

Abstract: *Acta Automatica Sinica* has many distinguishing features, such as having highly responsible editorial board, relying on strict peer review flow to ensure the academic quality of the journal, and following a number of rules and regulations to ensure the standardization operation. The academic influence of the journal increases year by year and has got many honors and awards. Acta Automatica Sinica has done a lot of exploration in digital publishing: introducing the international online review draft system, building a diversified information website, online-first publishing, and using blog, microblog and other new media to expand the influence. The journal will further enrich content and form of the website, analyse and segment the readers to delivery the journal purposely, construct "Journal Intelligent Operation Platform Based on New Media" to provide diversified services for our readers, authors and editors.

Keywords: Editorial board; Academic level; Academic influence; Digital publishing; New media

审稿编辑:梁永霞

67.《中国农学通报》

质量立刊 服务兴刊

韩忠超[1,2] 胡映霞①,[2] 张晶晶[2] 段晓红[1,2] 焦晓玉[2] 毛敏汇[2]
蔡桂艳[2] 周宪龙[1,2] 刘 静[2] 赵 静[2]

1. 农业部人力资源开发中心,北京 100125;
2.《中国农学通报》期刊社,北京 100125

摘要:从学术质量建设、出版质量建设、期刊出版人才培育、数字出版建设、资源集约建设等方面介绍了《中国农学通报》质量立刊、服务兴刊的创办精品科技期刊的经验和做法,并提出了下一步发展中应思考注意的几个问题。

关键词:中国农学通报;精品科技期刊;质量;服务

《中国农学通报》(以下简称《通报》)是中国农学会主办、国内外公开发行的综合性农业学术期刊。自1984年创刊以来,经过近30年的不懈努力,特别是最近10年的潜心耕耘,已从报道农业科研进展、交流技术信息的科技双月刊,成长为综合性反映国内外农业科技创新水平,被专家学者认知、信赖和跟踪的学术旬刊。《通报》是中国科学引文数据库(CSCD)收录期刊、中文核心期刊(2008版)、中国科技核心期刊、中国科协优秀学术期刊、全国优秀农业期刊。多年来一直被中国核心期刊(遴选)数据库、中国农业科技文献数据库、中国农林文献数据库、联合国粮农组织数据库、国际农业和生物学文献数据库、维普中文期刊数据库等收录;是《中国学术期刊文摘》和中国学术期刊综合评价数据库来源期刊。据中国科学技术信息研究所发布的中国科技期刊引证报告,《通报》综合评价总分2010年列中国科技期刊(1998种)第337名,2011年列第254名;核心总被引频次均列农学类期刊第2名;2010年刊文2300篇,2011年刊文2400篇,占当年国内农学学科论文产出的7.5%、8%。

《通报》特点:以农业科研院、校副高以上中青年专家、学科带头人和博士、硕士研究生为主要作者群,以省部级以上科研基金项目论文为重点。是高质量、高水平的学术旬刊,发表周期短,载文量大。目前栏目有:畜牧兽医科学、农艺科学、生态农业科学、农业资源与环境科学、农业信息科学、农业传媒科学、园艺园林科学、土壤肥料科学、植物保护科学、农业生物技术科学、农业工程科学、农业基础科学、水产渔业科学、林业科学、有机农业与食品科学、植物生理科学、热带农业科学、农村能源科学、农业史学等;另外还开设了有关农业、农村、农民等社会经济发展的宏观社科栏目——三农问题研究。

---

① 《中国农学通报》期刊社社长、副编审,通讯作者 E-mail:huyx@agri.gov.cn。

1　成为精品期刊的基础

1.1　权威的主办单位

《通报》的主办单位中国农学会成立于1917年，是一个拥有34个分会（专业委员会）、30多万会员的综合性农业学术团体。麾下聚集了中国最权威、最知名、最具影响力的农业科学家和科技工作者。《通报》协办单位之一的中国农业大学等是中国学术水平最高、科研基础最好、研究实力最强的著名农业大学，聚集了大批农业科技界的一流人才，是中国农业科技界最高水平和实力的重要代表者。

1985年3月中国作物学会、中国园艺学会、中国畜牧兽医学会、中国植物保护学会、中国植物病理学会、中国热带作物学会、中国农业工程学会和中国蚕学会从中国农学会独立出去之前，中国农学会主办有《作物学报》、《园艺学报》、《中国畜牧兽医杂志》、《中国兽医杂志》、《植物保护》等8种极具学术影响力的科技期刊，是中国农业科技期刊的重要出版者。

1.2　高水平的主编、副主编

《通报》由中国著名农业科学家、两院院士石元春教授担任主编，全国30余所重点农业大学的校长、院士、知名专家为副主编，如张玉龙、王庆煌等。国内一流的权威科学家担任主编、副主编，保证了《通报》的权威性，使其始终傲立于农业科技的最前沿。

1.3　现代的办刊理念

秉承农业学术交流的核心与宗旨。《通报》多年来以农学学科发展为中心，以学术交流为宗旨，以原创学术论文为主体，以专家同行评议为基石，致力于提升刊物的学科性、学理性、探索性、专业性、准确性。

坚持质量立刊的发展思路。通过编辑部的潜心努力、认真设计、严格校对、精心印刷，《通报》的编校印质量日臻完善，品牌逐渐深入人心。

树立全心全意为科技工作者服务的思想。通过利用QQ群、MSN即时交流系统、E-mail等现代科技手段和通讯技术，强化专家、作者、编辑部之间的沟通交流。在规范流程、严格标准的基础上，提高工作效率，最大限度地满足作者的要求。

2　打造精品科技期刊的主要措施

2.1　加强选题组稿

（1）依托部内业务主管司局——农业部科技教育司。围绕生物技术，注重生物、农机及工程、材料、信息技术的结合与融合；围绕提高土地产出率，注重土地产出率、资源利用率和生态环境保护；围绕传统农业技术，注重农业生产与农业多功能、多层次发展统筹进行选题策划。

（2）充分发挥农业部人力资源开发中心、中国农学会的职能及业务工作体系的作用，围绕重点选题向专家组稿约稿。这些专家包括：农业部、农学会院士候选人、农业部农业科研杰出人才、青年拔尖人才支持计划候选人、海外高层次人才引进计划、中华农业英才奖、农业部青年科技奖候选人、农业部享受政府特殊津贴、专业技术二级岗位专家、中华农业科技奖申报团队、农业引智重点项目、农业部引进国外技术、管理人才项目团队等的专家。

(3)通过中国农学会分布在31个省、市(自治区、直辖市)农业大学、农科院理事、常务理事、副会长,深入到35所农业大学、31个省级农科院围绕重点选题组约优秀稿件,听取编委、作者、读者对《通报》的意见和建议。联合中国科协所属优秀农业学术期刊,共同走进科研院所、走进重点实验室、走近农业学科带头人。

2.2 引进高层次出版人才

通过 The US - China Association for Agriculture and Life Sciences,项目期间每年从美国 University of Wisconsin - Madison 麦迪逊分校(University of Wisconsin - Madison)或美国著名农业大学、科技期刊出版机构邀请1~2位热爱中国,具有 SCI 期刊编辑、出版经历,在农学等学科前沿领域从事过科学研究的高层次、创新型复合出版人才,到编辑部短期工作、指导编辑出版。

2.3 专业期刊编辑的境外培训

通过 The US - China Association for Agriculture and Life 项目合作,每年组织1~2名农业期刊编辑赴美国大学或出版社期刊编辑部进行6~12个月的研修、游学或实习,开阔编辑视野,提升编辑能力。

2.4 启用“小同行”专家定性定量相结合的审稿系统

(1)稿件投到系统上后,系统可根据稿件的文题、中英文摘要、关键词等字段,在国内外最全、更新、最快的农业期刊论文库中自动计算、检索、查找该文的相似文献和小同行作者;

(2)按照“双盲”及回避原则,系统自动将去除作者、单位等信息的稿件的“评审链接”发给该文的“小同行”专家,请他们依规对该文进行评审。“小同行”专家打开“评审链接”时,除可以看见需评审的稿件全文外,该文的国内外最新相似文献以及文后所列参考文献都可以在同一个 web 页面通过系统提供的超链接打开阅览。

(3)稿件“小同行”专家评审采用定性、定量相结合的方法。稿件的创新性、科学性、规范性、可读性等四项指标分别采取10分制进行定量评分,均分符合方差要求即为该文的量化评分;引言、摘要、材料与方法、结果与分析、结论、讨论等以定性评述、建议、意见为主,供作者、编辑部、主编审稿时参考。对定性评述意见切中要害、极具参考价值的评审同行,专家审稿费标准提高50%以上。

2.5 建设多元化的期刊发布平台

(1) 在保证数据质量的前提下,提供高质量的富媒体 html 版全文、富媒体 pdf 全文和适合移动阅读的全文,实现一键发布、一次编辑,多元化发布。

(2)基于移动互联的一键分享。提供兼容 IOS 和 Android 的操作页面,作者通过稿件,与相似文献、同行作者建立起学术 SNS 学术圈,实现从知识的互联到“人”的社会互联。

2.6 提供相似论文同步开放获取

(1)在《通报》的论文全文开放获取发布时,同步开放获取每篇论文的相似文献以及该文作者以前发表的论文。

(2)刊发后进行开放评审。读者阅读刊出论文后,可以像“小同行”评审一样对论文的创新性、科学性、规范性、可读性进行定量评分，对整篇论文或就引言、摘要、材料与方法、结果与分析、结论、讨论等某一个或几个部分进行评述，提出意见、建议。每位读者的评分都将被记录在案并影响该论文的最终得分。

2.7　加强编委队伍建设

单数年份从中国农业期刊数字平台上论文总被引次数前200名的作者中遴选专家，更新1/4～1/3的《通报》编委；双数年份从农业部农业科研杰出人才、青年拔尖人才支持计划等中遴选专家，再更新1/4～1/3的《通报》编委。

2.8　通过国际合作提升学术质量

通过美国The US－China Association for Agriculture and Life与美国得克萨斯州农工大学出版社、威斯康星大学出版社进行《通报》的合作出版，使《通报》在稿源质量、国际显示度和影响力、同行评议、数字化建设等环节取得明显进步。

3　需要把握的几个问题

如何能使《通报》在中国科协精品科技期刊工程的支持下，化蛹为蝶，学术质量进一步提高，学术重镇的作用进一步发挥，是中国农学会全体期刊人孜孜以求的梦想。在追梦的过程中，需要对以下几个方面的问题有清晰正确的看法。

3.1　科技期刊的功能扩展、延伸与期刊影响力

在交流学术、传播知识基础上，科技期刊的学术评价（职称评定）、成果鉴定、学业考核（毕业）等功能日渐突出。比如科技人员考核指标包括需在核心期刊发表多少篇论文，论文与考核、晋级、评优、奖励等挂钩等。人才评价部门、科技评价部门更是将论文作为评价科技工作重要性的指标。SCI上发表的论文数量成为研究机构、大学的学术面子。功能的拓展、异化使得科技期刊影响力面临着全新的内涵，提高期刊影响力面临着全新的挑战。

3.2　科技期刊的数字变革与影响力

在全球经济一体化程度不断加深，数字信息技术日新月异和广泛应用的今天，在网络、手机普及率持续提升、3G时代到来的今天，在越来越多的科技工作者习惯于点击鼠标纵览天下的今天，科技期刊的消费主体——科技工作者的阅读习惯正在数字化，科技期刊的内容主体——学术论文创作方式已然数字化，科技期刊的生产主体——编辑部的运行日益依赖数字化，科技期刊的传播方式——信息流动已完全数字化，科技期刊被数字化的推力越来越强，科技期刊的转型拓展——新业态、新平台呼之欲出。在科技期刊数字时代的先机已被欧美强国抢得的背景下，正确认识并提高科技期刊的影响力必须摆到科技界、编辑部、期刊工作者的重要议事日程上来。

3.3　科技期刊的社会评价与影响力

科技期刊功能的拓展、异化导致科技界、社会对期刊高度关注。SCI、中文核心期刊、科技核心期刊等科技期刊评价体系应运而生，相当一批机构推出了自身的期刊评价体系。过多、过滥的科技期刊评价，直接或间接地影响、指挥、导引着期刊的发展，对期刊影响力产生巨大的撕裂，需要引起期刊界的广泛重视。

Establishing Magazine with Quality, Revitalizing Magazine with Services

HAN Zhongchao[1,2], HU Yingxia[2], ZHANG Jingjing[2], DUAN Xiaohong[1,2], JIAO Xiaoyu[2], MAO Minhui[2], CAI Guiyan[2], ZHOU Xianlong[1,2], LIU Jing[2], ZHAO Jing[2]

1. Human Resources Development Center, Ministry of Agriculture, Beijing 100125;
2. *Chinese Agricultural Science Bulletin* Editorial Office, Beijing 100125

Abstract: The experiences and practices about establishing magazine with quality, revitalizing magazine with services of *Chinese Agricultural Science Bulletin*, and establishment of top quality periodicals were introduced, from the aspects of construction of academic and publishing quality, talent cultivation of journals, construction of digital publishing, resource intensive construction. And then some questions that should be noticed in the future were proposed.

Keywords: *Chinese Agriculture Science Bulletin*; Top quality journals; Quality; Service

审稿编辑:梁永霞

68.《中国通信(英文版)》

数字出版——科技期刊发展的必由之路

胡 欣①

《中国通信(英文版)》杂志社,北京 100048

摘要:基于《中国通信(英文版)》期刊近几年在数字出版方面的实际情况与相关经验,介绍了科技期刊数字化建设的重要性和必要性。结合中国科技期刊数字化建设的现状,分析了《中国通信(英文版)》期刊在数字化建设过程中遇到的挑战,探讨了在数字化快速发展阶段科技期刊工作者应注意的核心问题,以期为广大科技期刊工作者提供有益参考。

关键词:科技期刊;数字化;网络平台;《中国通信(英文版)》

1 引言

近年来,科技期刊数字化显示出非常强劲的发展势头。截至2012年第三季度,我国的互联网用户达5.5亿,移动互联网用户达到7.5亿。随着国内互联网市场的发展精彩纷呈,互联网应用服务市场蓬勃发展,应用创新也随之层出不穷[1]。数字化阅读方式正被越来越多的年轻人群所接受,数字阅读人数快速增长,从互联网上检索、查询文献已成为科研工作者获取文献的主要手段,期刊的数字化出版发展势不可挡。数字出版与传统出版相比具有方便写作、编辑出版周期短;出版、印刷、发行同步,可实现按需印刷和真正的零库存;节省中间环节支出,使用费用低,检索方便快捷,节省资源,绿色出版等优点[2]。

《数字出版"十二五"规划》指出,数字出版"已经成为新闻出版业的战略性新兴产业和出版业发展的主要方向,也是国民经济和社会信息化的重要组成部分。大力发展数字出版产业,已成为我国实现向新闻出版强国迈进的重要战略任务"。作为信息与通信技术领域的高端学术期刊,《中国通信(英文版)》自创刊以来,就积极开展数字化建设工作。时至今日,《中国通信(英文版)》已建成中英文双语网站,所有来稿均通过国际领先的网络在线平台进行投稿、审稿处理,已出版文章可全部在线阅读并免费下载,基本实现刊网互补以及期刊出版流程数字化。

2 期刊数字化情况介绍

2.1 《中国通信(英文版)》期刊基本情况

《中国通信(英文版)》(*China Communications*)是由中国科学技术协会主管,在工业

① 《中国通信》杂志社,编辑,E-mail:huxin@chinacommunications.cn。

和信息化部的指导下，由中国通信学会主办的英文学术期刊。《中国通信（英文版）》创刊于2004年12月，期刊总编辑为中国科学院、中国工程院两院院士、北京邮电大学陈俊亮教授。《中国通信（英文版）》目前为月刊，每月15日出版，国际刊号ISSN1673－5447，国内刊号CN11－5439/TN。国际标准大16开本，面向国内外10多个国家和地区发行，是我国通信行业的对外交流窗口。

作为通信行业国内唯一一本面向海内外公开发行的英文学术刊物，《中国通信（英文版）》肩负着促进我国信息通信行业学术地位的提升，促进国内外学术交流，弘扬自主创新精神等重要使命，代表着中国通信学术界与产业界的至高水平，具有很强的权威性和广泛的国际影响力。

《中国通信（英文版）》扮演着国际信息通信与技术领域信息交换、技术交流的角色。期刊翔实地向国外介绍我国信息与通信领域学术研究、业务发展和应用需求以及相关技术、科技成果、产品市场等信息，全面客观地报导我国信息与通信行业相关政策、法律法规以及发展成就。同时向国内引入国外先进技术、应用和业务发展，提供全球信息与通信方面的发展趋势与行业管理等相关信息。

2007年1月，《中国通信（英文版）》期刊被SCI－E收录。2011年1月，作为中国通信学会的姊妹协会，电气和电子工程师学会通信学会（IEEE ComSoc）与中国通信学会就《中国通信（英文版）》战略合作签署了合作备忘录。自2013年起，双方将共同组建编委会，共同组稿、审稿，并进行国内外宣传和推广等。2013年1月起，《中国通信（英文版）》所刊发文章被收录于IEEE Xplore数据库。

2.2 《中国通信（英文版）》期刊数字化情况介绍

2.2.1 在线投审稿平台投入使用

为了提升《中国通信（英文版）》期刊的稿件质量，并使期刊出版流程尽快与国际接轨，2011年年初，《中国通信（英文版）》期刊正式启用ScholarOne在线投审稿平台，极大地提高了编辑部的办公效率。《中国通信（英文版）》期刊自采用该系统以来，在以下几个方面取得了可喜的进步：

（1）期刊年均投稿数量由之前的不足150篇增加到目前的450余篇；

（2）期刊年均海外投稿数量由之前的不足10篇增加到目前的30余篇；

（3）国内审稿专家数量由之前的不足百人增加到目前的4332人；

（4）海外审稿专家数量也实现了零的突破，达到468人，遍及美国、英国、法国、德国、加拿大、意大利、荷兰、澳大利亚、日本、韩国、印度、马来西亚等10多个国家；

（5）稿件平均处理周期（从作者投稿到一审结果）由原来的4～6个月缩短至平均98.3天，稿件平均刊发周期为115天，远远快于同类期刊的稿件处理速度；

（6）2010年期刊稿件录用率为45%；2011年期刊稿件录用率下降到30.26%；2012年期刊稿件录用率进一步下降到21.84%，远低于同行业优秀刊物的平均录用率。

2.2.2 期刊英文网站上线

为了方便海内外读者及时了解期刊的最新信息，2011年6月，《中国通信（英文版）》利用国内专业学术期刊网站服务提供商，建成了自己的网站平台，并与在线投审稿平台深度结合，为作者、编委、编辑等提供便利。该网站主页面为英文，向读者全方位地展示有关期刊的最新动态，如最新选题计划、业内重要学术活动、编辑部重要通知等。

同时，为了更好地提升期刊学术影响力和期刊实力，期刊网站采取 OA 模式，在期刊出版一个月后即上传该期的所有文章电子版，极大地方便了读者下载阅读与引用。据网站后台数据统计，期刊网站日均点击量达到 1070 次，文章 PDF 日均下载量达到 570 次。

（1）截至 2013 年 1 月 6 日，文章摘要点击总量为 525282 次，平均每篇文章摘要点击量为 739 次。具体数据如表 1。

表 1 《中国通信（英文版）》摘要点击情况

时间	摘要点击量		点击量
2013.1.6	**1724**	平均每天	**1070**
本月	**13925**	平均每月	**30288**
本年	**13925** *	平均每年	**212019**

* 注：由于此数据为 **2013** 年 **1** 月份最新数据，本月点击量和本年点击量相同

（**2**）截至 **2013** 年 **1** 月 **5** 日，PDF 全文下载总数为 **327229** 次，平均每篇文章 PDF 全文下载 **460** 次。具体数据如表 **2**。

表 2 《中国通信（英文版）》PDF 全文下载情况

	下载频次		下载频次
2013.1.5	1127	平均每天	570
本月	8028	平均每月	16361
本年	8028 *	平均每年	109076

注：由于此数据为 2013 年 1 月份最新数据，本月点击量和本年点击量相同

2.2.3 积极加入第三方数据库平台

除了利用自身的数字化平台服务期刊，《中国通信（英文版）》还积极与国外专业数据库机构探讨合作模式，并于 2011 年 11 月正式达成了与电气电子工程师学会通信学会（IEEE ComSoc）的合作，自 2013 年 1 月起，《中国通信（英文版）》所刊发文章将被全部收录于 IEEE Xplore 数据库。作为全球最大的专业技术组织，在电气及电子工程、计算机、通信等领域中，IEEE 发表的技术文献占到了全球同类文献的 30%。同时 IEEE 每年还结集出版电气工程、通讯、计算机理论及方法领域的专业技术期刊，数量达 140 余册。配合各专业技术领域的学术交流活动，IEEE 还提供学报、技术通讯、会议论文集和会刊等约 700 余种出版物。《中国通信（英文版）》被 IEEE Xplore 收录后，将能被 IEEE 全球 160 多个国家和地区的 40 多万名专业会员检索到，极大程度地增加了期刊的曝光率，为期刊带来不可估量的学术影响力。

3 《中国通信（英文版）》在数字化建设过程中遇到的主要问题

3.1 国内科技期刊数字化建设现状

目前，国内的大部分期刊是根据印刷版而出的网络版，实际是印刷版的数字化；仅有

少部分期刊是全新的网络版，没有印刷版载体。我国网络电子期刊起源于20世纪90年代，经过十余年的发展，很多期刊通过各种途径上网，在网上建立自己的主页、独立网站等，互联网上的大量科技期刊网站、网页、链接等使科技期刊的编辑出版模式发生了相应的变化。这项工作目前正受到越来越多的科技出版单位的重视，利用网络不仅发布了期刊的网络版，同时也实现了编辑部内部办公程序的网络化管理。科技期刊工作向网络化、数字化发展已经成为未来科技期刊发展的主流[3]。

3.2 《中国通信(英文版)》期刊在数字化建设过程中遇到的问题

虽然《中国通信(英文版)》在数字化建设方面已取得了一定成绩，但随着现代信息社会计算机、网络技术和通信技术的飞速发展，期刊在数字化发展的过程中仍面临诸多问题与挑战。

3.2.1 期刊出版流程未完全数字化

尽管目前《中国通信(英文版)》的投稿、组稿、审稿等流程已经借助数字化技术手段，但在出版和发行环节，期刊的数字化仍停留在将纸质期刊数字化后上网，从而导致出版周期相对较长，信息贬值，论文的传播效率不高，未充分发挥学术期刊数字化的出版优势。

要改善这一现状，杂志社应加强数字化意识，加大资金投入，引进数字化期刊出版所需硬件设备及软件人员，培养在线编辑能力，提高编辑出版效率，缩短出版时滞。

3.2.2 数字化发展方向不够明确

目前国内大部分期刊网站互动性交互性不强、时效性较差。《中国通信(英文版)》网站亦存在同样问题，更新频率较低，与用户交互性较差。需要充分利用各种科技化手段和网络优势，用全新的思维去对待数字化时代的用户，深层挖掘此类用户的需求，进一步明确数字化发展方向，坚定不移地实现期刊数字化的目标。

3.2.3 缺乏相关技术人才

数字出版是出版业与高新技术结合产生的新兴出版业，需要精通数字技术的专门人才。目前从事数字出版的人大多是仅具有IT专业背景的人员，导致数字出版在整体严谨性、专业性、规范性等方面有所缺失。传统出版虽然在出版的专业性等方面具有优势，但相关人员的信息化技能往往不能满足数字出版要求。中国新闻出版研究院的调查表明，各地区出版社对技术研发型人才的需求比较大，占人才总需求的比例约为50.9%。因此，缺乏掌握现代信息技术的出版发行人才，是科技期刊开展数字出版的障碍之一[4]。

4 结论

在全球数字出版快速发展的关键时期，《中国通信(英文版)》将进一步加强数字出版观念，丰富数字产品形态，积极探索数字出版产业发展路径。同时，利用自身在通信行业的资源优势，强化与技术开发商、平台运营商和终端生产商之间的合作，逐步提高产业融合度，相互促进发展，为共同做大做强数字出版产业而不懈努力。

参 考 文 献

[1]唐刚. 国内互联网用户数超5.5亿[EB/OL]. [2013-01-04]. http://www.p5w.net/news/cjxw/201301/t4662112.htm.

[2]王华菊,金丹,陈竹.科技期刊的数字化出版现状及问题探讨[J].编辑学报,2011 (S1).
[3]龙秀芬,吴惠勤,曾莉,等.我国科技期刊数字化出版存在的问题及对策讨论[J].科技管理研究,2010 (15):253 -256.
[4]黄翠芳.我国科技期刊数字出版现状与存在问题探讨[J].出版广角,2012 (12):72 -73.

Digital Publication: The Only Way for Scientific Journals Development

HU Xin
China Communications Magazine Co. , Ltd. , Beijing 100048

Abstract: In this paper, the importance and necessity of digital publication for scientific journals are introduced based on the digitization experiences of *China Communications* during the past few years. From the status of China's scientific journals in the process of digitization, the main challenges faced by *China Communications* are analyzed, according to which, the key issues that should be considered by scientists and technologists under the circumstance of digitization are brought up, in order to provide invaluable suggestions for publishers involved in digital publication.

Keywords: Scientific journal; Digitization; Network platform; *China Communications*

审稿编辑:梁永霞

69.《生态学杂志》

《生态学杂志》办刊体会

曾德慧[①]
《生态学杂志》编辑部,沈阳 110016

摘要:该文简要叙述了《生态学杂志》的一些办刊体会。多年的办刊实践表明,准确的定位是一个期刊生存与健康发展的基础,严格的审稿是期刊学术质量的保证。在新形势下,推进文章快速发表、确保文章的科学性、提高办刊效率是未来的发展之路。

关键词:期刊定位;学术质量;快速发表;办刊效率

《生态学杂志》创刊于 1982 年,主管单位是中国科学技术协会,主办单位是中国生态学学会。经过 30 余年的发展,目前已成为国内外有影响力的中国生态学刊物,在传播我国生态学创新研究成果、促进国内外学术交流、培养生态学人才以及推进我国生态学发展等方面取得了一定成绩。近年来,《生态学杂志》的发展比较平稳。据中国科学技术信息研究所公布的《中国科技期刊引证报告(核心版)》,《生态学杂志》最近 6 年(2006—2011 年)的影响因子均在 1 以上,在生物学类 60 余种核心期刊中居第 5 ~ 7 名,在中国科技期刊(约 2000 种)总排序中列第 52 ~ 108 位;2011 年总被引频次达 4220 次,在生物学类 60 种核心期刊中居第 4 名,在中国科技期刊(1998 种)总排序中列第 49 位。2012 年分别荣获"中国国际影响力优秀学术期刊"和"中国权威学术期刊(A +)"称号。下面介绍一些《生态学杂志》的办刊体会,与期刊界同仁分享。

1 准确的定位

准确的定位是一个期刊生存与健康发展的基础。生态学在促进人们了解生态系统、环境健康以及生物(包括人类自身)如何依赖关键生态过程中发挥了重要作用。20 世纪 60 年代以来,人口增长与资源环境的矛盾不断加剧,严重地阻碍了社会经济的可持续发展,传统的生态学研究面临着前所未有的挑战。在迫切要求解决由于人口不断增长导致对生态系统服务需求持续增加、环境不断恶化等问题的影响下,对生态系统结构、功能及其调控的研究成为人类社会可持续发展的巨大需求。在这样的背景下,国际上生态学的发展非常迅速。与此同时,中国的生态学研究十分薄弱。1979 年 12 月,中国生态学学会成立,2 年后《生态学杂志》于 1982 年 2 月正式创刊。创刊之初的办刊宗旨是促进学术交流,加强生态学的宣传和普及生态学知识。由于它的准确定位,创刊后 10 年间,《生态学杂志》每期都有介绍生态学基础知识和新概念的文章发表,受到我国生态学科技工作者、高校教师和学生的普遍好评。

---

① 中国科学院沈阳应用生态研究所《生态学杂志》编辑部主任,博士,研究员,E-mail:zengdh@ iae. ac. cn。

随着时代的发展变化,《生态学杂志》不断调整自己的定位。目前的定位、开设的栏目等都与创办之初有了明显的变化,主要是报道我国生态学的最新科研成果与科研进展,反映我国生态学的学术水平和发展方向,跟踪学科发展前沿,促进国内外学术交流与合作。开辟的栏目有:研究报告、专论与综述、新方法与新技术、书刊评介、学术动态等,刊载内容主要包括:生态系统生态学、分子生态学、种群生态学、群落生态学、景观生态学、生物地球化学循环、微生物生态学、污染生态、农业生态、森林草原生态、理论生态、气候变化等领域。目前的作者群和读者群主要以研究生为主体,因此,目前期刊的发展主要是立足国内。

《生态学杂志》的创办与发展适应了时代发展的需求,从 1982 年创刊之初的季刊、32 开本、每期 64 页、年刊载文章 60 余篇,到 1984 年更为双月刊,2005 年更为月刊 16 开本、96 页,再到 2012 年的每期 270 页、年刊载文章 474 篇,不断发展壮大,蓬勃发展。

2 高素质的编委会组成与严格的审稿机制

编委会主编、副主编和其他编委会成员由生态学领域的国内著名专家和海外著名华人生态学家担任。著名林学家、生态学家王战研究员任第一任主编(1982—1989 年),第二任主编是著名生态学家高拯民研究员,其任职时间是 1990—1993 年。从 1994 年以来,著名生态学家孙铁珩院士一直担任主编。编委会成员包括来自国内从事生态学研究的著名单位,同时还充分考虑了地域分布情况(中国幅员辽阔,生态系统类型多样)。每次换届,重点考虑新分支学科的代表。最近一次换届还重点考虑了国家重点/重大自然科学基金、杰出青年基金、长江学者、百人计划、“973”项目获得者等人员,增加了高学历的具有国外留学经历的中青年知名科学家,保证了编委会成员具有高的学术权威性,同时也具有广泛代表性,涵盖各分支学科。高水平的编委会对文章质量的把关和期刊的发展具有重要的意义。值得一提的是,编委会中有多名委员还当选为中国科学院和中国工程院院士。

3 精品意识

学术期刊的发展,关键在于要有自己的特色和品牌。刊发高质量的学术论文是办刊的立足之本,也是形成精品之路。近几年来,《生态学杂志》按照“科学性、及时性、创新性”原则,逐渐形成了文章发表速度快、文章科学性强等特色。

发挥编委和编辑作用,不断吸引优秀稿源。《生态学杂志》每年由编委讨论提出年度热点与前沿科学问题,作为年度投稿指南。编辑部每年组织一批反映国际最新研究进展的评述性文章,并不定期举办生态学前沿研讨会以及参加相关学术研讨会,全力组织创新优秀论文,这些举措有力地保证了一批高水平稿件的流入。

加强审稿控制。在审稿环节上,编辑部要求每位编辑建立超过 300 名的专家库并及时更新,力争每篇稿件都能送到最合适的专家手里审稿;并参照一些国际著名期刊的做法制定《生态学杂志》特色的审稿要求,使专家能认真对待审稿,进而使录用稿件的质量得到保证。

严格编辑加工的规范化和标准化。在编辑加工过程中,严把审稿关、文字关、校对关,确保文章的科学性;认真对待每篇文章的编排和版式设计,图表规范严谨。

4 平台与队伍建设

针对期刊电子化和网络化趋势,《生态学杂志》编辑部于 2005 年底建立了自己的网站。同时,采用了稿件远程处理系统,并进行了多次升级,不断完善网络采编管理系统。通过扩展服务器内存,使整个系统运行速度得到改善,工作效率得到进一步提高,稿件刊发周期缩短为 6 ~8 个月。据统计,2012 年,《生态学杂志》全年收稿近 1200 篇,发表论文 470 余篇。2012 年刊发的稿件平均周期在 7 个月以内,基本上没有 10 个月以上的稿件,作者和专家对此也较满意。另外,所有过刊都上网,增强了期刊网站的信息容量,方便了读者下载和阅读,也提升了期刊的学术影响力。

在平台建设的同时,编辑部加大了人才队伍建设力度。一个有凝聚力、有活力、有事业心的编辑部,是一个期刊健康发展所必不可少的因素;而编辑队伍学术水平的高低、编辑能力的强弱以及管理的有效性,很大程度上决定了编辑部的工作是否高效。为了增强编辑部的实力,近年来先后吸引了 3 名博士到编辑部工作(另有 1 人退休)。目前,编辑部 5 名工作人员,以年轻人为主,他们都有较高的学历,但缺乏编辑工作经验。为了使他们迅速成长,编辑部除了积极鼓励他们参加期刊编辑培训活动外,还鼓励他们参加相关国内生态学学术研讨会(每年 10 余人次)。这些学术交流活动不但使年轻人开阔了视野,提高了业务水平,还为组织稿件提供了便利,保证了一批较高水平的稿件被吸引到杂志。

5 结语

展望未来,国内科技期刊的发展将面临更大的挑战。《生态学杂志》将抓全面质量管理,严格编辑加工的规范化和标准化;在编辑加工过程中,严把审稿关、文字关、校对关,确保文章的科学性、准确性;积极开展职业道德规范建设,强化编辑部内部管理,加强与作者、评审专家的沟通,进一步强化服务意识,提高办刊效率,确保期刊良好发展。

Some Experience and Thinking of Running *Chinese Journal of Ecology*

ZENG Dehui
Editorial Office of *Chinese Journal of Ecology*, Shenyang 110016

Abstract: This paper briefly describes some experience and thinking of running *Chinese Journal of Ecology*. The running practices of many years suggests that accurate positioning is the foundation for the survival and healthy development of a journal and that rigorous peer review is the assurance of journal's academic quality. Under new situation, promoting rapid publication, ensuring scientific nature of published articles, and improving the journal's running efficiency would direct the road for future successful development of an academic journal.

Keywords: Journal positioning; Academic quality; Fast publication; Journal's running efficiency

70.《植物病理学报》

推陈出新　冲击SCI刊源

于金枝　曾晓葳　李　晖　韩成贵　郭泽建　彭友良[①]
中国农业大学,北京　100193

摘要:《植物病理学报》由中国科协主管,中国植物病理学会主办,挂靠中国农业大学。在中国科协的支持帮助下,《植物病理学报》推陈出新,努力冲击SCI刊源。

关键词:《植物病理学报》;创新;SCI刊源

《植物病理学报》(以下简称《学报》)是由中国科学技术协会主管、中国植物病理学会主办出版的国内有关植物病理学研究的唯一学术刊物,主要反映我国植物病理学各分支学科研究的前沿动态和最新成果,代表我国植物病理学研究的最高水平。其挂靠单位为中国农业大学(中国植物病理学会理事长单位)。

1　历史钩沉

1955年《学报》第一期付梓,科学出版社出版,新华书店发行。十年动乱期间,《学报》停刊。1979年《学报》复刊,农业出版社出版。1986—1992年由中国植物病理学会(原北京农业大学植保系)主办,1993年由中国植物病理学会主办。

复刊后,俞大绂院士、裘维蕃院士、曾士迈院士都曾先后担任《学报》主编。自2003年起,由彭友良教授担任主编。

《学报》创刊时为半年刊,1981年改为季刊,2003年改为双月刊。迄今,已刊行42卷,海内外发行近20万册。

2　推陈出新

《学报》在创刊、复刊、扩刊等重要历史阶段,坚持以推动我国植物病理学研究学术创新、传播植物病害控制的新理论和新技术为宗旨。

2.1　确定发展方向,全方位调整

2002年,《学报》的主办单位中国植物病理学会召开了第七届全国会员代表大会,选举产生了新一届理事会。新一届理事会对《学报》的发展和未来进行了讨论,最终决定:《学报》编辑委员会要逐步实现编委的专业化、年轻化和国际化。在主办单位的支持下,

---

① 中国农业大学《植物病理学报》主编,教授,E-mail:pengyl@cau.edu.cn。

2003 年《学报》产生了新一届编委会，主编由国家杰出青年科学基金获得者、国家“973”项目首席科学家、教育部长江奖励计划特聘教授彭友良教授担任。编委会确定了“扩大对外交流，提高《植物病理学报》影响力”的发展方向，在此基础上，《学报》的栏目设置、稿约、版式设计等也进行了相应的调整。

（1）设置主编约稿栏目——专题评述。该栏目作者均是相关领域具有一定造诣的专家，主要介绍植物病理学国际前沿的动态与方向、国内研究的进展与成果；或专家结合自己的研究，评论研究现状，讨论尚需解决的问题，分析未来发展趋势。

（2）鼓励英文投稿。2003 年《学报》重新修订稿约，采取有效措施鼓励英文投稿。每年均刊登数篇全英文论文，以扩大《学报》在国际植物病理学界的影响，扩大对外交流。在此基础上，2006 年起《学报》的图表全部改用英文，参考文献也全部用英文著录。

（3）邀请海外华裔科学家审稿。《学报》外审专家库较为丰富，除了中国的专家，还有许多知名大学华裔科学家都是专家库的成员，如美国普渡大学、威斯康星大学等高等院校、科研院所的科学家都曾是《学报》的审稿人。

（4）建立网上投审稿系统。为使相应研究论文能够快速发表，《学报》借鉴国际主流期刊的工作程序，从 2007 年开始启用网上投审稿系统。

（5）封面照片遴选。2002 年起《学报》实行铜版纸印刷，以提高出版质量。为了进一步吸引读者和研究者的关注，《学报》从 2003 年开始在当期刊发文章中遴选相关研究的照片作为封面刊登。

2.2 进一步明确发展目标

2005 年《学报》迎来 50 岁生日，陈鸿逵、刘仪、曾士迈、李振岐、李季伦、谢联辉、季良所发来贺词祝贺（图 1），主编彭友良教授主持召开座谈会，进一步明确《学报》的发展目标——提高学术水平，冲击 SCI 刊源。

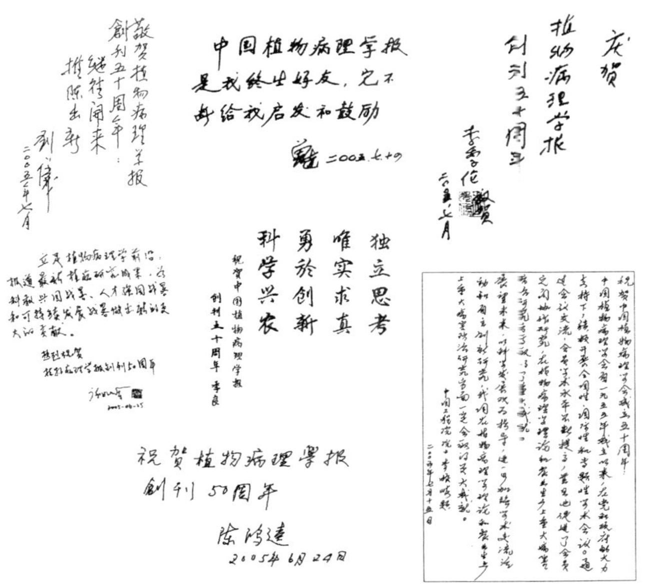

图 1 《植物病理学报》创刊 50 周年陈鸿逵、刘仪、曾士迈、李振岐、李季伦、谢联辉、季良所发贺词

2.3　学术贡献和获得的奖励

2.3.1　推荐优秀论文

2003—2012 年《学报》共刊发研究论文 1200 余篇。在众多研究论文中,《学报》专门挑出对学术发展和社会发展有贡献的论文,作为优秀论文推荐。不但可以使优秀研究成果更广泛地传播,而且也提高了《学报》的影响力。

2012 年《学报》向精品期刊顶尖论文平台——领跑者 5000 项目推荐评选了 2 篇优秀学术论文。其中,一篇题为《拟南芥 BOI 基因在抗氧化胁迫和细胞死亡中的功能分析》的研究论文,报道了一个具有泛素 E3 连接酶活性的 RING 蛋白 BOI 参与植物细胞程序化死亡的调控。该研究结果增加了人们对于植物 PCD 调控机制的认识。另一篇《外源茉莉酸甲酯诱导的水稻叶片蛋白质差异表达分析》也是《学报》推荐评选的优秀论文。外源茉莉酸甲酯(MeJA)可以诱导和提高水稻对稻瘟菌的抗病性,了解其处理后水稻组织内蛋白质的差异表达,对于了解植物的诱导抗病性机制具有十分重要的理论价值和实践意义。该文的研究结果对于深入解析 MeJA 诱导的水稻抗病性机制和抗病性的利用具有重要意义。推荐该文对于我国的粮食安全有重要作用。

2.3.2　获得多项荣誉和资助

《学报》目前是中国科技核心期刊,已被英国农业与生物技术文摘(CAB)、联合国粮农组织 AGRIS 等收录。2003 年荣获首届《中国学术期刊检索与评价数据规范》(CAJ - CD)执行优秀期刊奖。2012 荣获“中国国际影响力优秀学术期刊”称号。

2010、2011 年《学报》获得中国科学技术协会精品科技期刊工程项目资助,2012 年获中国科学技术协会精品科技期刊期刊出版人才培育计划项目资助。中国农业大学对《学报》每年也都予以小额资助。

2.4　评价指标

建设文化强国,提高科技期刊的水平与质量十分关键。度量科技期刊学术创新的影响力和整体学术水平,其影响因子、总被引频次是较为重要的评价指标。《学报》在许多评价体系中都有比较好的表现。

2.4.1　源自中国科学技术信息研究所的信息

《2012 年版中国科技期刊引证报告(核心版)》在学科分类期刊指标情况中,将农业科技期刊主要划分为 3 类(农学类;农艺学、园艺学类;农业工程类)。《学报》被划归在农学类(包括 44 种期刊)。2011 年《学报》核心总被引频次 1466,在 44 种农学类期刊中排第 14 位;核心影响因子 0.836,在 44 种农学类期刊中排第 8 位。

2.4.2　源自中国科学文献计量评价研究中心、清华大学图书馆的信息

(1)中国科学文献计量评价研究中心、清华大学图书馆选定 Web of Science 的 JCR 来源文献为引文统计源,从论文引证分析的角度,调查和反映我国学术期刊国际传播的状况和效果,结合专家评审,综合评价我国科技期刊的国际影响力。《学报》荣获“2012 中国国际影响力优秀学术期刊”称号。

(2)2012 年版中国学术期刊影响因子年报(自然科学与工程技术)中,《学报》隶属植物保护学类(包括 17 种期刊),其影响因子指标排名中《学报》居榜首,见表 1。

表1 植物保护类期刊影响因子

序号	刊名	复合总被引	复合影响因子			期刊综合总被引	期刊综合影响因子			基础研究影响因子			技术研究影响因子		
			JIF	他引JIF	即年指标		JIF	他引JIF	即年指标	JIF	他引JIF	即年指标	JIF	他引JIF	即年指标
	S4 植物保护学														
1	植物病理学报	3643	1.338	1.271	0.040	1769	0.966	0.899	0.030	0.932	0.865	0.030			
2	农药学学报	1463	1.183	1.040	0.111	797	0.811	0.669	0.094	0.771	0.629	0.094			
3	植物保护	3527	1.016	0.945	0.119	1942	0.683	0.613	0.107	0.659	0.589	0.107			
4	中国生物防治学报	2070	0.893	0.824	0.196	957	0.629	0.560	0.175	0.610	0.541	0.165			
5	植物保护学报	2547	0.880	0.778	0.036	1303	0.628	0.526	0.027	0.611	0.509	0.027			
6	环境昆虫学报	723	0.873	0.766	0.053	407	0.608	0.500	0.042	0.576	0.468	0.042			
7	农药	3631	0.748	0.636	0.121	1958	0.572	0.461	0.114				0.569	0.458	0.114
8	现代农药	684	0.710	0.645	0.010	381	0.480	0.415	0.010				0.475	0.410	0.010
9	中国植保导刊	1319	0.650	0.524	0.154	780	0.481	0.355	0.149				0.474	0.348	0.149
10	世界农药	883	0.649	0.591	0.074	385	0.462	0.404	0.074				0.456	0.398	0.074
11	植物检疫	1380	0.529	0.416	0.052	847	0.416	0.304	0.052				0.405	0.292	0.052
12	杂草科学	626	0.450	0.344	0.025	393	0.378	0.273	0.025				0.378	0.273	0.025
13	江西植保	274	0.350	0.350		141	0.203	0.203					0.203	0.203	
14	农药科学与管理	1173	0.301	0.279	0.032	578	0.218	0.196	0.032				0.215	0.193	0.032
15	广西植保	315	0.246	0.231	0.018	158	0.192	0.177					0.192	0.177	
16	湖北植保	294	0.127	0.127	0.023	153	0.096	0.096	0.023				0.090	0.090	0.023
17	植物医生	260	0.089	0.089	0.006	119	0.068	0.068	0.006						

注:源自中国科学文献计量评价研究中心、清华大学图书馆2012年中国学术期刊影响因子年报。

3 任重道远

近年来,中国科学技术协会推出的精品科技期刊工程项目、精品科技期刊培育计划项目,对推动科技期刊发展、提升我国科技期刊的国际影响力,发挥了重要作用。《学报》近年也获得了这些项目的支持,在培育人才、提升学术质量、期刊国际化方面都做了大量的工作。

3.1 培育出版人才

2012年《学报》获得中国科协精品科技期刊培育计划——期刊出版人才培育项目支持。主编彭友良教授、中国植物病理学会理事长郭泽建教授、中国植物病理学会秘书长韩成贵教授都高度重视《学报》编辑部出版人才培育项目建设与落实工作,明确提出:“期刊要发展,人才是关键”。

3.1.1 开展学术交流

围绕期刊出版人才培育项目,《学报》专职责任编辑先后于2012年10月、12月,参加了期刊数字化出版培训班和中国科技期刊创新年会。

3.1.2 建立培训机制

建立可持续期刊学术交流良性机制,以“走出去,拿回来”为主线,开展形式多样的学术交流与期刊宣传活动。

(1)每年参加1次与本学科领域有关的学术交流活动,宣传期刊并向优秀大会报告者约稿。

(2)2013 年参加 1 次国际学术会议,侧重传统出版流程与数字技术和经营管理方面的学习与交流。计划与国际著名出版机构 Springer 以及国际知名科技期刊相关专家座谈,分享国际同行的期刊出版经验。

3.2 提升学术质量

3.2.1 加强选题组稿

(1)对植物病理学热点、焦点问题组织专栏。

(2)对国家重点科研项目、基金项目产出论文开启绿色通道。

(3)对国家需求的病害控制技术问题优先报道。

3.2.2 建设编委队伍

(1)聘请国际编委。

(2)聘请本学科带头人担任编委。

(3)遴选副主编。

3.3 探索创办英文期刊

在中国科协的大力支持下,中国植物病理学会通过竞争获得了第十届国际植物病理学大会的主办权,并将于 2013 年在北京召开国际植物病理学大会。国际植物病理学大会被国际同行誉为国际植物病理学界的奥林匹克盛会,成功获得该会的主办权充分体现了中国植物病理学家的国际学术地位与影响力。

目前,《学报》是我国唯一一份反映植物病理学研究成果与研究水平的中文期刊。亚洲的日本、韩国先后于 1999 年、2000 年创办了英文版植物病理学研究科技期刊。近年来,我国植物病理学家在基础研究与应用研究方面取得显著成就,其研究成果已在国际主流期刊发表获得承认。如何能使研究成果更广泛地传播,一直是《学报》苦苦思索的问题,创办英文期刊将会显著提升我国植物病理学研究的国际影响力。《学报》前些年打下的坚实基础,为创办英文刊提供了良好的人力和资源保障。

《学报》发展到今天,离不开主管单位中国科协、主办单位中国植物病理学会、挂靠单位中国农业大学的支持与帮助。《学报》有责任有义务为繁荣我国植物病理学科、保障国家粮食安全、食品安全和生态安全贡献一份力量。

Stepping the SCI Journal Source through Accumulation and Innovation

YU Jinzhi, ZENG Xiaowei, LI Hui, HAN Chenggui, GUO Zejian, PENG Youliang

China Agricultural University, Beijing 100193

Abstract: *Acta Phytopathologica Sinica* is supervised by the China Association of Science and Technology, affiliated to China Agricultural University, and managed by Chinese Society for

Plant Pathology Association. With the support and assistance from the China Association of Science and Technology, *Acta Phytopathologica Sinica* is stepping the SCI journal source through developing the new through critical assimilation of the old.

Keywords:*Acta Phytopathologica Sinica*;Innovation;SCI Journal

审稿编辑:梁永霞

71.《农学学报》

依托精品期刊工程　搭建期刊人才境外培养交流平台

韩忠超　胡映霞[①]　段晓红　张晶晶
焦晓玉　毛敏汇　蔡桂艳　刘　静　赵　静
《农学学报》编辑部,北京　100125

摘要: 在分析数字化、新媒体、学术诚信等对期刊人才能力和素质要求的基础上,简要介绍了《农学学报》、中国农学会搭建期刊人才境外培训交流平台的做法。

关键词: 精品科技期刊工程;《农学学报》;人才培养;国际交流;境外培训

2012年中央一号文件指出,"农业科技是确保国家粮食安全的基础支撑,是突破资源环境约束的必然选择,是加快现代农业建设的决定力量"。在全球农业科技创新集聚爆发和新兴产业加速成长时期,农业科技期刊在发表农学研究成果、记载科学探索的同时,渐成"农业科技创新新思想、新理论、新技术和重大科技命题的核心策源地"。

中国农学会作为我国最大的农业科技社团,主办有《中国农业科学》(中英文版)、《农学学报》、《中国农学通报》、《植物遗传资源学报》、《棉花学报》、《食用菌学报》、《农业科研经济管理》8种学术期刊,是我国农业科技期刊的国家队。中国农学会农业科技期刊分会、中国期刊协会农业期刊分会(秘书处设在中国农学会)是我国重要的公益性农业期刊学术团体和创新基地,是农业期刊人才的成长摇篮。

《农学学报》(月刊)是由中国科学技术协会主管、中国农学会主办,中国工程院院士、中国农科院副院长刘旭研究员任主编,服务农业部科技委委员、中华农业英才奖专家、神农中华农业科技奖专家、中国农业专家咨询团成员、中国农学会会员、国内外大农学领域专家学者的科技期刊。从2012年开始,在中国科协精品科技期刊人才培养项目的支持下,《农学学报》编辑部和中国农学会在有关部门的支持、配合下,围绕数字化、新媒体、国际化等对中国农业科技期刊人才能力和素质的要求,通过期刊人才的境外培养交流平台为中国农业期刊培育优秀期刊,探索引进高学历、具有科研经历的创新编辑人才。

1　数字化对期刊人才提出新要求

1.1　科技期刊的消费主体——科技工作者阅读习惯正在数字化

网络中几乎没有查不到的资料。越来越多的研究人员从使用传统的纸质(印本)期刊转向通过网络搜索、选择、获取、阅读、引用期刊信息,在线阅读已成为科技工作者获得文献的主要途径。

---

① 《农学学报》编辑部,E-mail:huyx@ agri. gov. cn。

1.2 科技期刊的内容主体——学术论文创作方式已然数字化

科技工作者作为学术论文的创作主体与源泉，正越来越多地借助电脑和互联网等进行创作。快捷便利的资料搜集、高效灵活的写作方式、网络型的立体思维模式、开放式的传播和阅读，使得科技工作者在进行学术论文创作时，可以永不停歇地思考、实时互动地交流。

1.3 科技期刊的生产主体——编辑部的运行日益依赖数字化

除同行评议、质量核心这个根本宗旨不变外，数字时代科技期刊出版理念、出版形态、出版规模、流通方式等都在发生变化。期刊的生产主体——编辑部越来越依赖于计算机、多媒体、网络等数字技术，期刊从征稿、编排到出版的各环节已经数字化。

1.4 科技期刊的传播方式——信息流动已完全数字化

数据库已成为当前大多数高等院校、公共图书馆、科研机构文献信息的重要查询手段和方式。时效强、容量大、刊期跨度大、检索功能强的数字化信息服务，在满足科技工作者对文献需求的同时，对纸质期刊形成极大的冲击。纸刊的发行和销售正在大幅度萎缩、下降，文献保存功能也在不断消退。

1.5 科技期刊"被数字化"的推力——越来越强

科技期刊是一个技术驱动的领域，与之相关的技术进步在降低出版成本的同时，无不极大地推动着期刊的数字化进程。评价体系、传播方式等期刊指挥棒更像巨浪一样加速着科技期刊"被数字化"的步伐。

2 新媒体呼唤高水平的期刊人才

在"三网"融合的新媒体时代，在资讯即时呈现的微博时代，交互性、即时性、传播渠道多样性、受众对资讯接收的选择性，使内容为王的科技期刊逐渐呈现出内容、渠道、服务的三足鼎立。不懂代码编程原理、不知社交媒体、不了解搜索引擎信息抓取和呈现算法的编辑，很难想象能从容面对科技期刊的发展、自如引领科技期刊发展、自觉推动科技期刊的发展。优秀人才创造优秀的期刊，在数字化、新媒体转型中，无论主动引领，还是被动追赶，人才的数量和质量都对科技期刊的发展壮大产生至关重要的影响。

3 学术诚信呼唤高素质的期刊人才

信任、公平与责任是社会良性运转的保障，学术诚信是科学研究及其发展的基础。在道德缺失、学术泡沫弥漫的社会大氛围下，科技期刊作为学术交流的重要平台、展示最新科研成果的窗口，已成为科研人员得到同行认可、接受社会监督的重要途径。随着科技的飞速发展，中国科技论文的国际影响力不断提升，但论文泡沫也泛滥成灾，学术不端更是愈演愈烈，呈高发态势。占领农业学术界科技道德制高点，净化学术环境，维护学术活动的严肃性，营造良好的学术氛围，需要高道德标准、高素质的期刊人才。

4 依托精品期刊工程搭建期刊人才境外培养交流平台

4.1 开拓期刊编辑境外培训项目

《农学学报》、《农业科研经济管理》编辑部、中国农学会农业科技期刊分会、中国期刊协会农业期刊分会充分利用中国农学会、农业部人力资源开发中心承担农业行业出国

(境)培训项目、聘请国外专家和农业引智推广项目的组织实施,研修生(实习生)、部机关、部属单位出国(境)培训项目审核备案工作职能的便利,从 2012 年开始,在国家外国专家局提供农业部的境外培训项目中,争取到每年 1 个农业期刊编辑的境外培训项目。

2012 年 9 月 7 – 27 日,以中国农学会农业科技期刊分会秘书长汪飞杰为团长的中国农业期刊主编、社长赴美数字出版培训团一行 16 人,在美国进行了为期 21 天的培训学习。培训以专家学者授课为主,并结合数字出版传播的相关内容,先后到旧金山、洛杉矶、华盛顿三市区的斯坦福大学、阿拉梅达太阳报、加州大学出版社、中国日报、台湾时报、宝特联合律师事务所、洛杉矶时报、鹰龙传媒公司、加州大学波莫纳农学院和图书馆、圣伯纳迪诺图书馆、美国农业部、美国农业部农场局期刊出版社、美国生物科学杂志社等单位进行了实地培训、考察、学习交流活动。通过培训学习,对美国农业科技期刊发展历程、运作模式、数字化发展现状及趋势、版权维护、数字出版物检索和查阅,对现代科技飞速发展对期刊行业所带来的影响等有了一个较全面系统的了解,拓宽了视野,更新了观念,增长了见识,学到了知识,进一步明确了发展方向,增强了信心。

英国是西方出版业起源最早、发展最为成熟的国家之一,其科技期刊以科学、严谨、求实、创新享誉学术界,是重要的期刊强国。为了让国内期刊编辑部近距离体会英国科技期刊,熟悉其作业流程和操作规范,借鉴其先进经验和理念,提升中国农业科技期刊的出版质量和学术水平,2013 年中国农学会决定组织 20 名国内农业科技期刊主编、社长或业务骨干,赴英进行现代农业科技刊物创新发展与质量提升培训,培训期为 21 天。该培训团目前已获农业部、国家外国专家局批准,相关报名、组团工作将很快启动。

4.2 探索农业期刊编辑境外研修、访学模式

The US-China Association for Agriculture and Life Sciences 是一个在美国正式注册的非营利学术组织,致力于促进美国与中国以及有关国家之间在农业、生命科学、环境资源等领域的交流与合作。美国科学院院士 Robert Ricklefs 教授以及美国农业部林务局南方研究站科研助理主任 Kier Klepzig 博士为该协会的顾问。协会秘书长 Weimin Xi 博士是《中国农学通报》的副主编,同时担任多家美国 SCI 期刊的编委,是威斯康星大学麦迪逊校区农业科学和生命学院高级生态学家(Certified Senior Ecologist),热心并愿意帮助《中国农学通报》等中国农业期刊进行人才培养和能力提升。该协会已在威斯康星大学麦迪逊校区为中国农业期刊争取到 4 个 2013 年的访问学者名额。

在中国科协精品科技期刊人才培训项目的支持下,2012 年 12 月 15 – 18 日,中国农学会专门邀请 Weimin Xi 秘书长在 2012 年中国农业期刊学术年会暨农业期刊创新与发展论坛上,以《农业期刊编辑赴美交流项目》为题,介绍中国农学会、The US-China Association for Agriculture and Life Sciences 从 2013 年开始组织实施的中国农业期刊主编、编辑赴美进修、研修(3 ~ 12 个月),邀请(拜访)国际编委、副主编以及与美国大学、出版社合作办刊项目,重点介绍了项目的目标内容以及操作、组织形式,并现场答疑解惑。论坛期间,《农业工程学报》、《中国农业科学》等编辑部已就 2013 年派编辑赴美研修、访学与 Weimin Xi 秘书长达成初步意向,《农学学报》等编辑部则与 Weimin Xi 秘书长就中文期刊的英文摘要、文题、关键词等的规范、完善、润色等进行了接触。

4.3 探讨引进高层次创新出版人才的方式

《农学学报》编辑部和中国农学会目前正通过 Weimin Xi 秘书长与 The US-China Association for Agriculture and LifeSciences 进行沟通，探讨在精品科技期刊项目的支持下，每年从 University of Wisconsin-Madison 或美国著名农业大学、科技期刊出版机构邀请几位热爱中国，具有 SCI 期刊编辑、出版经历，在农学等学科前沿领域从事过科学研究的高层次、创新型复合出版人才，到中国农学会及相关农业期刊编辑部短期工作、指导编辑出版的可行性和操作模式。

5 讨论

境外培训、访学、研修的项目化、渠道化、规范化，是《农学学报》编辑部和中国农学会依托精品期刊工程搭建期刊人才境外培养交流平台的第一步。如何使农业期刊人才的境外培训、交流更有针对性，更好地服务于国内农业科技期刊的数字化、新媒体化、国际化，需要在今后的实践中不断总结经验，完善做法。为中国农业科技期刊走出去，并能屹立于世界期刊之林培养引进优秀的期刊拔尖人才、领军人才，是精品科技期刊人才培养项目的不懈追求。

参考文献

[1]孙素梅，陈建光. 论网络时代期刊编辑需具备的综合素质[J]. 河北工业大学成人教育学院学报，2008，23(2)：56－59.

[2]袁醉敏. 学术期刊网络生存与编辑素质的提升[J]. 编辑学报，2006，18(5)：389－391.

[3]王虹，白永利. 数字传媒时代对编辑出版技能的要求分析[J]. 价值工程，2012，31(15)：175.

The Establishment of Communication Platform for Overseas Training Journal Talents: Based on the Project of Classic Journals

HAN Zhongchao, HU Yingxia, DUAN Xiaohong, ZHANG Jingjing, JIAO Xiaoyu, MAO Minhui, CAI Guiyan, LIU Jing, ZHAO Jing

Journal of Agriculture Editorial Office, Beijing 100125

Abstract: Based on the requirements of analysis digitization, new media, academic misconduct for journal talents and quality, the methods were introduced that *Journal of Agriculture* and China Association of Agricultural Science Societies (CAASS) built the communication platform for overseas training journal talents.

Keywords: Project of classic science and technology journals; *Journal of Agriculture*; Talent training; International communication; Overseas training

审稿编辑：宋文好

72.《中国药学杂志》

与时俱进的发展模式指导下的《中国药学杂志》精品科技期刊之路

戴　罡[①]　韩　凤　杨云霞
《中国药学杂志》有限公司,北京 100022

摘要:《中国药学杂志》创刊60年来,始终保持较高的学术和编排质量,这在很大程度上得益于与时俱进的发展模式和杂志社长期重视人才培育与引进,始终拥有一支素质过硬的编校队伍。随着杂志社实现转企改制并获得"中国科协精品期刊工程项目"期刊出版人才培育项目资助,《中国药学杂志》拥有了进一步跨越式发展的基础。在充分认识当前期刊存在问题的基础上,编辑部将科学利用中国药学会的专家资源,努力完善人才梯队建设,以期迎来新的更大的发展机遇。

关键词:精品期刊;出版人才培育;学术期刊

《中国药学杂志》创刊于1953年,是由中国科学技术协会主管、中国药学会主办的综合性药学学术刊物,是我国药学界创刊最早、反映我国药学各学科发展和动态最具权威性和影响力的、发行量最大的综合性学术核心期刊之一,一直为中国科技论文统计源期刊(中国科技核心期刊)来源刊和《中文核心期刊要目总览》药学类核心期刊[1]。在2011年《中文核心期刊要目总览》中排药学类期刊第二名。

1　基本情况

《中国药学杂志》1953年创刊伊始即为月刊,1997年起被《中国学术期刊(光盘版)》收录,1998年起被Chinainfo网络版收录,2005年起改版为半月刊。刊物读者对象定位于国内中、高级医药科技工作者,本着全、新、实、活的办刊理念,以办成国内一流、国际知名的药学期刊为目标,60年来,刊出了大量国内药学科技工作者的最新科研成果,涉及重大发现的首报和重要成果的推广。所刊出的文章在药学各领域影响广泛,一直保持较高的学术水平和丰富的信息量,培养造就了一大批药学界优秀人才和以陈新谦、张天禄编审为代表的数位享誉业界的编辑出版人员,拥有了许多在药学界有影响的忠实读者和作者,同时也影响和带动了一批药学科技期刊的创办和发展[1-2]。

《中国药学杂志》曾连续三届荣获新闻出版总署设立的国家期刊奖及中国科协组织的全国优秀科技期刊评比一等奖;入选中国期刊方阵双高期刊;连续6年获得中国科协精品期刊工程项目资助(2006—2007年为B类,2008—2011年为C类);2006、2007年获百种中国杰出学术期刊称号;2008、2011年两次获中国精品科技期刊称号;2009年获新

① 中国药学会《中国药学杂志》社副社长,副编审,E-mail:daigangzz@ sina. com。

中国60年有影响力期刊称号。《中国药学杂志》曾被美国工程索引(EI)收录;现被美国化学文摘(网络版)(CA)、荷兰医学文摘(EM)、美国国际药学文摘(IPA)、日本科学技术振兴机构中国文献数据库(JSTCh)、英国皇家化学学会系列文献(RSC)、荷兰斯高帕斯数据库(Scopus)、美国乌利希期刊指南(UPD)等国际著名数据库及国内知名的数据库中国期刊全文数据库等收录。期刊的社会影响力和认知度及各项指标在同类刊物中始终名列前茅[3]。

2 期刊发展的战略定位

近年来,《中国药学杂志》分析并结合当前国内外药学学科的发展趋势以及药学领域科技期刊发展环境、政策导向等诸多因素,坚持与时俱进,不断明晰期刊战略定位,即立足国内,放眼国际[4],坚持学术质量第一,走学术的产业化发展之路,将集团化、数字化、网络化运作与有60年基础的传统模式有机结合,打造具有综合实力的百年名刊,更好地为广大作者、读者提供全方位的服务。

3 与时俱进的发展模式和运行机制

《中国药学杂志》创刊60年来,历经了多种发展模式,从最初因同类刊物很少而形成的近似垄断式发展模式,到80年代初期学术百家争鸣、百花齐放的开放式发展模式,再到进入21世纪以来强调变化、适应、前瞻的创新型发展模式,杂志都在以办刊宗旨和理念为中心,不断地调整完善自身的发展模式。2009年,《中国药学杂志》积极响应国家有关出版单位体制改革的号召,在新闻出版总署和中国科协的指导与帮助下,注册成立了《中国药学杂志》社有限公司,在探索期刊企业化管理、市场化运作方面率先走出了一步。2012年,杂志获为期三年的中国科协精品期刊工程项目——期刊出版人才培育项目资助,确定了当前以人才培育为基础、以提升综合实力为目标的立体式发展模式。

与发展模式相对应,在刊物运行机制上,《中国药学杂志》把专家办刊放在工作的首位,充分发挥以桑国卫院士为主编的,包括10名两院院士、5名外籍编委的高水平编委会专家的学术引领作用,确保刊物学术水平领先、学术影响扩大。杂志社还聘请三位在中国药学会不同专业委员会任主任委员和副主任委员的专家直接参与办刊,严把稿件排版印刷前的学术质量关。另外,在专家的指导和直接参与下,定期召开专题组稿会,研讨药学学术前沿,制定组稿计划,诞生了"抗肿瘤药物研发与应用"、"肉苁蓉"等一系列专栏专刊。

为了提高刊物的综合实力,杂志在市场化运作方面主动转变观念、探索学术产业化思路、拓展多种经营方式。2010年,中国药学会与美国药物信息学会(简称DIA)签署合作备忘录,双方合作的第一个项目——《全球药讯》的编辑出版工作由《中国药学杂志》社有限公司承担。作为一本反映国际药学研究最新成果、动态与方向的内部刊物,《全球药讯》的出版在国内药学界引发积极反响。刊物编辑出版期间,杂志社编辑们与美国药物信息学会等相关国际机构以及众多国际药学专家深度交流与合作,开阔了国际视野,也学习到了国际先进的办刊理念,同时积累起丰富的国际合作经验。杂志社充分考虑各层次读者、作者的切身需求,定制并召开了一系列以科技论文选题技巧和撰写思路为主题的培训会,已形成品牌,并列入了国家级继续教育项目。同时在专业的药学学术交流活动中，杂志社承办的全国医院药学学术年会暨 FIP(国际药学联合会)卫星会、临床药学高端论坛、全国医院药剂科建设与管理学术研讨会、临床药学实践案例分析与合理用药学术研讨会、全国妇产科药学大会等一系列会议均已形成品牌，产生了良好的社会效益，并为杂志社带来了一定的经济效益，科技期刊的学术产业化经营初具规模。

随着刊物对学术质量提高和市场化经营效益提升的双重需求不断增加，期刊出版复合型人才的引进与培育显得尤为重要。基于这一认识，杂志社于 2012 年通过认真分析和准备，向中国科协申请并获批了“中国科协精品科技期刊工程项目——期刊出版人才培育项目”资助，迎来了《中国药学杂志》发展历程中又一个具有里程碑意义的事件。

《中国药学杂志》社有限公司成立之初，即制定并印发了囊括财务管理、考勤管理、职工绩效考核办法、会议制度等的“《中国药学杂志》社有限公司规章制度汇编”，每年修订完善，使杂志社职工在期刊编辑出版、公司市场化管理与运作中有章可循，确保了期刊改制及后续工作的顺利进行，也为优秀人才的引进和脱颖而出建立起了较完善的机制。杂志社领导清醒地认识到复合型出版人才在新形势下学术期刊生存和发展中举足轻重的作用，下决心通过科协项目的实施力推人才引进和现有人员跨学科、跨部门综合培养。在较短时间内引进优秀人才，提升现有人员素质，助推期刊跨越式发展。

其实早在人才培育项目申请获批之前，杂志社已经开始了正规系统的人员培训工作。2009 年，公司成立，其后每年年初都制定详尽的职工培训计划，内容涵盖药学专业知识、政治经济学、管理学、市场策划、社会人文、着装礼仪等许多方面，目的就是开阔职工视野，以提升综合素质为培训诉求。如《中国药学杂志》社有限公司第一任社长韩凤于 2010 年至 2012 年间在清华大学国际创新管理(医院药事管理)研究生课程进修班学习，修完大学英语专业课程并获得毕业证书；2011 年 10 月参加纽约州立大学莱文学院举办的“在 STM 与数字出版领域的新技术新、发展和新的市场管理专业研讨班”；同时她积极参加其他多种编辑业务和药学知识的学习和培训，使其管理水平和专业能力得到很大提高。韩凤还积极参加编辑出版方面的学术研究，并关注国家基本药物制度与药物安全合理使用等问题，积极参与相关课题研究。在出版研究方面，近年来共发表药学与编辑学论著 9 篇；组织和参与编写书籍 3 部，主持、参与课题 6 项。其中，她承担的全国名词委员会委托编纂《药学名词》一书的工作，荣获全国科学技术名词审定委员会优秀分委员会称号；其作为课题负责人的中国科协“农村中医药人员现状调查与政策建议”课题，结题后得到国务院有关领导和中国中医药管理局等部委的高度重视，获得中国科协的好评。韩凤还兼任山东省药学科学院专家委员会首席专家，《儿科药学杂志》、《药品评价》(医院药学版)等杂志编委，中国科学技术期刊编辑学会医学委员会第三届全国委员会委员、第二届药学名词审定委员会委员等职务。正是积极参与多方面的学习培训以及有目的地参与多种学术工作，使得韩凤同志在专业学术水平与经营管理综合素质方面有了质的提升，从而很快地从单一的期刊编辑部主任成功转型为综合经营的期刊有限公司的社长。

4　清醒认识问题，理性规划发展

当然，在《中国药学杂志》的发展过程中也存在不少问题，走过弯路，产生过彷徨。由此，产生了认真的思考和对进一步发展的各种设想。

首先杂志社清醒地认识到期刊存在着不少问题，主要表现在以下几个方面：一是学术质量有待进一步提高。具有国际影响力和导向力的文章为数不多，部分文章缺乏原创性、导向性，有些综述文章只是综合而无评述。二是编委作用未得到充分发挥。目前刊物编委为杂志撰稿、组稿，尤其是组织高水平稿件不多；编辑人员组稿不够，国内知名专家在杂志上发表文章较少。三是稿件处理周期较长。虽然杂志于2005年改版为半月刊，但来稿数量增加近一倍，稿件处理周期较长，发表周期仍需一年左右。四是国际稿源不足。国际编委不足，难以组织一定数量的高质量的国际来稿，与中国科协精品期刊国际化目标还有较大差距。

针对以上问题，杂志社也对进一步的发展产生了一些设想：一是坚定树立品牌、精品意识，力创影响力大刊[5]。充分利用《中国药学杂志》这一品牌，发挥综合性刊物的优势，立足国内，走向世界，进行学术经营，以维护学术声誉，提升学术质量，扩大学术影响，满足用户需求，带动学科发展。二是以更加包容、开放的态度实行开门办刊及专家办刊。更好地发挥编委会的作用，调动编委的积极性，使其履行好编委职责，积极撰稿、组稿。三是注重刊物学术质量及编辑质量。本刊作为综合类药学期刊，应在药学事业的发展中发挥导向作用，刊出的文章要有新论点、新认识、新发明和具有研究性的新问题，反映国际、国内先进水平。四是加强出版多样化和现代化。加强期刊数字化建设，实现网上处理稿件，数字出版和期刊版本多样化，建立学术论文对科技发展快速反应机制，增加刊载容量，扩大传播发行范围。五是加强编辑队伍建设。充分利用出版人才培育项目提高编辑人员品格、专业业务和实践操作能力等的综合素质，加强编辑人员队伍建设，实施体制机制调整和改革。

相信在中国科协的指导与帮助下，以实施中国科协精品科技期刊工程项目——期刊出版人才培育项目为依托，《中国药学杂志》将会不断深化和完善体制改革的进程，巩固成果，努力转变思想观念，实现全方位的人才培养，拓展经营思路，取得较好的社会效益和经济效益，成为出版体制改革和精品期刊工程项目的受益者，为进一步办好服务于中国特色社会主义文化发展、服务于国家科技创新体系建设、服务于广大药学科技工作者的专业性学术期刊打下良好的物质基础和理论体系基础。

参考文献

[1]戴罡，韩凤，岳来发. 传承药学　与时俱进　再创辉煌——庆祝《中国药学杂志》创刊50周年[J]. 中国药学杂志，2003，38(10)：730－733.

[2]黄石麟，韩凤，徐连敏，等. 中国药学会2002—2008年大事记[J]. 中国药学杂志，2008，43(24)：1930－1939.

[3]韩凤，戴罡，田菁，等. 发挥学会优势加强对主办期刊的管理[J]. 中国科技期刊研究，2009，20(4)：723－725.

[4]韩凤，戴罡. 通过实施精品化战略打造国际化期刊[C]//中国科学技术协会学会学术部. 科技期刊建设与科技社团发展(2006中国科协科技期刊发展研讨文集). 北京：中国科学技术出版社，2007：304－307.

[5]戴罡，徐连敏，韩凤，等. 中国药学会主办期刊的学术地位和学会所起的作用[J]. 中国科技期刊研究，2009，20(3)：472－475.

The Road for *Chinese Pharmaceutical Journal* to Be a High Quality Scientific Journal

DAI Gang, HAN Feng, YANG Yunxia

Chinese Pharmaceutical Journal Co. , Ltd, Beijing 100022

Abstract: Since the first publication of *Chinese Pharmaceutical Journal* 60 years ago, it has been maintaining a high level of academic and arrangement of quality. This largely benefits from the development pattern of keeping pace with the times and thinking highly of the talent cultivation and introduction for a long time. The journal always has a redaction team of high quality. Through turned enterprise restructuring and won the funding of the high - quality periodical project - Periodical publishing training plan from China Association for Science and Technology, the journal has the basis of the further Great - leap - forward development. With a fully understanding of the present problem that the magazine has, the magazine will use the specialists from Chinese Pharmaceutical Association, perfect the construction of the talents team. The magazine will witness even greater development.

Keywords: High - quality periodical; Periodical publishing training; Academic journal

审稿编辑:宋文好

73.《中华神经医学杂志》

立足人才培养　打造国际化期刊

张　玲　郭洪波[①]
《中华神经医学杂志》编辑部,广州　510280

摘要:《中华神经医学杂志》于2002年创刊,现已成为国内最权威的科技类三大核心评价系统——《中国科技论文统计源期刊》、《中文核心期刊要目总览》、《中国科学引文数据库(CSCD)》来源期刊。杂志编辑部重视人才培养,建立了完善、全面的培训制度;同时注重行业间交流,积极关注期刊发展新态势;2013年4~5月拟引进1名具备国际化视野的期刊出版专业人才。2012年底编辑部主任郭洪波远赴美国匹兹堡大学进行访问,详细考察了国外科技期刊发展现状,为打造国际化期刊做出了积极努力。

关键词:《中华神经医学杂志》;人才培养;国际化期刊;神经医学

《中华神经医学杂志》(以下简称杂志)是由中国科学技术协会主管、中华医学会主办、南方医科大学珠江医院承办的中华医学会系列杂志,国内外公开发行,每月15日出版,每期108页。杂志2002年创刊,主要刊载神经医学的新理论、新进展、新技术、新业务等,其特点是神经内外科相结合,基础与临床相结合,适应了当前神经医学整合与发展的趋势。杂志栏目包括专家述评、基础研究、临床研究、论著、短篇论著、新技术新方法、病例报告、综述、读者-作者-编者等。读者对象包括神经外科、神经内科及基础神经科学领域的临床、教学和科研人员。

杂志2004年被《中国科技论文统计源期刊》(中国科技核心期刊)收录;2007年被美国《化学文摘(CA)》和俄罗斯《文摘(AJ)》收录;2008年被北京大学图书馆《中文核心期刊要目总览》第五版收录;2011年被《中国科学引文数据库(CSCD)》收录;2012年被《中文核心期刊要目总览》第六版收录。

杂志编辑部近年来科研实力亦不断提高,先后获得中国科学技术协会精品科技期刊人才培育项目和南方医科大学科研启动项目资助,发表数字化出版/期刊发展相关专业论文6篇,获得广东省科技期刊学会论文优秀奖1篇。

杂志主编徐如祥教授系神经外科博士生导师、主任医师,享受国务院政府特殊津贴;兼任中国神经科学学会神经损伤与修复分会主任委员等多项学术任职,以及《中国微侵袭神经外科杂志》副主编、*Neurol. Med. Chir.* 和 *Neurosci. Bull.* 等10余家杂志编委。他先后主持各类国家及部省级科研课题20余项(重大及重点科研科题6项),以第一作者或通讯作者发表论文200余篇,其中SCI论文40余篇。

杂志编辑部主任郭洪波教授系神经生物学博士生导师,兼任国家自然科学基金和广

① 南方医科大学珠江医院《中华神经医学杂志》编辑部主任,E-mail:hongboguo158@126.com。

东省自然科学基金评审专家、中国神经科学学会委员、中华医学会系列杂志审读专家、多个核心/英文期刊的特邀编委/审稿专家。他长期从事神经干细胞的分化发育、肿瘤干细胞 EMT、离子通道和信号转导等方面的研究。作为负责人,他承担国家自然科学基金 2 项,广东省自然科学基金、广东省科技计划项目等省部级科研项目 3 项,获得广东省科技进步三等奖 1 项;近 3 年以第一/通讯作者发表核心期刊论文十余篇,其中 SCI 论文 6 篇。

杂志近年来立足人才培养,在努力提高编辑部整体实力基础上重点发掘、培养优秀的编辑,以期为期刊长远发展及提高国际化水平积蓄力量。具体事例如下。

1　建立完善的培训机制

积极参加每年例行的出版行业继续教育活动,鼓励参加神经医学/出版行业学术会议及各项培训活动。2012 年每位编辑平均参加省内外学术会议 2 ~ 3 次,其中包括广东省出版局组织的出版行业专业技术人员培训、2012 年南方科技期刊发展论坛、2012 年神经外科全国年会、第二届全国神经病学会议等。2013 年下半年开始拟陆续选派部分优秀编辑出国访问,深入学习国际知名科技期刊先进的办刊理念及经验。

杂志编辑部内部开展了一系列交流、学习活动。如每月组织 1 次编辑讲座,由每名编辑轮流主持,介绍自身编辑工作心得、体会,总结工作中难点、重点问题或讲解最新编辑规范、专家审读结果,介绍行业发展趋势,聚焦行业热点。近几期讨论的主题分别为《计量单位使用过程中常见错误分析》、《非正态分布资料的统计学分析方法》、《数字化出版对科技期刊发展的影响》及《树立科技期刊编辑的经营意识》等。

2　加强行业间交流,积极探索期刊发展新途径

杂志近年来与广州市数家医学期刊编辑部建立了稳固、长久的联系,积极在期刊经营/发展、编辑培养、科研创新等各方面相互取长补短。2013 年计划进一步拓宽交流范围,与国际国内优秀期刊编辑部建立联系。现阶段正积极与香港大学内的一家期刊编辑部接洽,计划于 2013 年上半年完成对该编辑部的访问、学习,初步了解境外刊物办刊特点。

3　着力打造优秀期刊管理人才及编辑

杂志编辑部主任郭洪波教授重视杂志的经营与管理,在提升期刊学术质量、加强期刊数字化建设、增强期刊经济效益方面均做出了突出的贡献。郭洪波主任在任期间,杂志成功被中国科学引文数据库 CSCD(2011 年)和《中文核心期刊要目总览》第六版(2012 年)收录。在 2010 年中华医学会系列杂志审读活动中,杂志排名较 2009 年提高 25 个名次,取得了第 46 名的好成绩(共 125 份杂志参评)。不仅如此,杂志 2011 年首次实现扭亏为盈,2012 年实现盈利,经营情况大为好转。2012 年 10 月至 2013 年 1 月,郭洪波主任远赴美国匹兹堡大学进行访问,针对国外科技期刊的发展现状进行了详细考察。

编辑部编辑张玲积极关注行业发展,努力提升自身素质。2012—2013 年,在核心/国家级期刊发表相关论著 3 篇,获得南方医科大学科研启动基金 1 项(出版专业),参与神经外科专业国家级基金项目 1 项,获广东省科技期刊学会论文优秀奖 1 篇。

4 引进高层次、高素质期刊出版人才

2013年4~5月杂志拟引进1名具备国际化视野的期刊出版专业人才，为期刊的数字化、国际化发展指引方向。

Creating an International Journal Based on Personnel Training

ZHANG Ling, GUO Hongbo
Editorial Department of Chinese Journal of Neuromedicine, Guangzhou 510282

Abstract: *Chinese Journal of Neuromedicine* was started publication since 2002. So far, it has become one of the tech source journals of three core evaluation system, including Chinese scientific papers source journals, Chinese core journals of Peking university library, Chinese science citation database source journals. The editorial department has always attached importance to personnel training, and a sound and comprehensive training system has been established. Besides that, exchanges with other editorial departments and concern about the new trend of journal development are of the essence in our staff. The editorial department plans to introduce a journal publishing professional enjoying international vision in April or May 2013. The director, Guo Hong - bo, went to University of Pittsburgh for a visit at the end of 2012; development status of foreign scientific journals were observed and studied in details, which might help in creating an international journal.

Keywords: *Chinese Journal of Neuromedicine*; Personnel training; Internationalization Journal; Neuromedicine

审稿编辑：宋文好

期刊资源集约建设项目

74.《药物分析杂志》

使命与责任　创新之动力
——《药物分析杂志》的创新实践

栗晓黎[①]
《药物分析杂志》编辑部，北京　100050

摘要：介绍了《药物分析杂志》的创刊背景、发展历程、学术定位等基本情况，概述了该刊在质量管理和创新发展方面的思路与实践，并结合科技期刊的历史使命与社会责任简述了该刊发展的根本动力和创新实践。

关键词：《药物分析杂志》；学术期刊；创新发展

《药物分析杂志》是中国科学技术协会主管、中国药学会主办、中国食品药品检定研究院（原中国药品生物制品检定所）编辑出版的、国内外公开发行的学术性科技期刊。其前身是始创于1951年的《药检工作通讯》，1981年更名为《药物分析杂志》。作为专业科技期刊，《药物分析杂志》在传播药物分析科技信息、评价药物分析科技成果、展示药物分析领域科技水平、培养药物分析科技人才、推动药物分析科技创新等方面，发挥了专业领域学术建设的载体作用；在促进药学科学进步、促进药物分析专业国内外学术交流中发挥了重要作用，在推进行业标准规范及发展中担负起专有学术平台的作用。

1　伴随新中国诞生和成长

1950年，中国食品药品检定研究院前身——国家药物食物研究检验机构在建所之初，在留学回国的涂国士等学者的建议和中央领导直接支持下，作为全国药物研究检测的技术指导单位，当即把创办学术期刊带动全国药研、药检技术提高作为首要任务之一，安排部署了专业杂志的编辑和科技信息传播等重点工作。《药检工作通讯》雏形期刊于次年诞生，主要刊载翻译的国外最新科技文章和引进的国外最新技术成果，同时收集刊载各大科研院所、高等院校的研究成果。1951年办刊初期，期刊为手工刻蜡板，人工制作油印本，主要提供给国内的药学药检工作者。1957年开始印刷出版并全国发行。“文革”期间被迫中断，十年浩劫结束之后复刊，并以《药品与生物制品》的刊名出版，1978年恢复《药检工作通讯》刊名，1979年更名为《药品分析杂志》，1981年起更名为《药物分析杂志》，2005年从双月刊改为月刊。随着我国期刊出版管理的不断规范，《药品分析杂

---

① 《药物分析杂志》编辑部主任，主任药师，编审，E-mail：suxiaoli@ nifdc. org. cn。

志》的编辑出版工作亦得以不断提升，其版式几经变化，目前版式设计更加精良，既体现出该刊特色，又吸引读者眼球，国内外发行范围不断扩大。几十年来，《药物分析杂志》始终处于有影响力学术期刊的前列，是最早一批被国内外主要期刊检索系统收录的药学类专业学术期刊。

2 肩负使命责任，推动学科发展

“学术期刊是培养科技人才的媒介，是学术人才成长的摇篮”。《药物分析杂志》的前身《药检工作通讯》在创办初期，主要为满足专业人才的培训需要，承载培养全国药物分析各级专业人才的使命。为此，编辑工作团队查阅国外药物、食物检验分析技术资料并翻译、编撰、刊载，满足了专业技术人员的学习培训需要，为国家培养紧缺的药物分析专业技术人才提供了专业载体。

《药物分析杂志》作为专业技术人员交流学习、更新知识、专业深造的信息平台，及时刊发学科领域最新成果的论文、传播最新科研信息、预测学科发展趋势，为广大专业技术人员了解药物分析专业最新研究成果、实现专业水平提升发挥了不可替代的作用，是药物分析专业技术人员学习成长的摇篮。不仅如此，在办刊实践中还造就了一批批药物分析领域专家编委人才，也培养了一支又一支具有专业编审能力的优秀编辑队伍。

《药物分析杂志》刊发的论文主要来自药物分析相关科研、教学、应用的第一线科技工作者，期刊记载了药物分析学科的基础研究及应用研究的发展历史，反映了药物分析专业技术的发展过程和技术特点。20 世纪 50 ~60 年代，刊登的论文主要涉及容量分析、重量分析的研究，20 世纪 80 ~90 年代主要为色谱分析方面的研究论文，到 21 世纪初色谱联用技术陆续占据了先导地位，期刊出版选题组稿推动了药物分析学科的科技创新与发展。

3 专业定位清晰，学术影响稳定

《药物分析杂志》办刊人始终秉承“百花齐放、百家争鸣、追求前沿、促进推广”的办刊理念，坚持“服务药物分析专家学者、推动药物分析学科发展、引导药物分析技术开发、促进药物分析技术推广”的办刊宗旨，期刊专业方向明确、学术定位清晰。当前，《药物分析杂志》主要报道药物分析学科最新研究成果，探讨药物分析新理论，介绍药物分析新进展，传播药物分析新技术，推广药物分析新方法，以最新科学技术研究成果惠及药物分析领域为主线，为药物分析学科发展搭建学术交流平台。

重视学术质量是《药物分析杂志》几代办刊人的优良传统，将严谨的科学态度运用于学术期刊出版工作是编辑工作的基本准则。创刊至今，期刊的编辑出版工作一直由具有药学专业高级技术职务的人员负责，为期刊的学术质量管理提供了良好的保障。近年来，《药物分析杂志》每年接收稿件 1300 ~1500 篇，全年收稿中重点课题及基金论文占 45% ~50%，稿件录用率保持在 30% ~35%，达到了国内一流科技期刊的稿件筛选水准。

《药物分析杂志》认真执行同行评议制度，由国内外药物分析领域专家给予质量评议，严守学术质量第一的办刊原则，取得良好效果。1991 年，《药物分析杂志》获中国药学会组织评选的期刊质量二等奖；1992 年，获北京市新闻出版局与北京市自然科技期刊编辑学会联合组织的四通杯全优期刊奖；1992、1997、2002 年 3 次荣获中国科协的优秀期刊三等奖;2012 年入选 2012 年度中国最具国际影响力学术期刊。《药物分析杂志》还是中国科学技术协会精品期刊工程项目资助期刊,2006—2008 年、2010—2011 年分获中国科协精品期刊 C 类资助,2009 年获"中国科协精品科技期刊示范项目"证书,2012 年获中国科协科技期刊国际推广项目立项资助。

严格的学术期刊质量把关制度代代相传、严谨的学术期刊办刊作风届届延续,是《药物分析杂志》办刊团队始终不变的工作主线和基本要求。在办刊过程中,办刊团队适应文化发展新形势,跟进出版技术的新发展,不懈努力、不断创新,使得期刊的影响力一直处于平稳上升趋势。

4 践行管理创新,保障团队实力

管理创新是迈向精品期刊的关键。《药物分析杂志》编辑部设于我国药品检验检测机构龙头单位——中国食品药品检定研究院之下,拥有良好的组织机构关系和实力强大的中国食品药品检定研究院等科技管理队伍作为支撑。中国食品药品检定研究院几十年来全力支持学术期刊发展,从工作场所、人员安排、资金保障等多方面保障了《药物分析杂志》的健康发展,有力地支持了编辑部的各项管理创新工作。

制度创新是质量管理的保障。严格的工作制度使得编辑部保持了一流期刊的管理,也成就了业务能力精悍的编辑出版队伍成长。长期以来,编辑部主要成员均由药学及出版专业高级技术人员担任。编辑部高级专业技术职务的人员占 70% 以上,具备优良的学术期刊编辑出版技术把关能力和出版组织管理能力。同时,编辑部以保障学术质量、促进期刊良性发展为目标,制、修订编委会章程,明确编委权利与义务,实行编委专家动态管理,汇聚了一批批学术水平高、专业能力强的专家编委。目前,编委会由国内外药物分析专家教授 112 人组成,为该刊及时报道药物分析学科最新研究成果、介绍药物分析最新进展、传播药物分析最新技术、推广药物分析最新方法提供了学术保障。

5 推进出版创新,践行数字模式

5.1 数字出版促进传播渠道创新

《药物分析杂志》是深受专业领域读者专家欢迎的专业性学术期刊,主要作者、读者为从事科研、应用及教育的药物分析相关学科的专业技术人员及管理工作者。期刊除保持传统的出版模式外,积极拓展传播渠道创新实践。《药物分析杂志》是最早一批被国内外主要检索系统收录的专业期刊,1998 年,加入国家科委信息司组织的万方数据网,并先后被中国科学院文献情报中心的中国科学引文数据库(CSCD)、清华同方知网的中国学术期刊(光盘版)全文数据库、北京大学图书馆的中文核心期刊要目总览、中国社会科学院文献信息中心中国人文社会科学引文数据库等数据库收录;同时被《中国药学文摘》、《中国分析化学文摘》、《中国生物学文摘》、《中国学术期刊文摘》,以及美国化学文摘、美国分析化学文摘、美国国际药学文摘、英国皇家化学会期刊库等收录。《药物分析杂志》是业内公认的药学领域的核心刊物和一级学术刊物。

5.2 网络化管理促进采编创新

2008 年编辑部加大了期刊管理的数字化建设进程,启用数字化采编管理系统,实现了网络化办公。编辑流程管理的数字化提高了工作效率,缩短了出版周期。2009 年,《药物分析杂志》实现期刊摘要即时在线发表;2010 年实现所有过刊主要内容在线查阅;2011 年实现所有内容的全文上网,数字出版发行量逐年增加,为作者、专家、读者、编辑提供了数字化的快捷查询服务。与此同时,与国内外有关出版集团合作,逐步推进期刊的即时数字化出版,进一步拓展了期刊的传播力和国际影响力,期刊发展取得了明显成效。

6 实行栏目创新,发挥专业导向

栏目创新体现专业引导特性。《药物分析杂志》刊载的文章涵盖药物分析学科涉及的所有范畴,包括药物研制、药品生产、临床研究、药物安全、质量评价、市场监督等领域的研究论文、研究简报、综述评述等,主要作者、读者对象为从事科研、应用以及高等教育的药物分析学科的中高级技术人员。编辑部重视出版内容的计划性和针对性,有组织、有针对性地重点组稿、约稿,对热点问题进行快速报道,对专项课题进行跟踪报道,最大限度地发挥专业导向作用。2011 年,《药物分析杂志》对栏目进行改进,将栏目设置从过去的论文水平评价式的“论著”、“交流”等,改为论文主题分类型栏目,并体现组稿特性。改版后的主题栏目包括“成分分析”、“活性分析”、“代谢分析”、“质量分析”、“安全监测”、“生物检定”、“控制过程”、“标准研讨”、“快速分析”等,以主题引导作者分类阅读,并将对论文的最终评价权交还给广大读者。

此外,还设有“特约报道”、“学科动态”、“快速报道”、“综述专论”等体现编辑组稿特性的栏目,以更好地发挥学术导向作用。例如,在 2012 年突发“胶囊事件”期间,《药物分析杂志》发挥专业学术期刊在应对突发事件中的技术引导作用,发挥主编、副主编的作用,有针对性地组织稿源,在 2012 年第 6 期、第 7 期、第 8 期特设“快速报道”栏目,发表了关于明胶空心胶囊重金属检测、质量控制等的相关专题论文,并在栏目前增加了“编者按”,有效引导读者阅读,很好地发挥了专业学术期刊在突发事件中的科学导向作用。

7 继续创新实践,力争再创佳绩

《药物分析杂志》以科学发展为主题、以创新发展为动力,在办刊工作中将继续紧跟国家文化产业改革步伐,跟进出版产业的技术革新和发展,转变期刊发展方式,不断提升期刊创新发展能力。在未来 3 ~5 年的发展中,将继续稳步推进期刊创新发展。

继续保持编辑出版工作质量的稳步提升,继承传统与合理改进相结合,在保障编辑出版工作正常开展的前提下,合理调整工作分工,提高工作效率。继续加强编审队伍建设,加大人才培训投入,按国家有关规定组织编辑参加出版专业技术人员继续教育以提高技能。发挥专业人才的作用,鼓励编辑拜访专家,鼓励编辑参加学术会议,开展奖励性专题约稿,增加优质稿件组稿工作成本,实现精品期刊质量提升相应指标。

继续完善期刊信息化管理工作平台,优化编辑工作流程,改进现有稿件采编工作平台功能。以社会效益为主导,兼顾经济效益,探索数字化出版的多种合作方式。做好精品期刊国际推广项目工作,建设国际化的《药物分析杂志》期刊采编平台,更好地履行为全球作者、专家、读者服务的职责。

基于 62 年的成长经历,《药物分析杂志》已成为一份收集多年药学科技工作者辛勤汗水的宝贵档案;一份凝聚多年编辑出版人艰苦劳动的良品佳作;一个推动药物分析新技术普及推广的学术平台。《药物分析杂志》是学术期刊群体的一员,是科学技术事业、科技文献情报资源的重要组成部分,必将不辱使命,继续履行传播科学知识、发布学术成果、促进科技发展的社会责任,以此为动力,在引领药物分析科学发展中不断创新,在精品学术平台建设中再创佳绩。

Mission and Responsibility, the Driving Force of Innovation: The Innovation Practice of *Journal of Pharmaceutical Analysis*

SU Xiaoli

Editorial Office of *Journal of Pharmaceutical Analysis*, Beijing 100050

Abstract: This article introduces the founding, development and academic orientation of the *Journal of Pharmaceutical Analysis*. It summarizes the thinking and practice of quality management, innovative development of the journal; and briefly describes the fundamental motivation and innovation practice of the journal's progress with a strong sense of historical mission and social responsibility.

Keywords: Chinese *Journal of Pharmaceutical Analysis*; Academic journals; Innovative development

审稿编辑:宋文好

75.《农业工程学报》

中国科协精品科技期刊工程项目的实施和成效
——《农业工程学报》的实践

魏秀菊 王 柳 丛宏斌 曾勰婷 刘丽英 朱 明① 张俊芳 秦学敏
《农业工程学报》编辑部,北京 100125

摘要:2009—2011 年《农业工程学报》被遴选为中国科协精品期刊工程项目期刊,围绕中国科协精品科技期刊工程项目的立项要求,《农业工程学报》编辑部开展了一系列工作:结合网络化办刊环境改进出版流程,缩短刊稿周期,加强学术不端论文的防范,坚持学术论文成果的大众媒体宣传。项目实施后期刊质量大幅度提高,影响不断扩大,期刊发展进入良性循环。该文对项目实施以来的工作、经验及成绩进行归纳总结,提出学术期刊努力的方向。

关键词:精品期刊;期刊质量;期刊发展;科技期刊;学术期刊

科技期刊的宗旨是反映各专业学科的研究水平和发展动向,跟踪各专业学科研究的发展趋势,报道各专业学科重大科研进展,是科技首发权赋予、科学评价、学术交流的载体。而精品期刊,则是指学术、技术水平和编校印刷装帧质量都臻于"上品",受到读者和作者好评,在学科领域领衔的"旗帜性"期刊[1]。跻身于精品期刊,更好地为我国科技发展贡献力量、推动学科发展,是每个出版人的动力和职责。

1 基本背景

中国科协自 2006 年开始启动精品科技期刊工程项目,目标是培育国际知名期刊、国内领衔期刊和精品后备期刊[2];2009 年精品科技期刊工程进入第 2 个项目周期,设立精品科技期刊示范项目,包括培育国际知名科技期刊和培育国内领衔科技期刊项目[3]。《农业工程学报》于 2009 年入选为中国科协精品科技期刊工程项目期刊并获得资助。

《农业工程学报》(http://www.tcsae.org)自 1985 年创刊,由中国科学技术协会主管、中国农业工程学会主办,是刊载农业工程类科研成果、促进国内外学术交流的综合性学术刊物,主要栏目包括农业装备工程与机械化、农业水土工程、农业信息与电气技术、农业生物环境与能源工程、土地整理工程、农产品加工工程。学报编委会成员 120 人,其中两院院士 5 人,外籍编委 17 人。《农业工程学报》为全国中文核心期刊,在最新版的《中文核心期刊要目总揽》中位居"农业工程类"期刊榜首;2001 年入选中国期刊方阵"双效"期刊;被中国科协主办的《中国学术期刊文摘》选为首批收录期刊;先后被美国工程索引(EI)、英国国际农业与生物研究中心数据库(CABI)等 24 家国际权威及重要数据库

① 《农业工程学报》编辑部,E-mail:tcsae@sohu.com。

收录。

2　项目实施内容及成效

2.1　提高期刊学术质量,扩大期刊学术影响力

“刊文质量是科技期刊的生命线,要出精品,创名牌,首先要有高质量的论文”[4]。入选中国科协精品科技期刊工程项目 3 年来,《农业工程学报》编辑部按照项目的要求,一直以提高学术期刊质量为核心,努力吸引和及时刊发高水平的原创性论文,完成了“上两个台阶,实现一个跨越”的阶段性目标,“两个台阶”即由核心期刊上升为精品期刊,以至百种杰出中国学术期刊,2009—2011 年,《农业工程学报》连续 3 年入选为中国科协精品期刊工程项目,2009、2011 年两次被遴选为百种中国杰出学术期刊;“一个跨越”即 2009 年《农业工程学报》被 EI(核心)数据库收录,学报来稿大幅增加,作者分布向非农院校与科研机构扩散,采稿率由 2009 年的 25% 下降到目前的 22%。

高水平论文的刊登,大大提高了学报的学术影响力,据中国科学技术信息研究所中国科技期刊引证报告(核心版)CJCR 数据,在 1998 种核心期刊中,《农业工程学报》的影响因子总排名由 2006 年的 152 名跃升为 2010 年的 54 名,总被引频次也由 56 名跃升为第 10 名,两项指标均在农业工程领域 14 种期刊中排名第一。总被引频次由 2008 年的 4390 次提升到 2010 年的 6958 次,影响因子由 1.024 提高到 1.347[5](参见表 1)。

表 1　2006—2010 年《农业工程学报》影响因子、总被引频次及其排名

年份	影响因子	影响因子总排名	总被引频次	总被引频次总排名
2006	0.907	152	2469	56
2007	1.045	125	3531	32
2008	1.024	113	4390	24
2009	1.126	92	5588	18
2010	1.347	54	6958	10

注:源自中国科学技术信息研究所中国科技期刊引证报告(核心版)CJCR

2.2　防范学术不端论文发表,维护科技期刊学术道德

“加强科技道德规范,促进科研诚信,维护学术活动的严肃性,营造良好的学术氛围,是中国科技期刊义不容辞的责任”[6]。诚信是学术报导之本[7],确保精品期刊学术质量的另一方面即防范学术不端论文的发表。早在 2006 年 12 月,《农业工程学报》第六届编辑委员会讨论通过关于防范学术不端行为论文措施及处理办法[8],把“查重”定为《农业工程学报》审稿重点内容,对学术不端行论文的发表起到了很好的遏制作用[9]。因开展此项工作较早,研究较深入,效果显著,曾接受北京电视台和中央电视台的采访,并应邀在国家自然基金委双清论坛、中国科技期刊学会第 17 次年会、中国科技期刊质量发展大会等会议上介绍防范学术不端的经验。此外还参与了科技部《科技期刊科学道德规范》的修订,为规范科技期刊出版行为作出了贡献。

2.3 论文成果新闻发布,加强期刊品牌建设,扩大期刊社会影响

社会影响是品牌期刊不容忽视的重要因素之一,除了上述的影响因子及总被引频次外,期刊的影响力还包括在社会公众中的知名度[10]。因此,为扩大《农业工程学报》在我国科技界、期刊界及社会公众中的影响力,吸引高水平论文,自2008年1月起学报开始参加中国科协期刊与新闻媒体见面会,编辑部非常重视并积极参与该活动,坚持每月参加"见面会"。截至2011年底已经发布论文成果128篇,成为发布新闻稿最多的期刊。

在中国科协网站上关于新闻媒体见面会的报道提到的8篇发布成果中,就有5篇源自《农业工程学报》[11]。宣传刊登论文成果,使得学术成果、学者及学术期刊在社会大众中的影响得到拓展,脱离学术圈的限制,走向更广阔的大众受众体。一方面,达到了宣传学者,同时也宣传《农业工程学报》的效果;另一方面,品牌学术期刊承担起了社会责任,不仅推进了科技成果的转化,使科研成果不再束之高阁,还促进了科学普及,提高了大众的科学素质[12]。源自《农业工程学报》论文的新闻稿被新华网、人民网、搜狐网等百余家新闻媒体刊登转载,达到了极好的宣传效果,产生了积极的影响。学报也因为此项卓有成效的工作而被邀请在中国科协科技期刊与新闻媒体见面研讨会[13]、第二届中国期刊质量与发展大会、中国科学院自然科学期刊编辑研究会第21届学术年会等会议上介绍经验。

2.4 延伸期刊服务,筹办学术会议,推动学科交流

一流的期刊应该有一流的服务,精品科技期刊不仅应在内容质量上保证一流,也应该延伸期刊的服务功能,为学术交流服务。秉承这一理念,2011年编辑部与中国农业工程学会的2个专业委员会一起组织学术年会,分别召开了全国农业清洁能源学术研讨会和全国第一届农产品产地初加工学术研讨会,并在会议上广泛宣传并积极开展组稿约稿工作,结合会议交流出版论文集及专题增刊2本,在推动学科交流、扩大期刊影响力上发挥了积极的作用。

2.5 推进数字化建设,搭建开放编辑平台,缩短出版周期

互联网的迅速发展以及新媒体的不断涌现,使科技期刊在受到巨大冲击的同时,也带来了新的机遇。期刊人意识到只有充分发挥互联网的优势,才能使科技期刊在互联网时代有更广阔的发展空间[14]。《农业工程学报》于2005年底就建立了自主网站,是期刊数字化工作开展较早的期刊之一,目前点击率已达490多万次。学报在网络化、数字化平台上已经实现了网上在线投稿、送审、编辑、及作者—编者—审者的互动,提供有稿件查询、期刊信息、互动管理等在线服务;出版期刊数据及时在学报网站全文发布,实现自1985年创刊以来所有期刊数据的快速查询和获取,扩大了期刊的影响;对通过"三审"、作者修订稿的稿件以及等待刊发的论文,上传至本刊网络预印版供读者提前阅读。

另一方面,《农业工程学报》编辑部建立了开放编辑平台,改进了稿件处理流程,请同行专家承担编辑和审稿,专家编辑双角色完成"三审",减少环节。将论文分为A(快速通过)、B(再同行审定)、C(快速退稿)三类稿件,从根本上加快稿件的处理速度,进一步缩短出版周期。编辑部邀请部分一线科研专家直接参与编辑、审稿工作,真正实行专家办刊,以期在提高审稿质量的同时,提高审稿速度,目前这一工作已稳步运行,并且达到了较好的效果,平均刊稿周期由2009年度的12.8个月降为2011年度的8.8个月,采稿率

也由2009年度的25%降到了2011年度的22%。期刊在稳步提升学术质量的同时,吸引了更多高质量、高水平的稿源,期刊发展进入了良性循环(参见表2)。

表2 2008—2011年《农业工程学报》论文发表情况统计

出版年度	年来稿量/篇	年发稿量/篇	平均发表周期/月	采稿率/%
2008—2009	2935	739	12.8	25
2009—2010	3305	762	10.7	23
2010—2011	3620	786	8.8	22

提高期刊的即时反应速度既是作者、读者的要求,也是科技发展的客观需要。科学技术的竞争日益激烈和科技工作者追求发现优先权的要求,决定论文的即时发表是科技期刊增强对作者论文和读者阅读的吸引力的关键[15]。几年来,《农业工程学报》根据精品科技期刊项目的要求,努力调整刊期,从季刊上升为半月刊,扩大刊载容量,提高稿件的处理效率,缩短发表周期,吸引更多的稿源,从而使学报进入良性的发展轨道。

2.6 加强人才队伍建设,确保期刊质量持续提升

一流的人才团队才能办出一流的期刊,打造精品科技期刊需要一支优秀的高素质办刊队伍,优秀的编辑队伍对于我国精品科技期刊发展具有十分重要的意义[16]。人才的竞争是一切竞争的关键,学报自身也十分重视人才队伍的建设,2009年以来学报招录两名博士、一名博士后,聘用了数名硕士生,为编辑出版队伍注入了新鲜的血液和活力。目前学报编辑部拥有一支具有高素质、高水平的稳定编辑队伍,其中高级职称4人,博士后1人,博士5人,硕士5人。编辑人员具有扎实的专业背景,对稿件的优劣有一定程度的判断能力。此外编辑部组织编辑队伍参加各种研讨会等学术交流活动,进行编辑业务培训和教育,不断提升编辑的业务水平[17],为确保期刊质量的提升提供持续的潜力。

3 结论

在"中国科协精品科技期刊工程项目"的支持下,《农业工程学报》从提高期刊学术质量、防范学术不端论文发表、举办论文成果新闻发布、拓展期刊服务、筹办学术会议、推进数字化建设、搭建开放编辑平台、缩短刊稿周期、加强人才队伍建设等方面入手,使得期刊质量大幅提升,影响进一步扩大,发展进入良性循环。2012年,《农业工程学报》获得"中国科协精品科技期刊工程项目"期刊出版质量提升项目及期刊国际人才保障项目资助。项目的主要目标是继续缩短发表周期,加速提升期刊的快速反应机制,将刊稿周期缩短到6-7个月;按照影响和创新性评选并奖励优秀论文,进而吸引更多的优质原创性论文,提高期刊学术质量;完善网络预印版和网络功能,强化学报网络化建设,提高数字化水平;另外,编辑部实施"走出去、请进来"的人才策略,选派编辑部人员到国外合作研究、学习交流,聘用国外具有农业专业背景的资深学者加入编辑出版队伍,增聘国际编委,增加论文英文信息量及创办英文刊等,以便提高学报的同行认可度及国际化程度。

参考文献

[1]陈唯真. 浅析精品科技期刊的建设与策略[J]. 中国科技期刊研究,2011,22(6):835.

[2]中国科学技术协会. 中国科协科技期刊发展报告(2011)[M]. 北京:中国科学技术出版社,2011:33-34.

[3]冯长根. 中国科协科技期刊2009年发展状况[J]. 科技导报,2010,28(8):23-25.

[4]辛明红,张淑敏,王燕萍,等. 选题组稿与创办精品科技期刊[J]. 编辑学报,2005,17(2):97-98.

[5]中国科学技术信息研究所. 中国期刊引证报告(核心板)[M]. 北京:科学技术文献出版社,2011:145.

[6]游苏宁. 春风化雨　润物有声[J]. 编辑学报,2012,24(3):205.

[7]石朝云,游苏宁. 诚信是学术报道之本[J]. 编辑学报,2012,24(3):206-209.

[8]《农业工程学报》第六届编辑委员会,《农业工程学报》编辑部.《农业工程学报》关于防范学术不端行为的措施及处理办法[EB/OL].[2012-11-20]. http://www. tcsae. org/ch/reader/view_news. aspx? id=44.

[9]魏秀菊,王柳,赵光磊. 学术期刊办刊中防范学术不端行为的实践与启示[J]. 中国科技期刊研究,2008,19(4):632-636.

[10]陈宏宇. 大众传媒——科技期刊立体化出版的新模式[J]. 编辑学报,2011,23(增刊):1-3.

[11]王以芳. 2011年第9次科技期刊与媒体见面会召开[EB/OL].[2012-11-19]. http://www. cast. org. cn/n35081/n35668/n35758/n39435/n13073108/13482504. html

[12]魏秀菊,王柳. 新闻媒体宣传是学术期刊品牌建设的内容——《农业工程学报》参与中国科协科技期刊与新闻媒体见面工作的体会[J]. 农业工程学报,2009,25(4):313-316.

[13]王柳.《农业工程学报》参加"中国科协科技期刊与新闻媒体见面"工作研讨会并在会上发言[EB/OL].[2012-11-21]. http://www. tcsae. org/ch/reader/view_news. aspx? id=151.

[14]穆楠,李海燕,李万良,等. 打造精品农业科技期刊的探索和思考[J]. 农业图书情报学刊,2009(2):127.

[15]颜廷梅,任延刚. 缩短出版周期:科技期刊为作者服务的好举措[J]. 编辑学报,2011,23(6):501-502.

[16]杨红. 提高农业科技期刊质量的几点思考[J]. 农业情报开发与经济,2004,14(1):16-17.

[17]解宗方. 提升农业科技期刊编辑能力的对策探讨[J]. 编辑学报,2011,23(增刊):135-136.

Implementation and Achievements of Project for High Quality Scientific Journals by China Association for Science and Technology (CAST): A Case Study of Transactions of the *Chinese Society of Agricultural Engineering*

WEI Xiuju, WANG Liu, CONG Hongbin, ZENG Xieting, LIU Liying, ZHU Ming, ZhANG Junfang, QIN Xuemin
Editorial Department of *Chinese Society of Agricultural Engineering*, Beijing 100125

Abstract: Transactions of the *Chinese Society of Agricultural Engineering* (*TCSAE*) was selected in Project High - quality Journals by China Association for Science & Technology (CAST) from 2009 to 2011. According to the requirements of the project, editorial department of *TCSAE* carried out a series of work such as improving the editing and publishing processing under network; shortening the publishing period; preventing from academic plagiarized papers; propagandizing the academic papers by mass media. Results of the project showed that quality of *TCSAE* was greatly improved, influence of *TCSAE* was expanded, and the virtuous circle of development of *TCSAE* was formed. This paper summarizes the works, experiences and achievements of *TCSAE* since implementation of the project, and proposed the development direction of academic journals.

Keywords: High quality journals; Journal quality; Scientific journals; Academic journals

审稿编辑:宋文好

76.《神经科学通报(英文版)》

Neuroscience Bulletin 的创新实践

魏 彬①
Neuroscience Bulletin 编辑部，上海 210031

摘要：介绍了 *Neuroscience Bulletin* 的创刊背景、定位、战略目标、主要发展历程等基本情况，概述了该刊在学术质量、出版质量、数字出版等方面的建设情况和提高学术影响力与实力的重要举措，总结了该刊发展的创新实践历程，提出今后 3～5 年进一步发展的战略构想。

关键词：*Neuroscience Bulletin*；学术期刊；创新实践

Neuroscience Bulletin(《神经科学通报》英文版，以下简称 *NB*)是由中国科学院主管、中国科学院上海生命科学研究院和中国神经科学学会主办的英文版学术性双月刊，主要刊登神经科学各研究领域的基础研究及临床与基础研究相结合的实验研究论文和综述，旨在打造一份中国本土有重要国际影响的、一流的神经科学期刊。

1 主要发展历程

该刊原名 *Chinese Journal of Physiological Sciences*(《中国生理科学杂志》，英文刊)，创刊于 1985 年，由中国科学院原上海生理研究所主办，胡旭初任主编，后来改由杨雄里任主编。1998 年，因为 *Chinese Journal of Physiological Sciences* 自身发展的问题和中国神经科学发展的需要，改刊名为《中国神经科学杂志》，改语种为中文，编辑部转移至第二军医大学，仍由中国科学院上海生理研究所(2002 年改为中国科学院上海生命科学研究院)和第二军医大学共同主办，主编为杨雄里、吴建屏、陈宜张(常务)。2006 年，主办单位决定改语种为英文，改刊名为 *Neuroscience Bulletin*，名誉主编为陈宜张，主编为路长林(常务)、李朝义、赵志奇，改为英文刊的目的是要打造一份能代表中国神经科学研究水平，尽快进入国际主流数据检索系统的国际化学术期刊。但是该刊在 2006 年改为英文刊后，由于前期准备工作不足，缺乏英文编辑人员，尤其是缺乏英文稿源，期刊难以为继。路长林主编代表第二军医大学与中国科学院上海生命科学研究院协商，于 2006 年 4 月将编辑部转移回中国科学院上海生命科学研究院。之后，尽管稿源还是十分匮乏，但是 *NB* 编辑部在主办单位的领导下和编委会的支持下，加大约稿组稿力度，使得该刊逐步走出困境，平稳发展。2007 年申请入选 MEDLINE 获得成功。2008 年与国际化出版公司 Springer 出版社合作，将其全文电子版纳入 SpringerLink 网络数据库，并由 Springer 出版社负责向海外发行印刷版和网络版，在开展国际合作出版方面走出了可喜的一步。2009 年又与清华

① 中国科学院上海生命科学研究院 Neuroscience Bulletin 编辑部主任，编审，E-mail：bwei@sibs.ac.cn。

同方中国期刊网合作在国内独家发行电子版。2009 年办理变更手续，加入中国神经科学学会为第二主办单位。2010 年底，主办单位聘请段树民院士担任主编；2011 年 8 月，段树民主编组织了由 93 位海内外知名神经科学专家构成的国际化编委会。在 2007 年和 2009 年 2 次向 SCI 提出入选申请均未能被收录的情况下，2011 年再次提出申请，终于在 2011 年 10 月被 SCI 收录。2012 年 6 月 29 日 JCR（期刊引用报告，Journal Citation Reports）公布 *NB* 的首个影响因子为 1. 311，*NB* 实现了“零”的突破和历史性的跨越。

2　学术质量建设与数据库收录

NB 自改为英文刊以来一贯坚持国际前沿的办刊理念，实行严格的同行评审制度。尤其在 2008 年与国际知名的 Springer 出版社合作后，加快了期刊走向世界的步伐，其学术质量和国际影响度也不断攀升。*NB* 编辑部使用国际上通用的 Crosscheck 软件系统检测所有来稿，一旦发现抄袭等现象，立即退稿，有效防止了学术不端行为的发生。中国神经科学学会理事长担任期刊主编，副理事长、常务理事、理事等大多为编委，主要承担审稿任务，为期刊提供学术支持。主编、副主编在约稿工作中发挥了重要作用。

2011 年，中国科学院院士、中国神经科学学会理事长段树民主编组建的新一届编委会共有海内外编委 93 位，其中海外著名神经科学家 43 位（占总数的 46%，分布在 12 个国家），包括 6 位美国科学院院士以及 *Journal of Neuroscience* 等多个国际著名神经科学期刊的主编。实行国际化标准审稿流程，由副主编和编辑部科学编辑共同处理稿件，副主编选择审稿人并送审，主编终审，审稿人约 40% 是国外专家。2011 年 10 月以来，主编、副主编、编委们积极约稿和认真审稿。2012 年已经成功组织出版了 2 期专辑，所有稿件全部为约稿，其中有多篇国外来稿。新一届编委会将致力于进一步提高期刊的质量，扩大国际影响，将 *NB* 办成国际一流期刊。

编辑部现在有 3 位专职科学编辑，都拥有硕士或博士学位，且有丰富的科学编辑工作经验，对现代编辑技术、数字出版技术及经营管理都较熟悉。2011 年高薪聘请在中国工作的外籍教授 Iain Bruce 为执行副主编，协助主编进行审稿和稿件编辑及英文修改润色工作。2013 年又聘请一位在华工作的美籍华人科学家担任执行副主编，配合主编组织高品质的稿件，为审稿把关。有的稿件要经过“初审—修改”、“一审—修改”、“二审—修改”等多轮次的审阅、修改，再经过科学编辑们编辑加工后，学术质量和写作质量都有了较大幅度的提高，受到作者们的一致好评。

2007 年至 2012 年的 6 年时间，*NB* 共发表文章 347 篇，其中国外作者文章 68 篇，占 19. 6%；尤其是 2011 年共发表 46 篇文章，其中国外作者文章 14 篇，占 30%；2012 年发表 80 篇文章，其中国外作者文章 32 篇，比例约为 40%。

NB 的前身《中国神经科学杂志》早先已被美国化学文摘（Chemical Abstracts，CA）、医学索引（Index Medicus，IM）和荷兰医学文摘（Excerpta Medica，EM）收录；2007 年，*NB* 又被美国国立医学图书馆 Medline/pubMed、荷兰斯高帕斯（Scopus）、波兰哥白尼索引（IndexCopernicus）收录。在国内，*NB* 为中国科技论文统计源期刊（中国科技核心期刊）、中国学术期刊（光盘版）录入期刊、中国学术期刊综合评价数据库来源期刊。2008 年 *NB* 与 Springer 出版社合作后，将 2006 年之后的全文电子版纳入 SpringerLink 数据库。2011 年

10 月被 Science Citation Index Expanded(SCI – E)、Neuroscience Citation Index、*Biological Abstracts*(*BA*)、Biosis Previews(BP)收录。自 2009 年以来 *NB* 出版的各期文献全文纳入 Web of Science 及上述数据库。在 2012 年 6 月 29 日公布的 2011 版 JCR 中,*NB* 获得首个影响因子(IF)为 1.311,是我国神经精神学科中仅有的入选 SCI 的 2 份英文学术期刊中唯一一份 IF 大于 1 的期刊。

NB 近几年的学术影响力逐步上升,到 2012 年,*NB* 已成为我国最有影响的、最优秀的神经科学类期刊,并成功迈向了国际学术期刊舞台。

3 期刊出版与数字化建设

从 2011 年 10 月起,*NB* 的封面设计风格进行了重要改进,每期封面根据所刊登主要文章内容进行封面的更新设计,既如实反映文章的主要内容,又亮丽美观而引人入胜,愈发显示出其国际化学术期刊的特性。

3.1 加强编辑部稿件处理和期刊出版的数字化建设。

编辑部投入经费,从 2010 年 1 月起开始使用 Scholarone Manuscript Centre 在线投稿审稿处理系统,极大地方便了投稿、审稿和编辑处理稿件的操作流程,尤其是为邀请国外审稿人提供了很好的途径,促进了英文期刊的国际化。

3.2 重视期刊数字化出版发行工作

NB 编辑部定期将制作完成的全文 PDF 文本上传给 Springerlink,进行“在线优先出版”(Online First)。每期出版完成后,再将正式出版稿提供给 Springerlink 和清华同方的“中国期刊网”;与此同时,*NB* 编辑部也在建设 *NB* 国际化用户界面的期刊网站:New Information 栏目发布最新消息;Advanced Online Publication 栏目主要刊登 Online First 的文章;刊登所有文章的摘要 HTML 格式,全文链接 Springerlink 和清华同方“中国期刊网”。Open Access 刊登 Springerlink 为我刊免费 3 个月的(Special Issue)部分文章。近 3 年,*NB* 在 Springerlink 全文数据库的电子版年下载量分别为 2010 年 8288 次、2011 年 9724 次、2012 年 26433 次,可以看出其在 2012 年有了较大幅度的增长,为 *NB* 文章在国际上的高引用率埋下了伏笔。

4 获奖

NB 在 2011 年上海市科技期刊编校质量检查活动中,差错率很低,编校出版质量好,被评为“优秀”;2011 年入选中国科学技术信息研究所中国精品科技期刊行列;2012 年获得中国科协精品科技期刊国际化人才保障项目支持,入选 2012 中国最具国际影响力学术期刊,荣获 2012 年华东地区优秀期刊称号。

5 期刊资源集约化及创新期刊出版体制

在中国科学院上海生命科学信息中心生命科学期刊社的管理和经营下,*NB* 实施了体制机制调整和改革。生命科学期刊社施行理事会领导下的社长负责制,负责所辖 10 个期刊的人员招聘和管理工作,编辑部编辑人员实行聘任制,已经形成了良好的发展机制。*NB* 编辑部在期刊社的统一管理下,共性事务由期刊社相关人员承担办理,编辑部也进行个性化自主经营。主办单位中国科学院上海生命科学研究院提供给期刊编辑部必需的办公场地和公共设施条件,每年给予编辑部经费的差额补贴,为期刊的发展提供经济基础和运行保障。

6　进一步的发展措施

进入 SCI 后,*NB* 每年来稿量已经从 2011 年以前的每年 70 ~ 100 篇,猛增到 2012 年的 277 篇,国外来稿也逐渐增多,显示出很好的发展势头。从表 1 中的数据可以看出 *NB* 近 3 年的出版情况。

表 1　2010—2012 年 *NB* 基本数据比较

期刊指标	2010 年	2011 年	2012 年
总出版页数	490	440	806
发表文章篇数	58	46	80
其中:国外作者稿件(比例)	6(10%)	14(30%)	32(40%)
综述稿件篇数	22	22	33
研究论文篇数	36	24	45
总收稿量篇数	70	100	277
退稿率	17%	54%	70%

为了使该刊有更好更大的发展,逐步办成真正的国际化期刊,中国科学院上海生命科学研究院、中国神经科学学会同上海生命科学期刊社明确了 *NB* 高水平办刊发展目标,即争取在未来 3 年内进入国际主流期刊(IF 达到 3—5),5 年后成为国际一流期刊(IF > 7),跻身国际知名神经科学期刊行列。

吸纳国际编委,组建由热心于期刊工作、对国际化期刊运作有丰富经验的国际知名科学家担任主编或副主编的编委会,确保期刊的稿源组织、质量控制等得到充分保障。以段树民院士为主编,聘请 15 名副主编、80 名海内外编委组成新一届国际化编委会,海外编委人数接近编委人数的 50%。编委们都是活跃在科研第一线、学术水平相当高的本领域专家。通过编委等国内外专家的共同努力来实现投稿、组稿和审稿的国际化,保证发表文章的高水平。聘请 2 位外籍教授为执行副主编,建立国际稿源渠道,组织优秀稿件,同时严格审稿,把好期刊学术质量关。

增强国际显示度。配合中国神经科学学会举办国际神经科学学术研讨会、参加国际神经科学学术研讨会和国际期刊学术会议及期刊展示等,增强国际影响力和显示度。

提升国际影响力采取的主要措施是约稿。约稿来的稿件,尤其是约请国外知名科学家撰写的稿件,全部免除论文发表费。由于中国的神经科学研究发展迅速,也已达到或接近发达国家的水平,所以要奖励国内作者的优秀论文,吸引国内作者投稿,防止优秀稿件流向国外。

建设好国际化用户界面的网站,与国际化出版社网站积极配合做好全文链接工作。继续使用 Scholarone Manuscript Centre 国际化在线投稿审稿处理系统。

加强科学编辑人才建设,通过培训提高科学编辑的英文水平和期刊编辑业务能力,鼓励科学编辑参加国内外学术会议,积极与科研一线的科学家交流约稿。

现在,*NB* 已经走上了良性发展的轨道。今后,在主办单位的领导下,在主编和编委们以及编辑部同仁的共同努力下,*NB* 将不断提高学术发表质量,不断扩大国际学术影响,在3—5年时间内顺利达到预期目标。

Innovative Practice for *Neuroscience Bulletin* Development

WEI Bin
(Editorial Office of Neuroscience Bulletin, Shanghai 210031)

Abstract: This paper first introduced basic informations of *Neuroscience Bulletin* (*NB*), including its history (the background of foundation), the aims and scope of the journal, and some important events contributing to its current achievements. The paper then overview the academic quality (Editorial board, publications, etc.), the print quality, electronic publishing (cooperating with Springer - Verlag GmbH Berlin Heidelberg), and more importantly, the hard efforts in improving the global impact of the journal. Finally, the paper outlined some innovative and effective actions leading to *NB* development and proposed the *NB* strategical plan in the next 3 ~ 5 years.

Keywords: *Neuroscience Bulletin*; Academic journal; Innovative practice

审稿编辑:宋文好

77.《遗传学报》

兴人才　重质量　打造国际知名遗传学专业期刊
——Journal of Genetics and Genomics 的办刊实践

张　颖　于　昕　韩玉波　史越峰　陈晓芳　张　艳　李绍武[①]　薛勇彪
《遗传学报》编辑部，北京　100101

摘要：《遗传学报》(*Journal of Genetics and Genomics*，JGG)是我国遗传学与基因组学领域的代表性英文版学术期刊。近年来，为尽快将JGG办成遗传学与基因组学领域的国际知名专业期刊，编辑部特别重视人才队伍、学术质量和国际化建设。在人才队伍建设方面，重视人才的引进与培养，建立了职业化的编辑队伍；在学术建设方面，积极开拓优秀稿源，严格控制稿件质量；在期刊国际化方面，全面提升国际化办刊水平和服务水平。目前，JGG学术质量和国际影响力显著上升，在内容上和形式上正向国际主流期刊靠拢。

关键词：*Journal of Genetics and Genomics*；人才队伍；学术质量；国际化

《遗传学报》(*Journal of Genetics and Genomics*，JGG)是由中国遗传学会与中国科学院遗传与发育生物学研究所共同主办的学术期刊，是我国遗传学与基因组学领域重要的代表性英文版期刊。《遗传学报》(原英文刊名为 *Acta Genetica Sinica*)创刊于 1974 年，近 40 年的发展历程是一个不断创新、跨越式发展的过程[1]。为适应遗传学与基因组学的发展及国际交流的要求，《遗传学报》于 2006 年改为英文版，开始与 Elsevier 出版社合作出版；2007 年变更英文刊名为 *Journal of Genetics and Genomics*，建立了英文网站；2008 年被 SCI-E 收录；2009 年首次产生 JCR 影响因子(0.358)；2010 年建立了国际化的编委会；2011—2012 年在期刊内容和形式上进行全面提升，实现海外排版。目前，JGG 已得到国内外同行的广泛认可，国际影响力显著上升。据估算，2012 年度 JCR 影响因子已超过 2.0。2006—2011 年，JGG 连续获得中国科协精品科技期刊项目(B 类)资助；2012 年，获中国科协期刊国际出版人才保障项目资助；2012—2013 年，获得国家自然科学基金委重点学术期刊项目资助。近 10 年来，JGG 注重强化人才队伍建设和学术质量建设，以人才为核心、以质量为生命，努力打造遗传学与基因组学领域国际知名专业期刊。

1　重视人才引进与培养，建立职业化的编辑队伍

人才是事业发展的保证。近年来，JGG 特别重视编辑人才的引进与培养，2002 年以来先后引进了 3 位硕士、3 位博士充实编辑力量，其中 2 位博士具有期刊编辑经历，1 位具有博士后研究经历。目前，编辑部有专职编辑 5 人，其中博士 3 人，硕士 1 人；编审 2 人，副编审 2 人，编辑 1 人，建立了一支职业化的编辑队伍。编辑队伍的年龄结构、专业知识

① 李绍武，《遗传学报》编辑部，E-mail：jgg@genetics.ac.cn。

结构合理,优势互补,为期刊的可持续发展奠定了人才基础。编辑人员均具有扎实的专业基础知识和良好的科学素养,在稿件评审及编辑加工过程中注重体现“学者型编辑”的业务技能,体现科学的办刊理念——“编辑在稿件科学性控制方面应该有所作为”[2]。编辑人员在稿件处理过程中分别负责不同学科稿件的初审、送审、补充审稿意见及提出建议性的终审意见,负责接受稿件的编辑加工及清样的审读。他们坚持以独立的思维审查每一篇稿件,不让科学性差错漏网,并主动与审稿人和编委进行必要的交流沟通,为作者提出科学的修改建议,保证了稿件的学术质量。编辑人员还具有较强的期刊国际运作管理能力和国际组稿策划能力,在推进国际合作、平台建设及开拓优秀国际稿源等方面做了大量工作,通过参加国际学术会议等方式,把握学科发展动态,紧跟学科前沿组稿约稿,目前出版的大部分专刊的选题都是由编辑人员和编委、专家讨论后提出的。

同时,编辑部特别重视对编辑人员的培养,鼓励他们参加编辑业务学习和培训,积极参加 Elsevier、科学出版社、中国科技期刊编辑学会及中国科学院自然科学期刊编辑研究会等组织的相关期刊编辑培训和期刊研讨会。编辑部还积极鼓励编辑人员参加期刊编辑理论研究,撰写编辑学论著,为编辑人员的职业规划营造良好的发展空间,其中 1 位编辑于 2008 年参加中国科协科技期刊国际化建设研究课题。5 年来,已有 2 位编辑晋升为副编审,1 位转评为编审,1 位被推选为中国科学院自然科学期刊编辑研究会理事,2 位被聘为中国科学院期刊审读专家。张颖编审于 2011 年获中国科学院出版领域引进人才择优支持项目(3 年资助 75 万元,所里配套 30 万元)。2012 年 JGG 获得中国科协期刊国际出版人才保障项目资助,该项目的实施目的是培养具有国际视野和国际运作能力的领军人才。目前,该项目正在依照计划稳步实施,必将对 JGG 的人才队伍建设起到积极的促进作用。

2 加强学术质量建设,快速提升 JGG 的学术质量

质量是期刊的生命。一直以来,JGG 特别重视期刊质量建设,在开拓优秀稿件及稿件质量控制方面采取了一系列措施,JGG 的学术质量显著提升。

2.1 建立高层次的国际化编委队伍

在期刊学术质量建设方面,编委会发挥着决定性的作用。2010 年 1 月组建了一支高层次的国际化编委队伍,共有编委 72 人,其中海外编委 27 人,占 37.5%,分布在 7 个国家和地区。编委成员均是相关领域的国际知名科学家,其中有中国科学院院士 7 人、美国科学院院士 3 人。多数编委同时或曾经担任其他国际知名期刊的编委,熟悉期刊的国际化运作,具有国际视野,在 JGG 的学术质量控制及国际化办刊水平提升方面发挥着重要作用,有 11 位编委为 JGG 组织策划过高水平的专刊。为研讨期刊的发展战略,JGG 编辑部制定了阶段性的发展计划和目标,并于 2010 年和 2011 年分别在三亚和昆明召开了 JGG 编委会会议。

2.2 建立严格的审稿流程

2007 年起,JGG 采用 Elsevier 出版社的稿件采编系统收稿审稿,建立了国际化、专业化的审稿流程,编辑部对每篇稿件严格初审,初审退稿率约 60%。对于达到送审标准的稿件及时送审给编委(Handling Editor),一般每篇稿件至少请一位海外专家评审,国际审

稿比例达50%。JGG的审稿模式实行责任编委负责制和主编终审签发制,所有稿件都要经过主编严格终审,确保评审过程的科学性和公正性。近3年,JGG总退稿率近80%,有效地保证了期刊的学术质量。

2.3 围绕学科热点组织策划专刊

为发挥JGG的学科引领作用,围绕学科发展热点问题组织策划出版专刊。2008年以来,围绕表观遗传学、医学遗传学与基因组学、小麦染色体工程、干细胞、模式动物与人类健康、以果蝇为模型研究癌症与肿瘤发生、转基因疾病模式动物、斑马鱼、作物基因组学等热点专题出版专刊9期,建立了相对成熟的专刊出版体系。专刊发表的文章单篇平均被引次数和下载次数高于其他刊期发表的文章。

2.4 设立快速发表通道吸引优秀稿源

为吸引优秀稿源,JGG对重要研究成果设立快速发表通道。报道的多篇重要科研成果已经被*Nature*、*Science*等国际著名期刊引用。如2010年第5期JGG报道(1周内审完,20天正式发表)了牛津大学华裔科学家Ji-Long Liu首次发现并命名的果蝇新的细胞结构"Cytoophidia",2012年*Nature*专门对这项工作进行了评述。

2.5 紧跟学科前沿报道国际热点专题

TALEN技术是2012年的国际热点,通过Web of Science检索,2012年国际上全年对TALEN报道了23次,其中JGG连续报道3篇,特别是关于TALEN在果蝇上首次成功的报道引起国际专家的关注,无论在国际著名全文检索平台ScienceDirect上的下载量还是被引次数均列2012年JGG发表论文的第一位。TALEN技术被*Science*评为2012年度十大科技进展之一。

3 推进期刊国际化,提高国际化办刊水平和服务水平

JGG于2006年开始与Elsevier合作,以国际合作为契机,JGG在办刊理念、平台建设、出版流程、期刊设计和传播方式等诸多方面逐步实现国际化。

3.1 建立成熟的国际化平台

2003年,在国内较早建成并开通了期刊网站中国遗传网(www.chinagene.cn),实现过刊与现刊全文上网发布。2004年,采用北京玛格泰克科技发展有限公司开发的科技期刊稿件采编系统,实现网上投稿和网上审稿。2007年JGG创立了英文网站www.jgenetgenomics.org,采用国际稿件处理系统(EES)进行网上投稿和网上审稿,为全球作者、审者及编委提供了便捷的国际化投稿/审稿平台。审稿周期一般控制在1—2个月。正是拥有成熟的国际化稿件处理平台,显著提高了JGG的国际稿件比例和国际审稿比例。2012年,国际来稿比例达48.5%,国际审稿比例达50%,发表的海外论文(第一作者或通讯作者来自海外)占33.3%。

3.2 采用国际主流的期刊设计

JGG不断改进期刊封面设计和内文版式,使之更加趋于国际化标准,并紧跟国际化潮流,与国际接轨。2011年起改革了封面设计,采用反映作者创新性研究成果的图片作为封面图版;2012年实现了内文的全彩印刷,明显提高了出版质量,标志着JGG的出版质量进一步向国际主流期刊靠拢。

3.3 建立数字化的国际出版模式

2006 年开始,JGG 在国际著名全文检索平台 ScienceDirect 上全文发布。2011 年开始,JGG 的后期生产由 Elsevier 负责,使用后期生产发布系统 PTS,采用国际出版标准,并实现了全文在 ScienceDirect 发布平台的在线预出版(Online First),提高了论文发表的时效性。目前,JGG 已建立了论文从投稿、审稿、录用、排版、提前发布、校样修改直到正式发布的全数字出版流程。

4 取得的成绩

近年来,正是以人才为核心、以质量为生命,JGG 办刊工作取得了显著进步,学术质量和国际影响力快速上升,得到国内外同行的普遍认可。2008—2012 年 JGG 的 JCR 影响因子、总被引频次显著增长。JCR 影响因子由 2008 年度的 0.358 上升到 2009 年度的 0.813,2010 年度上升到 1.494,2011 年度达到 1.883,预计 2012 年度将上升到 2.0 以上(参见图 1)。

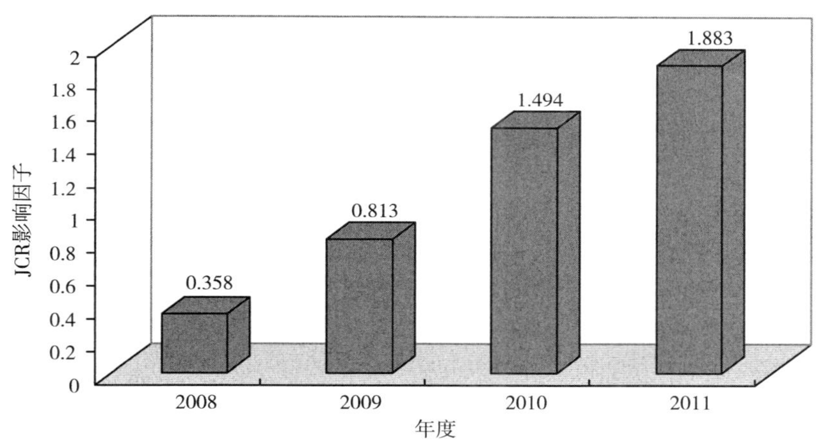

图 1 2008 - 2011 年度 JGG 影响因子变化

2006 - 2011 年,JGG 连续获得中国科协精品科技期刊项目(B 类)资助;2008 年 12 月,JGG 被中国科学技术信息研究所评为中国精品科技期刊;2009 年 11 月,获 2008 年百种中国杰出学术期刊证书;2012 年,获国家基金委重点学术期刊项目资助,2012 年底被评为 2012 年度中国最具国际影响力的学术期刊。

5 思考和发展设想

虽然 JGG 的办刊工作取得了明显进步,但与国际知名期刊相比还存在明显差距,特别在学术质量和国际影响力方面存在很大的提升空间。在未来的工作中,JGG 将进一步明确办刊目标和定位,全面提升办刊水平,争取早日将 JGG 打造成遗传学与基因组学领域的国际知名期刊。首先,在编辑队伍建设方面,更加注重人才引进与培养,提升编辑人员的业务素质和科学素养;在编委会建设方面,调整编委会的人员结构,更好地发挥编委成员的作用;在平台建设方面,加强网站建设,优化稿件审稿流程和编辑出版流程,改善硬件条件,提升国际化办刊水平和服务水平;在学术质量提升方面,紧跟学科前沿组稿约稿,策划热点专刊,提高稿件的送审和录用标准;在期刊宣传推广方面,加大期刊的宣传力度,提高推广效果。

参 考 文 献

[1]李绍武,周素,薛勇彪,等.《遗传学报》30 年回顾与展望[J].遗传学报,2003,30 (4):389 - 396.
[2]张颖.编辑在稿件科学性控制方面的责任与作为[J].中国科技期刊研究,2010,21(5):707 - 709.

Strengthen Talents and Quality, Aim to Publish an International Leading Journal: Experience of *Journal of Genetics and Genomics*

ZHANG Ying, YU Xin, HAN Yubo, SHI Yuefeng, CHEN Xiaofang, ZHANG Yan, LI Shaowu, XUE Yongbiao
(Editorial Office of *Journal of Genetics and Genomics*, Beijing 100101)

Abstract: *Journal of Genetics and Genomics* (JGG) is an international journal in the field of genetics and genomics. In order to promote JGG to be an international leading journal, more attention has been paid to three main aspects during the past years, including talents, academic quality and internationalization. JGG emphasized the talent attraction and cultivation, and thus a professional editorial team has been established. In order to rapidly lift the academic quality of JGG, lots of work has been done to invite high - quality papers and strictly control the manuscript quality. Also, effective measures have been taken to increase the internationalization level of JGG. Currently, JGG has made great progress in academic quality and international impact. Both the content and format are close to the main style of international leading journal.

Keywords: Talent team; Academic quality; Internationalization

审稿编辑:宋文好

78.《中国天然药物》

策划力成就期刊品牌　引导力提升学术影响
——精品期刊《中国天然药物》国际化经验介绍

郑晓南[①]
《中国天然药物》编辑部，南京 210009

摘要：《中国天然药物》编辑部始终秉承科学前沿与国家战略需求相结合的宗旨，坚持高水平、高质量、高品位的办刊理念，以提高策划力、传播力、引导力与影响力为目标，以国际化、品牌化、专业化、集群化、数字化、市场化为方向，以"出精品、出人才"为要求，加强内涵建设，提升内在动力，紧密依靠编委会，创刊 8 年就被 SCI 和 MEDLINE 数据库收录为来源期刊。通过期刊策划打造品牌，通过学术交流的引导扩大影响，社会效益、经济效益并举。

关键词：《中国天然药物》；精品期刊；国际化；期刊品牌

《中国天然药物》是中国药科大学、中国药学会共同主办的学术期刊，自 2003 创刊以来，编辑部始终秉承科学前沿与国家战略需求相结合的宗旨，坚持高水平、高质量、高品位的办刊理念，以提高策划力、传播力、引导力与影响力为目标，以国际化、品牌化、专业化、集群化、数字化、市场化为方向，以"出精品、出人才"为要求，加强内涵建设，提升内在动力，社会效益、经济效益并举。2012 年，期刊相继被 SCIE 和 MEDLINE 收录为来源期刊，同年获得的荣誉还包括：入选第三届 RCCSE 权威学术期刊（A+）、中国科协精品科技期刊、中国高校精品 · 优秀 · 特色科技期刊奖、首届江苏省新闻出版政府奖、2012 最具国际影响力的学术期刊，在期刊声誉、学术质量方面已跻身我国高影响精品期刊之列。

1　期刊策划突出权威性，栏目组稿扩大影响力

《中国天然药物》编辑部高度重视期刊策划，所策划的"思路与方法"栏目，以中药天然药物领域热点、难点问题为主题，每期邀请业内三位著名学者从多角度、多学科对该主题的技术与方法进行方向性与前瞻性探讨，一位院士进行评述，规划学科发展方向、引导学术争鸣，成为期刊的品牌栏目，获特色栏目奖[1]。"思路与方法"栏目目前已出版 22 期，文章下载、浏览量逾 20 万篇次，单篇最高近 3000 次；在《中国天然药物》高被引与高下载前 20 篇文章中，17 篇为该栏目的文章，栏目有极高的权威性与学术影响力。2009 年《中国天然药物》在中国知网的即年下载率为 1083 种医药类期刊之首。有 23 位院士为《中国天然药物》撰写过 55 篇文章，大大提升了刊物的权威性与学术影响力，反映了作

---

① 中国药科大学《中国天然药物》编辑部主任，编审，E-mail：cjnm@cpu.edu.cn。

者机构的代表性。《中国天然药物》刊载多篇论文获国家及省部级奖,为推动学科发展与科技进步做出贡献。由编辑部组稿并发表在 2009 年“思路与方法”栏目中的“药用植物 DNA 条码鉴定策略及关键技术分析”一文,2012 年入选百篇最有影响力国内科技论文,该文作者两年后采用文中技术发表在 *Nature* 子刊 *Nat Comms* 上的另一篇代表作,2012 年 8 月被 *Nature* 网站选为中国最佳研究并作为亮点推介。编辑部的组稿策划工作显示了对药学关键前沿技术的科学预见能力[2]。

2 建立期刊学术规范,领先学科技术前沿

《中国天然药物》以学术质量为生命线,建立严格的学术规范。一方面,编委会经过严格讨论形成各学科审稿、录用标准和原则,建立审定稿机制与终审机制,制定学科编委轮执制度和编辑岗位责任制度;另一方面,从 SCI 数据库中挑选国际小同行,建立国际审稿人数据库,加强同行评议,提高审稿质量,保证了期刊的高水平国际化运营[3]。编辑部重视精品期刊建设,《中国天然药物》先后入选中国科协精品期刊与中国精品科技期刊,2009、2012 年分获中国科协精品科技期刊工程项目资助(江苏仅 3 种),2010 年获第 2 届科技部中国精品科技期刊称号(江苏 15 种),进入国家科技支撑战略重点培育体系,吸引了越来越多的国际稿源投向本刊;相继成为《中国科技论文统计源期刊》、北京大学《中文核心期刊要目总览》、《RCCSE 中国权威学术期刊(A+)》、《中国科学引文数据库(CSCD)》来源刊。根据《中国学术期刊影响因子年报》(中国知网)数据,《中国天然药物》2010 年影响因子高达 1.450,居 117 种中医药学期刊第 2 位,居 66 种药学期刊第 3 位。

3 加强编辑团队建设,提高期刊引导力

《中国天然药物》高度重视编委会建设,编委会为期刊发展与品牌建设提供支撑与保障。

在国际编委会建设方面,《中国天然药物》编委会 120 人,国际编委占 40%,由国际学术团体主席与国际大刊的主编组成;每年召开国际编委会议一次。

在国内编委会建设方面,国内编委由 30 位院士、杰出青年学者、长江学者、中国科学院“百人计划”、国家重点实验室首席科学家组成,编委每年要求组稿、投稿、审稿各一篇,编委会人才、智慧荟萃,为期刊发展与品牌建设提供支撑与指导。编委还为刊物提供了大量优秀稿源,保证了刊物的质量与影响力。

在编辑部团队建设方面,编辑部目前有 3 位博士和一位硕士,注重复合人才的培养与职业生涯规划,根据每位编辑特点,分为学术编辑、策划编辑、市场型编辑与服务型编辑,估计编辑积极参加学术交流,提升了编辑人员的学术水平与创新能力。编辑部人员在 CSSCI 期刊发表论文 40 余篇,承担基金项目近 20 项,集体及个人获奖 30 余项,为刊物的快速进步提供了人才保障。

4 强化出版质量建设,提高期刊传播力

在编辑质量方面,刊物注重与温哥华国际标准接轨,加大标准化和规范化力度,重视

数据信息和论文参数的标准、规范,注重信息的实效性,严格规范编校管理制度,注重编校质量和语言规范,在内容和编校质量上均达到国际交流标准。

在印刷质量方面,刊物设计印刷精美,封面采用157克铜版纸,5色印刷亚膜、UV处理,正文用80克铜版纸,影像图片为彩色印刷,图版用128克铜版纸彩印,印刷出版质量符合国际交流要求。

在品牌宣传方面,创刊9年来采用品牌标识Logo制作了一系列宣传、组稿、申报等相关材料,得到了业内专家的认可,大大提升了刊物的影响力。

5 加强数字化、网络化建设,提高期刊显示度

《中国天然药物》编辑部高度重视网站建设和数字出版工作[4]。2008年起,刊物与全球最大的Elsevier出版公司合作出版国际网络版,基于全球2000万用户在ScienceDirect数据库全文英文显示;投审稿系统采用国际学者熟悉的汤森路透ScholarOne系统,国内外可见度高;被国际权威基础研究SCI数据库及国际医学Medline数据库收录后,在WoS/WoK及PubMed平台的显示度大大增加。国际显示度的增加,吸引了大量国际优秀稿源。自建的国内网站两年浏览量达20多万次,并与中国药学会、中国药理学会等学术团体网站链接,网站内容维护及时,服务功能齐全,栏目特色突出,资讯丰富,实现了过刊和现刊全部OA(免费获取);中国科学院科学出版社对本刊进行DOI申请及网络版制作,实现互联网“跨平台链接”。

6 推动期刊国际化,提高国际影响力

《中国天然药物》2003年创刊时为中文刊,2008年已有一半英文稿,2011年改为全英文出版,2012年被SCI收录,国际影响力与日俱增,不仅提高了我国中药与天然药物的国际地位,也提高了国际天然药、民族药的国际显示度。《中国天然药物》论文在Scopus数据库被引证1435次,单篇最高被引证20次;被SCI数据库引证1258次,引证频次逐年提高;自2011年1月到2012年10月在ScienceDirect平台共被下载39537次,月均2000次,其中69%是境外下载。国际论文比为药学会期刊中最高,2012年国际稿源已经达到来稿总量的30%。总被引频次居SCI数据库19种“整合医学”类期刊的第11位。刊物在权威性、期刊声誉、学术质量与国际化要素方面已跻身我国高影响力期刊之列,国际影响力不断加大[5]。

7 重视维护学术资源,保证期刊持续发展

《中国天然药物》编辑部倡导期刊以多种方式实施个性化服务,与编委作者实现良性互动。每年召开一次编委会议,平时通过一年两次的《编委通讯》和短信平台与编委沟通,以各种渠道加强编委联系;利用SCOPUS/SCI数据库为编委建立“学术档案”,内容包括编委在国内外发表的论文题录、被引次数、h-指数及学术影响;精心培育一支忠诚稳定的作者与编委队伍,也收获了一批优质稿源。编辑部的超值服务,赢得了编委、作者的良好口碑,有效维护了刊物的学术资源,提高了编委会的凝聚力[6]。

8 搭建学术交流平台,促进学术繁荣发展

《中国天然药物》编辑部策划主办高层次学术会议,推动学科发展,增强期刊软实力,成功策划主办了综合交叉学术会议、高端前沿学术论坛、中国科协学术品牌、学术生态培育活动、学术服务讲座等各类学术活动30多次,积极策划承办中国科协高端学术品牌——中国科协第199次、第254次青年科学家论坛,进一步培育学术新人,推动学科发展;策划主办中国科协高端学术品牌"第68次新观点新学说学术沙龙",建设科技思想库,策划主办"中国创新药物研发战略新思路论坛",搭建了官产学研沟通与交流的平台[7]。

9 探索市场化机制办刊,社会、经济效益双丰收

《中国天然药物》编辑部积极探索高水平学术期刊市场化机制办刊,整合利用主办单位、编委会、理事会、学术团体的资源与优势,以"策划创造财富,服务提升价值"为理念,根据社会需求搭建各种平台,探索协同创新双赢多赢的办刊模式,通过理事会形式与近百家医药单位建立友好合作关系,同时扩大广告、发行业务,主办学术会议、开展咨询服务,充足的经费满足了组稿与学术交流之需,保证了期刊优质出版,调动了编辑积极性,挖掘了期刊的活力,沟通了编者与读者。在满足社会效益的前提下,取得了良好的经济效益,扩大了期刊的品牌影响力[8]。

参 考 文 献

[1]郑晓南,丁佐奇.学术期刊专栏策划与下载率及学术影响力的相关分析——以《中国天然药物》为例[J].编辑学报,2009,21(6):558-561.

[2]郑晓南,张静,程启厚,等.以社会需求为导向的学术期刊经营策略——《中国天然药物》创刊四年的策划与运作实践[J].中国科技期刊研究,2008,19(5):835-838.

[3]张静,程启厚,丁佐奇,等.引入竞争机制,提高办刊水平——以《中国天然药物》为例[J].编辑学报,2012,24(3):291-293.

[4]张静.科技期刊借助数字化手段提供增值服务探析[J].编辑学报,2013,25(2).

[5]丁佐奇,郑晓南,吴晓明,等.《中国天然药物》被SCI收录感言[J].编辑学报,2012,24(4):382-385.

[6]丁佐奇,郑晓南,吴晓明.编委贡献源于编辑部做好编委服务工作——以《中国天然药物》为例[J].编辑学报,2011,23(4):339-341.

[7]张静,程启厚,丁佐奇,等.科技期刊立体化经营模式分析——以《中国天然药物》为例[J].编辑学报,2012,24(2):167-169.

[8]张静,程启厚,丁佐奇,等.科技期刊理事会经营模式探析——以《中国天然药物》为例[J].编辑学报,2012,24(1):92-94.

Planning Ability to Achieve the Periodical Brand, Guidance to Enhance Academic Impact: International Experience of *Chinese Journal of Natural Medicines*

ZHENG Xiaonan

Editorial Office of *Chinese Journal of Natural Medicines*, Nanjing 210009

Abstract: The *Chinese Journal of Natural Medicines* is sponsored by China Pharmaceutical University and the Chinese Pharmaceutical Association. In accordance with the science leading edge and the demand of national strategy, CJNM persists in the idea of high level, high quality and high grade. The goal of CJNM is to promote the planing, transmissibility, the leading ability and the influence of the journal. The direction of CJNM is to construct the brand of the journal, to promote the specialization, digitization, marketization and internationalization of the journal. With the help of the editorial board of CJNM, it only takes 8 years that CJNM can be indexed by SCI and MEDLINE databases. Through strengthening the connotation of the journal, CJNM acquired significant social and economic benefit.

Keywords: *Chinese Journal of Natural Medicines*; Boutique journal; Internationalization; Journal brand

审稿编辑:宋文好

附录:中国科学技术协会精品科技期刊

序号	刊名	主编	主管单位	主办单位
1	《物理学报》	欧阳钟灿	中国科学院	中国科学院物理研究所、中国物理学会
2	《中国激光》	周炳琨	中国科学院	中国科学院上海光学精密机械研究所、中国光学学会
3	《系统工程理论与实践》	汪寿阳	中国科学技术协会	中国系统工程学会
4	《中国管理科学》	蔡晨	中国科学院	中国优选法统筹法与经济数学研究会、中国科学院科技政策与管理科学研究所
5	《力学进展》	樊菁	中国科学院	中国科学院力学研究所、中国力学学会
6	《中国有色金属学报》	黄伯云	中国科学技术协会	中国有色金属学会、中南大学
7	《金属学报》	柯俊	中国科学技术协会	中国金属学会
8	《物理化学学报》	唐有祺	中国科学技术协会	中国化学会、北京大学
9	《化学学报》	周其林	中国科学院	中国科学院上海有机化学研究所、中国化学会
10	《植物生态学报》	董鸣	中国科学院	中国科学院植物研究所、中国植物学会
11	《生态学报》	王如松	中国科学技术协会	中国生态学学会、中国科学院生态环境研究中心
12	《生物多样性》	马克平	中国科学院	中国科学院生物多样性委员会、中国植物学会、中国科学院植物研究所、中国科学院动物研究所、中国科学院微生物研究所
13	《应用生态学报》	韩兴国	中国科学院	中国科学院沈阳应用生态研究所、中国生态学学会
14	《作物学报》	万建民	中国科学技术协会	中国作物学会、中国农业科学院作物科学研究所
15	《林业科学》	沈国舫	中国科学技术协会	中国林学会
16	《土壤学报》	史学正	中国科学院	中国土壤学会
17	《水产学报》	黄硕琳	中国科学技术协会	中国水产学会
18	《航空学报》	孙晓峰	中国科学技术协会	中国航空学会、北京航空航天大学
19	《岩石力学与工程学报》	冯夏庭	中国科学技术协会	中国岩石力学与工程学会
20	《兵工学报》	高修柱	中国科学技术协会	中国兵工学会

续表

序号	刊名	主编	主管单位	主办单位
21	《机械工程学报》	宋天虎	中国科学技术协会	中国机械工程学会
22	《煤炭学报》	刘峰	中国科学技术协会	中国煤炭学会
23	《软件学报》	李明树	中国科学院	中国科学院软件研究所、中国计算机学会
24	《化工学报》	李静海	中国科学技术协会	中国化工学会、化学工业出版社
25	《中国电机工程学报》	张文涛	中国科学技术协会	中国电机工程学会
26	《仪器仪表学报》	张钟华	中国科学技术协会	中国仪器仪表学会
27	《硅酸盐学报》	南策文	中国科学技术协会	中国硅酸盐学会
28	《地球物理学报》	刘光鼎	中国科学院	中国地球物理学会、中国科学院地质与地球物理研究所
29	《测绘学报》	陈俊勇	中国科学技术协会	中国测绘学会
30	《石油学报》	赵宗举	中国科学技术协会	中国石油学会
31	《海洋与湖沼》	相建海	中国科学技术协会	中国海洋湖沼学会、中国科学院海洋研究所
32	《遥感学报》	顾行发	中国科学院	中国科学院遥感与数字地球研究所、中国地理学会环境遥感分会
33	《地理学报》	刘昌明	中国科学院	中国科学院地理科学与资源研究所、中国地理学会
34	《中华结核和呼吸杂志》	刘又宁	中国科学技术协会	中华医学会
35	《中华医学杂志》	高润霖	中国科学技术协会	中华医学会
36	《中华心血管病杂志》	胡大一	中国科学技术协会	中华医学会
37	《中华眼科杂志》	赵堪兴	中国科学技术协会	中华医学会
38	《中华儿科杂志》	桂永浩	中国科学技术协会	中华医学会
39	《中华耳鼻咽喉头颈外科杂志》	韩德民	中国科学技术协会	中华医学会
40	《中国中药杂志》	王永炎	中国科学技术协会	中国药学会
41	《药学学报》	王晓良	中国科学技术协会	中国药学会、中国医学科学院药物研究所
42	《中国中西医结合杂志》	陈可冀	中国科学技术协会	中国中西医结合学会、中国中医科学院
43	《中华肿瘤杂志》	赫捷	中国科学技术协会	中华医学会
44	《中国药理学通报》	魏伟、李俊	中国科学技术协会	中国药理学会、安徽医科大学
45	《中国心理卫生杂志》	于欣	中国科学技术协会	中国心理卫生协会

续表

序号	刊名	主编	主管单位	主办单位
46	《光学学报》	曹健林	中国科学技术协会	中国科学院上海光学精密机械研究所、中国光学学会
47	《数学进展》	陈大岳	中国科学技术协会	中国数学会
48	《色谱》	张玉奎	中国科学技术协会	中国化学会
49	《无机化学学报》	游效曾	中国科学技术协会	中国化学会
50	《病毒学报》	侯云德	中国科学技术协会	中国微生物学会
51	《植物生理学报》	何祖华	中国科学技术协会	中国植物生理与植物分子生物学学会、中国科学院上海生命科学研究院植物生理生态研究所
52	《农业工程学报》	朱明	中国科学技术协会	中国农业工程学会
53	《园艺学报》	杜永臣	中国科学技术协会	中国园艺学会、中国农业科学院蔬菜花卉研究所
54	《畜牧兽医学报》	文杰	中国科学技术协会	中国畜牧兽医学会
55	《电工技术学报》	严陆光	中国科学技术协会	中国电工技术学会
56	《模式识别与人工智能》	戴汝为	中国科学技术协会	中国自动化学会、国家智能计算机研究开发中心、中国科学院合肥智能机械研究所
57	《真空科学与技术学报》	李德杰	中国科学技术协会	中国真空学会
58	《计算机辅助设计与图形学学报》	鲍虎军	中国科学技术协会	中国计算机学会
59	《地震学报》	陈运泰	中国科学技术协会	中国地震学会、中国地震局地球物理研究所
60	《中华口腔医学杂志》	王兴	中国科学技术协会	中华医学会
61	《中华内科杂志》	贾伟平	中国科学技术协会	中华医学会
62	《中华放射学杂志》	郭启勇	中国科学技术协会	中华医学会
63	《中国针灸》	刘炜宏	中国科学技术协会	中国针灸学会、中国中医科学院针灸研究所
64	《中华实用儿科临床杂志》	郭学鹏	中国科学技术协会	中华医学会
65	《中华消化外科杂志》	董家鸿	中国科学技术协会	中华医学会
66	《自动化学报》	王飞跃	中国科学院	中国科学院自动化研究所、中国自动化学会
67	《中国农学通报》	石元春	中国科学技术协会	中国农学会
68	《中国通信》	陈俊亮	中国科学技术协会	中国通信学会

续表

序号	刊名	主编	主管单位	主办单位
69	《生态学杂志》	孙铁珩	中国科学技术协会	中国生态学学会、中国科学院沈阳应用生态研究所
70	《植物病理学报》	彭友良	中国科学技术协会	中国植物病理学会
71	《农学学报》	刘旭	中国科学技术协会	中国农学会
72	《中国药学杂志》	桑国卫	中国科学技术协会	中国药学会
73	《中华神经医学杂志》	徐如祥	中国科学技术协会	中华医学会
74	《药物分析杂志》	金少鸿	中国科学技术协会	中国药学会、中国食品药品检定研究院
75	《农业工程学报》	朱明	中国科学技术协会	中国农业工程学会
76	《神经科学通报(英文版)》	段树民	中国科学院	中国科学院上海生命科学研究院、中国神经科学学会、第二军医大学
77	《遗传学报》	薛勇彪	中国科学院	中国科学院遗传与发育生物学研究所、中国遗传学会
78	《中国天然药物》	吴晓明、孙汉董	教育部	中国药科大学、中国药学会